李东方／主编

QINGMIAOFAXUE LUNCONG

青苗法学论丛

（第4卷）

中国政法大学出版社

2023·北京

图书在版编目（ＣＩＰ）数据

青苗法学论丛.第4卷/李东方主编. —北京：中国政法大学出版社，2023.6
ISBN　978-7-5764-1005-1

Ⅰ.①青…　Ⅱ.①李…　Ⅲ.①法学—文集　Ⅳ.①D90-53

中国国家版本馆CIP数据核字(2023)第125374号

出 版 者	中国政法大学出版社
地　　址	北京市海淀区西土城路25号
邮寄地址	北京100088信箱8034分箱　邮编100088
网　　址	http://www.cuplpress.com (网络实名：中国政法大学出版社)
电　　话	010-58908586(编辑部) 58908334(邮购部)
编辑邮箱	zhengfadch@126.com
承　　印	固安华明印业有限公司
开　　本	720mm×960mm　1/16
印　　张	23.75
字　　数	400千字
版　　次	2023年6月第1版
印　　次	2023年6月第1次印刷
定　　价	118.00元

前 言

PREFACE

　　《青苗法学论丛》是中国政法大学出版社为了贯彻实施"依法治国"基本方略，推进新时代中国特色社会主义法治建设，适应社会对法律人才的需要，进行法律人才培养改革探索的重要成果之一。

　　本集刊推陈出新，将同等学力学员们在研习过程中的优秀成果集结出版。学员们通常具备较为丰富的实践经验，为了有效提高学员们的学术研究能力，深入理解法律条文背后的理论根源，学术论文写作方法培训以及面向不同专业有针对性的论文写作辅导是一条有效途径。虽然学员们的文章内容和行文语言尚需进一步打磨，但是，想必学员们一定感受到了在学术研究过程中的思辨乐趣，以及论文出版带来的收获感，《青苗法学论丛》代表着学员们学术研究道路美好的开始。

　　论文写作是提高学术能力最重要的方式。学术能力包括问题的发现与提出能力、问题的分析与解决能力、文献的检索与提炼能力以及对学术前沿信息的敏感与感悟能力。并由此就某一主题形成自己创新性的见解或者学说。学术能力以学习能力、思辨能力和研究能力为基础。当然，这三种能力并非泾渭分明，往往是你中有我、我中有你。

　　提高学术能力需要体系化的研究工具，各位学员至少要用好做学问的三项工具：第一是讲好别人的故事，即消化某主题涉及的所有权威文献，并且把这些文献的内容掰开了、揉碎了、消化了，然后用自己的话将其中的核心观点予以呈现，通过讲别人的故事，训练自己的文献检索、综合概括和思辨能力，并由此拓宽专业基础，开阔学术视野，讲好别人的故事是学术研究的起点，是炼就学术能力的第一步。把别人的故事讲多了、讲好了，就会有自己的故事，有自己的创新见解。第二是历史研究，即研究与某主题相关的历史，包括法制史、法学史或法学思想史，因为任何一种理论的产生都有其思想基础，而任何思想又都是在一定的历史背景下产生的。把握了历史，才能够预见未来，才能够发现所要研究课题的规律性的东西。这里的历史研究是一种纵向思维。第三是比较研究和互联研究。比较研究主要是借鉴发达国家的先进制度，许多法律规范是人类行为的共同规范，通过比较得失为我所用，既是制度建设的必须，更是学术研究的必须。互联研究则是指跨学科借鉴或者运用相关学科的理论来研究部门法，比如"看不见的手""政府干预"均源自于经济学，现在也是经济法常用的表达术语。我们说万物互联，其实，万学亦互联。这里的比较和互联研究是一种横向思维或者说万物互联思维。以上只是一种提高学术能力的大体的思路和方法，具体如何运用、如何出牌，那是千变万化的。

希望本刊能够成为学员们学术能力提高的见证者，见证学员们在学术研究上从青苗到"成材"的成长过程。也希望可以激励更多的人投身学术研究上来，共同推动我国法治体系的现代化，真正实现"法治天下"。

李东方，字修远，号德元
2022 年 9 月 20 日，于北京 蓟门烟树 修远居

目 录

CONTENTS

论股权代持协议的法律效力

曾珂雯*

（中国政法大学 北京 100088）

摘　要： 在我国市场经济迅猛发展的背景下，股权代持行为不管是在市场投资中，还是在公司经营中均较为常见，由此也进一步提高了股权代持协议司法纠纷发生率，但由于我国对此缺乏明确的立法规制，导致在司法实践中存在裁决不一、各主体合法权益保障难度大、股东资格认定难等问题。我国法律为股权代持问题提供了相关法律依据，然而仅能够为最终案件审理提供技术性指导，无法完全解决相关法律问题。因此，本文通过对股权代持协议法律效力的分析，为股权代持协议纠纷解决提供相关依据，以实现对股权代持协议的全面认识。

关键词： 股权代持协议　法律　效力

一、股权代持协议概述

（一）股权代持协议存在的意义

在我国社会经济发展中，股权代持具有重要作用，主要体现在：

（1）拓宽投资者投资渠道。股权代持的存在，可以进一步拓宽投资者投资渠道，若投资者在投资过程中存在有投资意愿的目标公司或领域，因为受到部分客观因素影响无法投资时都可以采用股权代持方式实施投资；若投资者对某行业领域不了解的，可以采用股权代持方式将其投资行为交给专业团

---

* 作者介绍：曾珂雯（1990 年-），女，汉族，江西南昌人，中国政法大学同等学力研修班 2022 级学员，研究方向为民商法学。

队实施管理，以获取良好的投资收益[1]。

（2）拓展公司融资渠道。在我国，部分中小企业、科技公司创立之初大部分会面临融资难问题，此情况下可以采用股权代持方式实现对公司融资渠道的扩展，以此缓解公司融资难问题，提高市场上的资金有效利用率，这不管是对于公司还是投资者均有一定益处。

（3）推动市场经济发展。股权代持的出现和发展，不仅顺应了市场经营主体的需求，对于市场经济发展也具有促进作用。股权代持协议的存在主要为保障股权代持行为的存在，进而实现对投资者和名义股东之间法律关系的建构，因此也具有重要意义[2]。

（二）股权代持协议的法律风险

股权代持行为在市场经济发展中作用显著，同时对于投资者和公司均具备有利作用，然而凡事均有两面性，在这一投资方式中，投资者采用的是隐匿方式购买股权，整个投资过程都是借助于他人名义，明显违反了交易双方的知情权，也加大了市场经营中各种交易行为的风险[3]。另外，股权代持行为的出现，也导致隐名股东、公司、名义股东等主体间的法律关系更加复杂，进而导致风险加剧。

（三）股权代持协议的法律性质

1. 代理合同

从当前我国的相关法律规定，可以发现，其所提出的代理通常是指直接代理，属于狭义视域的代理。其中关于代理的类型主要分为：第一种，第三人对于代理过程中的被代理人存在并不了解；第二种，第三人只是知道有被代理人的存在，但是并不知道具体是何人；第三种，第三人对被代理人及其姓名都了解。然而，结合股权代持协议的内容能够看出，一般对于代理人和被代理人间的权利和义务需要明确规定，就算是实际出资人在投资过程中并未履行付款义务，导致名义股东违约，名义股东对于公司来讲依旧具有出资义务[4]。

---

[1] 许永乾："论股权代持协议无效的法律后果"，载《福建质量管理》2020年第20期。

[2] 杨强强："论代持股协议的法律性质和效力"，载《河南财政税务高等专科学校学报》2022年第2期。

[3] 刘迎霜："股权代持协议的性质与法律效力"，载《法学家》2021年第3期。

[4] 刘俊海："论股权代持的法律性质和效力"，载《河北大学学报（哲学社会科学版）》2021年第5期。

2. 委托合同

委托合同的重点是在委托事务的处理上，因而对于过程非常注重，在此过程中，需要对受托人的知识、技能以及经验方面的意见给予充分尊重，所产生的必定结果并非必要。在股权代持协议中，最为重要的是股权代持这一行为的存在，若此过程中名义股东并没有获取股权，以上协议也就不成立，从这一点能够发现股权代持协议并不类同于委托合同目的。另外，从法律角度能够看出委托合同本身具备任意解除权，但是在股权代持协议中要求实际出资人对于名义股东具有一定信赖利益，即相信名义股东会依照所制定的协议要求进行制定，公司其他股东对于名义股东也具有一定信任，所以对于名义股东不适合授予任意解除权。

二、股权代持协议的法律效力

（一）股权代持协议的对内效力

若双方表示真实且不存在误解情况，只要对于其他效力性规定没有违反，即可有效成立，对于双方均具备有约束力[1]。如果执行过程中名义股东和实际出资人关于股权代持协议的效力存在不同意见，只要不具备《合同法》[2]规定的无效事由，在司法解释中对于效力持肯定建议。另外，实际出资人要求名义股东依照协议规定支付投资权益的，名义股东不能够拒绝[3]。所以，实际出资人的义务主要为支付资款、获取报酬，以及协议约定的其他义务；名义股东的义务主要为代持股权、依照实际出资人转让股权、办理登记等工作。

（二）股权代持协议的对外效力

名义股东即为公司的实际股东，如果实际注资人想要获取公司的股东资格，也需要在法定程序下通过股权转让获取。在我国相关规定中，如果未得到公司一半以上其他股东同意，实际出资人并不能够成功获取股东资格。从这一点可以看出，我国法律更注重公司的人合性，即注重保障公司中其他股东的信赖利益。因此，通过以上分析可以看出，股权代持协议并非实际出资人获取股东资格的唯一依据，如果想要获取公司的股东资格，还需要依照相

〔1〕 陈小丽："股权代持协议的性质与解除路径探讨"，载《学理论》2021年第10期。

〔2〕《公司法》，即《中华人民共和国公司法》。为表述方便，本书中涉及我国法律文件直接使用简称，省去"中华人民共和国"字样，全书统一，后不赘述。

〔3〕 冯汝佳："上市公司股权代持协议的法律效力认定"，上海财经大学2019年硕士学位论文。

应的法律规程进行操作。

三、股权代持协议对协议外第三人的效力

（一）对公司及其他股东的效力

股权代持即实际出资人和股东身份分离所建构的一种法律关系。进而言之，隐名股东对于公司存在出资责任，可以履行股东义务享受股东权利，与之同时也需要承担投资风险，但是在《公司法》范畴内并不属于公司股东；名义股东在公司的股东名册、公司章程等相关法律材料中均有记载，可以行使《公司法》规定的股东权利。以上权利行使机制存在的"表里不一"，导致隐名股东无法向公司直接主张自身权利，需要通过名义股东才能够实现，同时也具备例外情况即公司对这一情况知情且没有异议，否则隐名股东对于公司意志不具备对抗作用。《最高人民法院关于适用〈中华人民共和国公司法〉若干问题的规定（三）》（以下简称《公司法解释三》）规定实际出资人必须要通过半数以上其他股东的统一，才能够获取公司的股东资格，法院才能够支持实际出资人的显名请求[1]。

（二）对股权受让人的效力

如果名义股东对于代持股份进行了违约处分，需要加强对维护交易安全和保护隐名股东利益间平衡问题的关注。《公司法解释三》第25条规定必须满足"善意取得"条件，即隐名股东需要对善意的股权受让人给予善意，然而这一规定的前提为行为人无权处分，名义股东对于名下股权实施处分为《公司法》规定的权利，即为"有权处分"。所以，针对股权转让也只能够对善意取得制度进行"参照"，并不能够机械照搬。受让人一定要具备三个条件才可以获取这一股权的权属，分别为：受让代持股权具有善意，对于股权代持关系不知道也无法获知，即受让人对于股权受让已经最大化尽到合理审查义务；采用合理股权对价转让；依法完成了受让代持股权的变更登记手续。

（三）对名义股东债权人的效力

（1）关于区分商事外观主义的适用范围。针对股权代持关系对名义股东债权人的效力问题，我国最高人民法院对此所持有的观点为"股权代持协议无法对抗强制执行申请人"。这一观点表明，在商事外观主义立法范畴内，隐

---

[1] 熊晓妹："股权代持协议无效及其处理"，载《河北企业》2020年第8期。

名股东对名义股东的任何债权人都不具备对抗性。

（2）关于债权人对股权产生信赖利益的情况。这一情况是建立在股权的存在对于名义股东实际资产判断产生影响，由此出现了股权购买或借贷行为基础上。

（3）关于债权人对股权未产生信任利益的情况。如果债权产生和股权不存在关联性，债权人对于股东便不存在信赖利益。对此可以分成两种情况进行考察：其一，股权代持行为出现在债务出现后，此种情况下债权人和名义股东的相关行为与名义股东的股东身份没有关联性，因此不存在预期信赖利益，对于商事外观主义不适用[1]。其二，债权人对于隐名股东和名义股东的股权代持关系知情，但是依旧选择与其交易。这一情况下，债权人存在主观恶意，隐名股东在举证证明债权人并非善意的情况下，可以要求债权人返还股权。

四、结语

综上，股权代持协议是以股权代持而建立的一种无名合同，在这一协议支持下名义股东享有股东权利和义务，实际出资人需要通过名义股东获取自己的权利。关于股权代持协议的法律效力，还需要继续深入探讨。

---

〔1〕 张颖："论股权代持协议无效的认定标准"，载《江西电力职业技术学院学报》2020 年第 9 期。

数据可携权的本土化实践与实务运用的若干问题

陈颖愉*

（中国政法大学 北京 100088）

摘　要： 数据可携权是欧盟在《一般数据保护条例》中创设的个人数据权利，我国在《个人信息保护法》中首次将其部分内容入法。数据可携权在我国被规定具有必要性和可行性，但是也面临着增加隐私风险和数据安全风险的现实障碍。目前关于数据可携权尚有哪些信息可以被收集、哪些信息可以被携带的问题。有鉴于此，需要立法予以回应。

关键词： 数据可携权　个人数据　《个人信息保护法》

一、问题的提出

在大数据渗透生活方方面面的今天，个人的生活、工作、社交、思维模式都受到深刻的影响，个人信息数据的使用价值被逐渐放大。网络服务提供者对数据的控制和使用，对个人、行业乃至国家财富走向起到愈发重要的作用，通过数据收集和使用，激发实体经济萌生出新的增长点。个人数据的价值被逐步挖掘，用以创造财富。在时代发展的背景下，如何正确、合理、合法地应用个人数据成为必须探讨的话题。

数据可携权是欧盟在《一般数据保护条例》中创设的个人数据权利，具有创新性。我国在 2021 年颁布的《个人信息保护法》中首次将数据可携权的部分内容纳入法条，本文将在此语境下探讨数据可携权在我国的本土化实践情况，以及针对"网络社交平台不允许信息交互""大数据杀熟"等问题所

---

* 作者简介：陈颖愉（1987 年-），女，汉族，广东江门人，中国政法大学同等学力研修班 2022 级学员，研究方向为经济法学。

发挥的作用。

二、数据可携权本土化的理论基础

(一) 必要性

1. 数据可携权对于个人的现实状态与需求

第一，数字主体对自由转移和重新使用个人数据的现实需求。网络服务提供者为充分了解用户需求从而能制定有针对性的方案（包括但不仅限于差异化定价、目标性投放广告等）以获得利益，一方面要求用户同意一定程度上的数据收集和处理，另一方面设置障碍使数据主体无法自由处置其个人数据，如无法自由下载、接收或转移、重新使用个人数据，从而迫使用户继续停留于该平台，例如，微信视频号、抖音、小红书等几大国内正盛行的网络服务平台之间的数据存在不可按照数据主体意志自由主宰个人数据转移的问题。用户在微信视频号上发布的小视频不能被下载，如果想在抖音或小红书上发布，只能将原素材重新编辑加工；同样地，用户在抖音上发布过的小视频会被加上水印，无法同步发布在微信视频号或小红书上。[1]

第二，数据主体有增强个人数据控制权的需求。数据是信息社会的一种特殊资源，它依赖互联网进行收集、存储、处理、使用、删除。因此，数据主体应当享有决定关于其个人的数据向谁披露、在何种程度上披露以及如何利用的权利。[2]

2. 数据可携权对于产业发展的现实状态与需求

当数据的价值被越来越多的商业市场认知，甚至被视为企业甚至行业发展的核心竞争力时，便引发出"数据控制量带来几何级别的商业价值甚至引导经济走向"的现实状况。一方面，越来越多的网络服务提供者通过收集、分析和使用用户个人数据以获取商业利益，甚至非法获取或售卖个人数据以牟取暴利的案例也屡禁不止；另一方面，网络服务提供者通过掌握大量用户数据进行数据分析和用户分类，逐渐形成差异化定价、差异化服务等损害用户权益的行为，"大数据杀熟"现象最为典型。通过对数据可携权的立法，使

---

〔1〕 付新华："数据可携权的欧美法律实践及本土化制度设计"，载《河北法学》2019 年第 8 期。
〔2〕 张哲："探微与启示：欧盟个人数据保护法上的数据可携权研究"，载《广西政法管理干部学院学报》2016 年第 6 期。

数据市场信息更加透明，打破因信息不对称而产生的价格歧视，抑制垄断行为的发生。[1]

（二）可行性

数据可携权在我国具有本土化的法律空间。从制度上看，我国已在专门立法中制定相关规范，2021年8月20日，《个人信息保护法》颁布，正式把数据可携权写进法条。从实践上看，目前我国正处于大数据迅猛发展的阶段，正需要规范化指引，保障产业良性发展，可合理借鉴欧美的立法和司法实践经验，结合我国现实发展阶段及施行状态，逐步调整及完善数据可携权的权利设计和法律适用范围。

三、数据可携权的本土化实践中尚待解决的问题

2021年8月20日正式颁布的《个人信息保护法》第45条第1款[2]和第3款[3]首次对数据可携带权作出规定。根据该规定，数据主体有权从网络服务提供者处获取个人信息副本，以及请求网络服务提供者直接将其个人信息传输给另一实体。至此，数据可携带权正式被纳入我国个人信息保护法律体系，成为个人信息处理活动中的合法权利。个人对其提交给网络服务提供者的个人信息将拥有更全面的控制。

（一）哪些数据可以被携带

《个人信息保护法》第45条对可携带权作了原则性规定，但对于用户哪些数据可携带、如何携带的问题并未有更详细的说明。

（二）数据携带风险

1. 数据可携权可能增加隐私风险

不同于单纯搜索、购物、订机票等单向输出便足以满足用户自我需求，网络社交平台具有天然的涉他属性。比如，数据主体在微信个人账号中发布的动态很大程度上会涉及他人，如合照、视频、聊天记录等，那么，当数据主体将其在微信上的个人数据转移到其他互联网平台时，转移的不仅是其个

---

[1] 卓力雄：“数据携带权：基本概念，问题与中国应对”，载《行政法学研究》2019年第6期。

[2]《个人信息保护法》第45条第1款规定，个人有权向个人信息处理者查阅、复制其个人信息。

[3]《个人信息保护法》第45条第3款规定，个人请求将个人信息转移至其指定的个人信息处理者，符合国家网信部门规定条件的，个人信息处理者应当提供转移的途径。

人的数据，同时也将他人的数据转移到其他平台，这对于接收平台是否属于非法收集？接收平台在获取到相关数据时是否需要向涉及的第三方个人履行告知义务，告知途径又从何获取？而如果涉及的第三方个人不允许抖音获取其个人数据，该优先数据主体的数据可携权还是尊重第三方个人的信息自决权？

2. 数据可携权可能导致数据安全风险

如何确保数据主体将数据从一个网络服务提供者转移到另一个网络服务提供者过程中的数据安全也是难题。衍生出的问题是当数据在平台间转移时谁应当对数据的安全负责。[1]

四、可携权本土化实践中问题的解决路径

以近年热门的"大数据杀熟"为例，探究数据可携权在生活中的表现形式和约束范围。"大数据杀熟"其实是"个人信息杀熟"，商家通过追踪每个消费者的线上行为、所使用终端的硬件设备情况、地理位置、个人基本资料等，生成详细、具体的用户画像，包括个人品味、习惯、消费倾向等，通过个性化定制策略性的线上实验，洞察消费者喜好、消费行为、可能的支付意愿等信息，最后，商家可以通过已收集的数据，进行进一步的深层挖掘，预测每位用户消费的"价格天花板"，定制网络购物环境，实现"一客一价"。

在这个过程中，涉及：第一，商家对于用户个人信息的收集、加工与利用是否合规。比如，个人对于其提交给数据控制者的具有可识别性的原生数据（如用户生日、性别、住址、网站浏览记录、点击记录、行踪轨迹、精确定位等个人信息）应该具有所有权，因此这部分信息属于可携带数据。而与用户有关的监测数据以及数据控制者经过一系列操作形成的衍生数据，如商家通过算法得到的消费者的消费习惯、消费偏好、价格敏感度等信息，是否属于数据主体的权利范畴则需要进一步细化数据归属以及可处理范围。第二，商家收集用户个人信息时是否履行了告知义务。《个人信息保护法》规定了保护个人知情权的具体措施[2]，而现实中，商家在互联网上的服务协议或隐私

---

〔1〕 汪庆华："数据可携带权的权利结构、法律效果与中国化"，载《中国法律评论》2021年第3期。

〔2〕《个人信息保护法》第17条第1款规定，个人信息处理者在处理个人信息前，应当以显著方式、清晰易懂的语言真实、准确、完整地向个人告知下列事项：……②个人信息的处理目的、处理方式，处理的个人信息种类、保存期限……

条款对于个人信息处理目的的表述往往都很笼统，比如"为了更好地提供服务"，稍微具体一点的可能会提及"提供个性化的服务"，但却都没有告知用户的个人信息会被用于区别定价。按照实体商店的购买常识，用户通常会误以为网络商家在定价方面也会遵从给予熟客、回头客以更多优惠或折扣的商业习惯，或者至少应当是一视同仁的。因此，这种含糊其辞的表述和未如实充分的告知便是钻了法条的空子。第三，商户在处理个人信息时应具备正当理由。《个人信息保护法》规定，利用个人信息进行自动化决策，应当保证决策的透明度和结果公平、公正，不得对个人在交易价格等交易条件上实行不合理的差别待遇[1]。如今，线上商户为了更精准地了解用户品味、提供个性化的服务和产品，经常会对用户画像进行描摹，通过收集、分析个人信息，实现对某特定自然人个人特征的刻画，进而全方位对用户行为进行分析预测，以此实现更高的利润。那么，以此为目的开展的个人信息处理活动是否合法、正当、必要？经过系统运算得出的自动决策又是否侵害数据主体的权益以及如何应对？对此仍需进一步细化相关法律法规。

五、结语

数字经济已经成为经济发展新的增长点，对于数据可携权的研究，不仅有助于个人数据控制权的进一步落实，也能为全行业快速发展提供健康的环境。我国对数据可携权的权利设计已经纳入《个人信息保护法》，如何在发展数字经济和保护个人数据之间取得平衡，是接下来的重要课题。

---

〔1〕《个人信息保护法》第24条第1款规定，个人信息处理者利用个人信息进行自动化决策，应当保证决策的透明度和结果公平、公正，不得对个人在交易价格等交易条件上实行不合理的差别待遇。

企业破产程序中的刑民交叉问题
——以非法吸收公众存款罪为例

耿 栋*

（中国政法大学 北京 100088）

摘 要： 企业破产程序中出现股东、实际控制人或债务人涉嫌刑事犯罪时，如何解决刑民交叉问题，现行法律缺乏相应规定。根据案件具体情况，从法律事实是否存在竞合或牵连的角度出发，可以解决程序优先适用或并行问题，从违法性认定的初始法律依据及统一性的角度出发，可以对涉及的民事合同效力进行认定，从而化解破产与刑事诉讼程序冲突及借贷合同效力认定等相关问题。

关键词： 破产程序 刑民交叉 非法吸收公众存款罪

市场环境中大量的交易、投资等经济行为，一方面可能会产生违约、侵权等民事纠纷，另一方面主体可能会因破坏市场经济秩序等行为而涉嫌犯罪。民法和刑法调整的社会关系不同，两者一旦形成交叉，会在理论和实践方面产生诸多需要解决的问题。

一、问题的提出

很多民营企业遇到资金困难，因财产已全部设定担保而无法获得金融机构借款时，企业股东、实际控制人往往会通过各种途径向社会不特定公众进行融资借款，因此涉嫌"非法吸收公众存款罪"。此时企业自身已达到不能清偿到期债务且资不抵债的破产条件，由此会产生企业能否进入破产程序，是

---

* 作者简介：耿栋（1973 年-），男，汉族，山东单县人，中国政法大学同等学力研修班 2022 级学员，研究方向为经济法学。

"先刑后民"还是"民刑并行"以及对当事人签订的借贷合同效力如何认定等诸多问题。本文以"非法吸收公众存款罪"为例，就破产程序中出现的与刑事犯罪相交叉的有关问题进行分析探讨，以作抛砖之用。

二、企业破产程序与刑事诉讼程序适用

（一）"先刑后民"的产生及演进

"先刑后民"最早的法律依据可追溯至 1985 年最高人民法院、最高人民检察院、公安部三部门颁布的查处在经济纠纷案件中发现的经济犯罪的相关通知[1]，该文件的出台是为了配合始于 1983 年的第一次"严打"。此后，在相当长的一段时间里，"先刑后民"成为解决刑事案件与民事诉讼交叉时程序适用的基本原则。

由于"先刑后民"提出时具有特殊的历史背景，另外在司法实践中存在被滥用的现象，最高人民法院对此不断进行调整。1987 年颁布的相关文件规定了不适用"先刑后民"的例外情形；1997 年颁布的相关文件首次明确排除了刑事法律关系在处理上的绝对优先性；1998 年颁布的相关文件确立了刑事与民事分别处理的基本思路，并一直延续至今。[2]

从"先刑后民"的提出及发展可以看出，在刑民交叉案件中，无论是"先刑后民""先民后刑"，抑或"民刑并行"，其适用并不是固化不变的，程序如何适用基于对法律事实的分析。

（二）刑民交叉时的程序适用原则

基于同一或不同法律事实产生民事纠纷，同时又涉及刑事犯罪的，就会产生刑民交叉。依据法律事实重合程度的不同，刑民交叉案件分为法律事实竞合型和法律事实牵连型。[3]区分法律事实竞合与法律事实牵连，主要根据行为主体、行为内容、行为对象、行为后果等几个构成要素的重合性进行分

---

[1] 《最高人民法院、最高人民检察院、公安部关于及时查处在经济纠纷案件中发现的经济犯罪的通知》规定，各级人民法院在审理经济纠纷案件中，如发现有经济犯罪，应将经济犯罪的有关材料分别移送给有管辖权的公安机关或检察机关侦查、起诉，公安机关或检察机关均应及时予以受理。

[2] 《最高人民法院关于在审理经济纠纷案件中涉及经济犯罪嫌疑若干问题的规定》第 1 条规定，同一公民、法人或其他经济组织因不同的法律事实，分别涉及经济纠纷和经济犯罪嫌疑的，经济纠纷案件和经济犯罪嫌疑案件应当分开审理。

[3] 李群群："民间借贷涉嫌非法吸收公众存款类案件刑民交叉程序研究——以 2019 年北上广深法院相关民事一审裁判书为切入点"，载《人民司法（应用）》2020 年第 16 期。

析界定。当以上几个要素全部重合，也就是同一法律事实既涉及刑事诉讼又涉及民事诉讼时，就构成了法律事实竞合；当不同法律事实之间的一个或数个要素重合时，此种情形就属于法律事实牵连。

在刑民交叉案件中，如果出现了法律事实竞合，由于刑事犯罪社会危害的严重性，应当优先适用刑事诉讼程序，2019年11月8日颁布施行的《全国法院民商事审判工作会议纪要》（即《九民纪要》）第129条对此作了明确规定。如果因法律事实的牵连关系而形成刑民交叉，因民事诉讼与刑事诉讼在价值取向、诉讼目的、诉讼原则、证据认定标准、责任构成要件等方面均存在较大差异，应遵循分别受理、分别审理原则。[1]

（三）破产与非法吸收公众存款罪交叉时的程序适用

当企业达到破产条件，同时又出现企业或实际控制人、负责人涉嫌非法吸收公众存款罪时，破产与刑事诉讼程序的适用应基于对法律事实重合程度的分析。

如果企业以非法融资为目的设立，实施非法吸收公众存款犯罪活动构成单位犯罪，同时企业在非法吸收公众存款过程中因不能持续支付高额利息等原因而"不能清偿期债务并且资不抵债"达到破产条件，由于引起非吸犯罪与破产的法律事实在主体、内容、对象等方面完全重合，形成法律事实竞合，此种情形下应依法优先适用刑事诉讼程序。

如果企业在生产经营过程中由于资金缺乏而以单位或实际控制人、负责人名义向社会不特定公众融资，此时会出现法律事实部分要素的重合，如破产主体为企业法人，而非法吸收公众存款的犯罪嫌疑人可能是企业也可能是个人；企业债权人不仅涉及集资受害人，还涉及银行、施工单位、供货商甚至税务部门、职工；企业财产不仅涉及非法吸收所得，更多部分则属生产经营积累所得；刑事案件中追缴的赃款赃物仅是企业的部分财产；等等。在法律事实出现牵连时，破产与刑事诉讼两个程序应当并行适用。

三、借贷合同效力的认定

（一）涉刑民事合同无效论的泛化及演进

因刑法打击的是严重危害社会的犯罪行为，所以刑民交叉案件中涉及的

---

[1] 最高人民法院民事审判第二庭编著：《〈全国法院民商事审判工作会议纪要〉理解与适用〉》，人民法院出版社2019年版，第650页。

民事合同当然无效，此观点在以往司法实践中具有很大的影响力。随着社会发展和法治进步，刑法和民法作为两大基本实体法不断充实和完善，并在各自领域发挥着广泛而深远的调节功能，重要体现就是对当事人提供的法律保护更加周延。

对于刑民交叉时民事合同效力的认定，2015年《最高人民法院关于审理民间借贷案件适用法律若干问题的规定》首次以立法形式明确规定相关借贷合同"并不当然无效"。[1]虽然该司法解释的规定仅限于借贷合同且仍比较原则，但已是立法理念和技术上的重大进步。

（二）刑民交叉时的合同效力认定依据

经济犯罪案件通常都有追诉标准，在未达到追诉标准前，当事人之间仅存在民事关系，当量变达到质变时，相关法律关系就落入了刑法的调整范围。在刑民交叉涉及的法律关系中，通常先由民法对相关法律行为进行调整，当该行为破坏调整性法律关系达到一定程度、侵犯极为严重达到追诉标准时，刑法才得以启动。所以，在统一法秩序下，其他前置性法律对第一条违法界限进行划定，刑法则在其他法律合法性抑或违法判定之后，对行为性质、侵犯程度进行第二次判断，因此，刑法的违法性判断同其他前置性法律是一致的。[2]对于刑民交叉时的民事合同效力认定，仍应依据民法的相关规定。

（三）破产与非法吸收公众存款案交叉时的借贷合同效力认定

非法吸收公众存款常以借贷合同作为载体，表现为嫌疑人与受害人之间的单一法律关系，但与破产交叉后，其性质、利益取向就发生了变化。破产是集体清偿的法律程序，对于涉及非法吸收公众存款案每一份借贷合同效力的认定，不仅关系到每个出借人的债权额认定及清偿额的多少，而且也涉及其他债权人的分配利益，形成了多方利益博弈角逐，实践中处理难度较大。对于借贷合同的效力，应当根据民间借贷司法解释及《民法典》的相关规定，结合借贷合同的具体情形，以排除法来进行认定。首先，对于属于2020年

---

〔1〕《最高人民法院关于审理民间借贷案件适用法律若干问题的规定》第13条第1款规定："借款人或者出借人的借贷行为涉嫌犯罪，或者已经生效的判决认定构成犯罪，当事人提起民事诉讼的，民间借贷合同并不当然无效。人民法院应当根据合同法第五十二条、本规定第十四条之规定，认定民间借贷合同的效力。"

〔2〕 杨彤彤、高碧东："非法吸收公众存款罪中刑民交叉疑难问题研究"，载《周口师范学院学报》2022年第3期。

《最高人民法院关于审理民间借贷案件适用法律若干问题的规定》第 13 条规定的六种无效情形、《民法典》规定的无效行为情形，应当认定借贷合同无效。由于非法吸收公众存款犯罪侵犯的是国家金融管理秩序，行为人违反的是金融管理方面的强制性规定，而不是合同效力方面的强制性规定，所以对于非法吸收公众存款案中的借贷合同，不能仅仅援引"违反法律、行政法规强制性规定"就认定其无效。其次，对于属于因重大误解、欺诈、受胁迫、显失公平而签订的借贷合同，查明当事人是否已行使撤销权，以及是否在撤销权行使期限内，对于仍可行使撤销权的借贷合同，将其认定为效力待定。最后，如果借贷合同不具有无效、效力待定情形，应当认定其为有效合同。

四、结语

程序适用、合同效力认定仅是破产程序中刑民交叉涉及的两个问题，其他诸如如何进行民事债权人与刑事受害人利息数额认定，如何设定刑事受害人在破产程序中的表决权，如何进行刑事追缴与破产分配的财产界定，如何协调解决刑事强制措施对破产财产变价处置、招募投资人的不利影响等，仍是困扰司法实践工作的难题，有待理论和实务界的研究和探讨并付诸实践解决现实问题。破产程序中刑民交叉问题的解决，有利于平衡和保护包括集资人在内的所有债权人的合法权益，而这也正是社会进步、法制完善的彰显和体现。

非破产解散情况下股东出资加速到期的司法解决路径

郝华兴*

（中国政法大学 北京 100088）

摘　要： 2013 年《公司法》确立资本制度认缴制，在刺激社会经济发展的同时，也带来资本注册大额化、认缴期限长久化等问题，由于社会信用体系的不健全，在公司经营不善的情况下，债权人利益往往无法得到保障。自《九民纪要》发布以来，司法实践已有在非破产解散情况下支持股东出资加速到期的案例。但因《九民纪要》非司法解释，不具有强制效力，债权人利益救济途径存在诸多实体和程序障碍。基于此种情况，尽早建立和完善股东出资加速到期的法律制度变得尤为重要。

关键词： 股东出资　加速到期　债权人利益

一、现实背景

2013 年《公司法》进行修正，该次修改的最大亮点在于对公司资本制的修改，即确认了资本认缴制，公司资本的认缴期限由公司章程自行设定。但实践中，有很多公司因经营不善问题难以偿还债务，在注册资本未能实缴的情况下，债权人的利益往往得不到有效保障，债权人常会选择在诉讼或者执行阶段要求未届出资期限股东在未缴纳出资范围内对公司债务承担补充清偿责任，即出资加速到期。但目前囿于股东出资加速到期主要在公司破产和解

---

* 作者简介：郝华兴（1990 年–），男，汉族，山西阳泉人，中国政法大学同等学力研修班 2022 级学员，研究方向为经济法学。

散条件下才可适用，非破产解散情况下股东出资能否加速到期存在较大争议。《九民纪要》提到了债权人可以请求股东加速履行出资义务的两种情形：一种是公司在执行程序中作为被执行人无财产可供执行，符合破产条件但不申请破产；另一种是公司以各种方式故意延长股东出资期限来逃避已产生的债务。出于保护债权人利益考虑，最高人民法院认可加速股东出资义务到期的请求，突破了股东认缴期限的限制。[1]但《九民纪要》发布已三年有余，司法实务中裁判思路仍不统一。

二、股东出资加速到期的争议和实现路径

笔者在裁判文书网中检索了上百个案例，得出司法实务针对非破产解散情况下的股东出资加速到期存在支持和否定两种裁判观点。

支持的裁判观点认为：一般情形下，在认缴出资期限届满前，股东没有实缴出资的法定义务。但该期限利益的享有应当受到一定限制，只有特定情况下才应得到支持。主要理由归纳如下：首先，以出资期限未到为由忽略了对公司债权人的保护，导致法律保护权益失衡，故股东的认缴出资理应加速到期；其次，部分法院将公司已无清偿能力比照《企业破产法》第35条进行适用；最后，有的法院直接将《公司法解释三》第13条中的股东范围作了扩大解释。此外，笔者查询部分文献发现，部分学理观点认为，股东仅凭一个出资承诺即可享有股东资格，有违权利义务相同原则，股东享有期限利益却无对价决定了对股东出资期限利益的保护不应过分绝对。[2]

例如，在"戎某成、张某学与李某霞申请人执行异议之诉案"中[3]，法院认为："明眸公司作为被执行人不能清偿的债务本金已达380万余元，执行法院未能查询到明眸公司有可供执行财产，案件已裁定终结本次执行程序，且张某学未提交证据证明明眸公司尚有可供执行财产，虽然张某学认缴出资时间未到，但其享有的期限利益不能损害债权人合法权益。故一审法院认定张某学应当在未出资范围内依法对明眸公司不能清偿的债务承担补充赔偿责任并无不当。"

---

〔1〕 曾海霞："非破产及解散情形中股东出资加速制度的不足与完善"，载《上海法学研究》（集刊）2020年总第31卷。

〔2〕 陈妮："非破产下股东出资期限利益保护限度实证研究"，载《法学评论》2020年第6期。

〔3〕 参见山东省高级人民法院〔2022〕鲁民终300号民事判决书。

否定的裁判观点认为：首先，非破产解散情况下，股东的出资期限利益应受保护。其次，交易前债权人均可通过公开渠道查询债务人的出资信息，债权人具有合理预期。再次，债权人要求股东在出资范围内承担补充责任，不得对股东范围擅自作扩大解释。最后，如果允许债权人直接适用加速到期，个别清偿难免会影响到其他债权人的利益。有个别学理观点指出，非破产解散情形下股东出资义务的加速到期是对债权人利益的过度保护。这种"债权人中心主义"的观点本质上是对认缴制改革精神的理解与认识的偏差[1]。

例如，在"董亚芹与陈某伟、王某琼申请人执行异议之诉案"中[2]，法院认为：根据《公司法》第28条与《公司法解释三》第13条第2款，出资期限未届满的股东尚未完全缴纳其出资份额不应被认定为"未履行或者未全面履行出资义务"。

从上述案例可看出，支持和否定非破产解散情况下股东出资加速到期的裁判均存在，因在立法及司法层面尚无明确统一的依据，各地法院对《九民纪要》的理解以及适用的尺度不同，导致司法实务中还未能形成统一的裁判思路，这给债权人通过司法手段维护自身利益带来很大的不便和阻碍。

另外，笔者查阅相关案例发现，裁决支持出资期限未届满的股东出资加速到期，并承担补充赔偿责任的主要实现路径有两条：一是通过执行程序实现，二是通过诉讼程序实现。在执行程序中，债权人可在案件终结本次执行后向法院申请追加股东为被执行人，实务中部分法院予以支持。在诉讼程序中，债权人要求出资期限未届满的股东出资加速到期的实现方式有两种：一种是提起申请人执行异议之诉，另一种是提起股东损害公司债权人利益责任之诉。前一种路径以法院出具驳回追加未届出资履行期股东为被执行人的裁定为前提，在法院送达执行裁定书后向执行法院提起执行异议之诉。后一种路径为债权人在取得终本裁定书后直接起诉未出资股东。相对诉讼程序来讲，执行程序中直接裁定追加股东为被执行人，可提升效率、减少诉讼成本，且避免因诉讼周期过长导致股东逃废债的风险。况且执行裁定书本身就能反映已穷尽执行措施未能执行到财产的事实，可以直观判断是否符合加速股东出资

---

[1]　刘凯湘："认缴制下股东出资义务加速到期之否定"，载《荆楚法学》2022年第2期。

[2]　参见广东省深圳市中级人民法院［2021］粤03民终15331号民事判决书。

到期的情况，并不存在需要再次通过诉讼程序进行认定的各种事实[1]。但在未有明确的法律和司法解释依据之前，此种程序与实体之争仍会存在。

三、股东出资加速到期的法律规制建议

目前，针对非破产解散情形，股东出资加速到期的实体及程序规定在立法及司法层面均存在缺失。《九民纪要》在司法实践中虽具有一定参考和指导意义，但毕竟非正式的司法解释，适用时因各地法院理解不同而导致裁判尺度不一。2021 年 12 月 24 日，全国人大常委会公布了《公司法（修订草案）》，该草案第 48 条[2]的规定为债权人请求股东出资加速到期提供了明确的法律依据，如该草案通过，结合《最高人民法院关于适用〈中华人民共和国企业破产法〉若干问题的规定（三）》的规定，将很大程度上解决司法实践中股东出资加速到期裁判规则不统一的情况，笔者呼吁该草案能尽早表决通过。

解决了实体障碍，依然不能忽视程序障碍。为了平衡债权人的利益，建议在执行程序层面尽快出具或者完善相关司法解释。例如，针对未缴纳或未足额缴纳出资的股东作扩大解释，将出资未届履行期限的股东也予以纳入；或者直接在执行规定中明确作为被执行人的公司不能清偿到期债务或者终结本次执行时，申请执行人可直接追加未届缴资期限股东为被执行人，并赋予执行人员一定的审查义务和权限，避免执行人员推诿、消极不作为。

四、总结

在公司注册资本认缴制下，未届出资履行期股东享有出资期限利益有其历史背景及现实考量。在公司已资不抵债的情况下，股东仍然逃避出资义务已逐步被司法实践所否定，股东出资加速到期制度建立正是股东出资期限利益保护和债权人利益保护长期博弈的结果。因当前破产程序具有周期长、成本高、效益低的特点，故建立健全在非破产解散条件下股东出资加速到期的法律制度，并畅通债权人的司法救济路径显得十分必要。

---

〔1〕 滕小乔："加速股东出资义务到期之法律思考——以执行异议案例为切入点"，载《法制与社会》2021 年第 12 期。

〔2〕《公司法（修订草案）》第 48 条规定："公司不能清偿到期债务，且明显缺乏清偿能力的，公司或者债权人有权要求已认缴出资但未届缴资期限的股东提前缴纳出资。"

"双碳"背景下私募股权投资法律问题探析
——以新能源产业基金合作为例

贾梦菲*

（中国政法大学 北京 100088）

摘　要： 随着我国"双碳"战略目标的提出，社会资本正通过与国有资本共同设立清洁能源私募股权基金的形式开展合作，与传统清洁能源企业一道为应对全球气候变化作出积极贡献。虽然此种合作能够整合资源、发挥各方独特优势，在实现各方利益与社会价值最大化的同时更有利于加强基金风险管控、保障基金运行平稳安全，但我国私募股权基金行业仍处于发展初期，信息披露体系不健全、监管模式有待完善、国家政策支持略有不足、基金管理结构仍需优化等问题有待解决。

关键词： 私募股权基金　清洁能源　监管模式

一、背景

2020 年 9 月，国家主席习近平在第七十五届联合国大会一般性辩论上首次提出我国将力争在 2030 年前实现"碳达峰"，在 2060 年前实现"碳中和"，这既是我国面对气候变化的主动回应，又是建设现代能源体系的积极作为。[1]故而构建低碳的清洁能源体系、推动能源结构由化石能源为主导向清洁可再生能源转变则迫在眉睫。

＊ 作者简介：贾梦菲（1997 年-），女，汉族，北京人，中国政法大学同等学力研修班 2022 级学员，研究方向为经济法学。

〔1〕 尹迪："能源革命视域下实现碳达峰、碳中和目标的对策研究"，载《西部学刊》2022 年第 6 期。

为实现这一战略目标，在传统国有清洁能源企业增速贡献的同时，民营企业也乘着我国多层次资本市场丰富与完善的东风，通过私募股权基金的形式充分发挥自身的技术、管理等方面的独特优势，助力我国如期实现"双碳"战略目标。2022年5月，财政部印发的《财政支持做好碳达峰碳中和工作的意见》明确提出，研究设立国家低碳转型基金，支持传统产业和资源富集地区绿色转型[1]。下述为国企与民企通过私募基金模式进行合作的示例：

国有企业A拟与民营企业B、民营企业C共同投资设立一个有限合伙制的清洁能源产业私募股权基金，基于各自优势三方共同签订《基金合伙协议》：约定由国有企业A与民营企业B担任基金有限合伙人，民营企业C担任基金普通合伙人、执行事务合伙人及基金管理人，三方共同设立基金投资决策委员会，每方委派一名委员，有关项目投资事项均需三名委员一致同意通过方可执行。基金运作过程中，民营企业B负责寻找清洁能源项目投资机会，根据行业状况、基金收益等确定项目投资标准，并提交投决会审议；如投决会审议通过，由国有企业A负责按项目进度需求筹集项目建设及运营所需资金；基金所投项目全生命周期的管理，则由具备基金管理人资格的民营企业C负责。基金到期后，经各方协商一致可延长基金存续期，也可不再新增投资并共同对基金进行清算解散。

二、清洁能源私募基金对实现"双碳"战略目标的促进作用

上述案例中，国有企业与民营企业共同投资设立清洁能源私募股权基金的优势主要在于：

（一）各方发挥独特优势整合资源，参与清洁能源项目运作

由于清洁能源项目具有建设成本高、建设周期长的特点，类似B和C的部分民营企业虽具备较强的技术优势与管理能力，但也因"融资难"等限制因素从而面临较高的准入门槛。通过与类似A的国有企业建立长期的战略合作关系、共同设立清洁能源私募股权基金的形式，整合高质量的清洁能源技术资源、清洁能源项目信息资源、相关人才资源、融资资源，在开拓清洁能源项目、助力降低我国碳排放量的同时，也有助于带动民营企业进一步发展，

---

[1] 包兴安："研究设立国家低碳转型基金 研究支持碳减排相关税收政策"，载《证券日报》2022年5月31日。

更为资本市场注入更多元化的合作投资关系，使优质的社会资源得到充分共享，从而实现社会效益与社会价值的最大化。

（二）通过奖励激励制度与考核约束制度，实现各方利益与社会价值最大化

由于私募股权基金可通过各方协议约定的形式，以股权为基础建立多种高效的奖励激励制度，实施优厚的期权与薪资奖励措施，给类似民营企业 C 的基金管理人与基金高管带来更多的激励，有助于管理层将各合伙人利益与基金的发展相结合，从而充分调动工作积极性，最大限度实现私募股权基金的价值[1]。

严密的考核与约束制度也加强了对基金管理人和基金高管的有效监督。根据基金所持清洁能源项目开展的具体情况及时调整人事架构，吸引有能力与有竞争力的高精尖人才，既可实现各方利益最大化、提升企业价值，也带来了更高的社会价值。

（三）便于加强基金风险管控，保障基金运行平稳安全

在私募股权基金运作过程中，国有企业与民营企业均可充分发挥监督和风险把控的作用，利用各自的优势，通过制定经营管理细则、定期参与管理层工作会议、为基金推荐专业会计师团队进行审计等方式对基金运作进行全方位监督。这可以在保障基金有效运行的同时加强财务资金管控。

三、清洁能源私募基金助力"双碳"战略目标面临的问题

（一）信息披露体系不健全，监管模式亟待完善

随着私募股权基金的快速发展，当诸如清洁能源等重资产行业面临资金高周转运行与大规模流入时，信息披露对于监管者和投资者进行监管与把控潜在的金融风险以及适时跟进基金运行动态而言尤为重要。然而对比上市公司信息披露制度，我国私募股权基金信息披露法律体系则显得过于单薄[2]。这样单薄的法律体系已无法适配我国高速发展的私募股权基金的规范化要求，为有效监管私募基金、及时披露基金动态信息，我国亟待通过完善上位法而加以解决。

---

〔1〕 苏立军："私募股权基金投后管理中的企业治理问题探析"，载《经济师》2022 年第 2 期。
〔2〕 刘晓漫："我国私募股权基金信息披露制度的问题及完善"，载《齐鲁金融法律评论》2021年第 0 期。

（二）政策支持不足

长期以来，由于关系国家能源命脉与国家能源安全，且出于高额回报，从传统能源行业到清洁能源领域已形成国有企业垄断或变相垄断的格局，诸多具备核心技术、拥有丰富管理经验和创新思维的民营企业团队虽有积极主动投身清洁能源战场、助力我国实现"双碳"战略目标的决心和行动，但无奈国家在此领域对民营企业的利好政策不足，只得通过寻求与国有企业合作的形式来开展业务，然纵使采用成立私募股权基金的形式，往往也不易获得国有企业甚至市场的支持。从清洁能源市场准入的角度，亟待国家减少对国有企业的政策保护，逐步放开禁止或限制民营企业进入[1]。

（三）缺乏完善的基金管理结构

就目前我国市场经济发展现状看，私募股权基金仍处于较为初级的阶段，其治理结构一般由设立并运作基金的管理公司决定。虽然存在诸如上述案例中的管理模式，但普遍存在的情况仍是基金投资的决策权由管理人实际掌控，其他合伙人或投资人难以实际了解基金所投企业或项目的实际运作情况，其投资风险很难得到切实的把控、投资监督更是难以落实。总体而言，我国私募股权基金行业尚未形成适配现实发展需求的风险管理结构，较难全面管控基金投资风险，也很难实现基金投资风险管理专业化[2]。

四、完善清洁能源私募基金的建议

（一）健全私募股权基金信息披露法律体系，构建行业自律与法律监管相融合的监管模式

由于目前我国专门针对私募股权基金的法律规范主要是部门规章，证监会与基金业协会颁布的行业规范本身又具有法律层级不高的劣势，建议首先可通过借鉴上市公司信息披露与监管体系的方式，专门出台一部针对私募基金的法律，以此形式明确规定私募基金监管要求与信息披露要求，确保其合法性的同时实现监管体系整体的稳定性。

（二）政府需加强引导、给予政策支持

基于清洁能源行业现状，结合国有企业与民营企业共同创设私募基金本

---

〔1〕 杜鹃："重大能源项目民企能分几杯羹"，载《中华工商时报》2014年4月24日。

〔2〕 段慧欣："私募股权基金投资的风险管理方法研究"，载《中国商论》2019年第24期。

身存在的障碍与壁垒，除了健全和完善法律法规与行业规范，还需政府充分发挥其制定产业政策的职能作用，加强对各类市场参与主体的引导和帮扶，同时出台相关政策，适时适度放宽清洁能源市场准入门槛，从而为清洁能源发展提供良好的外部环境。同时也要鼓励国有资本与民营资本通过私募资金的方式在清洁能源领域进行深度合作，在活跃金融资本市场的同时，更好地助力我国早日实现"双碳"战略目标。

（三）通过平衡投资和管理的关系，优化基金治理结构

通过对基金治理结构进行合理完善，从而在管理人和投资人之间形成良好的平衡甚至制衡的关系，能有效防范控制基金投资风险，在保证项目或被投企业达到融资效果的同时，尽可能实现投资人利润最大化。由于我国私募股权基金投资行业仍处于发展阶段，在基金治理结构中可结合实际情况设计投资监督管理机制，设置单独的监督管理部门，由投资人选择专业的法律或财务人员担任监督人，参与基金决策及日常运作管理。监督部门也可不定期对基金所投企业或所投项目开展实际调研，如监督部门提出意见，管理人需对监督部门的合理疑问进行逐一解答和及时反馈，待监督部门和管理人达成一致意见方可继续推进投资。此种模式可有效提升基金投资风险的管控效果，既保护投资人的权益，一定程度上也为被投企业及项目提供了第三方增值管理服务。

外观设计专利评价报告制度的困境与对策探析

姜志豪*

（中国政法大学 北京 100088）

摘　要：我国现行的《专利法》第 66 条规定针对实用新型和外观设计作出的评价报告"作为审理、处理专利侵权纠纷的证据"，但目前专利评价报告制度存在"尺度宽松""权重较大""救济无门"的综合矛盾，成为一些人的敛财手段。对此应当评估与正视当前外观设计专利评价报告制度所存在的困境，尝试通过调整外观设计专利评价报告的属性、明确评价依据以及适度引用网络使用公开证据的方式加以解决。

关键词：专利评价报告制度　专利诉讼　外观设计

一、外观设计专利评价报告制度产生的原因

考虑到我国专利制度发展和建设过程中遇到的现实问题，也结合我国《专利法》中对于发明"具有突出的实质性特点和显著的进步"的具体要求，我国发明专利实行完全实质审查制度，审查尺度相对严格，审查周期相对较长。对于外观设计及实用新型，我国则采取形式审查制度，只要专利经过专利行政部门的初步形式审查，认为该申请手续完备且符合法律规定的形式，就可获得授权。因此，在《专利法》第二次修改之前，除了专利权无效宣告请求程序以外，关于实用新型以及外观设计专利权稳定性的评定都是根据人民法院法官的经验判断，并没有统一的标准。

为了改变这一现状，《专利法》在 2000 年第二次修改时首次增加了实用

＊ 作者简介：姜志豪（1993 年–），男，汉族，浙江台州人，中国政法大学同等学力研修班 2021 级学员，研究方向为知识产权法学。

新型专利检索报告制度〔1〕，在一定程度上尝试摸索和解决司法实践中混入的"垃圾"实用新型钻法律空子的问题，为利害关系人提供了一种保障和救济的途径。对于外观设计而言，由于文字内容检索精度低，且国家知识产权局内部彼时缺乏检索现有设计的电子数据库，故有关外观设计的检索报告制度迟迟无法得到落实，仍然由人民法院的法官按照经验判断。〔2〕一直到2008年第三次修改的《专利法》才将实用新型检索报告改为专利评价报告制度，并将外观设计也纳入评价报告检索评估的范畴。〔3〕

在没有引入外观设计专利评价报告之前，对于侵害外观设计专利权纠纷，法官需要根据个人经验判断涉案外观设计的稳定性以及涉案产品是否落入涉案外观设计的保护范围。由于外观设计专利评价报告为涉案外观设计的专利稳定性提供了几乎定性的结论，在实务中极大简化了法院在审理侵害外观设计专利权的工作量，因此虽然法律无强制规定，但是在司法实践中外观设计专利评价报告已经成为外观设计专利维权的立案的准前置条件和证明专利有效的必备证据。〔4〕

二、外观设计专利评价报告制度产生的困境

外观设计专利评价报告在评价专利时，通常引用专利数据库中数篇现有设计。值得注意的是，被引用的外观设计往往和涉案专利均属于同一类别，具体而言属于相同的"洛迦诺分类号"的现有设计。这一制度的本意是为了评述功能或用途相近似的设计，却让不同类别的配套部件外观设计在评价报告中大概率能够获得正向的评价结果。譬如，用于保护汽车钥匙的钥匙皮套，需要和汽车钥匙贴合使用，因此整体尺寸和汽车钥匙相当。同时，为了区分内部钥匙的种类，将钥匙皮套上的设计特征和汽车钥匙一一对应，得出二者的图案特征基本相同。汽车钥匙属于08-07锁紧或关闭装置，钥匙皮套则属于03-01钥匙袋，这使得评价报告在评述汽车钥匙套时不会考虑汽车钥匙对于钥匙套设计空间的影响，从而造成虽然汽车钥匙套的外观设计明显要晚于

〔1〕《专利法》（2000年修正）第57条。
〔2〕朱妙妙："我国实用新型评价报告制度的历史"，载《科技风》2019年第16期。
〔3〕《专利法》（2008年修正）第61条。
〔4〕郭小军："专利权评价报告制度前瞻：补充实质审查程序高效阻拦无效专利申请"，载《中国对外贸易》2016年第9期。

汽车钥匙，但在后申请的汽车钥匙套均能获得正向的评价报告。以广州知识产权法院为例，由于评价报告已经给出定性的结论，因此法院在审理类似汽车钥匙套的侵权案件时，不再考虑汽车钥匙对于汽车钥匙套设计的设计空间的影响，此类案件均以权利人胜诉为结果。[1]不仅如此，由于互联网信息传播愈发迅速，目前存在许多网络使用公开在先，专利流氓趁部分发明人缺乏专利意识恶意抢注的情况。若参考引证网络使用公开证据，就可以较为容易地否定专利的新创性，目前的外观设计专利评价报告仅引用专利数据库中的专利文献，这使得许多非原创者能够借机通过诉讼或者网络投诉谋取不正当的利益，破坏了社会公共利益。

不仅如此，外观设计专利评价报告无法提供类似专利实审的救济途径。不管是驳回决定，还是复审决定或无效决定，均属于行政决定，当事人或利益相关方可以通过听证程序和行政救济途径进行抗辩。《专利审查指南》规定"专利权评价报告不是行政决定，因此专利权人或者利害关系人不能就此提起行政复议和行政诉讼"[2]。在形式上，没有明文规定评价报告具有否定专利权本身的效力，但在司法实践中，评价报告的指向性结论已经对专利权的稳定性产生实质性的影响，成为专利侵权构成要件的重要组成部分。在许多案件中，评价报告制度已经成为一项无法救济却又举足轻重的存在，利益相关方无法就外观设计的稳定性进行辩论。[3]这一缺陷被专利流氓所利用和滥用，通过在特定类目中恶意抢占外观设计阻断市场，成为其敛财的手段。此举无疑不能促进科学技术的进步与提高创新能力，有违《专利法》的立法本意。[4]

三、解决外观设计专利评价报告制度困境的对策

（一）使评价报告具有转化成为行政决定的功能

通过改变评价报告本身的属性解决该问题。当前，评价报告在专利侵权诉讼程序中已经起到了近乎行政决定的作用，但其本身又不属于行政决定，

---

〔1〕 参见广州知识产权法院［2020］粤 73 民初 4532 号、［2020］粤 73 民初 4530 号、［2020］粤 73 民初 4594 号一审判决书。

〔2〕 参见《专利审查指南》第十章"专利评价报告"。

〔3〕 陈冲："论专利司法实践中专利权评价报告制度的适用"，华中科技大学 2019 年硕士学位论文，第 32 页。

〔4〕《专利法》第一章"总则"第 1 条规定："为了保护专利权人的合法权益，鼓励发明创造，推动发明创造的应用，提高创新能力，促进科学技术进步和经济社会发展，制定本法。"

这是矛盾的。[1] 在司法实践中，当双方当事人就专利权是否稳定进行辩论时，法院通常采取消极态度，仅建议利益相关方提起专利无效请求，故评价报告缺乏救济途径，当事人无法在诉讼过程中发起对评价报告的质疑。而无效宣告请求往往费用高昂，导致当事人在策略选择方面尤为被动。故应当为当事人提供对等行政决定的救济途径。譬如，允许诉讼程序中的当事人对于评价报告提出异议，通过提出异议启动对于外观设计的补充性质、事后性质的实质审查，使评价报告成为行政决定或者和行政判决相关联。这一方面考虑到审查员为了作出评价报告已经做了大量实质审查的工作，如果另立案启动无疑浪费了审查中已有的资源，造成重复浪费；另一方面，当事人需要通过一种相对低成本的方式获得救济途径，获得对外观设计的创造性高度进行辩论的机会。由于诉讼程序已经涉及经济利益，因此在后续救济中还将考虑该外观设计是否可能存在权利滥用，更为公平。

（二）在外观设计专利评价报告中明确评述依据

在外观设计专利评价报告中增加"设计特征"一栏以明确引进行比对的设计特征是什么。现行的评价报告的结论仅评述是否发现存在不符合授予专利权的缺陷，即应当认为专利已符合《专利法》第23条第2款规定的"授予专利权的外观设计与现有设计或者现有设计特征的组合相比，应当具有明显区别"。但在报告具体说明一栏中通常仅存在"与现有设计相比具有显著差异"的模糊性描述。在法庭诉讼阶段，当事人无法就现有设计进行有利抗辩的原因正是当前评价报告中的模糊化结论所导致的。如若能够在报告中对于比对的现有设计或者现有设计特征的组合进行明确，解释清楚评价专利的创新是基于对比文件的何种设计基础，达到何种效果，实现何种美感都是非常必要的。一旦在评价报告中能够明确"设计特征"，即使评价报告不具备行政决定的属性，当事人在法院诉讼阶段也能通过提出新的证据，并基于涉案专利与未出现在评价报告中的证据相同进行现有设计抗辩。评价报告的评述解释不仅为当事人在法庭辩论中进行现有设计抗辩提供可能性，而且评价报告的明确结论能够辅助、配合法院系统根据实际情况作出合理的判决。

（三）在外观设计专利评价报告中适度引用网络使用公开证据

当前，我国外观设计专利评价报告中所引用的现有设计均来自专利数据

---

[1] 刘谦："我国专利权评价报告制度研究及其完善建议"，载《中国发明与专利》2015年第2期。

库。然而，随着互联网信息的高速发展，目前实践中经常出现在国外众筹网站中率先公开，然后由其他人抢先在中国注册外观设计的情形。由于外观设计所见即所得，网络公开使用证据对于外观设计的公开相对充分，如果参考引证网络使用公开证据，能较为容易地否定明显无新颖的外观设计。对于此类不容易检索到专利文献但容易检索到网络使用公开的情形，在实行外观设计实质审查的美国，审查员在评述外观设计的新颖性时会引用来自例如谷歌或者必应等网络检索结果。尽管域外网站信息可能存在取证三性方面的缺陷，但仍然可以开始尝试性选择在国内基站或者境内网站所公开的信息。参照美国或其他国家对于外观设计实质审查的取证范围，在外观设计专利评价报告中的对比文件引用相对可靠的使用公开证据，在不影响当前评价报告制度的前提下，有效遏制专利流氓的恶意抢注行为。

知识产权惩罚性赔偿制度研究

金方玮[*]

（中国政法大学 北京 100088）

摘　要：2013 年《商标法》、2020 年《专利法》和《著作权法》、《民法典》等相关法律，先后修订了关于惩罚性赔偿规则的内容，但是知识产权惩罚性赔偿制度的实际施行仍然存在着不少困难。本文给出以下对策改善这一问题：第一，将侵权损害赔偿的计算方式从规定的顺序变更为由被侵权人选择的方式；第二，加大知识产权侵权行政执法力度；第三，进一步细化关于知识产权惩罚性赔偿的基数和倍数的定义。

关键词：知识产权惩罚性赔偿　知识产权侵权判定　不正当竞争

一、知识产权惩罚性赔偿的必要性

（一）科学技术决定生产力

当前，我国已从"世界工厂"转向高质量发展阶段。全国技术型企业都面临着技术创新改型的难题，在一些先进企业、科研院所花费大量人力财力投入在科技创新时，应当先建立一个能够保护其基本权益的法律环境，如此才能够促进科技创新事业的推进，设立完善知识产权惩罚性赔偿制度，符合国家经济技术发展趋势。

设立惩罚性赔偿制度的原因在于，通过这种震慑性制度，充分保护科研成果，鼓励发展技术创新，提高产品竞争力。

---

[*] 作者简介：金方玮（1989 年-），女，汉族，江苏镇江人，中国政法大学同等学力研修班 2021 级学员，研究方向为知识产权法学。

（二）惩罚性赔偿制度具有威慑的作用

惩罚性赔偿制度使得侵权的成本和代价变高，可以消除侵犯知识产权人的投机心态，打消企业认为侵犯知识产权是一种快速低成本的盈利手段，保护科研创新企业合法权益，避免不正当竞争，确保在市场机制下，让真正有未来发展前景同时具有国际竞争力的企业存活下来。

（三）全球化趋势，提高国际竞争力

在国际条约层次，比如世界贸易组织（WTO）的《与贸易有关的知识产权协定》使得全球知识产权制度有着全球一体化的趋势。美国的知识产权惩罚性赔偿案例如佛罗里达州最高法院判决烟草公司1450亿美元的惩罚性赔偿款项[1]。德国的满足感概念（concept of satisfaction）认为法院应当以受害者为中心的考虑使得补偿看起来是惩罚[2]。在欧盟，欧盟委员会的绿皮书提出了在反垄断案件中允许加倍赔偿的可能性。在澳大利亚，澳大利亚法院将执行美国法院下令的巨额惩罚性损害赔偿判决。虽然专利具有地域性，但是国内企业要想走出国门在国际市场上赢得优势，就不得不跟上全球化的脚步。

二、知识产权惩罚性赔偿在实际运用中面对的困难

（一）诉讼中取证难

《最高人民法院关于审理侵害知识产权民事案件适用惩罚性赔偿的解释》（以下简称《解释》）第2条规定，惩罚性赔偿需要原告在起诉时明确赔偿数额、计算方式以及所依据的事实和理由，且进行惩罚性赔偿请求，需要进行"故意"和"情节严重"的双重认定。

"故意"的情形包括：一是通知警告后，仍然侵权；二是被告与原告是同一管理人；三是被告与原告有利益关系，且接触过该知识产权；四是被告与原告有业务、合同，且接触过该知识产权；五是被告假冒商标或商品。"情节严重"的情形包括：一是再次侵权；二是以侵权为执业；三是损坏藏匿证据；四是不履行裁定；五是获利巨大；六是危害国家公共利益，威胁人身安全。

且这些均要原告进行举证，要证明同时具有"故意"和"情节严重"是困

---

[1] Engle v. Liggett Group, Inc., No. SC03-1856, 2006 WL 1843363 (Fla. July 6, 2006).

[2] Volker Behr, "Punitive Damages in America and German Law-Tendencies towards Approximation of Apparently Irreconcilable Concepts", *78 Chicago-Kent Law Reviews*, 105 (2003), pp. 112~113.

难的。

通过北大法宝检索"发明专利"侵权纠纷，可以得出，最近五年内的侵权案件是 11 792 件，平均一年 2358 件；最近三年的侵权案件是 4658 件，平均一年 1553 件，这说明发明纠纷的数量在下降。2021 年我国发明专利申请量为 158.6 万件，同比增长 5.9%，理应纠纷数量也随之增长，但是纠纷却呈现逆增长的原因可能在于侵权纠纷取证难，侵权赔偿数额低，所以企业维权的积极性较低。

（二）确定惩罚基数和倍数难

首先，基数的确定存在困难。《解释》第 5 条指出，人民法院要以原告因知识产权侵权的实际损失、被告因知识产权侵权的违法所得或者因知识产权侵权获得的利益作为计算基数。还指出只有在实际损失数额、违法所得数额、因侵权所获得的利益这三样都不好计算时，人民法院才可以参照许可使用费的倍数进行确定，作为惩罚性赔偿数额的计算基数。通过北大法宝检索案例，查看实际案例，可以得出，大多数案件选择侵权获利作为赔偿基数，少数案件选择实际损失作为赔偿基数，极少数的案件选择许可使用费倍数作为赔偿基数。

其次，倍数的确定存在困难。《解释》第 6 条指出，倍数依据"被告主观过错程度、侵权行为的情节严重程度"来确定，各个法院在实践中选择赔偿倍数主观性过大，例如，"天赐高新材料有限公司侵害技术秘密纠纷案"二审相比一审的判决，赔偿倍数提高了 2.5 倍。

（三）侵权诉讼成本高，赔偿低

上诉侵权失败案例：诉讼成本高特别表现在医药领域中，如"伊莱利利公司诉豪森制药公司专利侵权纠纷案"[1]一审判决驳回伊莱利利公司的诉讼请求。一审案件受理费 37 510 元，鉴定费 75 000 元，都是由原告伊莱利利公司承担的，二审判决驳回上诉，维持原判。二审案件受理费人民币 50 300 元，由伊莱利利公司负担。[2]

上诉侵权成功案例："湖南华纳大药厂股份有限公司、大连中信药业股份有限

---

〔1〕 参见最高人民法院［2002］民三终字第 8 号民事判决书。
〔2〕 参见最高人民法院［2009］民三终字第 6 号民事判决书。

公司等侵害发明专利权纠纷案"[1]，认定专利侵权成立，判决："（一）湖南华纳公司立即停止对该案所涉专利权的侵害；（二）大连中信公司立即停止对该案所涉专利权的侵害；（三）湖南华纳公司和大连中信公司共同赔偿南京圣和公司经济损失30万元及合理费用10万元。"

由此可以看出，诉讼的成本高，如果上诉失败，那有可能要承担全部受理费和鉴定费的风险，即使侵权判定成立，也有可能会因为无法给出经济损失的证据而得不到合理的赔偿。

三、不同国家针对知识产权侵权的损害赔偿计算方式

（一）德国针对知识产权侵权的损害赔偿计算方式

德国法院一直否认赔偿金具有惩罚或遏制的作用，采用的是知识产权侵权救济规则，《德国专利法》第139条指出知识产权侵权的损害赔偿采用侵权获利和合理许可费这两种计算方式。有研究作出统计："95%的专利权人会请求许可费赔偿。"[2]这一计算方式相对简单，免去了取证的麻烦。

（二）美国针对知识产权侵权的损害赔偿计算方式

美国的惩罚性赔偿制度比较发达，如在经典案例"Big O Tire Dealers, Inc. v. Goodyear Tire &Rubber Co. 商标侵权案"中，原告获赔1680万美元。[3]

四、解决知识产权惩罚性赔偿制度困境的对策

（一）将侵权损害赔偿的计算方式从规定的顺序变更为由被侵权人选择的方式

《解释》第5条规定，侵权损害赔偿的计算方法及计算顺序为：先是权利人的实际损失，然后是侵权人的侵权所得利益，最后才是许可使用费的倍数。由此可以看出，我国的惩罚性赔偿制度其实是一种补偿式制度，并非惩罚式制度。对此可以参考德国的制度，取消适用次序，让被侵权人自己选择以哪种形式赔偿，这样更加有利于被侵权人。

---

〔1〕 参见最高人民法院［2020］最高法知民终1156号民事判决书。

〔2〕 张鹏：《专利侵权损害赔偿制度研究——基本原理与法律适用》，知识产权出版社2017年版，第108页。

〔3〕 蒋华胜："知识产权惩罚性赔偿制度研究：立法检视与司法适用——兼论我国《民法典》第1185条法律规范的体系化构建"，载《中国应用法学》2021年第1期。

（二）加大知识产权侵权行政执法力度

加强知识产权行政执法能力建设，建设知识产权保护小组，加强小组人员的知识产权侵权执法能力的培训，细化侵权认定的规则和制度，加大行政执法的宣传，同时加强执法惩罚力度，吸引企业通过行政执法保护自身权益，规范市场秩序，提高企业科技创新的积极性。

（三）进一步细化关于知识产权惩罚性赔偿的基数和倍数的定义

细化惩罚性赔偿的基数和倍数的规则，避免依据主观判断是否故意或情节严重，完善知识产权惩罚性赔偿制度的细则或解释，通过打分的形式精确地区分侵权情节的严重程度，辅助法院标准化判断赔偿基数和倍数，从而实现惩罚性赔偿数额的科学认定。

我国现有的制度与其说是惩罚性赔偿制度更像是补偿性制度，从科学技术发展必须依靠创新科研来看，应该发挥惩罚性赔偿制度的警示、震慑作用，避免侵权行为形成社会风气，降低企业或科研单位的创新积极性，建设知识产权强国，帮助企业实现产业升级。

论违反禁止滥用市场支配地位的合同效力认定

金奉书 *

（中国政法大学 北京 100088）

摘　要：《最高人民法院关于审理因垄断行为引发的民事纠纷案件应用法律若干问题的规定》第 15 条所增设的但书条款，明确了"违反《反垄断法》的合同并不当然无效"这一基本结论。违反反垄断条款合同的效力认定既应该充分考量民法背后的意思自治价值，也不应忽视反垄断法所维护的市场竞争秩序。在认定相关合同效力时，应当依托民法中的民事法律行为效力判断的基本框架，禁止滥用市场支配地位的强制性规定在民法中属于复杂规范，且属于"禁止当事人采取特定行为模式的强制性规定"，需要参照《九民纪要》对其中列举的有关因素综合考量才能认定其效力。并非所有情形都必须通过民法上的效力制度进行干预，反垄断法作为市场干预法对民事法律关系的干预应当保持谦抑和审慎的态度。

关键词：效力性强制性规定　妨碍型滥用市场支配地位　合同未生效合同无效

一、问题的提出

2020 年，最高人民法院对《最高人民法院关于审理因垄断行为引发的民事纠纷案件应用法律若干问题的规定》进行了修正，其第 15 条在原有的基础上增加了不导致无效的"但书条款"。基于此变动，《反垄断法》中的禁止垄断行为的条款是否可以作为认定合同无效的依据，又应当用何种视角来审视

---

* 作者简介：金奉书（1988 年-），女，汉族，吉林长春人，中国政法大学同等学力研修班 2021 级学员，研究方为经济法学。

违反《反垄断法》的民事法律行为的效力，便成了反垄断民事司法裁判值得讨论的问题。从价值层面看，既应该充分考量民法背后的意思自治价值，也不应忽视作为"市场经济宪法"的《反垄断法》[1]所维护的市场竞争秩序价值。

二、违反《反垄断法》合同效力判断的分析路径

在《民法典》时代，要想准确把握"强制性规定"与合同效力判断相关纠纷的裁判，应当采用类型化的思考方法[2]，遵循一定的逻辑进路，从而确保效力审查的周延性。

（一）区分强制性规定的简单规范或复杂规范

在识别强制规范时应该首先区分简单规范与复杂规范。简单规范一般只调整事实行为，不能成为民事事实行为所违反的对象。而复杂规范调整民事法律行为，民事法律行为可能会违反复杂规范。基于此分类，效力性强制规定——这一用以评价民事法律行为效力的概念，只能用于可能被民事法律行为违反的复杂规范的语境。而对于简单规范中的强制性规范，由于民事法律行为不会违反简单规范，所以并不存在"管理性强制性规定"和"效力性强制性规定"的区分。例如，交通法律法规禁止机动车驾驶人无证驾驶，这是一个属于简单规范的强制性规定，它所限制的是"驾驶机动车"这一事实行为，而非禁止实施某一民事法律行为。因此，该强制性规定并不会影响无证的机动车驾驶人签订运输合同的效力，只不过在合同履行中可能会招致执法部门的处罚，合同也可能陷入法律上的履行不能。

（二）区分"禁止采取特定行为模式"和"应当采取特定行为模式"的规定

对于复杂规范中的强制性规定，应当区分其为"禁止采取特定行为模式"或为"应当采取特定行为模式"。只有前者，才有区分"效力性"和"管理性"的必要。而所谓"应当采取特定行为模式"的强制性规定，一般指的是表现为需要经过许可才能进行"某项"行为的强制性规定，应当与经过许可才能进行"某类"行为的强制性规定相区分，后者属于"禁止采取特定行为模式"。可以看出，后者是一种概括性控制，而前者是一种逐次控制，因此应当在进行合同效力认定时区分"禁止采取特定行为模式"和"应当采取特定

---

[1] 参见金善明："反垄断法的'经济宪法'定位之反思"，载《江西社会科学》2015年第11期。

[2] 参见王轶："民法典之'变'"，载《东方法学》2020年第4期。

行为模式"。并非所有的强制性规定都可以用来认定合同无效，一些规定虽然形式上采用"应当"等表述，但是违反的后果仅应该是暂不生效[1]。后者对合同效力的控制并非表现在合同是否无效，而是表现在控制合同是否已经生效。基于此种分类，可以将违反反垄断条款合同的未生效状态与其他效力形态有效区分。

（三）"禁止采取特定行为模式"的具体判断

针对"禁止采取特定行为模式"的强制性规定，应当参照《九民纪要》第 30 条的思路，在考量该强制性规定所保护的法益类型、违法行为的法律后果以及交易安全保护等因素的基础上认定其效力。此时，若综合各方面因素后定性该强制性规定为"效力性强制性规定"，则违反该强制性规定的合同无效。反之，若该强制性规定被定性为"管理性强制性规定"，则不宜用合同效力制度进行调整，而只能追究其违反行政法、经济法以及刑法等其他法律的责任。当然，如果此时该合同因该强制性规定的限制而不能履行，则相应的当事人还应承担违约责任。

三、违反反垄断条款的合同效力认定

结合前述讨论可知，《反垄断法》明确规定禁止滥用市场支配地位，该强制性规定可以调整民事法律行为，可以被民事法律行为所违反，属于复杂规范。另外，该强制性规定属于"禁止当事人采取特定行为模式的强制性规定"，应当对该强制性规定是否属于效力性强制性规定进行具体判断。

（1）就禁止滥用市场支配地位的强制性规定所保护的法益而言，可以概括评价为市场公平竞争秩序这一社会公共利益法益，具体包括经营者的公平竞争权和交易相对人的公平交易权。

（2）就滥用市场支配地位造成的危害后果而言，滥用市场支配地位有剥削型滥用与妨碍型滥用两种类型，其造成的具体损害后果也存在不同，应当对其进行区分考察。对于剥削型滥用市场支配地位行为，《反垄断法》第 22 条第 1 款第 1 项"不公平价格"以及第 6 项"差别待遇"等行为，所保护的法益是与具有市场支配地位的经营者进行交易的相对人的公平交易权；对于

---

[1] 参见王涌：《私权的分析与建构：民法的分析法学基础》，北京大学出版社 2020 年版，第 144 页。

妨碍型滥用市场支配地位，《反垄断法》第 22 条第 1 款第 2 项列举的"掠夺性定价"[1]，阻碍或排挤了相关市场内的同业竞争者，直接侵害了与具有市场支配地位的经营者有竞争关系的经营者的公平竞争权[2]，但是对交易相对人利益的侵害并非直接、显然的损害，而是一种需要长期作用的结果；妨碍型和剥削型滥用市场支配地位的区分并非泾渭分明，有时某行为将同时损害竞争者利益与交易相对人利益，例如《反垄断法》第 22 条第 1 款第 5 项"搭售或不合理条件"和第 4 项"限定交易"行为。

（3）就是否涉及交易安全的保护而言，滥用市场支配地位的有关合同可能涉及交易的安全保护，也需要分情况讨论。对于妨碍型滥用市场支配地位而言，该合同的履行将侵害竞争者的公平竞争利益，而可能与合同交易相对方利益无关，甚至暂时有利于交易相对人。此时，需要对交易安全进行特别保护。对于剥削型滥用市场支配地位，该合同直接侵害交易相对人的利益，不涉及交易安全的保护。

综上，由于涉及交易安全的保护以及危害法益的不同，禁止滥用市场支配地位的强制性规定是否属于效力性强制性规定需要区分情况讨论。对于不涉及交易安全的剥削型滥用市场支配地位的强制性规定，可以评价为效力性强制性规定，从而认定该合同无效。例如，以"不公平价格""无正当理由搭售"等滥用市场支配地位所订立的合同，经营者凭借其市场支配地位严重损害了交易相对人的利益、扰乱了正常市场秩序，法官可认定该合同违反了《民法典》第 153 条第 1 款而裁判该合同无效，这一思路也被最高人民法院的指导案例所支持[3]。但是对于涉及交易安全的妨碍型滥用市场支配地位，则需要对交易安全进行特殊保护，不宜评价为效力性强制规范，该合同效力不应受到影响。例如，"掠夺性定价"行为是指没有正当理由地以低于成本的价格销售产品，从而达到排挤竞争者进入市场的目的。若某个具有市场支配地位的经营者采取掠夺性定价策略来销售产品，此时虽然该销售合同违反了该强制性规定，但尚未开始损害交易相对人的利益，出于保护交易相对人的考虑，该合同显然不应该评价为无效。因为，某些强制性规定尽管要求民事主

---

[1] 参见孙晋：《反垄断法——制度与原理》，武汉大学出版社 2010 年版，第 104 页。

[2] 参见刘继峰：《竞争法学》（第 3 版），北京大学出版社 2018 年版，第 161 页。

[3] 参见最高人民法院指导案例 79 号"吴某秦诉陕西广电网络传媒（集团）股份有限公司捆绑交易纠纷案"。

体不得违反，但并不当然致使民事法律行为无效。没有违法的当事人不应承担违反强制性规定的后果，相应的后果应由违法的当事人来承担[1]。因此，以"掠夺性定价"为代表的妨碍型滥用市场支配地位行为对同业竞争者的侵害，应该由反垄断执法部门进行处理，而不宜由合同效力制度直接进行调整。

四、结论

对于滥用市场支配地位，应该进行区分考察：对于构成剥削型滥用市场支配地位行为而订立的合同，鉴于相对人权益需要保护，且该合同并不涉及交易安全，应属于效力性强制性规定，可以认定合同无效；对于构成妨碍型滥用市场支配地位行为而订立的合同，鉴于需要对相对人的交易安全进行保护，不宜认定合同无效，该垄断行为应当由反垄断执法机构进行处置。总而言之，并非所有垄断行为都有必要通过民法上的效力制度进行调整，经济法作为市场干预法对民事法律关系的干预应当保持谦抑和审慎的态度。

---

〔1〕 参见贺小荣："意思自治与公共秩序——公共秩序对合同效力的影响及其限度"，载《法律适用》2021 年第 2 期；李适时主编：《中华人民共和国民法总则释义》，法律出版社 2017 年版，第 481~482 页。

论隐名股东的异议之诉的裁判路径

龙　维*

（中国政法大学 北京 100088）

摘　要： 隐名股东执行异议之诉的问题是股东资格认定衍生的又一难点，由于在司法实务中同一类型案件不同裁判的普遍现状，理论研究界出现"肯定说""否定说"的不同观点。通过对第三人范围及司法裁判的其他考量因素的分析，对具体利益进行充分衡量，并为突出社会保护效果，充分进行利益保护，从而进行归纳总结。根据这一路径，不同情境、不同阶段的情况下，都可以更好地保护股东、债权人的利益，有利于企业的长足发展。同时无论是隐名出资还是签订股权转让协议后合同生效的阶段，都可以更好地进行利益保护。

关键词： 执行异议　隐名股东　第三人　判决路径

一、案例引入

（一）肯定说

2015 年 9 月，青海省高级人民法院对鑫通公司案作出判决，认为该案债权人有权申请强制执行代持的股权，同时法院还认定该委托持股协议有效、合法。[1]法院意见还表明，股权在依据法律完成登记后具备公示效力，法院

---

　*　作者简介：龙维（1987 年–），男，汉族，广东佛山人，中国政法大学同等学力研修班 2022 级学员，研究方向为民商法学。

　〔1〕具体案情见 [2015] 青民二初字第 71 号民事调解书、[2015] 青执字第 47 号裁定书、[2016] 青执异字第 4 号执行裁定书。

判断股权权属应当依据相同的法律[1]，在审查执行异议与案件时更应当遵循这一原则，同时也是对隐名股东与名义股东之间委托持股合同效力判断的依据。仅解决隐名股东和名义股东间的债权纠纷，但不得据此对抗善意第三人或排除法院的强制执行。

（二）否定说

2004年11月，中国银行股份有限公司西安南郊支行（以下简称"中行南郊支行"）出借3000多万元给成城公司，海某集团、长安企业作为保证人，成城公司到期后不归还款项。2006年11月，中行南郊支行提起诉讼，成城公司在该协调书履行时限期满后仍未还款。但2009年2月，西安市中级人民法院作出了民事裁定，冻结了成城公司名下渭南信用社1000万元股权。2009年2月，华冠公司、西部信用担保有限公司和成城公司股权确认纠纷立案，经法院审理后确定：该各1000万元股份均为华冠公司所拥有。后华冠公司以案外人的身份提起了执行异议。西安市中级人民法院审查并作出了［2013］西执异字第00017号判决，确认案外人华冠公司所主张的执行异议成立。

原审法院法官表明，双方争论的重点在于华冠公司并非工商登记的股权持有一方，中行南郊支行是否能够依照商法外观主义原则，作为善意第三人对抗华冠公司，就涉案股权申请强制执行？商法的外观主义言责的立法目的是保障市场交易，而基于这一立法理念，其适用范围应当局限于针对相关标的进行交易的第三人。而该案标的为成城公司旗下渭南信用社1000万元股权，而中行南郊支行却只是为了处理与成城公司的债务纠纷而冻结了其股权，并没有就该股权进行交易，故其对于该股权也不具有信赖利益。[2]

二、股东资格认定标准的分歧

关于显名股东的债权人的权利如何认定为优先于实际投资人，在实务中存在肯定和否定的两种观点，将其抽象成两种理论，即"肯定说"和"否定说"。

---

〔1〕《公司法解释三》第24条规定，有限责任公司的实际出资人与名义出资人订立合同，约定由实际出资人出资并享有投资权益，以名义出资人为名义股东，实际出资人与名义股东对该合同效力发生争议的，如无《合同法》第52条规定的情形，人民法院应当认定该合同有效。

〔2〕裴斌："刍议隐名股东能否排除法院强制执行"，载《法制与社会》2019年第34期。

（一）肯定说理论

这一理论认为，实际出资行为中有很多行为都隶属请求权范围，例如请求明确股东资格的问题以及要求实现其排除强制执行的权利，但不优先于显名股东的权利，因为两者同样是债权范畴。根据《民法典》，执行标的物的权属关系会发生变化，尤其是在执行过程中会具备优先性。而在限制执行阶段，当所有权发生变动时，各类强制执行措施在其中便起到关键作用。即使在强制执行前后存在变化，如实际投资人从隐名股东变成显名股东，也不能以此对抗申请执行人。

（二）否定说理论

实际出资人的权利在民商法学领域中类似于物权，具体而言，其在针对投资利益而行使的权利，在探讨其优先性、直接性的情况下，即满足这一条件。但是债权人和显名股东之间，针对投资利益而行使的权利也并不特殊，这并不是其固定的选择，而是根据我国各种法律条文和学界学说总结概括出的权利竞争结构，可以发现较之债务人所请求履行的金钱债权，其实投资人对涉案股权所行使的实质权利更具优先属性，由此也可以排斥人民法院的强行行使。[1]

三、第三人的范围

对于《公司法》第 32 条"第三人"的理解，有的学者认为该"第三人"包括与实际出资人进行股权交易的善意第三人以及显名股东的一般债权人；有的学者则认为该"第三人"仅指与实际出资人进行股权交易的善意第三人。笔者赞同第一种观点，因为与名义股东交易股权的善意第三人在与其进行股权交易时，完全有机会也有义务审查登记股权权属的情况，而名义股东的一般债权人在与其产生民事法律关系时，对登记在其名下的股权权属情况不一定具有机会以及不需要有调查的义务。既然对于有机会有义务进行调查的善意第三人需要保护，那么对于没有机会、不负有调查义务的名义股东的一般债权人更应优先保护。这在法理上属于"举重以明轻"的解释方法。因此，笔者赞成上述第一种说法。

---

[1] 孙豪杰："代持股权强制执行中的利益衡量研究"，载《吉林工商学院学报》2022 年第 2 期。

四、司法裁判的其他考量因素

（一）司法政策的价值导向

当股权处于代持状态时，将处于不寻常情况，这种情况有悖诚信原则，同样不符合股权登记制度的相关规定。因此，司法机关在平衡多方主体利益时，需谨慎求证。笔者认为为维护民事、商事的交易安全与保证交易效率，应当对不特定多数人进行保护，进行利益衡量。要达到以上目的，就应当坚持外观主义，并进行正当的利益衡量。

（二）利益保护的意义

为进行利益保护的社会效果考察，我们应当深入研究强制执行名义股东股权的法律效果。可以看到支持这一行为可以有效防止债务人恶意串通并逃避债务，进而有助于解决隐名股东随意选择股权代持方式问题，有助于保持商事交易的稳定性。如果同意实际出资人排除强制执行的要求，极大可能造成隐名股东规避法律监管、钻法律漏洞从而随意进行股权代持。若支持隐名股东排除强制执行的请求，将会为其为逃避法律监管而任意选择股权代持提供机会。同时还可能增加恶意串通风险，即名义股东和隐名股东恶意串通从而侵害债权人利益的情况发生的可能性。

（三）风险与收益并存的理念

本文所研究的债权人申请强制执行实际出资人股权的行为正属于前述商业风险范畴。而且在实务中，隐名股东也有机会通过股权质押等方式化解此风险。因此，实际出资人应当承担这一风险。在这一风险变成事实发生以后，隐名股东也可以寻求救济，即向名义股东追偿。

五、司法裁判的路径选择

（一）股权转让合同生效阶段

在权利外观优先保护论应用于隐名出资和股权转让协议生效这两种情形下均可得到合理适用之时，笔者认为，只需要探讨"权力外形准则"的适用问题，即能否满足外观主义中的三方面的要求——具备权利外观、具有可归责性、满足善意相对人的条件。从权力外观来看，股东能否符合"权利外观"的功能是该准则应用的重要前提。笔者赞同陈林莉法官在事实控制权行使异议之诉中的观点，在适用"权利外观标准"解决隐名股东执行异议之诉的争议时，应当贯彻可归责性原理。[1]

（二）通知及认可阶段

《公司法解释三》第 23 条是解决这一问题的关键。实际出资人可以在公司未按时办理变更登记时向公司请求履行义务，从而得到救济；如果未按照前述进行，则应当根据前述的利益保护平衡原则，优先保护债权人的利益。因为实际出资人在这种情况下面临较大的经营风险，而债权人的利益也面临较大的受侵害风险。而第 23 条规定的救济方式并非直接救济，而是间接救济，时间成本较大，对隐名股东而言风险较大。因此，从比例原则出发，应当加强司法裁判的合理性，平衡多方利益，这就需要我们从公理角度出发对现行法律体制进行调整，从而实现公平正义的目标。因此，笔者认为有必要引入股东异议登记制度，让隐名股东得到对抗债权人的权利，从而更好地保护股东利益。

六、结语

从法理上来说，隐名股东借他人名义实施的隐名投资是一种较为特别的法律现象。然而其在实务中出现得越来越多。《九民纪要》虽对其予以保护有一定的规定，但并未对隐名股东的执行异议之诉问题进行相关进行细化规定，这表明隐名股东的执行异议之诉在接下来一段时间内依然会在法院出现同案异审的情况。在立法不完善的现状下，需要分析实践中该类型案件所涉具体权益，并结合利益保护的社会效果综合考察。

---

[1] 孙宏涛、刘梦："显名股东股权强制执行中的利益冲突与平衡"，载《天津法学》2019 年第 4 期。

代持股权作为执行标的时隐名股东的异议权研究

路燕萍*

（中国政法大学 北京 100088）

摘　要：伴随代持股权效力在司法领域被逐渐承认，近些年关于代持股权作为执行标的时隐名股东的异议权的问题成为热门且重要的关注点。学术界和审判领域都出现了不同声音，使得相关争论更具有思考性，因其背后涉及的法律问题以及营商环境等所呈现的问题具有盘根错节且复杂的特征。因此，也督促、引导我们就这一问题不断进行细化分析、提出建议，以帮助在法律框架内实现隐名股东和显名股东债权人之间最大的利益平衡和保护。

关键词：营商环境　外观主义　可归责性　风险防范

一、实务中对隐名股东与显名股东债权人权益的不同处理

（一）保护隐名股东出资的观点及存在的不利后果

在学理上，有意见认为，在执行程序中不能适用外观主义原则，应采取事实标准。例如，[1]王延川教授提出"执行程序中股权权属的认定，不应坚持外观主义原则，而应该回到实质主义逻辑上面，即股权归属于实际出资人"；[2]在审判领域，法院也持同样的反对意见，主张以强制执行非交易场合

---

　* 作者简介：路燕萍（1987年-），女，汉族，上海人，中国政法大学同等学力研修班2022级学员，研究方向为经济法学。

〔1〕 王延川："执行程序中权利外观优先保护之检讨——以名义股东股权被执行为例"，载《法学杂志》2015年第3期。

〔2〕 参见辽宁省沈阳市中级人民法院［2016］辽01民终11965号"焦某与李某红等公司案外人执行异议之诉纠纷上诉案"；福建省龙岩市中级人民法院［2017］闽08民终660号"中国邮政储蓄银行股份有限公司龙岩市分行、武平县大成房地产中介有限公司执行异议之诉"二审民事判决书。

为由排除外观主义原则的适用，明确财产的实际权利归属。

在执行阶段，保护隐名股东的不利后果是，法院决定不执行显名股东的财产，通过签署股权代持协议来逃避隐名股东实际债务的情形将会频频发生。当公司股东面对公司债权人时，很可能形成恶意股权处置行为，即利用操纵的股份来代为抗击债务。

（二）保护显名股东债权人权益的观点及存在的不利后果

在学理上，[1]认为外观主义原则对交易安全的保护并不拘泥于某一具体交易，而是着眼于整个商事交易大环境的便捷高效、稳定安全，因此交易相对人以外的一般债权人也是外观主义原则保护的对象。这一主张在司法实践中的影响力也非常广泛，众多判例在阐述不支持隐名股东排除执行的理由时都援引了此观点。

另外，基于工商登记对第三人具有公示效力，从而形成信赖利益，隐名股东并未被赋予公示股东的法律地位，对于第三人而言并不承认股权代持协议，以此维护其正当权利。再者，最高人民法院之前的判例[2]也认为，《公司法》第32条第3款所称的第三人，不限于与显名股东有股权交易关系的债权人。且对于第三人信任的要求并不高，只需证明其信任合理，即便真实情况与其所认为的不同，该第三人的权利仍旧优先受到法律保护。

此外，还存在另外两种恶意股权处置行为：一是显名股东与债权人合谋，虚报债务侵占隐名股东的实际出资；二是隐名股东串通显名股东及显名股东债权人虚设债务的目的是隐名股东恶意抽逃出资。

（三）现有法律规范下实务中无法达成统一

实践中，最终能否执行显名股东的股权不一，还要通过法院对个案的各项因素以及对应的证据进行严谨、综合的考量而定。虽然目前更多的判例结果是偏向显名股东债权人，但也绝不能一概否定隐名股东排除执行的权利，尤其债权人成为登记公示公信原则所保护的第三人尚存争议。相反，一旦承认隐名股东所拥有的权利可以排除执行，股权代持协议将不可避免地成为规避执行、规避义务的顽劣手段。

---

〔1〕 司伟："有限责任公司实际出资人执行异议之诉的裁判理念"，载《人民法院报》2018年8月22日。

〔2〕 最高人民法院〔2016〕最高法民申3132号"王某岐与刘某苹、詹某才等申诉、申请民事裁定书"。

如果允许隐名股东仅凭股权代持协议排除执行，则将架空股权登记公示公信的法律规定，一味遵循外观主义，坚持执行，则将架空案外人执行异议之诉对案外人之一的隐名股东的救济路径。

二、隐名股东提出执行异议时双方的可规责性

天然的成因，即隐名股东由于自身（主要是工作限制、投资比例限制等）原因，对外观事实的形成具有可归责性。隐名股东在选择显名股东乃至之后参与经营等时使得公司其他股东或显名股东债权人无法知晓其实际股权人的身份，导致显名股东债权人以善意第三人请求执行股权财产具有可归责性。相对隐名股东的可归责性，显名股东债权人的可归责性目前主要仅体现在主观上，即主观恶意具有可归责性。

三、简述建议

（一）隐名股东的风险防范

（1）应签订书面股权代持协议，且该协议内容应尽可能详尽完善，以避免出现代持合同因违反法律或政策规定而无效或名义股东否认代持关系存在的情况。首先，在股权代持协议中，应明确各自的权利及义务；其次，明确显名股东损害隐名股东利益的各种情况，明确违约责任；最后，为了规避未来行使"显名权"可能会面对的风险，确保其权利更符合法律制度，隐名股东在签署股权代持协议时，应获得企业过半数以上股东的同意并在该股权代持协议上签字确认。

（2）保留出资证明以及实际参与公司经营管理的证据。股权代理协议、出资证明、验资证明、股东会决议等，有助于证明自己是实际出资投资者，最重要的是，所有的投资应通过其本人账户进行转款并进行书面留痕。另外，公司的其他股东、员工知晓其实际出资股东身份也可以帮助法院进行身份的确认，比如代持协议上其他股东的签署、其以"股东""董事"等身份参与公司的股东会并进行表决等。

（3）谨慎选择显名股东，对其人品、经济状况、家庭的大致情况、婚姻中另一半的工作、经济状态有一定的了解。最好由配偶双方签订代持协议。因此，选择工作、家庭稳定，经济状况良好，贷款压力较小的显名股东较为妥当。

（4）办理股权质押担保。显名股东不得擅自将股权提供或转让给第三方担保。即便法院执行隐名股东的股权，其也可以质押权人的身份，优先获得股权。

（二）显名股东债权人的风险防范

（1）保证一般注意义务。显名股东债权人根据显名股东股权出借资金时，应注意明显的不合理，以避免后续在执行过程中带来的困难，比如显名股东几乎不了解该公司的业务或者鲜少前往该公司，隐名股东很有可能非常容易拿出对其有利的证据证明其股东及实际经营者身份，因为法院并非一定会基于外观主义作出对显名股东债权人有利的结果。

（2）及时行使自己的权利，不在权利上"睡觉"。正常商事活动中，并没有给债权人施加过多的调查义务，但不能保证对应的债务人不是显名股东，因此，及时行使自己的权利，时刻关注和考察债务人的财务状况等，及时、尽早发现和处理问题，亦有利于帮助法院明确其属于真实的善意第三人，而非抽走资或侵害出资人资金的恶意第三方。

四、结论

法律未给出明确的指针虽然给股东以及相关权利人造成不少困扰，但这份疑惑却可以帮助权利各方抱持更多的谨慎态度，也督促司法审判时更全面、合理地去看待个案。因为各方都有各自的权利及义务，尽可能保护各方权利、督促各方完成己方义务，是目前较为公平的态度。

虽目前针对以上难题未给到明确的指针，但其实整体更偏向保护显名股东债权人的利益。执行异议申诉本身就是隐名股东所具有的救济手段，如果一味以外观主义原则、信赖主义原则粗暴地进行，则是司法裁判的一种"偷懒"行为，因此，司法界在未来应仍旧保持个案个判的方式，维护每一个案件的公平公正，而隐名股东和显名股东债权人双方应尽量保留，提供可靠的有利证据，帮助司法公正判断，这才是当前各自最可靠的良策。

公司治理制度改革问题研究

马贞洁*

（中国政法大学 北京 100088）

摘　要： 公司治理与资本体系是我国公司法的两大核心制度，而法人治理则是我国企业法制建设的一个重要课题。公司的生存与公司的持续发展是密不可分的，公司的永续性是公司的永久生存，公司的持续发展是公司管理的永续性。公司治理的现代化实际上就是使公司的管理在改革过程中始终与市场和社会发展同步，并使之始终处于领先地位。通过对公司治理的分析，可以发现公司的治理也会对公司的市值产生直接的作用。因此，在公司治理中，公司的股东也会格外重视，并且会以更高的价格来回报那些拥有良好的公司。

关键词： 公司治理　公司法修改　控股股东

一、公司治理制度改革问题

（一）公司治理的法制建设不完善

公司治理的法律制度设计的根本理念是：公司法人的基本治理结构是四个法定组织行使各自的合法权益，其中，股东大会作为法人的最高权威或决策机关，具有决定公司重大事项的重要决策能力；公司设立的行政机关是指公司的行政机关，对公司的重要事务进行建议和决策；公司设立监事会，对公司进行日常的监管和检查；设立公司的主管机关，对公司的日常事务进行全面的监督。

---

* 作者简介：马贞洁（1985年–），女，回族，新疆乌鲁木齐人，中国政法大学同等学力研修班2021级学员，研究方向为经济法学。

股东大会、董事会、监事会在公司法中具有举足轻重的作用，具有最高的决策权、执行权和监督权力。大股东、董事长、总经理等都掌握着公司的大权，但是从法律上来说，他们并没有被授予相应的合法权益。在公司法中，财务主管只是一个简单的高管，并没有受到特殊的重视。

（二）对控股股东或大股东的法律规制不够健全

在公司的基本决定制度下，大股东可以根据自己的意愿保证自己所主张的议案能够被批准，从而拒绝其他人的异议。

虽然董事会看上去是一个独立的集体议决的权力组织，但是由于董事会的产生方式和运作方式，使得董事会更像是大股东的发言人和代表控制股东的意愿，董事会由股东任命，董事由股东任命，大部分董事由股东任命。同时，公司的决策也由大股东直接控制，而公司的控制权也在控制大股东手里。监事会本质上是由控股股东任命的，它可以使监事会的监管经理等经营管理机制得以实施，但却无法对大股东进行有效的控制，这种监管更多的是一种对公司的控制。管理者是由董事会指定的经营管理部门，而大股东则是公司的实际掌控者。但是，在公司法中，控制股东并没有什么特殊的位置，即非法律的法人治理机关，不具有决策和经营的权力，没有什么具体的权力，也没有什么具体的义务，更不用说是公司的治理了。

（三）公司管理中的责任追究和责任制度不完善

我国现行法律制度对集体管理的问责制度给予了更多的关注，而忽视了个人的法律义务。公司治理效能的一个关键保证就是对公司法定代表人的问责制，而对法人进行严格的问责，则可以对其施加一定的压力，并迫使其真正地承担起相应的法律义务。

二、公司治理制度改革的创新路径：体系创新

我国企业管理陷入困境的主要根源是其自身存在的先天缺陷和严重的弊端，即现有的法律、理念和法律法规的制约，只有通过体制上的创新才有可能摆脱这种局面。只有全面、深入地进行公司管理体制的实质性变革以及公司治理体系的变革，才能使企业从原有的管理体制中脱离出来，从而实现企业的全面变革。"《商业法典》是市场经济中最活跃、最具创新性的一部，它的制度和内涵始终随着市场经济的发展而不断地变化、更新，反映出与市场

经济运作的高度契合。"[1]它的价值合理性与技术合理性使得它在一定程度上维持了相对的稳定，同时又具备了适时变化、不断创新的特点，从而在市场经济中处于一种最具活力的状态。

（一）公司管理准则中的强制和任意性质的界定与确定

公司的组织结构和权力的规定必须按照公司的特定属性和特定的具体内涵来进行具体的分解和定式。首先，关于公司的组织结构，其强制性和任意性的依据不应该是对股东、利益相关者和公众利益的保护，而是应该考虑到公司制度安排的必要性和一般性。事实上，股东会是每一家公司都必须要成立的组织结构，而股东就是公司的最终拥有者，如果有两个以上的股东，那么，公司就必须要进行有效的管理，而股东会则是一个有效的组织结构。因此，我国《公司法》中设立股东大会的法定准则应当属于强制规定[2]。

（二）公司法人治理的主要对象及其对大股东的法制规范

从公司的实际情况来看，如果股东拥有了控股地位，公司的治理就必须要有大股东的加入。缺乏对控制股东进行规范的公司治理体系并不完善，公司治理的重点在于控制公司的控制权，我们应当客观、现实地承认其在我国法人治理中的重要性，而不能忽视它的存在，也不能把它当作一个普通的股东来对待[3]。

设立授权代行制度，根据《公司法》所述，控股股东可以行使董事会的权力，在符合一定的情况下，可以不需要召开董事会，而直接代表股东会作出决定。这样做的原因是，如果大股东持有的股份超过了一半，或者是2/3，那么他们所持有的股份就足够了。事实上，权力代理制度并不是取消股东大会的合法权力，而是取消了对股东大会决定的基本认可。公司治理结构的构建应当以公司的自我管理为基础，而公司章程的选取是其实施的先决条件。

（三）重组公司监管体系

在公司的法律体系中，公司的监管体系一直是一个很困难的选择，而在公司的实际运作中，公司监管体系的质量也不容乐观。在公司的种种诉讼中，

---

[1] 陈林邦："现代公司治理结构下会计制度改革路径研究"，载《中国储运》2020年第11期。

[2] 杨典："金融全球化与'股东导向型'公司治理制度的跨国传播对中国公司治理改革的社会学分析"，载《社会》2018年第2期。

[3] 李明辉："公司治理制度变迁与国际趋同：一个分析框架"，载《东北大学学报（社会科学版）》2009年第6期。

很少见到监事会在维权揭弊等监督职能方面的行为。

（四）公司管理中的责任和精确追究

鉴于公司的问责制度与追责制度存在着一定的偏差，需要对公司的问责与追责制度进行再检讨与调整，其基本思路应该是由团体、个体、身份、行为、从形式到实质，并根据其自身的实际行为和主观过失，分别追究其应当承担的法律责任。

三、结论

公司作为现代市场经济的重要组成部分，其经营管理水平的高低，直接关系到投资者的投资回报，也关系到整个社会的经济运行与发展。公司治理体系是我国公司法的一大核心支柱，它的运行效率对公司法人制度的成功与否有着重要的作用。随着公司法的发展，公司的体制变革也没有停止，中国企业的问题与困难由来已久，公司法学者们为此进行了长达数十年的研讨与努力，无论是从实践还是从理论上来说，都希望对这一制度的突破与革新提出有益意见。

预重整制度的问题研究

聂海平*

（中国政法大学 北京 100088）

摘　要： 随着我国供给侧结构性改革政策的稳步实施，市场主体拯救和退出机制已逐步建立健全。危困企业不但可以通过破产清算退出市场，而且可以通过破产重整、和解在市场中重现生机。为了进一步提高破产重整的效率和节约破产重整的成本，我国倡导推行庭外重组和庭内重整的有效衔接即预重整制度，并在实务中取得了很大成效。但是，由于我国目前缺乏统一的预重整立法规范，使得法院在实务中对该规则的适用产生了一些问题。本文基于预重整制度的本质，对当前预重整适用中存在的问题进行分析，并从立法、监督等方面提出预重整制度的完善建议。

关键词： 重整　预重整　法律问题　完善建议

一、问题的提出

预重整在我国不是严格意义上的法律制度，因为《企业破产法》还没有设立预重整制度。预重整制度最初产生于美国，是美国商业活动中逐渐形成的一种重整模式，指债务人在正式向法院提出重整申请前，与关键债权人或大多数债权人达成的重组支持协议。破产重整具有期限性要求，且破产重整的案件占比较低，重整成功率也不高。为了优化营商环境，提高破产重整的成功率，我国探索和推行预重整制度，但是在实践中的适用情况却不容乐观。

---

* 作者简介：聂海平（1980 年-），男，汉族，江西高安人，中国政法大学同等学力研修班 2021 级学员，研究方向为经济法学。

二、预重整制度的概念

2018 年发布的《全国法院破产审判工作会议纪要》第 22 条，提出了预重整制度的雏形。2019 年发布的《全国法院民商事审判工作会议纪要》第 115 条又对此进行了明确。另外，联合国国际贸易法委员会制定的《破产法立法指南》[1]也作出了相应规定。

可见，预重整一词，虽然在实务中得到广泛的运用，但是我国的法律并未对其含义进行明确的规定。而各地人民法院制定的预重整规范性文件提到了预重整，且在实务中存在预重整案件和对预重整基本的认识。预重整区别于纯粹的庭外重组。庭外重组需要全部债权人的同意，才能对各个债权人具有约束力。而预重整只要符合重整的多数决条件，其表决的决议效力可以约束全体债权人。预重整区别于重整程序。重整申请受理后，具有停止计息、执行中止、案件集中管辖、保全解除等强制性的法律保护措施。预重整制度具有意思自治和商业性质，不具有破产程序中的保护法律效力。

三、预重整制度的法律问题

（一）预重整制度缺乏立法支撑

关于预重整制度的适用，理论界一直存在较大的争议，我国目前并未在立法上对该规则进行明确，而是散布在最高人民法院的会议纪要文件中[2]。关于预重整制度的规定，是我国立法机关和司法机关为推动预重整制度所作出的巨大努力。实践中，虽然各地法院制定了预重整的规范性文件，但是由于文件制定主体层级较低，且各自根据本地的特色而成，不具有全国范围内的权威和规范价值。

同时，由于没有全国性的预重整立法，个案中的问题依靠法官的自由裁量权，或者司法案例参考，并没有更高阶位的法律来指导，这样会使得债务人或债权人对预重整的信任降低，在影响其切身利益时，对预重整制度提出了挑战。在现阶段，我国还没有建立一支专业的破产法官队伍，管理人团队

---

〔1〕 王欣新："预重整的制度建设与实务辨析"，载《人民司法（应用）》2021 年第 7 期。

〔2〕 分别是《全国法院破产审判工作会议纪要》第 22 条和《全国法院民商事审判工作会议纪要》第 115 条。

建设也不能满足实践的需要，而又赋予法官更多的自由裁量权，对法官素养本身提出了更高的要求，重整工作的推行难免出现问题。

（二）预重整制度的程序问题

一方面，理论界主流观点认为，在预重整阶段，债务人不能享有破产程序中的具有保护性的法律效力，比如停止计息、诉讼集中管辖、强制措施解除、执行中止、待履行合同可选择履行、一定期限的破产撤销权等。法院无权干预预重整，预重整的启动不需要法院受理和批准，不需要法院指定临时管理人，法院不能参与到预重整程序中去。法院在预重整工作中主要是制定规则指引，批准预重整达成的重整计划草案。

另一方面，实务操作者认为，预重整是重整程序的前置程序，应在一定程度上赋予其重整程序法律效力，比如在预重整期间的融资本金和利息，应参照共益债务性质认定为优先地位的清偿顺序，预重整期间为继续经营发生的营业费用应按照破产费用性质保护[1]。基于我国的实际情况，债务人企业进入危困时期，各种矛盾聚焦发生期，如果没有政府和法院介入，任何工作很难有效开展，甚至造成社会稳定问题，因此应当允许政府和法院的介入。在各地法院制定的预重整规范性文件中，也出现了法院受理预重整案件的程序。

（三）预重整制度适用缺乏监督机制

预重整作为破产重整受理之前的程序，不能享有破产重整程序中的法律效力规制，在预重整程序适用的过程中，没有适当的监督机制，权利缺乏制约将导致权利滥用。在破产程序中，债权人会议、债权人委员会、单个债权人，在破产程序中有权监督管理人开展破产工作。人民法院对管理人的工作进行监督和指导。由于没有预重整立法规范，监督机制缺位，难以有效制约预重整监督损害债权人利益的行为，不能纠正信息披露不到位的现象，也难以做到坚持公平公正、遵循市场规律、高效的原则。

预重整制度的优势是尽早挽救企业、简化程序、提高效率、降低成本，但是如果没有有效的监督机制，"欲速则不达"难以发挥预重整制度的应有价值[2]。在各地法院制定的预重整规范性文件中，从预重整的启动，到预重整

---

〔1〕 丁燕："预重整融资法律制度的立法价值与规则构建"，载《东方论坛》2021年第4期。

〔2〕 王欣新："建立市场化法治化的预重整制度"，载《政法论丛》2021年第6期。

程序的推进，再到在预重整程序中各利益主体权利的维护，很少见到监督机制的条款，可能进一步造成预重整不成功，或者债权人利益遭到进一步的损害，或者成为个别逃废债的工具。

四、预重整制度的完善建议

（一）完善预重整立法

2019 年发布的《加快完善市场主体退出制度改革方案》指出了有关要求。最高人民法院分别在两个会议纪要中提高了有关预重整的内容，各地法院也根据当地的实际情况，制定了一些预重整规范性文件来指导当地的预重整工作。在当前的实践中，虽然有会议纪要作为行为的指引，但是从法律位阶的角度来看，纪要的位阶较低，法律效力也不足，导致相关利害关系人对纪要条款的信赖度不高。同时，就目前的规定来说，缺乏标准化的体系，在司法裁量标准上也存在问题。

因此，要系统地建立预重整的适用规则。对于即将修改的《企业破产法》，期待其将预重整的内容纳入修法范畴，并将其单独设立一章，明确预重整的法律地位和制度内容。同时分别从预重整应遵循的原则、预重整的条件、辅助机构、信息披露、预重整的程序等方面进行规范。

（二）明确预重整程序性法律效力

预重整不同于破产重整程序，不当然享有停止计息、保全解除、执行中止、司法诉讼集中管辖等法律效力。预重整程序中，应当通过意思自治的商业谈判，在平等公正的前提下，与多数债权人达成上述有关停止计息、保全解除、执行中止等一致意见，形成具有约定功能的破产程序中的法律效力，也在一定程度上实现保护的功能。

预重整程序的工作要点之一，是重点解决融资问题和招募投资人，多数企业陷入危困的境地是资金断裂、濒临破产。应当明确在预重整阶段所发生的融资按照共益债务处理，在预重整阶段发生的工作费用按照破产费用对待，预重整阶段的辅助机构原则继续担任重整阶段的管理人，预重整阶段的辅助机构的工作报酬和重整阶段的管理人报酬合理衔接。

（三）建立全面的预重整监督机制

建立全面的预重整监督机制，实现内部监督和外部监督全覆盖。第一，债权委员会代表债权人对债务人和预重整辅助机构的工作进行监督，债务人和预重整辅助机构应向债权人委员会汇报工作，辅助机构对于其损害债权人利益的行为有权要求停止且及时纠正，重大事项的处理应取得债权人委员会的同意[1]。第二，单个债权人，尤其是支持预重整工作的债权人，享有预重整程序的知情权、参与权和异议权，享有破产程序中单个债权人的一般权利。第三，法院可以对债务人和预重整辅助机构的工作进行监督，债务人和预重整辅助机构应定期或不定期向法院汇报工作，重大事项需要报法院批准。

五、结语

预重整制度是一项运用市场经济规则挽救危困企业的法律制度，具有其他法律制度不可替代的价值，有利于及时高效挽救陷入困境的企业，从而实现腾笼换鸟、凤凰涅槃、企业重生。我国目前虽然没有预重整制度的立法，但是，无论从预重整的实务案例，还是从各地法院的规范性文件来看，都彰显出预重整不可估量的生命力。因此，我们呼吁《企业破产法》修订时，应将预重整制度纳入其中，从法律层面树立预重整制度的地位和内容，从而统一指导我国的预重整工作，发挥预重整制度在社会主义经济市场主体退出机制中应有的作用。

---

[1] 徐阳光："困境企业预重整的法律规制研究"，载《法商研究》2021年第3期。

互联网金融仲裁法律制度问题与对策浅析

庞　萌*

（中国政法大学 北京 100088）

摘　要： 互联网技术的高速发展，不同程度地影响着各行各业，其对传统金融业的影响直接促使了"互联网金融"这一名词的产生。互联网金融作为一个新兴领域，杂糅了互联网行业与传统金融行业的特点，其自身具有复杂性。在尚不完善的监管制度与其自身不断发展变化的步伐之下，互联网金融领域的纠纷也越来越多。与此相伴而生，便有了互联网金融仲裁制度，本文意在探讨现阶段如何完善互联网金融领域项下与网络借贷纠纷相关的仲裁法律制度。

关键词： 互联网金融　仲裁制度　网络借贷纠纷

一、我国互联网金融仲裁制度的现状

仲裁是指双方当事人根据订立的仲裁协议或协议中的仲裁条款，自愿将其争议提交非司法机关的仲裁庭进行裁判，并受该裁判约束的一种制度。而与互联网相结合，以互联网金融纠纷为解决范畴的即属于互联网金融仲裁。2015 年，上海金融仲裁院首次运用仲裁的方式解决互联网金融纠纷，这为后来我国互联网金融仲裁的发展开了先河。2019 年 5 月 20 日，在广州仲裁委员会的牵头下，中国互联网仲裁联盟十余家会员单位共同推出《中国互联网仲裁联盟仲裁示范规则说明》，互联网金融仲裁开始朝着规范化的方向发展。借助仲裁本身的优势，再将其与互联网结合，对于互联网金融纠纷的解决有着

---

　* 作者简介：庞萌（1985 年-），男，汉族，陕西咸阳人，中国政法大学同等学力研修班 2022 级学员，研究方向为经济法学。

很大的帮助。但回归实践,在互联网金融纠纷中,纠纷主体对于化解纠纷的方式选择更多的仍然是诉讼,互联网金融仲裁只占少数部分。一方面,普通民众对于互联网金融仲裁缺少基本的了解,相较于法院而言,互联网金融仲裁的社会公信力较低;另一方面,网络借贷平台很少在协议中将纠纷解决方式约定为仲裁[1]。由此可见,虽然目前互联网仲裁机制在不断推进和完善,但其并未走进大众的视野。

网络借贷是互联网金融的一种形态。在互联网金融井喷式发展的阶段,为促进其健康发展,中国人民银行等十部门联合发布了《关于促进互联网金融健康发展的指导意见》(以下简称《指导意见》)。按照《指导意见》的观点,互联网金融是一种新型的金融业务模式,其以传统金融机构与新兴互联网企业的结合为特点、以互联网技术和信息通信技术作为技术支撑,从而实现资金融通、支付、投资和信息中介服务[2]。

《指导意见》一共列举了互联网金融的七种具体形态。以网络借贷为例,借助互联网平台而兴起的网络借贷,具有一系列普通民间借贷不具有的优势:第一,设立网络借贷平台的门槛低、成本低;第二,整个借贷过程通过互联网就可以完成,操作简单方便;第三,互联网的用户流量提供了潜在的大规模市场。对于借款方而言,网络借贷是一种可以高效、便捷获得借款的方式。对于贷款方而言,网络借贷是一种可以较为轻松获得收益的方式。基于此,网络借贷得到了突飞猛进的发展。然而,事物的发展总是具有两面性,在网络借贷数量不断激增的势头之下,潜藏的是相应的风险,大量的网络借贷纠纷随之出现。仲裁作为多元化纠纷解决机制中的重要组成,也因此与互联网结合,从线下走到线上,成为解决网络借贷纠纷的重要方式。

二、互联网金融仲裁制度的问题

互联网金融网仲裁脱身于传统仲裁,故而具有传统线下仲裁所具备的较强的保密性、服务意识以及专业性等优势,同时又因其与互联网的结合而具有高效率、高灵活性的特点。但其仍在发展阶段,还存在一些亟待解决的

---

[1] 魏益华、吴子熙:"中国网络借贷多层次解纷制度与困境",载《甘肃社会科学》2020年第2期。

[2] 中国人民银行等十部门《关于促进互联网金融健康发展的指导意见》(银发[2015]221号)。

问题。

（一）互联网金融网络借贷仲裁协议效力的问题

由于民众对互联网金融网络借贷仲裁的陌生以及目前制度的不完善，在实践中，已经产生了关于网络借贷合同纠纷"先予仲裁"裁决的效力争议问题。"先予仲裁"是当事人在签订、履行网络借贷合同且未发生纠纷时，即请求仲裁机构依其现有协议先行作出具有约束力和执行力的法律文书，包括仲裁调解书和根据调解协议制作的仲裁裁决。这是网络借贷飞速发展带来的产物，对于这一新现象，其是否合理、是否具有效力，就需要一个标准。而对于互联网金融网络借贷仲裁而言，还需要一定的发展才足以应对不断产生的新问题。

（二）互联网金融仲裁的保密性与示范性的冲突

《仲裁法》规定仲裁以不公开进行为原则，公开审理为例外[1]。保密性是仲裁的一大特点，也是纠纷主体选择以仲裁的方式解决纠纷的原因之一。互联网金融网络借贷仲裁毫无疑问也继承了这一特点。虽然仲裁的保密性特点是对当事人意思自治的尊重，也有利于维护当事人的公共形象、保护当事人的商业秘密，但其保密性却限制了仲裁裁决的指引作用。一份具有参考意义的仲裁裁决能够对后续仲裁的进行起到很大的示范与指引作用。对于目前的互联网金融仲裁发展而言，其还在不断摸索和进步中，需要一部分仲裁案例发挥其准司法功能[2]，对后续的纠纷解决以及仲裁裁决的生成发挥指引作用。如何平衡互联网金融仲裁的保密性与示范作用的发挥是值得思考的问题。

（三）互联网金融网络借贷虚假仲裁

虚假仲裁通常是指不具备实质性纠纷的双方当事人通过恶意串通，虚构相关法律事实和法律关系，并且达成虚假的仲裁合意，希望通过提起看似合法的仲裁使得案外第三人的利益受损。仲裁的保密性和更强的意思自治等特点，以及互联网仲裁的便利性，为当事人实施虚假仲裁行为提供了更为有利的条件。虚假仲裁的存在，不仅会使得案外第三人的利益遭受损失，也会使仲裁这一纠纷解决方式失去公信力。以互联网金融仲裁的方式解决网络借贷

---

[1]《仲裁法》第40条规定："仲裁不公开进行。当事人协议公开的，可以公开进行，但涉及国家秘密的除外。"

[2] 沈伟、余涛："互联网金融监管规则的内生逻辑及外部进路：以互联网金融仲裁为切入点"，载《当代法学》2017年第1期。

纠纷在现阶段还并未取得民众的普遍认知，其发展和普及需要群众基础，虚假仲裁行为会成为其发展道路中的绊脚石。

三、我国互联网金融仲裁法律制度的完善

（一）充分发挥互联网金融仲裁制度优势

推进互联网金融仲裁制度的完善，就要认识到制度自身的优势，并将其最大限度地发挥出来。

互联网金融仲裁制度具有灵活性、高效性以及专业性的突出优势。就其灵活性而言，首先表现在仲裁员具有广泛的自由裁量权，其次还表现在当事人在仲裁过程中的意思自治。互联网金融仲裁的灵活性能够更加适应变化发展着的网络借贷纠纷，也为互联网金融仲裁提供了更为广阔的发展空间。就其高效性而言，以互联网金融仲裁的方式解决网络借贷的优势表现在其能够在较短的时间里作出仲裁裁决，这不仅能够节省当事人的时间，对于促进市场的动态发展也有着举足轻重的作用。就其专业性而言，其一方面体现在对于互联网金融仲裁中仲裁员的选拔与培养中，另一方面体现在互联网金融仲裁自身的发展中。为了适应市场的需要并且推动行业的发展，互联网金融仲裁对于仲裁员的选择具有严格的要求，专业性更强的仲裁员能够带动互联网金融仲裁的发展，更能为互联网金融仲裁树立起良好的公信力。

因此，为了互联网金融仲裁制度的进一步完善，需要牢牢把握其制度自身的灵活性、高效性及专业性，不断挖掘互联网金融仲裁制度的更多优势，扬长避短。

（二）规避互联网金融纠纷仲裁中的问题

上文已经论述过互联网金融网络借贷纠纷仲裁中存在的三方面问题，分别是：仲裁协议效力问题、仲裁的保密性问题以及虚假仲裁问题。完善我国互联网金融网络借贷仲裁制度必然要对这些问题予以解决。

第一，应当不断完善互联网金融纠纷仲裁的理论发展。同时，要有更加完善和精细的制度保障，并且不断地追随社会的发展变化，做好应对新情况、新问题的准备。

第二，应当平衡好互联网金融网络借贷仲裁的保密性与示范作用的发挥。保密性是对当事人意思自治的保护，而发挥仲裁裁决的示范作用是为了促进仲裁裁决的规范，从而更好地服务于纠纷的解决。两者看似存在矛盾，但若

是能达到较好的平衡便能发挥意想不到的作用。为了两者能够达到平衡，需要适量放宽保密性原则的适用，做到互联网金融仲裁裁决有选择地适当公开。

第三，针对虚假仲裁问题应当首先在制度上对其进行预防，结合仲裁制度的特性，制定有针对性的、详细的审查制度。除此之外，确立相应的民事检察监督也是十分必要且有效的措施。

四、结语

互联网金融仲裁是多元化纠纷解决机制的重要组成部分。从好的一面看，互联网金融仲裁融合了互联网和仲裁制度的诸多优势，这是其发展进步的基础。从另一面来看，其也保留了两者的不利之处，一定程度上阻碍着其前进的脚步。但就大方向而言，其是一个有着蓬勃朝气和良好发展空间的事物，我们需要顺应其自身发展规律，坚持从制度上、实践中促进其发展。

我国劳务派遣工社会保险法律制度研究

彭芙琼*

（中国政法大学 北京 100088）

摘　要： 劳务派遣是近半个世纪以来出现的一种新的就业形式，它的主要特点是派遣单位"雇人不用"和接受派遣单位"用人不雇"。因此，尽管这种就业模式满足了许多工作单位灵活就业的需要，对促进失业人群再就业也起到了非常重要的作用，但是劳务派遣行业中广泛存在的劳务派遣人员就业水平低、待遇不公平等问题也不容忽视，因为这些问题集中表现为劳务派遣人员的合法权益受到侵害。相关立法机构颁布的一系列法律法规一定程度上有效地给劳务派遣行为提供了法律支撑，在法律上给予劳务派遣工很大的保护，但是还存在劳务派遣工社会保险缴纳主体不明确、劳务派遣工的社会保险相关制度配套不完善和劳务派遣工社会保险缴费责任不明确的问题。有鉴于此，有关部门应当明确劳务派遣用工社会保险的责任主体、加强社会保险制度建设的配套改革、加强对重点领域、单位的社会保险缴纳与检查。

关键词： 劳务派遣　劳动合同法　劳务派遣工权益

一、问题的提出

劳务派遣，也称作劳动派遣、人才派遣，其原则上是指派遣单位与劳动者签订劳动合同、与第三方签订人事协议，派遣劳动者到第三方用工单位参加劳动活动。派遣机构有义务派遣劳动者去不同的单位，贡献自己的劳务；第三方用工单位是实际使用劳务方，并且要向派遣机构支付服务费用。其中

＊ 作者简介：彭芙琼（1995 年-），女，汉族，四川成都人，中国政法大学同等学力研修班 2021 级学员，研究方向为经济法学。

劳动者和劳务派遣方有劳动关系，劳动者的工资由劳务派遣方支付，第三方是一类被引入的新型主体，这种用工形式实现了招聘和实际使用劳务的分离。

二、我国劳务派遣工的社会保险现状分析

（一）我国劳务派遣工的社会保险立法现状

社会保险涵括医疗保险、工伤保险、养老保险、产假保险以及失业保险。我国的社会保险制度在改革中一步步完善：1985年，建立了社会统筹退休金；1986年，实行劳动合同制工人养老保险，开始个人缴费的政策；之后逐渐建立了养老保险、医疗保险、失业保险以及与工作相关的意外伤害保险和生育保险；2014年，人力资源和社会保障部颁布《劳务派遣暂行规定》，旨在缩小劳务派遣工与正式职工之间的待遇差距，同时打击违规行为。[1]因此，就法律规定而言，对于特殊的劳务派遣工已经有了相关的社会保险法律法规。但是，该规定在执行中却遇到了许多问题。

（二）我国劳务派遣工的社会保险制度的实施现状

1. 劳务派遣工的社会保险缴纳比例不高

我国还存在很多劳务派遣工不享受社会保险的情况。根据2011年广州人力资源社会安全机构对广州的劳动雇佣管理模式的调研情况，在制造业劳动派遣工人中，97.1%没有养老保险，96.5%没有医疗保险，98.2%没有医疗保险，这表明制造业中大多数派遣工人不能像普通工人一样享受五个社会保险。从数据来看，劳务派遣工的未参保比率似乎太高。同年，中华全国总工会成立了劳工派遣研究团队，该团队发布的《中国劳工调查报告》显示，我国劳动力调度工人的社会保障水平相对较低，雇主和劳工派遣公司难以实现平等的付款；在社会保险中，派遣工与其他普通员工之间的差异更大；从行业的角度来看，建筑公司的劳动力很高，因此很难获得派遣工人的社会保险。

2. 劳务派遣工的社会保险保障水平不高

根据人力资源和社会保障部的研究小组统计，2012年，私营基金的五个社会保险和私人基金非常不同。最好的生育保险，平均支付基地是2479元；最低的是住宅探针基金，平均支付基础是2034元，每个支付基础基本上在2000年和2012年之间。从不同行业的观点来看，2012年社会保险和劳务派

---

〔1〕 何小勇："我国劳务派遣法律规制之反思"，载《河南财经政法大学学报》2018年第2期。

遣人员的平均结算基础是 1900 元至 2300 元，批发工人和工业基金的平均支付基础是 1600 元至 2400 元，信息和通信技术行业商务人员的平均收入为 2800 元。

3. 劳务派遣工的社会保险争议问题较多

从一些真实的法律诉讼案件来看，劳动派遣争议已成为普遍现象，引发了许多严重的社会纠纷冲突。随着劳务派遣的广泛普及，社会上由劳务派遣引起的纠纷日趋增加。此外，由于人员流动率高，工作时间短以及合同签署程序的不完善，劳动派遣工在维权方面困难重重并且通常难以获得此类纠纷所需的证据。另外，劳务派遣人员大都受教育程度低，缺乏法律知识，维权意识薄弱且维权的能力有限，这也直接导致其维权的时间资金成本较高。在涉及劳务派遣工的案例中三方利益冲突强烈、看待社会保险的角度以及重视程度不同，都会加深社会保险问题的争议和冲突。

三、我国劳务派遣工社会保险制度存在问题的分析

（一）劳务派遣工社会保险缴纳主体不明确

根据《社会保险法》等法律法规，雇主应为员工支付各种社会保险费。而劳动派遣中，接受劳务的单位和派遣工人不具有直接劳动关系。[1]那么依据法律的规定，劳务派遣单位则有义务为工人支付社会保障费。但是在实际操作中，劳务派遣单位仅收取一定比例的佣金，劳动者的直接劳动无法为派遣单位创造价值。而且，往往劳务派遣单位和实际雇主之间已达成的协议没有提及社会保险费，这也会导致许多问题[2]。

（二）劳务派遣工的社会保险相关制度配套不完善

这种配套制度的不完善首当其中地导致工人的社会保险转移存在障碍。首先，存在地区间的转移障碍。很长一段时间内，我国主要开展了县级层面的总体规划体系，实施"划分收支和分级包干"。该系统一定程度上加重了区域之间社会保险转移的矛盾。具体而言，支付社会保险对于地方政府而言是占比很高的财政支出。其次，存在行业间的转移障碍。

（三）劳务派遣工社会保险缴费责任不明确

新的《劳动合同法》没有针对劳务派遣工的保险缴纳作出明确规定，这

---

[1] 王伟："我国劳务派遣制度的完善及研究"，载《今日财富》2018 年第 1 期。

[2] 岳强："劳务派遣中的劳动者权利保护研究"，载《山西青年》2017 年第 3 期。

种立法空白使劳务派遣工的基本社会生活得不到很好保障。尽管对于劳动派遣的立法有所完善，但是还有一些缺陷亟待改进。首先，共同承担责任的具体责任法律尚未落实，那么共同责任就不会被很好地履行[1]。其次，根据目前劳动争端处理程序的有关规定，劳动派遣部门或第三方对工人的责任由派遣单位和雇主共同承担。

四、完善我国劳务派遣用工社会保险制度的建议

（一）明确劳务派遣用工社会保险的责任主体

明确雇主和劳务派遣单位对劳务派遣工的责任。根据目前的立法框架，劳务派遣单位的责任相对比较大。但事实上，雇主也应该承担与劳务派遣方一样的责任。建议在当前责任机制下添加联合责任承担系统，如果雇主承担的责任不够会损害劳务派遣工的合法权利和利益。在这种体系下，劳动派遣方可以在劳务派遣工请求共同责任时和雇主承担共同责任；相应地，如果雇主承担了作为劳务派遣方的责任，那么可以行使和派遣方相同的权力去管理劳务派遣工。

（二）加强社会保险制度建设的配套改革

2010年7月1日施行的《流动就业人员基本医疗保障关系转移接续暂行办法》明确规定：城乡农民工参加了城市工人的基本医疗保险后要遵循城市居民的基本医疗保险或新的农村合作医疗保险之法律规定，不能同时享受农村地区的社会保障。此外，为保证基本保障的更替迭代，保障人员必须接受实名户籍登记，随着户籍登记制度的完善实施，农民工可以实现无障碍转移城乡户籍，更换家庭社会保险类型，这也缩小了和城市居民的福利差距，并且这种福利是专属于农民工的。

（三）加强对重点领域、单位的社会保险缴纳与检查

建筑业、零售业和餐饮服务业这些特殊行业劳务派遣用工较多，应该对缴纳社会保险费比例较低的行为进行重点的检查与规范。针对县乡等地域的企业社会保险参与度较低的问题，以及劳动力密集型的用工企业，应该进行重点的整顿与规范。对此要设立专门的社会保险监察队伍，进行社会保险的

---

[1] 王小华：“劳务派遣对企业人力资源管理的影响和对策”，载《企业改革与管理》2016年第16期。

基本缴纳和管理，同时进行国家相关政策的宣传与教育。目前，劳动派遣涉及范围大，社会保险信息不完整，录入信息滞后，无法在互联网上共享区域信息，这直接导致社会保险参与度低。政府部门无法及时获得准确的信息就无法派发社会保险。因此，有必要建立国家的社会保险统一收集、监察和使用制度，以改善劳工派遣人员的社会保险保障程度。

五、小结

近年来，我国的经济发展很快，全国的产业结构正在接受转型和升级的挑战，劳动力流通越来越频繁。劳动力派遣行业是一种不同于传统模式的新型就业模式，该模式中劳动人员的灵活性尤为突出，加上劳动力派遣就业责任的主体多样化，更多的争议和纠纷由此产生。国家政策和法律需要对此现象予以回应。

私募投资基金电子合同监管制度研究

——以《私募投资基金电子合同业务管理办法（试行）》为背景

万心媛*

（中国政法大学 北京 100088）

摘　要：2022 年 6 月 2 日，中国证券投资基金业协会（以下简称"协会"）发布了《私募投资基金电子合同业务管理办法（试行）》，该办法自发布之日起施行。电子合同是金融科技在私募基金领域的重要落地场景，是服务实体经济的有益尝试。为进一步加强私募投资基金电子合同的监管，降低私募投资基金电子合同签约过程中的风险并且提高科技监管的效能，协会应当逐步推进私募投资基金电子合同服务机构的登记，提高行业自律水平。

关键词：私募投资基金　电子合同　科技监管

"十四五"规划提出，要提高金融服务实体经济的能力，稳妥发展金融科技，加快金融机构数字化转型。电子合同是金融科技服务于私募基金领域的代表性产物。电子合同的应用不仅极大地提高了缔约效率，节约了行业运营成本，也为托管人履行投资监督，募集机构募集基金、基金份额登记机构份额确权等职责提供了有效的手段。

随着电子合同在私募基金行业的地位越发重要，它带来的一些问题也不容小觑，例如缺乏统一规范标准、运营主体的资质不够明确、系统的信息安全问题等。如果不对电子合同行业进行恰当的指导和规制，电子合同对于私募基金行业的发展或许会起到反作用。在这样的背景下，《私募投资基金电子

---

* 作者简介：万心媛（1997 年–），女，汉族，江苏沛县人，中国政法大学同等学力研修班 2022 级学员，研究方向为经济法学。

合同业务管理办法（试行）》（以下简称《办法》）应运而生。

一、私募投资基金电子合同服务机构登记制度的性质

私募投资基金电子合同服务机构的登记，不是一个新设的行政许可，本质是"自律承诺"。协会依据法律法规和自律规则，对电子合同业务及机构进行管理。私募投资基金电子合同服务机构的登记作为私募投资基金电子合同业务管理中的一个重要部分，可以从两个角度来对它的性质进行界定。

从私募基金行业的角度来看，登记是行业的自律行为，登记的条件并不是行政许可设定的一个硬性的底线要求，而是行业优秀机构的卓越实践。登记表明机构愿意接受协会标准更高的自律准则的约束。

从机构的角度来看，登记是机构的自愿行为，不涉及市场的准入标准和机构的业务拓展。即使私募投资基金电子合同服务机构进行了登记，协会也不会要求电子合同服务商强制入会。这一点彻底将登记与前置性的准入门槛区分开来。

二、立足于私募投资基金两大机构规范电子合同管理

（一）私募投资基金电子合同服务机构常见分类

协会此次发布的《办法》对于私募投资基金电子合同业务服务机构的范围规定较为宽泛。《办法》第 10 条规定，电子合同业务服务机构与其服务的合同当事人原则上不得为同一机构。但是同时也规定了基金销售机构在符合该办法规定的前提下，可以自建电子合同业务系统，为其销售的产品提供电子合同业务服务，同时应当做好与托管（如有）等其他业务间的风险隔离，保证数据安全。

目前，在私募基金行业提供电子合同服务的主要有两大机构：一个是私募投资基金代销机构，另一个是私募投资基金电子合同服务商。因此，从这两大机构入手可以更有针对性和更高效地规范私募投资基金电子合同的管理。

（二）立足于私募投资基金代销机构规范私募投资基金电子合同管理

这次协会发布的《办法》中一个大胆的尝试就是"放开代销"，也就是说，不只是作为独立身份的第三方电子合同服务机构可以到协会登记，代销机构也可以到协会登记成为私募投资基金电子合同服务机构。但是，这样的尝试同时也会带来一定的风险。在代销机构从事基金销售业务时，审慎管理

已经成为极为重要的关注点，更何况现在对于放开代销机构作为电子合同服务机构这一点来考量，做好内部风控，建立好与其他业务之间的风险隔离就变得极为重要。具体可以从下列三个方面入手，立足于基金代销机构规范私募投资基金电子合同登记：

第一，自建电子合同业务系统。基金代销机构可以利用现代互联网信息技术，搭建一个机构内部的独立的电子合同业务系统。对于每一份电子合同按照一定的顺序进行编号，也可以按照交易完成时点进行排序。所有合同都是在签订完成后即录入系统拥有自己的专属 ID 账号，并且必须有专门的密码才可以登录查看。这样既可以避免后续出现倒签合同或者一方肆意篡改合同条款又保证了合同的重要条款不会轻易泄露，更重要的是便于合同的统一管理。

第二，建立业务风险隔离墙。电子合同本身属于市场应用类基础设施，而当前私募投资基金电子合同运营主体不少是私募基金托管人、代销机构等，同时这些机构还是电子合同签署的一方，独立性不强。由于没有针对私募投资基金电子合同运营资质的相关规定，运营主体若成为签署方，其身份与角色在业务上很难做到有效隔离，自证清白，缺乏一定的公信力和独立性，为了抢占市场份额其可能会做出野蛮扩张、不当竞争等非理性行为，甚至可能出现损害投资者利益的风险隐患，影响行业生态发展。[1]因此，代销机构若是想从事电子合同管理业务，应该从用户身份验证、电子签名算法、合同签订流程、电子合同系统管理、系统数据安全等方面规范使用电子合同，建立严格的内控系统，从而建立较为坚实的业务风险隔离墙，切实防范与其他业务的利益冲突。

第三，明确电子合同业务服务对象。代销机构的电子合同业务只为自己本机构的电子签约活动提供服务。这样做可以避免数据的外溢，形成客户数据管理的闭环，将代销机构从事电子合同业务的风险控制在一定范围内。

（三）立足于电子合同服务商规范私募投资基金电子合同管理

电子合同服务机构是从事电子合同业务服务的主要机构，《办法》立足于电子合同服务机构对于其日常进行的电子合同规范管理从以下四个方面提出了要求：

第一，基础方面的要求。协会规定了电子合同服务机构要合作的 CA 机构

---

[1] 宋建宝：《隐私保护与个人数据跨境流动准则》精要"，载《人民法院报》2019 年 6 月 21 日。

（即证书授权中心），数字证书、时间戳，而且规定了电子合同服务商每年都要通过行业信息测试中心开展的总体测评。通过协会指定证明数字证书持有者身份的第三方机构和对于服务商每年进行年检的方式，可以从很大程度上提高电子合同系统的安全保障能力。协会对于电子合同服务机构的系统安全运维管理起到了一个总指导和总监督的作用。

第二，内控方面的要求。协会要求电子合同服务机构的内控系统每年必须由专业的第三方审计机构对于内控系统进行风险排查、出具审计报告并且通过要求内部控制人员权利相互制衡的方式来规范内控系统的管理，从而达到规范电子合同管理的目的。

第三，数据管理方面的要求。《办法》要求电子合同服务商按照协会的规定及时把电子合同的数据报送到 AMBERS 系统（即协会资产管理业务综合报送平台），并且在业务过程中产生的数据，也要存储到证券期货行业核心机构提供的存储平台。通过对接协会指定的数据存管机构，可以有效防止数据泄露、滥用、丢失等情况发生。

第四，信息报送方面的要求。协会要求电子合同服务商按照协会自律规则的要求，进行重大信息的变更和定期的信息报送。及时的信息报送可以让协会第一时间掌握各个电子合同服务机构的经营情况和由于重大信息的变更可能带来的风险，从而可以更好地对电子合同服务机构进行风险管理。

三、结论

以大数据、云计算、人工智能、区块链以及移动互联为指引的金融科技业已成为具有国家战略意义的现代金融的高级发展形式，科技赋能后的金融业正迅速成为经济创新式发展的新引擎。2016 年和 2018 年，工业和信息化部发布的官方白皮书《中国区块链技术和应用发展白皮书》强调：智能合约是区块链六大核心技术之一，并且是未来数字文明的重要基石；智能合约的法律问题是区块链产业法律政策和标准中的基础问题。智能合约受到金融实务界的广泛关注，越来越多的公司、持续增长的投资都指向智能合约领域；愈来愈多的智能合约项目落地并运作良好。[1]金融科技服务不仅能够助力私募

---

〔1〕 李西臣："区块链智能合约的法律效力——基于中美比较法视野"，载《重庆社会科学》2020 年第 7 期。

投资基金行业自律管理，同时以私募投资基金电子合同为基点还起到了推动数据治理及区块链技术发展的作用。更重要的是，此次协会通过发布《办法》推动了私募投资基金电子合同服务机构登记备案制度，从而可以进一步提升科技监管对于私募投资基金电子合同管理的效能，以达到加快金融机构数字化转型，更好地促进实体经济发展的目的。

平台经营者集中审查及救济措施研究

王 鹏*

（中国政法大学 北京 100088）

摘 要：伴随互联网平台经营者集中的出现，互联网产业的反垄断问题受到业界的普遍关注。一方面，互联网平台经营者集中能更好地发挥经济效用，提高经营者的竞争力；另一方面，互联网平台经营者集中也会破坏现有的市场结构，甚至存在限制竞争的隐患，严重危害消费者权益。相较于传统平台，互联网平台经营者集中救济在选择、评估、执行等方面有一定特殊性，这对互联网平台经营者的集中救济及救济措施的选择提出了严峻挑战。

关键词：平台经济反垄断 经营者集中 救济措施

经营者集中救济指的是附加限制性条件批准经营者集中，《反垄断法》下的救济措施能把潜在的竞争损害降到最低，有助于保障集中效益。目前，我国关于互联网平台经营者集中救济的立法、执法仍处于初级水平，颁布了《经营者集中审查办法》（已失效）、《反垄断法》《商务部关于经营者集中附加限制性条件的规定（试行）》（已失效），但是并没有关于互联网平台经营者集中救济的系统性规定。本文将围绕互联网平台经营者集中救济措施展开具体研究。

一、互联网平台经营者集中的潜在问题

（一）扼杀式并购

扼杀式并购指的是处于市场支配地位的数字平台并购可能会对大型数字

---

* 作者简介：王鹏（1983年-），男，汉族，广东深圳人，中国政法大学同等学力研修班2022级学员，研究方向为经济法学。

平台产生竞争威胁的新型企业，扼杀潜在的竞争对手。扼杀式并购的动机如下：第一，获取初创企业的资产，如目标企业的技术、数据、用户及人才等；第二，拓展平台类型，这是互联网平台拓展业务类型，迅速进入市场最直接的方法；第三，消除潜在的创新和竞争，利用收购潜在的竞争对手，保障自身的市场地位不受威胁。[1]前两类行为对创新和竞争的损害并不显著，只有第三类并购具有很强的排除性，理应成为规制的重点。

（二）挤压市场同领域其他企业的生存空间

互联网平台具有网络效应、技术标准、兼容性、垄断和竞争并存的特征。互联网经济和传统产业经济的本质区别主要表现为网络效应，具体体现为互联网服务行业中的冒尖、用户锁定、正反馈等情况。[2]互联网作为一张互联互通的网络，对于不同主体而言，要想实现有序的互联互通，则必须要求各个主体秉持统一的兼容性和技术标准，和技术标准不符的信息则会被互联网所排斥。集中后的经营者可能会使用禁止其他竞争者接入其网络、禁止产品兼容的策略，从而起到震慑其他经营者的效果，亦可依托重新定价、收取较高的接入费用等行为来获得收益。[3]

二、互联网平台经营者集中审查的挑战

（一）增加市场进入壁垒

互联网平台经营者集中增加了市场进入壁垒，损害了市场创新能力。市场进入壁垒是指未来市场进入者在进入市场时面临的潜在挑战，对于平台经营者的集中审查而言，在某种程度上，增加了相关市场的进入壁垒。究其原因，主要体现在以下方面：首先，并购使平台对平台用户的锁定更为精准；其次，并购帮助平台掌握了更多用户信息和数据；最后，并购增加了平台的资金支持。[4]由互联网平台集中的目的看，主要是拓展自身规模，加强自身的网络效应。针对潜在的市场进入者，要想突破这一锁定、临界容量，则需

---

〔1〕 孙晋："谦抑理念下互联网服务行业经营者集中救济调适"，载《中国法学》2018年第6期。

〔2〕 邱隽思："社交型平台企业经营者集中审查标准研究"，载《财会月刊》2021年第21期。

〔3〕 李格宇："大数据背景下数据驱动型互联网企业经营者集中的反垄断规制"，载《国际融资》2021年第5期。

〔4〕 叶明、承上："互联网行业经营者集中反垄断规制的挑战与解决思路"，载《经济法论丛》2019年第2期。

要打破目前经营模式的局限。受到上述因素的影响，在某种程度上，加重了互联网平台市场的准入壁垒。并购前的市场内竞争性创新诱发的威胁会倒逼平台创新，但依托并购消除某一竞争对手，则会让合并后的平台不必考虑创新的后果。[1]利用并购诱发的规模效应，会使大量资本平台集聚，它们依托自身的用户资源、数据、资本及计算机技术等方面的优势，在化解、复制这类中小平台的创新产品后，并把其赶出市场，降低市场中的竞争者数量，以此维护自身的市场地位。

（二）初创企业并购可能消除竞争和创新

互联网平台经营者集中审查增加了市场内的防御性行为，大型企业收购小型初创企业受到的监管太过宽松。防御性集中指的是平台收购带有竞争威胁的平台，平台领域作为一种技术密集型的领域，创新和竞争二者发挥着重要作用。相较于在位平台，中小企业在当前市场格局的改变方面更具潜力，能有效革新当前的经营模式。目前的经营者集中申报门槛主要为企业的营业额，难以对部分营业额不高的平台有所限制。大型企业收购规模小但发展潜力大的创新型初创企业，避免初创企业受到威胁。平台企业在并购初创企业后，迅速抢占市场份额，由此导致这一行业的中小型初创企业消亡。

三、互联网平台经营者集中审查的优化

（一）引入反垄断合规监管

反垄断合规作为一项囊括识别、评估、预防、报告、处置相关法律风险的管理制度，是现代企业开展治理的主要依据。世界主要国家的反垄断执法机构正在革新倚重执法制裁的传统垄断法实施路径，利用反垄断合规指引的制定，推动企业建构有效的反垄断合规，从而提高反垄断法的实施效果。有些反垄断执法机构在合规指引的引导下，增强了合规监管力度，建构了反垄断合规的评价体系，以此调动企业践行反垄断合规的动机，并取得了一定效果。所以，我国反垄断执法机构必须意识到在平台经济领域如果只借助事后执法很难取得预期效果，必须调动平台企业自我合规的意识，以此改善反垄

---

〔1〕 刘武朝：《经营者集中附加限制性条件制度研究——类型、选择及实施》，中国法制出版社2014年版，第78页。

断执法的压力。

（二）引入交易额标准

对于滴滴、Uber 中国这类平台，它们在初期使用"烧钱"的市场竞争策略，吸引消费者拓展自身的用户体量，并不关注自身是否盈利。从这类平台的前期营业额来看，通常为负数，虽然这些平台并无盈利，但不代表这些平台并无潜力；从这些平台的价值来看，关键在于它们所掌握的商业数据及庞大的用户群体，若根据当前的营业额标准，很难达到当前的集中申报标准。但对于这类平台的合并而言，它们在很大程度上能直接实现相关市场的垄断，严重损害相关市场内的竞争。所以，我国可适当在申报标准中纳入交易额标准，以此作为营业额标准的一种补充，辅助营业额标准实施经营者集中申报。

四、互联网平台经营者集中救济措施的选择及其利弊

从经营者集中救济的基本方式来看，主要分为结构性救济、行为性救济及二者相结合的综合性救济。从反垄断法的层面来看，经营者集中救济是指反垄断执法结构针对可能存在损害竞争的后果但又不被禁止的经营者集中而言，依托一些附加限制性条件对反竞争影响予以消除，这是一种事前预防性的救济。

当前，从很多附加限制性批准决定来看，评估竞争效果时大多考虑市场份额、市场集中度等因素。关于救济方式的选择，反垄断执法机构侧重选择简单易操作的结构性救济措施。传统救济制度下，由结构性救济的选择到资产剥离的整个过程，通常考虑关键基础设施是否开放、救济的实施效果，并未统筹考虑是否要关照第三方利益等问题。关于救济措施选择的评估，必须统筹考虑多种因素，具体如下：一是全面性。在互联网平台经营者集中救济的过程中，必须全方位地评估其可能造成的反竞争效果，这是判断整个救济是否适用的重点。二是时间性。在集中救济措施的选择方面，必须考虑时间方面的因素，以此节约不必要的滞后成本。

在目前的市场中，平台已成为互联网企业运行的关键模式，世界各国对这一问题予以高度重视。相较于传统行业，互联内平台具有一定特殊性，这造成既往经营者很难适用救济制度。当前我国在互联网平台经营者集中救济方面仍存在一定不足，所以理应进一步健全平台领域经营者集中制度的法律体系，完善申报标准，纳入交易额标准作为营业额标准的补充，避免平台企

业并购逃脱申报。

　　总之，在目前的市场中，世界各国均在探索经营者集中救济制度在平台中的适用问题，并试图使用不同的方法应对平台经营者集中可能带来的竞争损害及对这些损害实施救济。

数字税课税主体的中国应策

（中国政法大学 北京 100088）

摘 要：随着数字经济的发展，世界各国都在积极制定数字经济的税收制度，以促进和推动数字化经济的发展。我国的企业所得税征收模式已经无法适应当前数字经济下的新商业模式，通过学习和借鉴已开征数字税的相关国家经验，研究不同国家数字税的课税主体，结合我国数字企业的发展及未来，探索我国数字税课税主体确定的合理路径，构建我国数字税法律体系，加大财税体系的改革力度，对我国财政税收具有重要意义。

关键词：数字税立法 课税主体 可税性

一、问题的提出

近年来，随着数字技术的发展，人类社会逐步进入数字经济时代。我国得益于移动支付与通信技术的发展，数字化技术已经向整个社会层面渗透，并成为经济增长最重要的动力。到 2021 年，我国数字经济规模已超 45 万亿元，占 GDP 的比重达 39.8%，成为拉动经济增长的关键引擎。世界各国为了抢占数字经济时代的主导地位，都在积极制定各种政策及战略，以促进和推动数字化经济的发展。

在此背景下，数字经济的发展对传统税收理论造成了新的挑战。一方面，数字经济极大程度突破了传统业务的地域限制，许多数字企业通过将公司转移到低税率的国家或地区来避税甚至逃税；另一方面，国与国之间税收制度

---

* 作者简介：王彦昌（1989 年-），男，汉族，浙江杭州人，中国政法大学同等学力研修班 2022 级学员，研究方向为经济法学。

的差异也会导致贸易的紧张与混乱。因此，针对数字经济相应地更改税收体制，既可以最大限度地避免数字企业利用国际税收规则的漏洞逃避税收，同时也对我国财政税收具有重要意义。

然而，向谁征数字税引起了国内外学者的激烈争议。世界上有近50个国家征收数字税，经济合作与发展组织（OECD）等国际组织也在倡导构建促进数字经济的税收制度，但到目前为止对数字税的立法等制度的构建却没有统一的共识。课税主体是税收制度的关键要素，要想建立起一项完整的税收制度必须明确该税种的课税对象。

二、确定数字税课税主体的难点

课税主体指税法规定的直接负有纳税义务的单位和个人。数字税课税主体的确认面临的主要困难有以下两点：

（一）税务登记机制不健全

税务机关通过税务登记确定税务主体及其权利义务是保障国家税款征收的重要手段。企业的税务登记是税务部门对纳税人管理的重要依据，也是反映和分析税收来源的必要方式。随着个体商户和个人消费者数量规模不断增多，税务登记部门往往难以监控纳税主体的经营活动，存在很多自然人或者个体商户未进行税务登记，交易主体难以被有效识别和确认。除此之外，数字网络虚拟交易体量大、跨度远，甚至具有一定的隐蔽性。随着互联网平台的崛起，一部智能手机就可以参与到生产经营、价值创造、信息分享之中。数字企业通过投放广告、竞价排名、信息推送等行为获取的佣金、服务费、中介费等收入，与消费者的参与息息相关。技术的发展促生新兴业务模式，传统产业之间的界限逐渐模糊，网络主播带货、打赏等五花八门的收入来源增多并且数量庞大，生产经营收入与工资薪金、劳务报酬的边界越来越模糊。税务征管部门很难追踪交易过程，也很难确定纳税时间、期限和地点。[1]

（二）难以用法律条文确定征税对象

数字税的征税对象原则上应从事数字业务，但数字业务类型五花八门，有通信产业、计算机技术产业、软件产业、互联网产业、大数据、人工智能、物联网、网络游戏、数字音乐、视频自媒体等。面对种类繁多的数字经济，

---

[1] 陈赟："关于数字税征收基本问题的若干思考"，载《科学发展》2022年第4期。

要提炼出其中的共性特征作为确定征税对象的依据显然是天方夜谭，即便舍弃概括式立法改为采用列举式立法，要尽可能穷尽也是不切实际的，数字税征税对象的正向列举显然不能满足数字经济飞速发展的现实需要，反复修改则会造成制度成本过高，不利于维护国家税收体制的权威性与税法体系的稳定性。因此，通过法律条文将数字税的征税对象予以确定显然在立法层面上难以实现，可行性不强。

三、其他国家数字税课税主体的不同选择

亚洲国家较早征收数字税的是日本，早在 2015 年其就将电子图书、音乐纳入进口服务消费税，韩国则将外国企业向本国用户提供的数字服务纳入增值税范围。[1]

欧洲国家数字税课税主体很少，大部分是美国的互联网企业。以法国数字服务税为例，其征税范围包含用户与用户之间在线联系互动、进行商品和服务的交易和销售广告、数字数据。征税对象设置双起征点，需满足两个条件：第一是国际条件——全球范围内应税服务收入超过 7.5 亿欧元；第二是国内条件——从法国取得的应税服务收入超过 2500 万欧元。课税主体主要指向美国的大型互联网企业，包括谷歌、亚马逊、苹果等国际互联网巨头，对美国的针对性比较强。[2]法国之后，英国也从 2020 年开始了数字税的征收。英国也是设置双起征点，仅是具体数额不同——全球销售额超过 5 亿英镑，在英国收入超过 2500 万英镑。英国的数字税课税主体包括向英国提供数字服务的企业，从而实现规避国外的互联网巨头将公司设立在低税率地区以逃避税收、转移利润的行为。

四、我国数字税课税主体确定的合理路径

（一）积极参考国际数字税的制定

数字课税主体的确立，应广泛学习和借鉴已开征数字税的相关国家经验，并充分结合我国国情，利用全球增值税论坛、联合国国际税收专家委员会、OECD 税收征管论坛、金砖国家税务局长会议、"一带一路"税收征管合作论

---

〔1〕 韩松、殷航："数字税的最新进展及应对"，载《金融纵横》2021 年第 9 期。
〔2〕 张春燕："法国数字服务税法案的出台背景及影响分析"，载《国际税收》2020 年第 1 期。

坛等平台，探索建立国际数字税对话沟通机制以及争议协调机制，掌握最新数字税税收政策进展。基于我国数字企业的业务特点，加快建立健全有关跨境数字服务和产品的课税主体。在数字税立法时还要考虑到将来为衔接国际层面的税收体系留足空间，与国际税收体系在数字经济时代达成新的共识。

（二）数字税课税主体的确定应在相关原则的指导下设计

第一，应遵循公平原则，并不是对所有数字企业都征税，只对达到一定规模的大型数字企业进行征税，对刚创业或者小规模数字企业不进行征税，引导数字经济产业健康发展，监督数字企业公平竞争。所以，数字税纳税主体应该是具有一定规模、使用人数较多、营业收入超过一定标准的数字企业。政府通过对符合纳税条件的数字企业依法征税，实现对数字企业与非数字企业一视同仁，使得不同产业的纳税负担趋于公平，消除数字企业实际享受到的隐性税法优惠。

第二，应遵循法律上的可税性原则。出于税收法定原则，我国目前开征的税种都有法律依据，数字税也不应当例外。与此同时，对数字税的相关立法需要在税收法律价值的引领下确立具体内容，也需要对现行税法进行完善和改进。

（三）加快数据税等相关法律的立法，为数字税课税主体提供法律保障

我国目前主要根据企业属地进行征税的模式已经无法适应数字经济的发展，不仅对数字经济依靠程度高的企业的税收监管比较混乱，而且无法规避其偷税漏税、转移利润的可能性，更有甚者加剧了我国地区间的税负不平衡，严重阻碍国家税收体制的发展，进而阻碍我国的财税体系。因此，面对当前税收法律法规的漏洞，应该着手整理当前的数字商业模式，出台更有针对性的税收政策与体制，以应对数字经济对传统税收模式的冲击。

五、我国数字税课税主体的构想

我国数字税的课税主体不仅包括我国的数字企业，还应包括其他国家的互联网公司。欧盟国家的数字税课税主体主要是美国互联网巨头，而我国的数字税课税主体还包括本土的数字企业。这种"针对性"并非有意为之，而是一国对数据主权的维护以及减少国别纳税差异的被迫选择，要知道以法国为例的欧盟国家已经产生与美国之间的贸易矛盾，引起美国的强烈反对，甚至对法国采取贸易制裁措施。限于严苛的网络管制以及国内互联网巨头众多

等原因，我国相较于欧盟国家开征数字税的国际阻力较小，因此，对国内企业和国外企业采取统一征税标准可能会使我国数字税的征收取得更好的效果。我国对本土数字企业和其他国家的数字企业的数字税的征收原则是公平原则和可税性原则，数字税纳税主体应该是具有一定规模、使用人数较多、营业收入超过一定标准的数字企业。通过研究不同国家数字税的课税主体，结合我国数字企业的发展及未来，构建我国数字税法律体系，加大财税体系的改革力度，对我国财政税收具有重要意义。

注册制背景下资本市场中介机构责任的厘清
——以五洋债券案为切入点

王 勇[*]

（中国政法大学 北京 100088）

摘 要： 中国资本市场三十年，跨越了审批制、核准制并迈向注册制，由行政审批向市场决定不断演变，其背后是市场在资源配置中发挥越来越重要的作用。全面推行注册制的过程中，证券虚假陈述难免发生，中介机构看门人作用愈发重要，厘清中介机构在资本市场中的责任，对于促进中介机构发挥助推资本市场发展更大作用有着重要意义。本文以五洋债券案为切入点，通过评析五洋债券案中介机构存在的过错与承担的责任，讨论中介机构在证券虚假陈述中承担的整体责任与个别责任，以期能为司法裁判乃至立法提供些许参考。

关键词： 证券虚假陈述 中介机构责任 比例连带责任

一、引言

中国资本市场正在进行着面向市场的改革。而全面实施注册制的背景下，资本市场必将重新定位监管方、中介机构、投资者三方的关系。

对于监管方而言，进一步简政放权，要将判断权下放到市场主体，建立更具包容性的上市机制；对中介机构而言，看门人作用更加凸显，在信息披露环节上应做到应披露尽披露，不得有重大遗漏、虚假陈述，否则将面临更加严厉的法律后果；对投资者而言，对投资者的投资能力、风险承担能力提

---

* 作者简介：王勇（1989年-），男，汉族，河南禹州人，中国政法大学同等学力研修班2022级学员，研究方向为经济法学。

出了进一步要求。

五洋债券案正是在资本市场全面实施注册制背景下发生的，案件的裁判结果落实了新《证券法》规定的中介机构的看门人责任，然而，对于中介机构在注册制下资本市场的角色定位以及应承担的责任则仍然需要进一步厘清。

二、五洋债券案案情分析

杭州市中级人民法院在 2020 年对五洋债券案一审作出判决，认为大信会计事务所认可五洋建设应收账款和应付账款"对抵"的账务处理方式，出具虚假审计报告，对五洋债发行交易存在重大过错；德邦证券未关注到应收账款回收风险……对债券发行交易存在重大过错；大公国际未进一步核实关注并合理评定信用等级，存在过错；锦天城律所未能发现占比较高的重大资产减少情况对五洋建设偿债能力带来的法律风险，存在过错。[1]

总的而言，一审法院认为中介机构存在虚假陈述，对投资者损失存在不同程度的过错，因此裁判各中介机构对投资者全部损失承担 5% 到 100% 范围内的连带赔偿责任。

三、中介机构责任评析

如引言部分所述，在资本市场注册制背景下，中介机构资本市场看门人责任加重，虚假陈述面临更重处罚。但需要明确的是，资本市场对投资者投资能力和风险承担能力本身就是有一定要求的，投资收益与损失的承受主体应当是投资者本身。[2]换言之，五洋债券案中，中介机构虚假陈述与投资者损失之间不存在必然的因果关系，导致投资者损失的原因力多种多样，宏观经济环境、政策变化、监管环境变化等都是导致投资损失的原因力组成部分，不可全部归因于中介机构并由中介机构责任予以兜底。

（一）中介机构整体责任上限

从五洋债券案一审判决结果来看，中介机构整体上对投资者的全部损失承担连带责任。一方面，中介机构虚假陈述仅仅构成导致投资者遭受全部损

---

[1] 罗伟恒："论证券虚假陈述之律师侵权责任——兼评（2020）浙 01 民初 1691 号判决书"，载《经济法学评论》2020 年第 1 期。

[2] 蔡伟等："新《证券法》投资者保护机制实施的'中国问题'"，载《地方立法研究》2021年第 4 期。

失原因力的一部分；另一方面，中介机构获得的收益不是投资收益，而获得的处罚则以全部投资损失为基础，收益与风险不匹配，一审法院的上述处理不能体现"过罚相当"原则。另外，裁判中介机构对投资者的全部损失承担连带责任，是变相的保本保收益，与《全国法院审理债券纠纷案件座谈会纪要》精神相违背，不仅不能对作为"首恶"的债券发行人进行精准处罚，也挫伤了中介机构助推资本市场发展的积极性。[1]

综上，笔者认为，除非中介机构有同发行人串通故意进行虚假陈述造成投资者损失的特定情形，否则理应对中介机构整体对投资者损失应承担的责任确立一个上限，超出上限部分则属于投资者应承担的天然投资风险。

（二）中介机构内部责任划分

在中介机构整体承担连带责任的情况下，部分中介机构如已尽到"勤勉尽责"义务，该部分中介机构可以免责。律师事务所应尽的注意义务和应负的责任范围，应当限于其自身工作范围和专业领域。

一审法院认为"锦天城律所未能发现占比较高的重大资产减少情况对五洋建设偿债能力带来的法律风险"值得商榷。重大资产减少的情况对五洋建设偿债能力带来更多的是财务风险和经营风险，其本身并不一定构成法律风险。[2]锦天城律所出具的法律意见书主要就法律风险专业领域进行调研并出具意见。锦天城律所在已尽到"勤勉尽责"的法律专业中介机构责任后，不应再对投资者损失承担连带责任。

在证券发行的过程中，中介机构整体存在虚假陈述，需对投资者损失承担责任的，中介机构内部也存在过错的划分，中介机构之间的过错也可能存在"因果关系"。以五洋债券案为例，因券商、会计事务所未能发现占比较高的重大资产减少情况所带来的风险，导致锦天城律所出具的法律意见书未体现有关风险。对于中介机构内部的责任划分，应在中介机构整体承担的责任上限基础上，根据中介机构自身的过错程度以及内在因果关系，确定各自承担的比例。

---

〔1〕 刘琪："论证券民事诉讼中律师的责任边界——兼评五洋债券案"，载《中国证券期货》2021年第3期。

〔2〕 周淳："证券发行虚假陈述：中介机构过错责任认定与反思"，载《证券市场导报》2021年第7期。

四、与中安消案的对比分析

在作为另一证券虚假陈述责任纠纷典型案例的"中安消案"中，法院认为，瑞华事务所出具的《审计报告》"未按照审计业务准则尽到勤勉尽责义务，导致其出具的《审计报告》中部分内容存在虚假陈述，对由此造成的投资者损失"，根据证监会的《行政处罚决定书》的调查情况，"中安消技术"智慧石拐"项目不符合收入确认条件，虚增 2013 年度营业收入 5000 万元，2013 年度经审计的财务报告存在虚假记载"，中安消案中瑞华事务所对审计报告的虚假陈述与五洋债案案中大信会计事务所对审计报告所作的虚假陈述性质较为相似，但处罚结果迥异，中安消案中瑞华事务所最终被判决在 15% 的范围内承担连带责任，相较而言，五洋债案中大信会计事务所则被判决在100% 范围内承担连带责任。

中安消案中，法院认为"招商证券公司作为独立财务顾问，在审核涉'班班通'项目相关材料并出具专业意见过程中存在过错，导致其出具的《独立财务顾问报告》中部分内容存在误导性陈述，由此导致投资者损失"，后判决招商证券在 25% 范围承担连带赔偿责任，与五洋债券案相比，德邦证券则是在 100% 的范围内承担连带赔偿责任。

通过对比五洋债案与中安消案，两案中介机构均存在虚假陈述，并导致投资者损失，但判决结果存在较大差异。在中安消案中，中介机构整体承担的责任上限是投资者损失的 40%，其原因在于中介机构虚假陈述仅仅是投资者遭受损失原因力的一部分，投资者遭受的损失与证券市场风险因素、退市风险警示以及公司经营性利好和利空消息等在内的个股风险因素均有关联。就中介机构内部责任划分而言，招商证券承担责任相较瑞华事务所作出了区分（分别为 25%、15%）；而在五洋债券案中，大信事务所与德邦证券均承担了 100% 连带责任，未作出区分。

中安消案与五洋债券案在对证券虚假陈述发行人的判决上是一致的，均要求对投资者损失承担 100% 的责任。

笔者认为，中安消案对中介机构的整体责任和内部责任进行了厘清，界定了中介机构应承担的整体责任和个别责任，对"首恶"（证券发行人）进行了精准处罚，更能体现"过罚相当"的理念。

五、结语

从审批制下的"额度管理",到核准制下的"通道制""保荐制",再到如今的全面推行注册制,背后是中国资本市场旺盛的发展需求在推动。发行通道由监管机构下放到证券公司,再到市场主体,企业优劣判断权的下放,同时意味着投资成败也应由市场主体来承担。在资本市场高速发展的过程中,证券虚假陈述难免发生,精准处罚"首恶",界定监管机构、中介机构、投资者在资本市场中的角色与定位,厘清中介机构应承担的整体责任与个别责任,既是司法裁判者的职责所在,是全面推行注册制的题中应有之义,也对立法者提出了更高要求。

差异化表决权制度在有限责任公司中的实践探索

夏　露*

（中国政法大学 北京 100088）

摘　要： 差异化表决权制度是商事主体为提高治理效率和质量而进行的实践性探索和创造，也是资本与创始人在权益制衡与防范信义风险中不断博弈的产物。该制度在我国上市规则中已有相对体系化的规定，但在未上市的有限责任公司层面不仅没有完善的规制体系，更鲜有实践经验。随着资本市场不断面向全球化发展，对于广大的有限责任公司来说，落实差异化表决权机制的运用，是带动股权架构和公司治理体系不断进化以迎接全球化资本市场的挑战的重要途径。而在现有上市规则的基础上对域内外差异化表决权制度进行探索和研究，对完善有限责任公司差异化表决权制度有重要借鉴意义。

关键词： 差异化表决权　股权　有限责任公司

差异化表决权是指股权结构中区分普通表决权和特别表决权。股权结构的差异化安排本质上是公司创始人股东与普通股东关于内部治理与风险分配的契约安排。它的出现，使得部分高成本行使与部分浪费的表决权让渡相应份额给创始人行使，提高了表决权行使效率。同时，也使得公司得以自由选择适合自身发展的股权结构，提高公司治理效率，可以说这项制度安排是商事法律和商事交易追求效率、崇尚公司自治的价值取向和理念的重要体现。[1]

一、差异化表决权制度概述

差异化表决权制度能在一定程度上在有着不同利益驱使、不同投资风险

---

* 作者简介：夏露（1993 年-），女，汉族，浙江绍兴人，中国政法大学同等学力研修班 2022 级学员，研究方向为经济法学。

〔1〕 郭欣杭：“表决权差异安排研究”，吉林大学 2020 年硕士学位论文，第 7~8 页。

偏好和承受能力的股东之间起到权益平衡作用，使得立于资本少数地位的股东也不至于处于绝对弱势地位。它是创始人应对投资人恶意收购采取反击措施、创始人与资本博弈的产物，也是资本市场大浪淘沙环境下的股权架构和公司治理体系不断进化的结果。

但差异化表决权制度在另一方面也对创始人股东信义义务带来极大的挑战，在创始人因持有特别表决权而保持绝对控制地位的同时，普通股东不得不防范创始人道德风险、投机风险的发生。国际治理机构（ICCN）与机构股东服务组织（ISS）均认为该制度阻断了公司内部问责机制，与良好的公司治理结构不相符。[1]

二、差异化表决权制度的域外发展

早在 20 世纪初，美国就已经有约 10% 的公司在公开上市时采用双层股权结构下的差异化表决。[2]1986 年 7 月，纽交所批准一家公司采用双层股权结构，后美国三家交易所均允许公司在发新股时采取差异化表决。[3]《美国标准商事公司法》提出，企业可以根据法律设置不同的表决权股。[4]《英国公司法》虽明确了股东可以有不同权利的股份，也以判例形式形成了相关内容，但一直以来英国资本市场却对双层股权结构有着反对甚至禁止的态度，因此英国相关机构于 2014 年作出了关于"以高级商事渠道上市的公司不能设立双层股权结构"这一规定。[5]

在大陆法系国家，如德国对差异化表决权持完全禁止的态度，[6]《日本公司法》明确了股份有限公司可以发行的股份种类包括两种以上的规定，可以对表决权等事项作出设计，且各项不同事项与可发行种类股份总数需于公司

〔1〕 郭丹："'不同投票权'在美中两国资本市场中的制度设计"，载《哈尔滨工业大学学报（社会科学版）》2019 年第 5 期。

〔2〕 王灏文："美国类别股法律制度探源：背景、进程及内在逻辑"，载《证券法苑》2018 年第 2 期。

〔3〕 王灏文："美国类别股法律制度探源：背景、进程及内在逻辑"，载《证券法苑》2018 年第 2 期。

〔4〕 黄权伟："我国公司类别股立法研究"，郑州大学 2018 年博士学位论文，第 46 页。

〔5〕 安邦坤："审慎推动双重股权结构公司上市"，载《中国金融》2018 年第 8 期。

〔6〕 傅穹、杨金慧："不同投票权制度：争议中的胜出者"，载《证券法苑》2018 年第 2 期。

章程中记载。[1]

总体上讲，无论是英美法系还是大陆法系，在全球化发展的浪潮中越来越多的法域相继放开了对特别表决权的限制，允许股份公司在股权结构上作出个性化和差异化的安排和设计，推崇以契约精神约束公司自治，以维护股东合法利益为原则、以衡平治理为理念，鼓励公司不断探索利益保障机制和自治方案。

三、差异化表决权制度在有限责任公司中的实践探索

（一）强化社会监督机制

（1）特别表决权显化登记。对于采用了差异化表决权制度的有限责任公司，建议在公司设立或变更登记时对具有特别表决权的股权进行标注并显化于企业信用信息公示系统，将股东持有特别表决权的信息通过商事登记途径披露于世，将创始人的经营决策行为纳入大众视野接受监督，也以此提醒投资者注意因表决权差异安排可能带来的潜在风险。

（2）发挥社会专家作用。建议由工商主管部门召集经济、法律等各领域专家组建社会专家库，对于触及公司重大利益和社会公共利益的事项实行更为严格的表决机制，允许单独或合计持有一定比例普通表决权的股东向专家机构提交申请，由特别表决权股东代表、普通表决权股东代表共同指定或由专家机构选派专家与特别表决权股东代表、普通表决权股东代表组建决策委员会进行决策。

（二）完善公司内部管控机制

（1）严格规范股东信义义务。现行上市规则对于实际控制人滥用特别表决权损害上市公司或其他股东合法权益的行为有所规制。建议对通过滥用特别表决权损害有限责任公司或其他股东利益的行为予以更为严格的规制，如将违反信义义务的特别表决权股东纳入信用黑名单。通过权利状态的恢复，及时斩断因滥用特别表决权产生的恶果，及时替普通表决权股东止损，为原本就缺乏证监会、交易所等社会监督力量加持的有限责任公司普通表决权股东寻求更为广泛的自力救济途径。

（2）提高持有人准入门槛。有限责任公司实行注册资本认缴制在一方面减

---

〔1〕 王作全译：《新订日本公司法典》，北京大学出版社 2016 年版，第 39~41 页。

轻了股东创业压力，但也滋生了无创业投入、无创业风险即清算注销公司的随意性。法国即规定了缴足股金并持股满两年的股东可获得超级表决权股，〔1〕这一规定有它存在的合理性，也值得借鉴。创始人履行实缴义务后，将促使其因顾及自身资本投入而对其经营决策行为保持更加勤勉、审慎的态度。〔2〕

（3）完善日落条款。我国尚无普通表决权股东最为看重的分红权权益受损情形下特别表决权能否继续存在的直接规定。参照美国证券交易所关于限制表决权股的股息无法兑现时超级表决权丧失〔3〕的相关规定，并结合我国《公司法》第74条的规定，建议将有限责任公司普通表决权股东的分红权受损这一情形也纳入日落条款，使得在决策权上不占优势的普通表决权股东的资产收益权得到切实保障，也给普通表决权股东在遭遇公司无力或拒绝依据《公司法》第74条的规定采取回购措施的情况下，得以寻求另一种救济途径来实现自己的投资预期。

四、结语

在全球化发展的浪潮中，资本市场通过不断地进行制度革新和体系创新，发挥资本运作的无限潜力和巨大力量，差异化表决权制度的出现便是商事主体为提高治理效率和质量而进行的实践性探索和创造。但差异化表决权制度犹如达摩克利斯之剑，在发挥强大作用的同时，也可能带来巨大危机。我国现行上市规则已对于股份有限公司采用差异化表决权制度进行了规制，但有限责任公司领域的制度运用尚有待研究和探索。在参考已有规定的基础上，从社会监督和内部管控两方面对有限责任公司运用这项制度加以科学且合理的规制，相信将有助于有限责任公司更好地发挥人合治理作用，增强这项制度对有限责任公司治理架构、治理效率发展的驱动力。

---

〔1〕［意］Marco Lamandint："多重表决权，小股东利益保护和要约收购"，李珂丽译，载《政法论丛》2017年第4期。

〔2〕郭欣杭："表决权差异安排研究"，吉林大学2020年硕士学位论文，第31页。

〔3〕李燕、李理："公司治理之下的双层股权结构：正当性基础与本土化实施路径"，载《河北法学》2021年第4期。

瑕疵股权转让法律实务问题研究

向丽瑾*

（中国政法大学 北京 100088）

摘　要： 股权转让已成为有限责任公司常见的交易形式之一，在此交易过程中由于作为交易标的的"股权"本身存在瑕疵所引发纠纷的情况也屡见不鲜。股权常见的瑕疵类型有出资瑕疵、权属瑕疵、权能限制等，这些瑕疵会给受让人带来补缴责任风险、权属争议风险、受让股权权能限制的效力风险以及合同效力瑕疵风险。我国法律目前对瑕疵股权转让法律后果的规定并不完善，司法实践中多依据《公司法解释三》第18条的相关规定来确定股权受让人的法律责任。有鉴于此，受让人可以通过事前的审查途径和事后的权利救济途径来规避瑕疵股权受让的法律风险、维护自身的合法权益。

关键词： 瑕疵股权转让　有限责任公司　法律责任

一、引言

"瑕疵股权"这一概念在我国现行的法律体系中并未给出明确定义，但由于其在实践中广泛存在且发生了诸多法律纠纷，因此一直饱受理论界与实务界的关注；瑕疵股权转让交易也成为法律纠纷发生的"重灾区"。2013年，我国《公司法》将出资责任由实缴制改为认缴制，在盘活资本运作方式、增强市场活力的同时也使得股权转让（尤其是瑕疵股权转让）的法律争议愈加突出。对此，我国仅在《公司法解释三》中规定了瑕疵股权转让后的责任，但这并不能涵盖林林总总的瑕疵股权转让情形，实践中同案不同判现象明显。

---

* 作者简介：向丽瑾（1996年-），女，土家族，湖北宜昌人，中国政法大学同等学力研修班2022级学员，研究方向为经济法学。

有鉴于此，笔者结合实务中所接触或了解到的案例，针对有限责任公司瑕疵股权转让相关法律问题及其法律风险进行简要梳理与总结，并提出受让瑕疵股权的法律风险防范措施。

二、瑕疵股权的类型

"公司股权"是公司股东因出资而享有的权利，是一种同时具有人身属性和财产属性的复合型权利。根据产生瑕疵来源的不同，相应股权上所体现的瑕疵类型也会不同。

（一）出资瑕疵

为减少创业者设立公司的成本、鼓励创业，我国在 2013 年第三次修订《公司法》时正式删掉了关于实收资本、验资等方面的规定，但这也直接导致此后的股权受让人难以通过第三方登记机构核实原股东出资情况，进而导致交易风险增加。实务中股权出资瑕疵又可以分为完全未出资和出资不适当两种情况，前者通常表现为未足额出资、虚假出资和抽逃出资等；后者主要指的是虽然原股东形式上履行了出资义务，但其履行内容并不符合公司章程规定或法律规定。

（二）权属瑕疵

实务中，部分实际出资人出于种种原因不愿意或者不能够在公示性文件中体现自己出资人的身份，而选择以委托他人名义上代为持股的方式行使股东权利，但此种行为明显与商事外观主义相冲突——在股权转让人未予公开的情况下，包括股权受让人在内的第三方难以通过公开途径获悉隐名股东的存在，而股权转让人作为名义持有人若在实际不享有股权处分权的条件下私自签署股权转让合同可能构成"无权处分"，这将引发一系列的法律风险。

（三）权能限制

意思自治是民商事交易所遵循的基本原则。在公司治理中往往体现为不违反法律强制性规定的前提下，公司在章程、合同或其他有效文件中对股东的法定权利作出的限制或约束只要经法定程序表决通过，应当对所有的股东产生效力。在拟上市企业及上市公司中，股东采取与其他股东签订"一致行动协议"或"表决权委托协议"等自愿放弃和让渡部分表决权的方式以增强控股股东的控制权和话语权的情况更是屡见不鲜。由此产生了股权转让前已存在于上述股权的权能限制是否及于股权受让人，以及在什么条件下会对股权受让人产生效力等实务问题，该问题在学界同样存在很大争议，值得我们探讨与思考。

三、受让瑕疵股权的法律风险

（一）合同效力瑕疵风险

我国现行法律未明文禁止瑕疵股权的转让，根据私权领域"法无禁止即自由"的基本原则，应认为瑕疵股权仍具有可转让性[1]。因此，对瑕疵股权转让合同的效力认定应当回到一般合同效力的生效要件判断标准，即成立的股权转让合同在主体适格、意思表示真实、未违反其他具有强制性要求的效力性规范或存在其他法定无效情形的情况下，该合同应属合法有效。但需要补充的是，即使股权转让合同有效仍可能存在合同可撤销或效力待定等瑕疵。股权转让合同的唯一标的是股权，当股权存在价值或效用瑕疵时，受让人权利可能在一定程度上受损[2]。此时股权受让人仍可依据《民法典》合同编规定依股权转让人的违约程度要求其承担相应的瑕疵担保责任，若其违约行为导致合同目的的无法实现的，受让人亦可行使法定解除权。

（二）股权受让人的主要法律风险

1. 补缴责任风险

在标的股权存在出资瑕疵的情况下，根据《公司法解释三》第18条第1款之规定，原股东对公司的出资责任并未因转让股权而豁免[3]，因此受让人在知道或应当知道出资义务未被完全履行的情况下也存在对前述补缴义务承担连带责任的可能。

2. 权属争议风险

在隐名股东存在的情况下，由于名义股东事实上并没有权限处分其持有的股权，故其未经实际出资人同意擅自转让股权的，构成法律上的"无权处分"行为，虽然股权受让人可以通过等待实际出资人追认来获得完整股权，或尝试适用"善意取得"制度以对抗实际出资人具有标的股权所有权的主张，但在实务中鉴于股权权属还涉及工商变更登记以及公司股权稳定等一系列问

---

〔1〕 荣振华：《〈公司法〉立法与司法解释互应影响之研究》，清华大学出版社2018年版，第132页。

〔2〕 郭歌："《民法典》物之瑕疵规范的解释与适用研究"，载《江西社会科学》2022年第3期。

〔3〕 朱锦清：《公司法学》，清华大学出版社2017年版，第227页。

题，此时的股权受让人常面临股权权属争议的法律风险。

3. 受让股权权能限制的效力风险

关于原股东在标的股权上另行设置的权能限制是否及于股权受让人的问题，学界也存在争议，实务中人民法院往往基于合同相对性原则，认为公司章程等原股东内部协议所进行的权利配置的效力能且只能及于于内部主体，而难以对抗内部主体与善意第三人的外部交易或对善意第三人发生效力。但与此同时，仍需要考虑有限责任公司所具有的人合性和封闭性特征，虽然受让人可以以善意第三人的身份对抗原股权上的权能限制，但其作为强行打破既定规则的"外来入侵者"，在实际获取股东资格以及行使股东权利时，难免遭受到其他利益一致的股东甚至公司方的阻碍与限制。此时，股权受让人提前进行法律风险与其他风险防范就显得尤为重要。

四、受让瑕疵股权的法律风险防范措施

（一）事前的审查途径

根据《公司法解释三》规定的内容来看，无论是对公司注册资本的补缴责任风险还是对公司债务在未实缴范围内承担责任的风险，均以股权受让人主观上"知道或应当知道"标的股权存在出资瑕疵内容为限，换言之，这是股权受让人承担股权瑕疵风险的基本前提；同时结合既往司法判例来看，人民法院往往对进行股权交易的商事主体施加较高的注意义务，即认为股权受让人在受让股权时，应当对交易对方股东和标的股权的出资、权属等基本情况进行调查，因此受让人在事前充分审查标的股权状况就显得尤为重要。

实务中，股权受让人在受让股权前主要可以通过以下几种途径对标的股权状况进行调查：第一，书面确认标的股权注册资本实缴情况，审查出资凭证、验资证明；第二，书面确认是否存在股权代持情况，若存在则需审查实际出资人授权名义股东处分代持股权的书面证明；第三，审核公司现行章程及其他股东内部协议，确认目标公司对外转让股权的流程及条件；第四，若受让人在通过以上途径进行审核后仍担心转让人或转让人与目标公司恶意串通隐瞒股权瑕疵，则可以要求股权转让人和目标公司就不存在股权瑕疵进行书面承诺，或者委托专业机构对标的股权甚至目标公司的资产状况进行详尽的调查与审核，尽量于事前规避因信息不对称造成股权瑕疵未被及时发现的法律风险。

（二）事后的权利救济

根据上文所述，在受让人无法证明其主观上不存在"知道或应当知道"目标股权存在瑕疵时，极可能需要承担瑕疵股权所引发的一系列法律责任与后果，而实践中往往通过公司章程、工商登记备案等公示文件来推定受让人对于股权瑕疵是否"知道或应当知道"，即受让人首先至少能够以前期掌握的公示信息作为依据，主张其作为"善意相对人"已履行审慎的注意义务，同时对其他方请求受让人承担与登记事项不一致的股权瑕疵后果进行抗辩〔1〕。

而对于瑕疵股权转让方来说，其作为股权转让合同的相对方，应当向受让人交付合同约定数量和质量的、财产权和人身权相一致的股权，因为股权转让合同事实上也是一种特殊的买卖合同，因此当标的股权无论出现数量还是质量上的瑕疵，转让人依法需按照《民法典》合同编中关于买卖合同的规定承担相应的瑕疵担保责任。

---

〔1〕 章恒筑等："认缴资本制度下的债权人诉讼救济"，载《人民司法（应用）》2016年第16期。

论证券内幕交易民事责任的完善

邢乐乐*

（中国政法大学 北京）

摘　要： 证券法以市场信息公开为基本原则，然而该原则中的市场信息并非指向公司的所有信息，而是那些可以公开的信息，具体而言，证券市场信息披露本身具有滞后性、不全面性等固有特性，不仅如此，会影响公司价格的重要信息以及公司对外不予公开的内幕信息仅掌握在少数内幕信息持有人手中，而这些内幕信息的持有人就承担着戒绝交易义务、信息披露义务。本文所称的证券内幕交易，就是内幕信息持有人违反上述义务，利用其所具有的这种信息优势，私下交易获利或者避免损失，损害投资者合法权益，影响证券市场交易秩序。证券市场内幕交易行为屡禁不止的重要原因就在于内幕交易民事责任的具体规定尚不完善。

关键词： 内幕交易　证券法　民事责任　因果关系

一、内幕交易民事责任的立法基础

（一）法理基础

证券内幕交易是民事侵权行为。我国《证券法》规定，参与证券交易活动的当事人具有平等的法律地位，证券的发行、交易活动，必须遵循公开、公平、公正的原则，而内幕交易违背了公平交易原则，侵害的是证券市场中各投资者应当享有的公平交易权[1]，这种行为一定程度上增加了不知晓内幕

---

* 作者简介：邢乐乐（1994 年–），女，汉族，黑龙江大庆人，中国政法大学同等学力研修班 2022 级学员，研究方向为民商法学。

〔1〕　亢艳星："内幕交易中民事责任因果关系认定问题"，载《合作经济与科技》2021 年第 7 期。

信息的投资人的交易风险。

我国《证券法》规定，内幕信息持有人承担戒绝交易义务、信息披露义务等法定义务，从民事义务与民事责任的角度而言，民事义务的违反引发民事责任的承担，内幕交易行为就是内幕信息持有人为谋取利益或者避免损失而私下交易，即违反法定义务的违法行为，为此内幕交易人应当依法承担民事责任，投资者若存在财产损失，可以其财产权受到侵害为由向侵权人主张民事赔偿责任。

（二）现实基础

我国《证券法》规定了内幕交易行为人的种类、内幕交易的几种情形，以及内幕交易民事责任的承担，由此为因内幕交易受损的投资人提供了民事救济途径，然而在司法实践过程中不难发现，由于不法行为与损害事实之间因果关系的认定、举证责任在原被告之间的分配、民事赔偿责任的计算方式等规定存在诸多细节上的空白，致使在内幕交易赔偿的相关案件中真正获赔的投资人少之又少。

近年来，我国证券市场交易活动逐渐呈现复杂化、专业化、国际化、交易额巨大等特点，在巨额利益驱使下，内幕交易活动甚嚣尘上，此等经济犯罪行为严重影响了证券市场的健康发展，故而完善证券内幕交易民事责任是规制证券市场的当务之急。

二、内幕交易民事责任认定难点

（一）因果关系认定

民法中，行为与损害结果之间因果关系的认定是承担民事责任的前提条件，对应在证券内幕交易中，内幕交易行为与投资者受损之间是否存在因果关系，同样是法院认定原告主体适格以及民事赔偿责任承担的构成要件。然而司法实践过程中，由于证券交易活动参与人员众多、内幕交易形式复杂、操作手法隐蔽、交易时间难以确定等，导致原告证明被告在交易时持有非公开信息、内幕交易行为与投资者受损之间存在因果关系等内容难度极大，不仅如此，因为交易活动的专业性、国际性、交易迅速、成交量大等原因致使即便是证券监管机关、司法机关亦难以开展调查，证明交易活动异常或是存在内幕交易、认定因果关系均存在客观困难。

（二）损害赔偿计算

民事损害赔偿的实现是救济民事权利损害的必要措施，也是民事责任制度的主要功能，因而在民事责任确定的基础上，损害赔偿的计算就显得尤为重要。在内部交易赔偿案件中，受害人的范围确定存在困难，内幕交易行为可能导致部分相同时间交易投资者经济利益受损，然而证券市场交易活动参与者的盈亏实际受很多因素影响，比如正常市场价格波动、各投资者掌握的市场信息本身就不相同、不对称、不完全甚至存在错误信息，致使同时期交易的投资者受损的原因一定存在不同，且在实际操作过程中难以区分，受害人范围极容易因此扩大，进而导致损害赔偿数额过高，从而过分苛责被告责任，违反公平原则；不仅如此，民事赔偿数额的计算若不加以限定，巨额赔偿就会变相激励受损投资者诉讼，进而导致滥诉滋生。

三、内幕交易民事责任制度的完善

（一）因果关系推定

如上所述，在司法实践过程中由于内幕交易行为与投资者损失之间的因果关系难以证明，使得绝大部分投资者处于诉讼困境，这无形中导致了《证券法》虽然赋予了投资者民事救济权利却难以实现的情形。

首先，多数学者认为应当推定内幕交易行为与投资者损失之间存在因果关系，显然推定因果关系的存在随即消除了诉讼过程中内幕交易民事责任赔偿的主要障碍，具有现实意义上的合理性。然而，通常情况下，交易市场的固有风险是投资者在证券交易过程中产生亏损的主要原因，然后才是内幕交易等人为操作下产生的亏损，无限推定不仅有违证券市场交易活动本质，且其导致的法律意义上的后果即具备诉讼主体资格的原告众多，赔偿数额巨大，由此引发滥诉，与推定因果关系的初衷相悖。

其次，因为正向举证责任存在前述的巨大困难，以至于在诉讼程序中产生了巨大障碍，因而部分学者主张部分事实举证责任的分配应当适当向被告进行转移更符合实际情况，具有合理性，在此基础上让不同身份或职务的内幕交易行为人承担不同程度的举证责任，[1] 与此同时，原告应当承担的举证

---

[1] 孔康妮："我国证券内幕交易法律规制现状与改进探析"，载《山东工商学院学报》2016年第1期。

责任亦不能绝对豁免，不同案件中，原告应承担不同程度的举证责任，从而实现举证责任在原被告之间的科学分配，才能真正实现对证券市场交易活动的有效保护[1]。

（二）民事赔偿责任与民事罚金并重

在推定内幕交易行为与同时期反向交易投资者的损失存在因果关系的情况下，因为受损的投资者即赔偿对象存在范围较大且难以区分的情况，即便推定因果关系存在有利于帮助受损投资者实现经济赔偿，但更可能产生的主要负面影响就包括民事赔偿数额的巨大，由于参与人数众多，赔偿数额甚至有可能超过内幕交易行为人所获利益，那么对于被告而言，就有过于苛责之嫌。故此，出于公平原则，民事赔偿数额应当具有合理范围或者民事赔偿的计算方式应当体现科学公平，比如，民事赔偿数额应当以内幕交易行为人所获利益或者所避免的损失为限，受损投资者内部之间对所获赔偿总额以一定比例进行分配，即在获赔总额不变的情况下，受损投资者应当举证证明自己的实际损失来获得应得的赔偿份额，若受损投资者众多，即可按照比例进行分配。

与此同时，也应当看到，赔偿金额有上限与赔偿方式的优化固然重要，但是在此种分配原则下各赔偿对象所能获得的赔偿金额也是十分有限的[2]，并不足以弥补其损失，不仅如此，对于内幕交易行为人来说，内幕交易手法隐蔽难以证实、违法成本较低，不足以形成威慑力，那么在民事赔偿之外，就应当适当借鉴惩罚性手段，比如，对内幕交易行为人在民事赔偿责任之外处以民事罚款（该民事罚款不影响其行政处罚的承担），至于民事罚款的数额可以以行为人违规操作情节之轻重程度、对证券市场造成损失的大小以及对社会产生的负面影响程度进行综合认定。

民事赔偿与民事罚金的有效结合，既实现了私权利救济，体现公平交易原则，也变相提高了违法成本，以此压制巨大经济利益带来的诱惑，产生了一定的威慑效果，有利于加大惩罚力度打击违法交易行为、维护投资者信心、健全证券市场交易制度。

---

〔1〕 赵旭东：“内幕交易民事责任的价值平衡与规则互补——以美国为研究范本”，载《比较法研究》2014年第2期。

〔2〕 缪因知：“内幕交易民事责任制度的知易行难”，载《清华法学》2018年第1期。

四、结论

内幕交易行为是证券市场不断发展的产物，只要证券交易活动存在，就会有内幕信息以及内幕信息知情人的存在，内幕交易行为也会由此产生，各国证券市场在发展过程中均未幸免遇难，由于证券交易活动本身就极为迅速、专业，其内幕交易行为就更显隐蔽，在执法难度大、成本高、司法资源有限的情况下，我们应当从多种渠道出发，综合发力，共同遏制内幕交易行为。比如，提高社会监督水平，建立举报人奖励机制[1]，鼓励群众监督，增强每一个投资者的监督意识，自觉维护自己的公平交易权；强化公司在治理过程中的监管责任，内幕交易行为在一定程度上是公司内部治理出现了问题，公司内幕信息管理不善、内幕信息知情人失职、管理权力滥用等问题才是根源，强化公司的监管责任能够倒逼内幕信息交易行为的减少。

---

[1] 金香兰："中美证券内幕交易的法律责任及其启示"，载《延边大学学报（社会科学版）》2011年第2期。

平台数据共享对于《反垄断法》的挑战分析

徐　珍*

（中国政法大学　北京　100088）

摘　要： 近年来，互联网带动了大数据产业化的飞速发展，新兴的大数据产业依托平台市场既带动了经济的发展，也例外地突破了《反垄断法》的规制，数据共享逐渐成为目前平台市场经济健康发展所必需的调控手段之一。我国《反垄断法》在平台数据共享方面的理论和实践经验较为薄弱，监管手段尚不完善，重构《反垄断法》在平台数据共享实践中的体系，使其达到法律与实践适用限度相适宜，就成了对《反垄断法》的新挑战。

关键词： 平台数据共享　《反垄断法》　反垄断治理体系

一、平台数据共享现状

（一）数据在市场中的支配地位界定困难

数据最明显的特点是来源广、渠道复杂、涵盖维度广，它能够同时被多个第三方平台收集和使用的特性使得其具有非对抗性及多归属性。例如，首先是用户的个人隐私信息，包括且不限于地理位置、银行卡号、个人兴趣等，可能通过各种应用程序获得，可能是 A 应用程序，可能是 B 应用程序，也可能是 A、B 应用程序同时获得；其次可能是用户的信用卡消费记录，这包含贷款车辆定位系统、商场信用卡消费记录等。单个数据的错综复杂，造成整合后大数据市场盘根错节，支配地位也因此无法准确界定，从而致使平台大数据竞争没有明晰确定的边界，多边性及跨界性也成为普遍现象。综上因素，

---

* 作者简介：徐珍（1994 年-），女，汉族，新疆乌鲁木齐人，中国政法大学同等学力研修班2022 级学员，研究方向为经济法学。

平台数据下的竞争风险难以预测把控，竞争趋势呈现多边发展。

（二）数字化市场垄断的矛盾凸显

就目前数据市场的发展现状来看，以平台作为载体的经济数据垄断是最突出也是最为常见的问题，其呈现出的特征为："个别独大，独大为赢"，并进入循环往复的内卷状态。在大数据产业化下，掌握更多经济数据的经营者通常已能够突破反垄断法的约束，自由选择交易及合作，其强大的市场支配地位通过调控价格、控制数量等方式已产生了损害自由竞争、减损消费者福利的影响，中小经营者要想实现广泛、快速的数据收集和分析活动基本上需要依附于"蛋糕多占者"让利存活。例如，人人喊打的"大数据杀熟""二选一"等，这不仅仅是大型互联网平台企业（即数字化市场）在无干涉自由发展中垄断的自然结果，也是数字化市场垄断矛盾的直接体现，更是平台经济消费当下最大的痛点。

（三）平台数据共享产生的原因

自然结果与弊端问题相生相克，致使二者矛盾不断激化，成为推动平台数据共享的重要原因之一。平台经济不规范的发展乱象危及整个新兴数据市场，于维护公平竞争市场秩序，是一道不可逾越也不可避免的鸿沟。因此，平台数据共享的目的就是控制、防止及排除潜在的和现存的拥有平台数据实际垄断控制权的非法经营者，在法律的授权与监管下恢复正常的市场秩序，维护交易相对人的合法权利。

二、平台数据共享对《反垄断法》的挑战

《反垄断法》维护及调控的目标是宏观的整体市场竞争秩序，并不针对个别及部分经营者。在某种程度上，我国当下司法实践中《反垄断法》的执行与实际应用无法对数据共享的全过程进行完善的监督和合理司法实践解释，这对《反垄断法》在平台数据共享方面的立法、调控、监督、管理产生了新的挑战。

（一）立法挑战

数据必要设施建设[1]是平台数据共享的前提，但由于我国必要设施原则理论匮乏、实践基础薄弱，无法将数据作为必要设施就无法进行权属确认，

---

[1] 王健、吴宗泽："论数据作为反垄断法中的必要设施"，载《法治研究》2021年第2期。

进而可能会引致"滥诉"问题。数据能否作为必要设施一般从四个方面作参考：第一，数据是否已融入市场竞争，成为必不可少的因素；第二，数据的来源是单一还是多方；第三，数据共享技术能否支撑；第四，数据共享是否会损利于先行占有者。在《国家市场监督管理总局关于平台经济领域的反垄断指南（征求意见稿）》中，为了法律规定能灵活运用于实践过程中，对数据必要性基础建设的认定并未采取固定模式，认定要求也并不严格，这导致其违反了法律的明确性规定，在实际运用中模棱两可，难以保证法律规定在实践中的稳定性及可预测性，从而也致使不同法院和执法机构在主次、程度等多方面定性中因个人及地区的思维方式不同、理解不同产生同案难同判的混乱情况。继而，《反垄断法》在平台数据共享的体系建设中又倒回法治体系建设前期的老路，错案层积，会间接地打击平台数据经济市场发展的热情，从而影响整个经济社会的发展。另外，由于实践基础薄弱，《国家市场监督管理总局关于平台经济领域的反垄断指南（征求意见稿）》在法律用语方面，条款中的限定词较为抽象，更多像是在"摸着石头过河"。立法者的本意可能是将法律用语尽可能地设置抽象，能够在实际运用中依照具体情况做解释方便补全漏洞，但这无疑与我们现阶段所需要的平台反垄断法的目的相背离。简单而抽象的法律用语会导致纠纷增多，诉讼加大，而胜诉可能性占比难以把控。法律用语缺少强制力做保证相当于一纸空文，只有对相关法律的认定进一步明释，才能够在现有基础上不增加司法实践的诉累。

（二）实践中调控与监管的挑战

在平台数据立法完善的基础之上，平台数据共享需要达到什么程度，以及数据共享以后如何有效地监管，都需要制定相应切实可行的运作方案作为配套措施有效实施。例如，自我国《反垄断法》实施以来，至今没有平台数据的大型拥有者依照法律规定主动申报审查，也没有任何一家因未依法履行而被处罚。所以，如果仅仅是有指令而不能使其发挥应有的作用，反而会加重平台经营者的负担，对正常的平台市场经营活动造成干扰，产生不利影响。在这一方面，我们可以借鉴欧盟和美国的历史经验，避免我国因为基础设施的缺失而将负担全部抛给司法和执法系统。同时，实践中监管与调控的政策及手段也要达到使平台数据共享对《反垄断法》存有敬畏之心，不突破数据共享的边界，即合法性边界，保证在发展平台数据共享的同时能够更好地保护个人的隐私和信息安全。以上都要求在司法实践中，既要将复杂的调控与监管落实到位，又不能加重司法体系负担，还要做到调控得当、监管通畅，这对于我国目前平台数据实际基础设施情况来看，无疑是一个巨大的挑战。

（三）避免沦为政策的调控工具

由于《反垄断法》立法的目标作用及其价值功能，赋予了《反垄断法》具有"超级法"的性能，其强大的经济调控功能使其自始附有政治使命[1]。如果《反垄断法》在平台数据共享领域的法律控制效果超出了当下平台数据经济市场的发展限度，在宏观方面是否会在一定程度上失衡，脱离原有目的沦为宏观政策的调控工具？这一问题在美国反垄断的"古典时期"有所体现，当时的美国垄断经济组织因其强大的资本拥有控制政府的能力，它们通过资本来贿赂政府官员，从而影响政治决策，进一步通过反垄断政策变相巩固自身垄断地位，给美国的政治经济、社会生活带来较大的负面影响，并且这种不利的影响在美国的反垄断法历史进程中长时间无法彻底消除。因此，反垄断法在开放平台数据共享的后期也应当提高政治敏感度，注意相关立法及司法实践活动是否会偏离原有框架，而沦为政策调控的工具。

三、重构《反垄断法》在平台数据中的治理体系

解决平台数据共享对于《反垄断法》的挑战，需要建立立体化治理系统，除《反垄断法》外，需行业立法、行业监管、政府推进、网络技术等多方位一体化通力合作，增强《反垄断法》体系用语的精准性，吸收反垄断法在各国的历史教训，抓紧当下平台数据治理的紧迫性现状。

第一，转变反垄断法立法观念。除《反垄断法》的一般规则外，我们要针对性地对平台数据设置特殊规则，与平台数据的复杂性相适应，减少平台数据共享对《反垄断法》一般性规则的对接适用难度，从"包容立法"向"量身立法"转变和推进，从实际出发提高《反垄断法》在平台数据共享适用过程中的有效性。

第二，构建统筹协作的执行监管体系[2]。将《反垄断法》与平台数据的复杂性、跨界性、多边性相融合，建立健全多部门、全区域、各行业多管

---

〔1〕 孔祥俊："论互联网平台反垄断的宏观定位——基于政治、政策和法律的分析"，载《比较法研究》2021年第2期。

〔2〕 孙晋："数字平台强化反垄断和防止资本无序扩张需要整体监管和协同监管"，载 https://bokeshuofa.blogchina.com/761222329.html，最后访问日期：2021年9月10日。

齐下的联合执法和协作监管机制，达到经营者自律、行业监管健全、政府监督到位等多方面一体化执行监管机构，增强《反垄断法》在平台数据共享方面的法律威慑力，达到平台数据共享受利人及监管人自觉遵法守法用法的目的。

第三，革新平台监管技术。平台数据共享依托互联网技术发展，因此《反垄断法》在平台数据共享方面的使用中也同样要依靠完善的信息网络技术。革新平台网络监管技术，做到平台监管在适用中与当下互联网技术相匹配，甚至更超前，做到网络基础建设与法律实际相结合，保证在法律执行过程中形成全链条无间断式追溯，真正实现监管、规范和发展齐头并进，高度契合平台数字经济共享发展的内在需求。

表见代理制度下商业银行"飞单"纠纷中的责任风险与规避措施

闫明生*

(中国政法大学 北京 100088)

摘 要："飞单"是银行员工私自销售非本行自主发行或非经本行批准代销的第三方机构理财产品的行为。基于表见代理制度，银行往往需对员工的"私自"行为承担责任，由此面临法律风险、经济损失和声誉风险。表见代理制度在"飞单"案件中适用的关键是员工具有代理权外观并符合表见代理的构成要件。基于此，银行在日常管理中可以通过建立风险防控制度，优化风险评估策略，从严从重处置"飞单"员工等方式进行预防和规避。

关键词："飞单" 表见代理 银行责任

一、问题的提出

"飞单"是指商业银行员工私自向客户推介、销售非本行自主发行或非经本行批准代销的第三方机构理财产品的行为。从方式上看，"飞单"大体包括商业银行员工私自销售第三方发行的理财产品、虚构理财产品进行销售等行为[1]。"飞单"行为之所以引起多方厌恶且争议不断，主要是因为该行为会损害金融消费者与商业银行的合法权益。

---

* 作者简介：闫明生（1984 年-），男，汉族，内蒙古乌兰察布人，中国政法大学同等学力研修班 2022 级学员，研究方向为经济法学。

〔1〕 孙棋琳："银行理财产品'飞单'案件的司法裁判与治理"，载《河南财经政法大学学报》2018 年第 1 期。

二、"飞单"行为对银行的不利影响

"飞单"行为没有保障，很可能无法实现预期收益甚至出现亏损；而"飞单"行为中销售代理人虽为未经授权的银行员工，但其很可能具有有代理权的外观，商业银行基于表见代理制度在出现金融消费者维权时仍可能需要对该员工的"飞单"行为承担责任。[1]

（一）损失赔偿的法律风险

表见代理制度造成"飞单"的金融消费受害者往往选择与银行对簿公堂。以"〔2022〕京03民终1313号某银行与何某侵权责任纠纷民事判决书"为例，二审法院按照"银行员工郭某推介行为是否构成职务行为、推介行为是否构成侵权、推介行为产生的法律后果"的顺序，以层层递进的方式进行了详尽的分析、阐述。基于银行符合表见代理的构成要件且该银行存在过错，最终判定银行应当对何某的投资损失承担相应责任。

（二）合规法律风险

在"飞单"事件中，涉事银行对于员工的管理是存在失责的，这种失责往往表现在"制度执行不到位、营业场所疏于管理、监督检查流于形式"等方面。对于银行而言，一旦被监管部门认定为有责，将不仅在个案中承担赔偿责任，还要接受监管部门的处罚、承担合规风险，为涉事员工的违规行为和管理失责买单。

（三）声誉风险

对于银行而言声誉的重要性不言而喻，甚至银行业的声誉直接关系到金融系统的稳定性。"飞单"正是利用了金融消费者对银行及其从业者的信任，一旦发生"飞单"事件，银行将面临来自公众的信任危机。所以，"飞单"行为对银行的打击是全面而严重的，包括直接的法律风险和侵权赔偿，以及间接的合规风险和声誉风险。当然，如果"飞单"行为符合表见代理的构成要件，金融消费者的损失往往可以得到银行弥补，但对于商业银行而言为违规员工买单是非常"郁闷"而又无奈的事，这就源自表见代理制度在"飞单"行为认定中的广泛应用。

---

〔1〕 李一凡："银行'飞单'案件中银行民事责任的认定——以'某银行理财产品事件'为例"，载《法制博览》2018年第3期。

三、"飞单"行为所涉案件中表见代理制度的运用

银行对"飞单"行为承担责任在司法实践中大都源自对表见代理制度的运用。所谓表见代理,"是指被代理人因疏忽的表见行为引起了善意第三人对无权代理人有代理权的合理信赖,为保护这种合理信赖,无权代理产生与有权代理相同的结果"[1]。我国《民法典》第172条[2]对此作出了明文规定。

在"飞单"行为中,员工私自向客户推介、销售非本行自主发行或非经本行批准代销的第三方机构理财产品的行为超出了银行的代理权限,但由于其银行工作人员身份或者银行环境对金融消费者的影响,造成了让金融消费者相信这款产品是银行产品的表象。"表见代理"实际上是无权代理,但对于被代理银行而言,如果无权代理行为被追认否定的话,会给善意第三人也即金融消费者造成二次伤害;为更有利于保护善意第三人的利益,维护交易安全,并以此加强代理制度的可信度,我国现行法律还是倾向于维护在"飞单"行为中更容易遭受损失的金融消费者的。

在"表见代理"制度下,如何尽可能地减轻银行在"飞单"行为中的责任,是银行对此类现象管理的关键点。以上文提到的某银行与何某侵权责任纠纷一案中,银行承担责任的边界一是在于"飞单"时银行方面是否给予金融消费者充分的"无权代理"提示。所谓充分,至少让一般金融消费者可以认定当前的代理人不具备银行工作人员身份或者具有银行工作人员身份的人员所代理的产品不属于该银行产品。二是在于否定"善意",也即证明金融消费者对"飞单"行为知情,进而实现"买者自负,风险自担",剥离银行责任。

四、银行管理"飞单"行为的措施

其实,对于"飞单"行为,无论是银行业监管机构还是银行业内部,都在不断探索完善预防控制措施。按照《中国银监会关于规范商业银行代理销售业务的通知》(以下简称《通知》)的要求,销售专区制度和"双录"工

---

〔1〕 李永军主编:《民法学教程》,中国政法大学出版社2021年版,第131页。

〔2〕《民法典》第172条规定,行为人没有代理权、超越代理权或者代理权终止后,仍然实施代理行为,相对人有理由相信行为人有代理权的,代理行为有效。

作对"飞单"行为的银行端责任边界已经进行了初步切分，对于预防风险、厘清责任、保护消费者权益有着十分重要的意义。未来，基于《通知》规范和实践分析，银行还可以进行更多的有益尝试。

（一）建立销售授权书制度

考虑到单一消费者的认识问题，很可能在专注于产品购买的过程中忽视公众场合公示的产品信息，所以可实施"销售授权书制度"，即要求每一笔理财产品销售均需要金融消费者和销售人员共同在录像系统下签署"销售授权书"，该授权书由银行出具，加盖银行公章（或独有 VI 标识，证实专属性），内容包括但不限于消费者知情确认条款（如本人已确认本次购买的产品为 XX 银行授权销售人员 XXX 代销产品，并已了解该产品特点和收益的不确定性，愿意承担产品风险），由消费者亲笔抄录知情确认条款，并由销售人员、消费者在录像下共同签字确认。销售授权书属于银行风险控制环节而非产品风险控制环节，只有银行自行发行或者批准代销的理财产品方可使用，作为产品销售的必要前置环节，可以解决"飞单"产品追责困难的问题。

（二）建立离职公示制度

当销售人员离职时，由于银行无法及时通知所有相关消费者，容易使银行销售人员在离职后的一段时间内在相关消费者中仍具有代理权外观。所以，可以实施离职公示制度。每一名离职的销售人员，由银行在销售专区公示其离职并取消销售授权的信息，加盖银行公章。对于销售人员在职时维护管理的客户，则应当在提出离职之日起即关闭权限，并对其维护的客户进行一对一通达。当然，离职公示制度旨在及时消除对于消费者而言离职人员的代理权外观，并不能完全规避银行端在"飞单"行为中的责任。

（三）建立销售专区封闭制度

在资质统一管理制度的前提下，可以进一步规范销售专区要求。销售专区必须在封闭区间进行（如贵宾理财间形式），统一资质证书配套制作对应的电子钥匙，专人专用，电子钥匙可以打开销售专区，进入销售；同时银行应当将授权销售产品按照一定的要素（如产品名称、代销公司、风险等级等）录入电子钥匙系统，在销售操作时需插入电子钥匙，销售信息匹配方可完成销售。在此要求下，"飞单"时销售人员要么规避销售专区，要么错误录入产品信息或不录入产品信息，此时对于消费者判断风险和切分银行责任就可以提取到更为准确、客观、详实的证据。

（四）优化风险评估策略

风险评估策略能够有效反映金融消费者投资理财的经验以及风险识别与判断的能力，直接决定着在"飞单"事件中金融消费者与银行所承担责任比例的大小。当前多数银行采取调查问卷式风险评估，其问题设计、逻辑内涵、重评限制应当从风险评估策略角度优化，让调查问题之间形成逻辑关联，分类金融产品以获取精准的投资经验和风险偏好，对于无投资经验、资产或年龄不达标等调查问题设置"一票否决"，进一步缩减限制风险重评估次数，真实反映客户风险等级，从而最大限度地实现消费者在"飞单"问题上"买者自负"。

（五）从严从重处置"飞单"事件参与员工

对于银行而言，"飞单"行为应当纳入合规红线管理，无论是谁一律不得触碰。凡是参与"飞单"的员工，一律开除，上追两级管理和领导责任；同时保留司法追诉和向新单位通报的权利，让"飞单"行为没有容身之地。

五、小结

"飞单"是银行金融业务运作中客观且大量存在的，面对"飞单"所带来的负面影响，银行要正确理解"表见代理"制度，充分发挥管理优势，以金融消费者权益保护为原则，以切分边界、明确责任、合理担当为目的，以管理控制、约束惩戒为手段，不断提升银行合规经营水平和质量以及从业人员素质，或许"飞单"就能在不远的将来成为历史。

浅析股权代持行为对强制执行的排除

杨　帆*

（中国政法大学 北京 100088）

摘　要：股权代持行为已为目前的法律所允许。当债权人对显名股东名下股权申请强制执行时，作为实际权利人的隐名股东如何维护自身权益，股权代持行为能否有效排除强制执行，具体在何种情况下才可以排除强制执行？当前，各地法院的裁判观点和审理逻辑截然不同。基于此，本文结合学术界现有观点，梳理各地法院裁判思路，就股权代持行为对强制执行的排除效力提供一些思路，期望对解决本文的问题有所裨益。

关键词：股权代持　强制执行　排除效力

股权代持行为在商事活动中已经屡见不鲜，与此同时，因股权代持这种行为所引发的诉讼纠纷数量也在逐年增多。股权代持行为作为权利外观与真实权属相背离的典型，当债权人对显名股东名下的股权申请强制执行时，作为实际出资人的隐名股东在何种情况下可以排除强制执行，成为实践中备受争议的难题。

一、股权代持行为在强制执行中存在的司法争议

根据对相关裁判案例分析总结可以发现，各地法院裁判观点的不同导致裁判结果存在显著差异，同类案件出现了截然不同的判决结果。有些法院认为应侧重保护债权人的信赖利益，可以强制执行代持股权；[1]有些法院则认

---

* 作者简介：杨帆（1987年-），男，汉族，山东青岛人，中国政法大学同等学力在读研究生，研究方向为民商法学。

〔1〕　参见《江西省高级人民法院关于执行异议之诉案件的审理指南》第38条（2019年6月22日）。

为应当侧重保护实际出资人的权利,穿透表象,认清实质,如果实际出资人能够证实真实的出资情况,则可以排除强制执行。[1]

二、相关法律分析

(一)股权代持行为的法律效力

股权代持行为通常是指实际出资人通过与名义持股人订立股权代持协议,以隐去自己名字的方式实际出资却不公开持股的一种民事行为。股权代持行为的效力在《民法典》和《公司法解释三》中都有相关规定。在不违反法律强制性规定、不违背公序良俗的前提下,股权代持协议与其他普通契约一样,只要双方达成合意,根据意思自治原则,应当具有法律效力,受到法律保护。

(二)案外人执行异议之诉的法律性质

案外人执行异议之诉的本质在于案外人因第三人的强制执行申请而导致自身的合法权益受到侵害。虽然对于案外人异议权的性质暂无定论,但笔者认为,案外人要求撤销强制执行机关的错误执行,改变了现有的法律关系,应当属于形成之诉,案外人执行异议之诉在性质上应当属于形成权。

(三)涉及权利比较和价值选择

股权和债权之间的优先效力如何?在股权和债权冲突时,我们应如何选择?债权是否优先于股权呢?这要从两者的权利性质以及效力优先程度来比较。股权是一种综合的权利形态,它包含管理权、财产权等多种权利,与我们通常所认为的“物权”或“债权”有不同点也有相关性。通常认为,股权具有支配权的属性,但又与传统的物权和债权并不相同,不能将其简单地归类为物权或者债权,笔者认为应将其归类为“准物权”较为合适。支配权表现为对标的物的支配力,为绝对权。债权是一种请求权,是一种相对权利,其效力自然要低于绝对权。所以,我们可以认为股权作为一种介于物权与债权之间的特殊形态,其效力应低于物权,但要优先于一般债权。

三、股权代持行为排除强制执行可能性

根据《最高人民法院关于适用〈中华人民共和国民事诉讼法〉的解释》

---

[1] 参见《山东省高级人民法院关于审理公司纠纷若干问题解答》(2018年7月17日)。

相关规定，即使案外人没有明确提出确权请求，法院在执行异议之诉中，也有必要查明案涉标的的实际归属及相关实体权利的性质，这也是判定能否排除强制执行的前提。执行异议之诉作为最后一道救济途径，不能仅仅依据股权外观就简单认定权属。

（一）案外人权利的形成时间

作为实际出资人的隐名股东对案涉标的股权享有权利的时间是判定能否排除强制执行的关键点。如果案外人能充分证明其权利形成的时间在申请执行人与显名股东的债权形成之前，其股权代持协议合法有效，该标的股权的实际归属应为隐名股东。如果在债权人将标的股权申请查封、扣押、冻结之后，隐名股东与显名股东就股权的权属进行变更，隐名股东作为案外人提起执行异议之诉的行为很有可能被归为妨碍执行，这显然无法排除执行。实践中，实际出资人虽然没有出现在股权登记档案中，但应当界定为实际股东。如果实际出资人参与了公司重大事项决策等行使了自己的股东权利，且其他的股东对此是知晓、同意的，那么基于公司股东间存在的信赖关系，应当认为隐名股东和公司其他股东产生了实质性关系。[1]

另外，在该标的股权被法院查封前，如果实际出资人就已经取得确权判决或有其他证据足以证明其真实身份，同样也可以说明其享有得以排除强制执行的权利。

（二）债权人对代持行为是否知情

根据商事外观主义原则，若第三人因信赖外观表征而进行交易活动，即使外观与事实不相符，也应以外观认定其效果意思，从而保障第三人的合理信赖利益。[2]债权人是否属于商事外观主义原则下的"第三人"尚有争议，即便债权人属于外观主义原则所保护的"第三人"，其利益得到保护的前提是对股权代持行为并不知情，因此才会产生合理信赖。如果申请执行人对股权代持行为是明知的，那就谈不上合理信赖的问题，也就无法适用商事外观主义原则。

商事外观主义原则下所要保护的第三人首先应该是"善意的第三人"，其

---

〔1〕 周临石："论股权代持协议对强制执行的排除效力"，华东政法大学 2021 年硕士学位论文，第 20 页。

〔2〕 陈银洁："代持股权执行异议之诉的法律适用问题研究"，华东理工大学 2020 年硕士学位论文，第 19 页。

信赖利益是基于公示公信力所产生的。如果第三人已经事实知晓实际出资人与名义股东之间的股权代持行为，在明知的前提下，仍然申请对标的股权的强制执行或作出其他法律行为，那么其信赖利益也就失去了值得被保护的正当性，通常认为，存在主观恶意的债权人不应被保护。

（三）严格外观主义原则适用范围

外观主义原则强调的是法律形式和社会效率，如果适用外观主义原则，作为显名股东的债权人，在适用外观主义原则的前提下，显然是有权对显名股东名下的股权申请强制执行的。[1]而与之相对的则是实质主义原则，实质主义原则强调的是实际情形和公平原则，在此前提下，应当优先考虑实际出资人利益。

从调整关系来看，外观主义原则侧重调整外部关系，但对于内部关系的调整有所忽视，导致实际权利人的权益和诉求无法得到有效保护。[2]在商事活动中，适用外观主义原则可以使交易相对人更有安全感，更能快速促进交易的产生，也恰恰是因为过于注重法律形式和效率的优先，导致实践中外观主义原则有滥用和扩张的趋势。

笔者认为，应当谨慎适用外观主义原则，应将其适用范围限制在从事相关交易的第三人，不应适用于权利外观与实际不符的内部关系，否则将使无过错的隐名股东遭受无妄之灾。

四、结论

在当前法律体系下，为使商事交易安全与私法自治原则相协调，笔者以为，如果作为实际出资人的隐名股东能举证满足以下要件，则可以排除显名股东债权人的强制执行：首先，被执行标的股权在查封之前代持行为已经成立，有效且适法；其次，案外人实质享有股权或在标的股权查封前已得到确权证明其为真实权利人；最后，实际出资人已经尽了合理审查义务，不具有可归责性。此外，债权人已经知晓实际出资人与显名股东之间的股权代持行为，其基于主观恶意而申请强制执行的行为或作出的其他法律行为也不值得

---

〔1〕 黄宣、朱永进："代持股权执行异议之诉的审判困境与破解"，载《沈阳工业大学学报（社会科学版）》2022 年第 1 期。

〔2〕 王烨楠："代持股权强制执行中债权人与隐名股东的权益对抗"，载《经营与管理》2020 年第 9 期。

受到法律的保护。

综上，在审判过程中，要合理地把握外观主义原则的适用边界，既不能因为产权保护而忽视第三人的信赖利益，也不能片面地追求法律形式和效率而忽视对实际权利人的保护。

破产企业应收债权的清收路径

谢旭东*

（中国政法大学 100088）

摘　要：破产企业应收债权清收的效果，直接关系到破产债权的实现程度。然而，管理人在具体的清收过程中却面临清收难、清收成本高等问题。本文力求从管理人角度出发，立足破产制度，就破产企业应收债权清收的路径做一番探讨。

关键词：管理人　破产企业　应收债权

破产制度作为债权、债务清理的一种法律制度，是当代市场经济社会中最为重要的制度之一。随着我国法治化营商环境建设的进步，为有序推进市场主体依法合规出清，激活市场效能，破产制度越来越受到各方重视，适用频率也越来越高。

一、破产企业应收债权概述

破产企业的应收债权是指破产企业与特定主体之间在经济活动中基于合同约定或依照法律规定而形成的一种财产请求权。该财产请求权多因各类合同关系（包括投资）而产生，也有少数产生于侵权、无因管理、不当得利等法律关系。

破产企业的应收债权属于破产企业的财产，在人民法院受理企业破产申请后，该应收债权应由管理人负责管理和处分。若管理人未能勤勉尽责，忠实执行该项职务，给各破产债权人、破产企业或第三人造成损失的，则有可

---

* 作者简介：谢旭东（1981 年–），男，汉族，云南玉溪人，中国政法大学同等学力研修班 2022 级学员，研究方向为经济法学。

能承担赔偿责任。[1]

二、破产企业应收债权清收面临的现实困境

（一）债权确认难

管理人对破产企业应收债权的确认，一般只能基于破产企业的财务账簿和相关合同、收据等凭证，但破产企业又往往由于经营管理混乱，存在相关合同、收据原件保存不规范、不完整的情况，导致管理人难以识别债权的真实性和可实现性。

（二）债权回收难

应收债权回收率低和回收周期长是实践中普遍存在的问题。首先，管理人从接管破产企业的财务账册到审计查明应收债权范围，往往需要花费大量的时间。其次，为查明每一笔应收债权的真实性，往往还需要调取相关银行流水、查找相关合同、询问相关经办人，甚至跟清收对象对账、结算等。最后，如遇清收对象否认或存在一定的争议，就需要通过诉讼甚至强制执行予以解决，而鉴于诉讼结果包括执行回款的不确定性，并考虑到诉讼、执行的成本和周期，是否提起相关诉讼就必须提交债权人会议或债权人委员会表决。

（三）管理人对债权清收工作积极性不高

除了破产企业应收债权确认难、回收难等客观原因，管理人对应收债权清收工作的主观态度也是影响清收效果的主要因素之一。而现实中，管理人基于对报酬和成本的考虑，普遍对清收工作积极性不高。一方面，管理人只能依照《最高人民法院关于审理企业破产案件确定管理人报酬的规定》，根据破产企业最终清偿的财产价值总额，按一定比例计提报酬，在应收债权占破产企业财产比例不高，而清收工作又需要管理人付出大量精力和时间成本的情况下，该薪酬制度难以调动管理人的主观积极性。另一方面，若应收债权占破产企业财产比例较高，而破产企业的现金或实物资产却很少，就有可能需要管理人垫付破产费用，考虑到债权回收的不确定性，更难以让管理人有积极的作为。

---

[1] 连国强：“管理人破产债权清收策略研究”，载《法制博览》2022年第33期，第75~77页。

三、对破产企业应收债权清收路径的探索

（一）应收债权范围的界定

确切的应收债权信息是后续开展清收、拍卖、分配等一系列处置措施的前提，故应当建立明确的应收债权确认制度来界定债权清收的范围。

1.

虽然《企业破产法》第15条规定，在破产程序中，破产企业的法定代表人、财务管理人员和经理、监事等经营管理人员应根据人民法院和管理人的要求进行工作，并如实回答询问。但从实务经验来看，在破产清算程序中，因破产企业负责人已失去对企业的控制权，应收债权的清收情况于其已基本没有利益可言，且大多数高管也已离职，一般不会再积极配合管理人工作。故建议参考民事强制执行中的财产报告制度，在法院受理破产案件时，便要求破产企业提供《应收债权清单》等财产状况，若违反财产报告制度则应承担相应责任。

2. 审计

破产审计是在破产案件审理过程中，审计机构对破产企业的财务状况及经营行为作出专业审计结论的活动。破产审计虽非企业破产的必经程序，但为规避管理人风险，应以开展审计为原则，不开展审计为例外。首先，可在全国企业破产重整信息网公开招募审计机构，并与所聘任的审计机构签订审计合同，明确审计工作职责内容和违约责任。其次，管理人应向审计机构下达审计任务清单，明确审计目的。审计任务清单一般应包括：①查明破产企业资产情况；②查明破产企业负债情况；③所有者权益审计（查明股东是否存在未实缴出资或抽逃出资等情形）；④其他根据个案制定的专项审计任务。最后，审计报告初稿应报送债权人会议和破产企业等相关方征求意见，保障相关方提出异议的权力，同时也避免审计结论出现错误。

（二）应收债权的处置

1. 协商清收

协商清收是指管理人向次债务人发催收函，由次债务人主动向管理人支付欠款或达成还款协议的清收方式。鉴于协商清收具有成本低、效率高的优势，应将其作为首选的清收方式。只有在协商清收未果的情况下，才能考虑采用其他方式清收。同时，为提高次债务人主动偿还欠款的积极性，建议在

催收函中明确"若次债务人能主动清偿债务，便给予一定程度的债务减让"。具体的减让标准应当由管理人拟定方案后报债权人会议或债权人委员会讨论表决，并在所有催收函中统一适用。不宜只针对个别债权进行减让，以免给其他次债务人造成不公的印象，从而影响其他债权的清收。[1]

2. 诉讼清收

对于次债务人对催收的债权有异议，且事实和法律关系较为复杂，经协商清收未果的债权，就需要通过诉讼的方式清收。管理人应根据破产企业提交的《应收债权清单》，结合审计情况和尽职调查情况，向债权人会议或债权人委员会阐明诉讼可能涉及的风险，诸如证据是否充分、次债务人的偿债能力等，最后在征得债权人会议或债权人委员会同意的情况下，向次债务人提起诉讼。通过诉讼方式清收债权的，要特别注意破产企业应收债权诉讼时效制度与普通债权诉讼时效制度的区别。如前所述，《最高人民法院关于适用〈中华人民共和国企业破产法〉若干问题的规定（二）》第19条对破产企业的应收债权在特定情况下的诉讼时效问题作出了特别规定。破产企业应收债权的诉讼时效自人民法院裁定受理破产申请之日起中断，并且重新计算；破产企业无正当理由未对其到期债权及时行使权利，导致其对外应收债权在破产申请受理前一年内超过诉讼时效期间的，人民法院受理破产申请之日起重新计算上述债权的诉讼时效期间。

3. 拍卖和分配

现实中，有的应收债权证据充分、次债务人具备偿债能力；有的应收债权证据缺失或存在争议、次债务人偿债能力有限。对于后者，在对清收成本和风险进行充分评估，并经得债权人会议或债权人委员会同意后，可通过拍卖或分配的方式进行处置。拍卖应收债权能有效推进破产程序的进程，避免破产程序因个别财产未查清而过分拖延，且可以大大减轻管理人清收债权的工作压力。但在具体的实施过程中，因缺乏相关制度约束，也存在诸多问题。对此，就应收债权的拍卖提出以下建议：第一，为最大限度保障破产债权人的利益，拍卖的应收债权应仅限于事实争议大、清收成本高、回款周期长的债权；第二，因为拍卖债权本质上属于债权转让，为避免所拍卖债权的真实性引发后续纠纷，应在拍卖公告中明确载明"拟拍卖债权可能全部或部分无

---

[1] 杨悦："破产债权清收的制度完善"，载《人民司法》2012年第1期，第98页。

效、真实性存在瑕疵、可能无法追回"等风险告知内容，并予以特别提示说明；第三，除金钱债权外，对其他性质的债权要注意识别，如是否存在《民法典》第 545 条规定的不得转让的情形。对于拍卖未成交或难以拍卖的债权，就只能在破产债权人内部进行分配。

《民法典》视野下的知识产权海关保护

叶 倩*

（中国政法大学 北京 100088）

摘 要：《民法典》在总则、合同、侵权责任等编中分别容纳了知识产权相关条款，通过总体安排使得知识产权相关法益得到有效的保护。本文试从公私法融合发展趋势的角度，分析、考量《民法典》知识产权条款的相关规定对知识产权海关保护行政执法的体系、规则等带来的深远且具象的影响，在此基础上，对知识产权海关保护的发展思路提出实践性建议，包括适度拓展法益范畴、更多关注民行制度衔接、探索引入侵权惩罚性赔偿罚则等，以期为专业领域的执法提供参考。

关键词：《民法典》 知识产权海关保护 公私法融合 侵权惩罚性赔偿

一、引言

作为新中国成立以来首部以"法典"命名的法律，《民法典》全面、系统地规定了私权制度，尽管《民法典》没有单设知识产权编，但在总则、各分编中分别容纳了知识产权相关条款，通过总体安排使得知识产权相关法益得到有效的保护，并为现行《商标法》《专利法》《著作权法》等知识产权单行法提供了法理依托与指南。

与此相对，《海关法》作为较为典型的行政法，具有明显的公法属性。但随着我国公私法融合发展已成趋势，《民法典》对私权的保护吸纳了涉及行政

＊ 作者简介：叶倩（1984 年-），女，汉族，江苏海门人，中国政法大学同等学力研修班 2022 级学员，研究方向为知识产权法学。

法的内容，而《海关法》也借鉴了一些民商法的概念、规则，[1]因此，二者在保护的法益上存在一定的交叉，是以，《民法典》知识产权条款的相关规定对知识产权海关保护行政执法的体系、规则等必然存在深远且具象的影响。

二、《民法典》涉知识产权条款的设置与考量

《民法典》涉及知识产权的 52 个条款，分列在总则、物权、合同、婚姻家庭、侵权责任等五编中。《民法典》编纂过程中，通过对部分条款的保留和变动，从整体上强化了知识产权保护，其中，有三类共 10 处调整与知识产权海关保护行政执法直接或间接相关：

（一）法律概念的统一规范

《民法典》第 123 条关于知识产权概念及客体的定义，来自对《民法总则》第 123 条的保留，其中第 1 项至第 4 项规定的权利类别，亦属知识产权海关保护的法定对象。

（二）法益范畴的认定匡正

（1）《民法典》第 440 条关于权利质权的范围，该条第 5 项规定可以转让的注册商标专用权、专利权、著作权等知识产权中的财产权均可以出质。

（2）《民法典》第 444 条第 1 款关于知识产权财产权质权设立及转让的规定，删去了"当事人应当订立书面合同"等要求。

（3）《民法典》第 600 条关于出卖具有知识产权标的物的知识产权不属于买受人的规定，来自对《合同法》的修改，删去了限定性表述，使得该条款更具普适性。

（4）《民法典》第 860 条关于合作开发合同的技术成果归属的规定，来自对《合同法》的修改，在保留关于专利申请权属合作开发的原有规定前提下，均增加了"当事人另有约定的除外"条款，更多体现意思自治原则。

（5）《民法典》第 865 条关于专利实施许可合同的限制规定，来自对《合同法》的保留，明确了专利实施许可合同有效性以专利权有效存续为前提。

（6）《民法典》第 866 条、第 867 条关于专利实施许可合同当事人义务的规定，将《合同法》条款中的"让与人"与"受让人"改为"许可人"与

---

[1]　管伟星："浅论《海关法》与《民法典》的关系——兼论《民法典》对海关工作的影响和启示"，载《海关法评论》2021 年第 0 期。

"被许可人"，与许可合同中的"许可"保持一致。

（7）《民法典》第877条关于法律、行政法规对技术进出口合同或者专利、专利申请合同另有规定的但书条款，来自对《合同法》的保留。

以上保留或调整的条款，均构成知识产权海关保护行政执法过程中确认权利人等当事人主体资格、确认权利归属或排除权利瑕疵等的重要判定依据。

（三）新增罚则的立法指引

《民法典》第1185条增设了侵权惩罚性赔偿罚则，并将其作为一般性规定和兜底条款。此种罚则的包容性，恰恰能帮助必须保持克制的海关行政执法权在应对"非典型"案件时提高可预见性；并且，《与贸易有关的知识产权协定》并未排除采纳惩罚性赔偿制度，因此，对于海关行政执法而言，不存在国际法意义上的合法性阻碍。

三、《民法典》颁行对知识产权海关保护的影响与启示

（一）理解知识产权海关保护对象的内涵与外延

《民法典》第123条第2款[1]"以列举+兜底"的方式定义了受保护的知识产权类型。而根据相关法律法规的规定，知识产权海关保护的对象还包括商标权、著作权、专利权和奥林匹克标志、世界博览会标志，尚未全面对应《民法典》定义的法益范畴。

适时将地理标志、商业秘密纳入知识产权海关保护对象并强化相关行政指导、保护、救济制度支撑，体现了海关行政保护对《民法典》立法初衷的呼应与衔接。

（二）鼓励权利人主动维权

《民法典》第179条[2]规定了十一种承担民事责任的方式，其中，可以适用于侵权责任的主要有停止侵害、赔偿损失、消除影响、赔礼道歉，鼓励了权利人主动维权。相应地，海关查处的进出口侵权行政处罚案件或涉嫌侵

---

〔1〕《民法典》第123条第2款规定："知识产权是权利人依法就下列客体享有的专有的权利：（一）作品；（二）发明、实用新型、外观设计；（三）商标；（四）地理标志；（五）商业秘密；（六）集成电路布图设计；（七）植物新品种；（八）法律规定的其他客体。"

〔2〕《民法典》第179条规定："承担民事责任的方式主要有：（一）停止侵害；（二）排除妨碍；（三）消除危险；（四）返还财产；（五）恢复原状；（六）修理、重作、更换；（七）继续履行；（八）赔偿损失；（九）支付违约金；（十）消除影响、恢复名誉；（十一）赔礼道歉。法律规定惩罚性赔偿的，依照其规定。本条规定的承担民事责任的方式，可以单独适用，也可以合并适用。"

权案件中的权利人，也或将逐渐倾向于在海关行政执法的同时或之后，提起民事诉讼以获得实际的侵权损害赔偿。

（三）为知识产权海关保护的罚则制度提供借鉴

《民法典》第 1185 条增设了侵权惩罚性赔偿罚则，带来了新的思考——知识产权侵权行为给权利人造成的各个层面的损失，并非仅予以行政处罚即可弥补的，且另行起诉也枉增讼累；在确属无意识侵权但货值较大的情形下，权利人仍然只能获得"行政处罚决定书中的正义"，科处的大额罚款却可能令涉嫌侵权的小微企业濒临倒闭，进而可能导致权利人和侵权人都对行政机关甚至其制度设置产生不满。

四、《民法典》时代知识产权海关保护的新思路

《民法典》颁行对知识产权海关保护行政执法的影响和启示，实际上要求我们对于知识产权海关保护法律体系从结构到全局、由"道"而"器"地转变观念，发现新思路。

（一）结合《民法典》的颁行，关注研究适度拓展知识产权海关保护的
　　　法益范畴

一方面，可以关注以协同推进制度型开放为考量，适时将服务商标、地理标志、商业秘密纳入知识产权海关保护对象，确保海关行政保护的执法权与海关监管货物的实际范畴总体一致。另一方面，随着数字经济时代的到来，进出口环节的专利权保护制度必将成为促进国际技术转让的重要基石，研究并优化契合专利权特点的知识产权海关保护制度应及时提上日程。

（二）在行刑两法衔接之外，更多关注以权利人主动维权为原点的民行制
　　　度衔接

尽管海关并不直接根据《民法典》的规定开展执法活动，但通过开展进出口知识产权保护为相关民事主体提供了公平诚信、可预期的营商环境。因此，未来可关注进一步深化民行制度衔接研究，更多鼓励权利人通过民事司法程序、海关行政执法程序积极主动维权，进一步彰显我国知识产权保护行政、司法双轨制的制度优势。

（三）遵循《民法典》立法精神，加大进出口环节对故意侵权行为的打
　　　击力度

建议遵循《民法典》限设"故意侵权"惩罚性赔偿制度的立法精神，对

曾因进出口侵权行为受到行政处罚后、一定时期内又涉嫌侵权的当事人，在海关调查、行政处罚等环节关注其主观故意情节，并先行先试参照《商标法》惩罚性赔偿罚则，对多次侵权、具有明显攀附故意的当事人，谨慎适用配合海关调查、侵权货物数量较少或货值较低等从轻、减轻情节，且必要时，应予从重处罚，充分彰显海关行政保护的刚性执法威慑力、真正有效遏制侵权态势。

隐名股东排除强制执行问题研究

岳双珂*

（中国政法大学 北京 100088）

摘　要： 随着我国经济发展，市场经济活力不断增强，2013 年《公司法》将注册资本由实缴制改为认缴制，废除了法定最低注册资本制度。各类中小公司如"雨后春笋"般冒了出来。随着公司数量的增加，与公司有关的纠纷数量也在急剧增加，其中"隐名股东"是否能排除强制执行的问题在实践中仍存在较大争议，本文拟通过对股权代持协议效力的认定、实践中不同的裁判观点等角度来探索隐名股东在实践中排除强制执行的可行性。

关键词： 股权代持　隐名股东　效力　强制执行

随着我国经济的持续快速发展以及公司数量的增加，商事主体可能出于对降低交易成本、规避股东人数的限制、进行关联交易、身份限制等其他因素的考虑，在实际经营行为中选择通过股权代持的方式成为"隐名股东"，即实际出资人。实践中，"隐名股东"通常会选择与"名义股东"签订相应的"股权代持协议"，通过协议实际履行股东权利，并且实际向公司注资，成为实际出资人。但是此种方式对于隐名股东来说存在一定的法律风险，如"名义股东"将代持的股权对外转让、质押或者因其他原因对外负有债务，"名义股东"的债权人可能会执行"名义股东"持有的实际上属于"隐名股东"的股权。此种情况下隐名股东可能会依据《民事诉讼法》第 234 条之规定提出案外人执行异议以排除债权人的强制执行。但在司法实践中，关于"隐名股东"能否排除债权人强制执行的问题，存在不同的裁判观点，该问题亟须形

---

*　作者简介：岳双珂（1992 年-），男，汉族，河南周口人，中国政法大学同等学力研修班 2022 级学员，研究方向为民商法学。

成统一的认知及裁判标准。

一、股权代持的认定及其效力

（一）股权代持的概念

股权代持就是指隐名股东与名义股东相互分离的法律现象与法律关系。[1]狭义上的股权代持，是指实际出资人与名义股东之间通过合同约定，由实际出资人出资，名义股东代实际出资人在股东名册上显名的一种安排。[2]在法律规定中，隐名股东又称实际出资人，是指对公司进行实际出资且实际享有投资权益，但将股权登记在他人名下的主体。名义股东则是指登记于公司股东名册的股东，即股权的代持者。

（二）股权代持的效力

股权代持协议是否有效，在实践中存在不同的观点。股权代持涉及不同主体之间的多种法律关系。不仅包括隐名股东与名义股东之间的代持关系，以及隐名股东、名义股东与公司及公司其他股东之间的关系，还涉及隐名股东、名义股东与其债权人之间的关系。故实践中对于股权代持的效力认定仍有争议。司法实践中一般以认定有效为原则，认定无效为例外。基于上述规定，以下几种情况合同无效：

第一，主体不合法。如隐名股东为公务员，根据《公务员法》的规定，公务员不得从事或者参与营利性活动。如隐名股东为公务员的，隐名股东和名义股东签订的股权代持协议无效。

第二，协议内容不合法。如隐名股东与名义股东签订股权代持协议主观上是恶意串通为了逃避债务损害债权人债权的，协议无效。

在司法实践中，由于存在上述争议，应当保护隐名股东还是应当保护申请执行人即名义股东的债权人，存在较大的分歧。

二、实践中的不同裁判观点

（一）隐名股东不能排除债权人强制执行的主要观点

该观点是实践中的主流观点，主要理由有以下两点：

---

〔1〕 刘俊海："代持股权作为执行标的时隐名股东的异议权研究"，载《天津法学》2019年第2期。
〔2〕 葛伟军："股权代持的司法裁判与规范理念"，载《华东政法大学学报》2020年第6期。

第一，认为基于商事外观主义原则，应当保护第三人的信赖利益。外观主义的本质是信赖保护。[1]根据《公司法》第 32 条的规定，债权人申请强制执行隐名股东的股权系基于对公司登记机关的信任，隐名股东与名义股东之间形成的股权代持协议，只能在双方内部产生效力，根据合同相对性原则，不能对抗善意第三人，且隐名股东在公司的对外关系中并不具有相应的股东地位，因此基于对第三人信赖利益的保护，债权人的强制执行不能被排除。

第二，隐名股东应当自行承担股权被强制执行的风险。隐名股东为了特定的目的选择股权代持的方式持有股权，在一定程度上已经获得了相应的收益且应当预见到股权可能被强制执行，根据风险与收益相一致的原则，应当自行承担该风险。

（二）隐名股东可以排除债权人强制执行的主要观点

实践中支持隐名股东可以排除强制执行的理由主要有以下两点：

第一，基于被执行的股权的实际权利人是隐名股东，该股权并非最终归属于名义股东。而申请执行人只能执行名义股东的财产，被执行的股权仅是名义上属于被执行人，且从其实质来看，股权是属于隐名股东的，如不能排除强制执行，隐名股东只能要求名义股东赔偿损失，但是在实践中基于损失数额难以量化，名义股东没有财产等原因，可能导致隐名股东的权益无法得到保障。因此从保护实际权利人的角度来看，可以排除强制执行。

第二，认为申请执行人并非系基于名义股东的股东身份而与其进行的股权交易，申请执行人不属于商事外观主义原则的保护范围，隐名股东可以排除强制执行。有法律文件[2]表示："在执行案件中，申请执行人查找到被执行人名下股权，申请人民法院对该股权强制执行。案外人主张被执行人仅为该股权的名义持有人，其方为该股权的实际权利人，不应强制执行。"

三、隐名股东排除强制执行的出路与思考

（一）隐名股东排除强制执行的出路

上述两种实践中的不同裁判观点实际上体现了两种不同的价值取向，即：保护股权实际权利人还是保护债权人。因为在实践中虽然存在真实的隐名股

---

[1] 刘胜军："论商事外观主义"，载《河北法学》2016 年第 8 期。
[2] 参见《黑龙江省高级人民法院关于审理执行异议之诉案件若干问题的解答》。

东合法权益受到侵害的可能，但是也存在被执行人为了逃避债务虚构隐名股东的存在从而损害债权人利益的可能性。如果在实践中一刀切地支持隐名股东可以排除强制执行则可能会助长此种不良风气的产生。但是实践中也确实存在实际权利人的权利无法得到保护的情况。对于此种情况，实践中的裁判者可以采取以下几个步骤审理案件：

第一步，审查股权代持协议的效力。人民法院在审理隐名股东提起的案外人执行异议时，首先应当审查股权代持协议的效力，判断协议中的隐名股东是否为公务员等禁止成为公司股东的主体，以及是否存在隐名股东与名义股东恶意串通以损害债权人利益的情形及是否存在协议无效的其他情形。审查是否在债权人申请强制执行之前，在确定股权代持协议有效的前提下进行下一步审查。

第二步，审查债权人与名义股东之间的基础交易关系。着重审查债权人是否系基于名义股东的股东身份而与其进行的股权交易从而申请的强制执行，此处的股权交易主要指的是名义股东与债权人形成股权转让、质押或以其他方式处分股权等法律关系；还是名义股东与债权人系基于其他的诸如买卖、民间借贷等法律关系欠付债权人债务，债权人从而申请的强制执行。

第三步，审查债权人与名义股东之间的股权交易是否构成善意取得。根据《公司法解释三》第25条之规定，名义股东对外进行股权转让、质押或以其他方式处分股权的，人民法院可以参照《民法典》第311条的规定处理。即审查债权人在受让该股权时是否属于善意、名义股东是否以合理的价格将股权转让、是否已经办理了股权转让或者是股权质押登记等。其中关于债权人是善意的这一要件，要着重审查债权人在与名义股东达成股权交易时是否审查了名义股东是案涉股权权利人的相关文件，以及是否了解存在隐名股东的事实。名义股东是否以合理的价格将股权转让这一要件需要结合双方在达成股权交易时案涉股权的市场价格，审查交易价格是否明显低于或者高于市场价格。

如果经审查，股权代持协议有效，债权人申请强制系基于与名义股东之间的股权交易，并且债权人是善意且无过失的，则隐名股东不能排除债权人的强制执行。如不符合上述要件，基于保护实际权利人的考虑，应当支持隐名股东排除强制执行请求。

（二）隐名股东排除强制执行的思考

股权代持是社会经济发展的产物，但是其在实践中对于隐名股东及债权人的权益保护尺度不好把握，因此需要统一实践中的裁判标准。另外，隐名股东的产生实际上对于公司治理也提出了挑战，公司与隐名股东之间的关系，隐名公司与其他股东之间的关系，隐名股东与名义股东之间的关系都需要一套完整的制度予以合理化的安排。对于隐名股东来说，如果确实需要股权代持，在选择代持人上需要慎重考虑，并且可以选择通过股权质押等方式将由名义股东代持的股权质押给隐名股东，以防止被名义股东的债权人强制执行。

网络平台商业化中的个人信息法律保护研究

张超丽*

（中国政法大学 北京 100088）

摘　要： 目前，网络平台商业化在我国发展进程不断加快，为我国经济发展带来了新机遇，也蕴含着新的活力。但是，其在快速发展的过程中，也呈现出较多的法律问题，比如，个人信息泄露问题、知识产权纠纷、不正当竞争问题等。因此，我们需要对网络平台发展过程中产生的问题进行法律研究，以使相关公众的合法权益得到全方位的保护。

关键词： 网络平台　个人信息　法律风险　保护制度

由于网络技术日臻发达，网络平台在商业化的发展中为使用者的日常生活提供了很多方便，但另一方面，信息披露也会产生大量的问题与困难。全社会正在逐步形成一个共识：个人信息作为一项资产，必须进行严格的管理。所以，我们必须从有形的法规体系与无形的行为习惯中，在既定的经济规则框架内建立具有时代特点的信息保障制度。

一、个人信息的概念概述

从个人角度出发，个人信息是以电子或者其他方式记录的与已识别或者可识别的自然人有关的隐私、自由等权益的各种信息[1]，包括但不限于姓名和身份证号码。

从组织者角度出发，组织者所处理的个人信息（尤其是其数据形式）与

---

　* 作者简介：张超丽（1988 年-），女，汉族，河南郑州人，中国政法大学同等学力研修班 2022级学员，研究方向为知识产权法学。

　〔1〕 王锡锌、彭錞："个人信息保护法律体系的宪法基础"，载《清华法学》2021 年第 3 期。

其他各类能够为组织带来竞争优势和创造经济价值的新型生产要素的信息，包括但不限于个人的日常轨迹、日常偏好等信息。

二、我国现行对于个人信息保护的法律框架

首先，在法律法规层面，《网络安全法》在宏观全局层次提出了个人信息保障的依据。《刑法修正案（七）》与《刑法修正案（九）》明文规定了侵害个人信息的犯罪行为，《民法典》在人格权编中明确了自然人的个人信息受法律保护[1]。《个人信息保护法》进一步明确"个人信息"的内容本质和外延延伸，并覆盖和确定了对个人信息的获取、储存、利用、共享、跨境传播等多个方面的立法内涵。

其次，在司法解释层面，最高人民法院与最高人民检察院相继出台的司法解释，对侵犯个人信息行为的处罚标准和责任承担在民事与刑事方面分别具体和详尽地进行了规范。

最后，在部门规章层面，《工业和信息化领域数据安全管理办法（试行）》覆盖了利用网络开展数据采集、储存、加工、传输、使用等活动，而《个人信息出境安全评估办法（征求意见稿）》规制了网络运营者向境外提供国内公民个人信息的行为。还有诸多部门指导意见及规定也在多个领域完善了个人信息保护的指引与规则。

三、我国当前对个人信息保护的局限性

当前阶段，国家虽然存在个人信息保护的有关条款规定，但实际效果并不理想且未能取得预期保护的成效，这主要表现在如下几个方面：

（一）现行规定的威慑力不足

震慑违法犯罪行为，重点是要通过法律确立违规行为的责任与惩罚标准，进而阻却未发生的违法行为。当前侵害个人信息的违法犯罪行为不断出现的主要因素是，惩处与惩戒力量仍有所欠缺。

对于一般的企业侵害个人信息的情况，当前仍是以行政处罚为主，且处罚标准往往偏轻。比如，目前《网络安全法》将罚款数额设定在企业非法收

---

[1] 关亭亭："大数据时代我国个人信息保护法律制度研究"，内蒙古大学 2021 年硕士学位论文，第 5 页。

益所得的一倍以上十倍以下，对于没有违法所得的企业，罚款上限为100万元，相比于一般互联网企业利用个人信息所获取的收益来说不值一提，也不能有效阻吓违法活动。

（二）网络平台强制绑定个人信息的操作风险

生活中，网络平台强制绑定个人信息的现象层出不穷。在数据获取方面，互联网企业私自搜集大数据使用者的信息，对使用者的查询内容、浏览时间、兴趣偏好等进行统计分析，同时通过应用程序监视着信息主体的一举一动。此外，实名认证机制的实施，在便利了监管机构的网络空间实名制管理秩序，利于其积极维护网络环境的稳定与安全的同时，也使个人真实信息流出和被搜集，增加了个人信息泄露的风险。

（三）隐私数据泄露和交易频发

使用者信息的后续处理、二次处理和转手等交易更加泛滥。没有经过使用者的授权许可，使用者在一个应用软件中的记录，会成为其他应用软件进行推送的依据，如B站、网易云音乐和饿了么推出联合会员，互联网平台间存在个人信息分享机制。在大数据分析技术十分完善的年代，借助绑定的间接识别信息，如IP标识符、广告辨识码等关联信息，最终也可以准确锁定到信息拥有者。因此，当前使用者个人信息面临着被严重非法利用的风险，不仅危害使用者的个人信息权益，也对使用者的人身财产以及社会公共利益构成威胁[1]。

面对个人信息保护制度的不完善，我们亟须采取公私合治思想，法律法规立法改进与企业自律同时进行，一方面，在立法改进方面，冲破当前条文内涵和思路的限制，增强相应规则的可操作性；另一方面，在补充立法方面，弥补现有法律法规的个人信息保护体系的短板，更加明晰个人信息的内涵与权利属性。

四、个人信息法律保护的趋势和优化建议

（一）加强个人信息保护规则的可操作性

伴随着大数据分析的深度挖掘与运用，信息产生后就和信息主体几乎分

---

〔1〕 王茹仪："我国个人信息法律保护面临的困境与完善"，载《网络安全技术与应用》2019年第5期。

离或者处于完全分离状态，目前信息收集处理规则以控制论为前提，很难完全应对大数据时代个人信息保护方面遇到的全新挑战。

要使"虚空"的告知同意规则得到实际"落地"执行效果，一方面，需要对传统告知同意规则加以精简和完善，做到信息处理过程的公开透明化；另一方面，有一些使用者被迫认可的情形需要转变或者撤销。针对存在使用者完全不认同的隐私条款的情况，之前可能采取完全不允许使用者享受服务，而以后，企业可以采取分别处理的方法，对不认同条款的使用者采取限时试用或者限制阶段功能的开放，或者，对于认同和不认同条款的使用者，根据情况的不同，分别提供不同程度的信息保护服务。

（二）发挥行业内部的自律作用

利用互联网行业灵活高度自治特点，结合目前互联网企业的主要业务运作模式，在企业内部建立完善的驱动发展的鼓励与自我约束机制，与国家层面立法目的有机地结合，能够进一步较好地实现公私合治的效果，也更有助于商业利益、使用者权益与国家利益之间的有效协调和平衡。

一方面，互联网企业之间可以通过自身磋商，建立行业标准，从侧面规范商业运行与服务模式，制定相应具体的惩罚和奖励措施，以建立自律体系；另一方面，互联网企业内部也应该开展内部合作和联动，共同设置自己的单独认定机构，由该组织制定个人信息保护准则，接受该机构和执行该准则的公司都可以获得该机构的注册许可并授予认证标志，网络平台的使用者可凭此识别关联机构。由此，也有助于形成前文所提到的使用者与企业间的诚信关系。

（三）树立使用者自我保护意识

在分享经济的发展背景下，使用者的个人信息权益在共享中被严重侵害，树立使用者自我保护意识迫在眉睫，一方面是因为互联网企业与使用者间的身份不对等，使用者明显处于劣势地位；另一方面，还有一个不能忽视的关键因素，由于缺乏或没有隐私意识的基础，使用者往往没有主动自我保护的意识和能力，让互联网企业随意搜集、处理个人信息。使用者作为信息主体，在以信息技术的网络发展作为基础驱动的大背景下，应当进一步增强主动自我保护意识，正确认识和管理个人信息资源的合理利用价值，而非仅仅成为企业的免费数据生产者。

我国证券市场内幕交易的法律规制问题研究

张　镜*

（中国政法大学 北京 100088）

摘　要：证券市场秩序的三大原则是"公平、公正、公开"，任何内幕交易行为都是对证券市场秩序的破坏。我国现有内幕交易案件多发态势趋缓，但在关键环节上问题依然较为突出。所以，我们应从证券交易内幕人员范围、内幕信息敏感期、民事赔偿责任等相关方面对相关法律规定进行完善。

关键词：证券市场　内幕交易　法律规制

证券市场是为解决因信息不对称导致的资本供求矛盾，为提高资本流动性而产生的，是市场经济发展到一定阶段的产物。在发达的市场经济中，证券市场是市场经济的重要组成部分，它不仅能广泛地传播、灵敏地反馈市场信息，合理有效地匹配资本供求双方的需求，而且对整个国家经济运行有着重要影响。因此，为了证券市场的稳定运行，我国于 2019 年修订了《证券法》，但损害证券市场经济秩序的内幕交易行为依然时有发生。

一、证券市场内幕交易概述

内幕交易，是指上市公司控股股东、实际控制人、高管人员和行政审批部门等方面的知情人，利用工作之便，在公司并购重组、业绩公告等重大信息公布之前，泄露、买卖或者建议他人买卖与该内幕信息有关的证券谋取私利的行为。证券市场秩序的三大原则是"公平、公正、公开"，内幕交易行为对证券市场秩序造成极大的破坏。内幕交易人利用内幕信息从事证券交易，

＊ 作者简介：张镜（1989 年-），女，汉族，福建福州人，中国政法大学同等学力研修班 2022 级学员，研究方向为经济法学。

牟取非法利益的行为，有悖证券市场的三大原则。内幕交易行为既严重损害了其他投资者的合法权益，又损害了证券交易所、证券公司、上市公司的利益和声誉，最终扰乱国家宏观经济管理秩序。内幕交易行为是一种破坏力极强、侵害客体相当广泛的行为，所以各国都通过立法将其作为一种严重的违法犯罪行为加以惩处。[1]

二、我国证券市场现有内幕交易案件情况

（一）我国证券市场现有证券内幕交易案件的情况

我国查处内幕交易案件已经趋缓，但近年的内幕交易案件集中在部分特殊领域。根据中国证券监督管理委员会的通报，2021 年全年共办理案件 609 起，其中内幕交易案件 201 起，占总案件比例为 33%，查处的内幕交易案件数量已经连续三年下降。

（二）我国证券市场内幕交易案件的特征

从内幕交易案发领域看，除了一部分内幕交易案件涉及商业合作、业绩公告以外，在并购重组、控制权变更、新股发行等重大资本运作领域的案件数量占比高达 64%。

从内幕交易案件类型看，避损型内幕交易案件在近年比较常见。如某上市公司实际控制人在商誉减值信息披露前抢先卖出其所持股票，避损金额近5000 万元。

从内幕交易案发主体看，法定内幕信息知情人进行内幕交易、泄露内幕信息的案件比例依然较高，约占总案件数的 60%。

三、我国证券市场内幕交易规制立法的现状

（一）我国禁止证券内幕交易的立法结构

在法律层面上，目前我国证券内幕交易的规制立法主要是《证券法》和《刑法》。

2019 年修订的《证券法》第 50 条至第 54 条、第 80 条第 2 款、第 81 条第 2 款、第 191 条分别规定了证券交易内幕信息的知情人、证券交易内幕信息、禁止利用内幕信息的行为和禁止利用未公开信息交易的行为。

---

〔1〕 参见王玉珏：《内幕交易罪应用法律对策与监管模式研究》，北京大学出版社 2017 年版。

《刑法》第 180 条规定了内幕交易、泄露内幕信息罪和利用未公开信息交易罪。

（二）证券内幕交易的违法构成要素及现有规定

（1）证券交易内幕人员。我国《证券法》规定，证券交易内幕人员是能够基于其特殊身份、地位或职务获取内幕信息的人。具体分为以下几类：①上市公司的内部人员：上市公司及其控股或者实际控制公司的董事、监事、高级管理人员、控股股东、实际控制人；②上市公司以外的人员：因业务关系与上市公司有联系的人员等；③相关证券从业人员：证券公司、证券交易场所等金融机构的从业人员、律师、会计师、资产评估师等；④有关监管部门或者行业协会的工作人员。

（2）内幕信息。我国《证券法》第 52 条规定，内幕信息具有以下特征：①重大性：对发行人的财务、经营或者对该证券的市场价格有重大影响的信息。②未公开性：尚未向社会公众公开的，在未公开前属于保密状态的信息。我国法律中规定的内幕信息与未公开信息都具有重大性及未公开性的特征，但二者既不交叉，也不重叠。

（3）利用内幕信息的行为。我国《证券法》规定，利用内幕信息的行为有：买卖、泄露、建议他人买卖该内幕信息有关公司的证券，利用因职务便利获取的内幕信息以外的其他未公开的信息的行为。

四、我国证券内幕交易法律规制的缺陷

（一）证券交易内幕人员范围太窄

根据现有内幕交易案件情况，法定信息知情人内幕交易、泄露内幕信息仅占 60%。这说明在司法实践中非法定知情人占比过高，现有的法律规定并不能涵盖所有的内幕交易主体，导致证监会执法缺少具体的法律依据。但非法定知情人进行内幕交易的行为却是应当处罚的行为，因此证监会在执法过程中只能适用法律的兜底条款，缺少具体的法律依据给证监会的执法工作带来困难。[1]

（二）我国现有法律未明确规定内幕信息敏感期

根据现有内幕交易案件情况，涉及并购重组、新股发行、控制权变更等

---

〔1〕 李梦梦："传递型内幕交易犯罪主体的法律规制"，载《法制与社会》2021 年第 4 期。

重大资本运作信息的内幕交易案件占 64%。上市公司重大资本运作的时间段较长，导致内幕信息从形成的动议直至公开中间存在很长时间的内幕信息敏感期，给不法分子留下很大的操作空间。我国现仅有《最高人民法院、最高人民检察院关于办理内幕交易、泄露内幕信息刑事案件具体应用法律若干问题的解释》对内幕信息敏感期进行了法律适用解释。

（三）民事赔偿责任在司法实践中存在障碍

2019 年修订的《证券法》第 53 条、第 54 条规定，受内幕交易侵害的投资者因内幕交易行为、利用未公开信息行为遭受损失的，有权依法获得赔偿。然而，我国现行有效的法律规定对内幕交易人的民事赔偿责任及相应的责任追究机制规定存在缺陷。

（1）原告资格无法确认。启动民事诉讼程序的前提是确定的原告资格。内幕交易行为的侵害对象不具有具体的指向性是由于证券市场的流动性导致的，我国法律至今未明确原告资格，因此在司法实践中，在原告是否适格问题上争议不断。

（2）归责原则不明确，因果关系难以判断。因为内幕交易具有隐蔽性较强的特征，投资者很难找到直接证据证明内幕交易人知悉内幕信息，且从事相关证券交易进行获利或避损，而该获利或避损行为导致该投资者的合法权益受到侵害。内幕交易民事责任的归责原则不明确，因果关系确认存在困难，导致《证券法》的民事赔偿责任规定在司法实践中存在实践障碍。[1]

五、内幕交易法律规制的完善

（一）扩大并完善证券交易内幕人员定义

鉴于内幕信息的重大性，知晓内幕信息的人员具有主体上的特殊性；鉴于内幕交易的行为具有获利或避损的目的，内幕交易人应和知晓内幕信息的人员有一定的亲密关系。因此，除了我国现行有效的《证券法》中提及的几类特殊主体之外，应将该主体的近亲属涵盖进来，为有关机关执法提供具体的法律依据。

（二）立法明确内幕信息敏感期

鉴于现有内幕交易案件高发于上市公司重大资产交易中的内幕信息敏感

---

〔1〕 马士明："浅谈证券法内幕交易的民事责任"，载《法制与社会》2021 年第 16 期。

期，我国法律应完善上市公司内幕信息敏感期的信息管理规定，完善责任追究机制，提升内幕信息管理水平。

（三）完善民事赔偿责任相关法律规定

（1）明确民事诉讼主体资格。我国现行有效的《证券法》未提及能够请求民事赔偿的原告投资者的条件，导致该条民事赔偿规定流于形式，无法实施。因而需要立法者以法律规定形式明确原告的资格，为当事人寻求救济提供法律依据。

（2）明确民事赔偿责任的归责原则。我国民事赔偿责任的归责原则有三类，但证券市场内幕交易民事赔偿责任的归责问题在我国现行有效的法律中还未被规定，这种空白的立法现状不利于解决内幕交易民事纠纷，导致法律不能有效地保护受内幕交易侵害的投资者。根据内幕交易行为的行为性质，该行为应归于特殊的侵害他人财产权的行为，为了兼顾公平与效率，应采用过错推定原则。[1]首先，由于内幕交易行为具有隐蔽性，受害者与内幕交易者之间存在着专业、技术、信息上的差异性，受害者在因果关系确认上存在困难，现如今只能以监管部门的行政处罚作为因果关系认定的前置程序。其次，受内幕交易侵害的投资者很难取得内幕交易人过错的证据。因此，只有适用过错推定原则让受害者获得合理赔偿，才能实现社会的公平正义。

---

[1] 韩倩："证券内幕交易法律规制的建议"，载《东方企业文化》2013 年第 13 期。

公共危机背景下平台企业社会责任的法治化

赵中伟*

（中国政法大学 北京 100088）

摘 要：平台型企业作为实现现代高质量发展的市场主体，在公共危机事件中发挥着优化资源配置、拓展消费市场、增加民众就业、驱动产业升级的作用。平台型企业在公共危机中履行社会责任可以归结为作为平台运营主体的平台企业本身、平台治理以及作为资源整合者三个维度的社会责任。为推动国家治理体系和治理能力现代化，打造平台经济规范健康可持续发展的营商环境，实现对平台企业常态化的监管，有必要研究平台企业在公共危机下社会责任的法治化。应以完善立法，严格执法；建立健全平台企业自身的法律管理机构；构建平台企业社会责任法治化工具；多方驱动，强化监督的法律路径强化平台社会责任承担。

关键词：公共危机 平台企业 社会责任治理 国家治理现代化

一、引言

近日，中共中央政治局召开会议，指出要推动平台经济规范健康持续发展，平台企业的蓬勃发展有利于提高全社会资源配置效率，拓展消费市场、增加民众就业、驱动产业升级[1]；也有助于在双循环格局中贯通国内循环的各个环节，提高国家治理的智能化、全域化、个性化与精细化水平。不过，一些平台企业在狂飙突进的过程中，受各种利益因素的驱动，渐渐违背了创

---

* 作者简介：赵中伟（1975年-），男，汉族，陕西咸阳人，中国政法大学同等学力研修班 2022 级学员，研究方向为经济法学。

〔1〕 金观平："平台经济要适应常态化监管"，载《经济日报》2022年8月13日。

业初心，将平台发展成垄断的平台，逼迫平台商家"二选一"；也出现了顺风车事件、大数据杀熟，甚至出现"996""007"引起员工猝死等恶性事件。

2022年5月，国务院发布《关于印发扎实稳住经济一揽子政策措施的通知》，提出要"促进平台经济规范健康发展"。

二、平台企业社会责任承担现状

平台企业一头连着产业，一头连着广大用户，在经济发展中扮演着中枢的角色。[1]从现实的情况来看，大多数平台企业能积极履行企业社会责任。企业社会责任承担的现状具体表现为：第一，规模较大的平台企业社会责任的承担表现明显优于中小平台；第二，不同企业之间对社会责任特色议题认知存在巨大差距，行业和行业之间履行社会责任的差距较大；第三，平台企业履行社会责任存在不少问题。

目前，平台企业履行社会责任的主要问题如下：

（一）法律法规相对滞后，传统法律适用力弱

平台企业给社会公众生产生活带来便利的同时，也伴随着各种风险和挑战。平台企业在法律责任承担方面呈现出与传统法律的不兼容；平台型企业的业务模式往往丰富了交往模型，模糊了因果关系。这给传统法律责任的认定与承担带来了颠覆性的影响。

（二）垄断与不当竞争

部分平台企业滥用垄断地位打击竞争对手，借助资本力量扰乱市场秩序；部分巨头采用屏蔽、封杀等方式，排除竞争对手，制造"二选一"垄断[2]，逼迫平台用户站队，严重影响了平台用户的自由选择，破坏了市场的公平竞争。

（三）侵害用户权益，信息泛滥

个别平台企业违背市场交易公开诚信透明的原则，以不合理的手段获取平台用户信息。在处理用户信息时未采取适当的保护措施，致使用户信息泄露或者被非法倒卖，加剧了违法有害信息的泛滥。

---

〔1〕 王轶辰："平台企业应承担更多社会责任"，载《经济日报》2022年7月7日。

〔2〕 宋岩、续莹："平台企业社会责任、媒体关注度与企业价值"，载《烟台大学学报（哲学社会科学版）》2022年第3期。

（四）合规意识淡薄，管理责任边界模糊

有些平台企业没有承担起社会责任履行的主体责任，业务上、流程上合法合规意识不强。平台与平台上的商家管理责任边界不够清晰，供应商和供应链管理成熟度较差，平台及平台用户野蛮生长。

三、公共危机下平台企业社会责任承担的必要性与法理基础

（一）平台企业社会责任承担的必要性

平台企业承担社会责任的必要性是由平台企业的组织模式、治理模式和商业模式共同决定的。

1. 组织模式提升了平台企业社会责任承担的强度

平台企业的战略、公司治理和相关行为不仅代表了平台的自身利益，也引导了其平台上用户企业的价值取向。平台企业的社会责任包括平台本身的责任及其用户企业的责任，责任方更多，涉及利益攸关方更广，影响力更大，更容易引发社会关注。

2. 治理模式削弱了利益相关者的话语权

平台企业的治理模式削弱了利益相关者参与社会责任承担的途径。平台企业利用互联网技术、人工智能技术以及算法，在平台中设置"隐性"治理规则。利益相关者谈判和质疑平台的能力相对较弱。在公共危机背景下，平台公司可以用"隐性"治理规则对利益相关者进行"剥削"。

3. 商业模式引导了公众的行为习惯与价值取向

平台企业构建的商业模式对公众心智、成长环境具有塑造作用。除了对公众行为的深刻影响，平台企业及其商业模式还潜移默化地形塑着社会公众，尤其是关注工作价值、福利待遇、工作时长和办公环境等。

（二）平台企业社会责任承担的法理基础

我国对平台企业的监管已进入有法可依、有章可循的阶段。我国法律对企业社会责任的规制散见于下述的各类成文法中：

1. 《公司法》

《公司法》第5条规定了公司需要承担社会责任，在公司经营活动中，需要诚实守信，接受政府和社会公众的监督；第17条规定了职工权益保护和职业教育内容；第18条对工会作出了一定赋权。这些规定都是我国第一次在《公司法》中引入企业社会责任这一概念。平台企业也属于公司范畴，因此也

必然受到《公司法》的规制，必须履行好自己的社会责任。

2.《劳动法》和《劳动合同法》

《劳动法》和《劳动合同法》也包含了很多涉及企业社会责任的内容。例如，《劳动法》中关于就业择业、劳工权益、劳动合同、工作时间、休息休假等的规定。可以说，平台企业最重要的社会责任就是为广大从业者提供就业机会，增加从业人员的就业福利。平台企业无论从事何种行业，都少不了围绕在这一平台工作的从业人员，劳动者保护相关的法律当然也适用于平台企业。

3.《环境保护法》

平台企业与传统的生产性企业组织生产方式不同，不能成为平台企业逃避环境保护社会责任的借口。平台企业及平台企业用户和其他利益攸关方都在一定的环境中经营。环境保护也必然成为平台企业无法推卸的社会责任。《环境保护法》第6条规定，任何企事业单位和其他生产经营者都应当保护环境，保障公众的健康。

另外，2022年6月24日，新修正的《反垄断法》公布。随着《国务院反垄断委员会关于平台经济领域的反垄断指南》《互联网平台落实主体责任指南（征求意见稿）》等的出台，行政监管也进入了有规可依的状态。

四、公共危机下平台企业社会责任承担的法律路径

（一）完善立法，严格执法，为平台企业合规承担社会责任设置好"红绿灯"

要进一步完善立法与严格执法。进一步细化法律政策，使得平台企业履行企业社会责任有法可依、有章可循。还应加强普法宣传，提高平台企业的守法意识与社会责任意识，让平台企业明确自身定位与价值，增强平台企业履行社会责任的责任感与使命感。必要时，可以尝试建立公益诉讼制度。

（二）建立健全平台企业自身的法律管理机构

对于平台企业而言，要进一步认识合规经营的重要性，知道哪些事能干、哪些事不能干，引导平台企业建立健全自身的法律管理机构。平台企业应创设良好的文化环境，通过遵守法律来明白企业承担社会责任（特别是公共危机背景下的社会责任）的重要性。从平台运营主体本身、平台治理以及作为资源整合者三个层面上持续发力，共同维护平台企业的良好信誉。

（三）构建平台企业社会责任法治化工具

构建平台企业社会责任信息披露平台。全面的社会责任信息披露平台可以让系统内的平台企业社会责任承担状况"有迹可循"，提高社会责任承担问题治理的针对性。要建立平台企业、平台商家与个人用户信誉的数据库，定期向社会公布平台企业在社会责任承担方面的行为或内部价值成员的评价记录，形成信誉治理的扩散，以此规范平台企业的社会责任行为。

（四）多方驱动，强化监督

平台企业在提供服务的过程中会加大对个人信息数据的海量获取。而平台企业对所获取用户的个人信息缺乏行之有效的保护手段，容易造成用户个人隐私数据的泄露。特别是公共危机下，个人信息的泄露会给用户带来不良困扰。因此，应当建立平台企业社会责任承担监督机制。充分发挥政府、行业协会、媒体、消费者的监督作用。[1]多方驱动，强化对平台企业社会责任承担情况的监督。

五、结语

公共危机对平台企业社会责任的法治化提出了新要求。我国平台企业在公共危机下展现出了良好的社会责任担当。但是，平台企业社会责任的法治化道路依然任重道远。需要从完善立法，严格执法，为平台企业合规承担社会责任设置好"红绿灯"；建立健全平台企业自身的法律管理机构；构建平台企业社会责任法治化工具；多方驱动，强化监督四个方面持续发力。久久为功，一定会提升公共危机下企业的社会责任担当，为推动高质量发展贡献力量。

---

〔1〕 林怡婷："电商平台经营者社会责任的内容与实现机制研究"，载《上海法学研究》2020年第1期。

政府信息公开行为中
个人隐私保护的合理边界探析

郑少泽*

（中国政法大学 北京 100088）

摘　要：随着《民法典》《个人信息保护法》的施行，个人隐私和个人信息的定义和保护方式得以在法律层面上进一步明晰。虽然 2019 年修订的《政府信息公开条例》第 15 条与第 32 条对于涉及个人隐私的政府信息公开事宜有一定程序上的规范，但是由于个人隐私与个人信息的保护边界模糊、公共利益具有的不确定性以及实践中涉个人隐私的政府信息豁免公开条款长期闲置等原因，使得行政实践和司法实践具有不确定性与不一致性。有鉴于此，《政府信息公开条例》应当与时俱进，实现与《民法典》《个人信息保护法》的立法衔接。同时正面回应公共利益的范畴，完善个人信息及隐私保护制度，推动法治国家的建设。

关键词：《个人信息保护法》　个人隐私　公共利益　政府信息公开

一、问题的提出

现代意义上的隐私权概念最早由沃伦（Warren）和布兰代斯（Brandeis）在《论隐私权》一文中提出[1]。我国《宪法》第 38 条规定的"公民的人格尊严不受侵犯"和我国《民法典》第 110 条、第 1032 条规定的"自然人享有

---

* 作者简介：郑少泽（1989 年-），男，汉族，福建漳州人，中国政法大学同等学力研修班 2021 级学员，研究方向为经济法学。

〔1〕李卫华："民法典时代政府信息公开中个人私密信息保护研究"，载《政治与法律》2021 年第 10 期。

隐私权",明确了隐私权为宪法和民法上的法定权利。

我国《政府信息公开条例》(以下简称《条例》)自 2008 年施行,2019 年进行修订,对于涉及个人隐私的政府信息公开处理均引入公共利益衡量的价值判断标准,这一价值衡量的权力被赋予行政机关;不过,对于个人隐私的内涵、个人隐私与个人信息的边界、行政机关行使判断权和裁量权的合理路径等,皆无明确规定。由此,造成了行政机关之间、法院与行政机关之间,甚至是不同法院之间对此类问题的理解都存在差异。从而产生实践中的两类问题:一方面,不少行政机关、法院将个人隐私权的保护等同于对个人信息的保护;另一方面,涉个人隐私的政府信息豁免公开条款长期得不到行政机关和法院的适用。

随着 2021 年我国《个人信息保护法》的颁布施行,我国个人隐私的法律保护被提出新的要求,因此,不论是从新法与旧法、法律和行政法规的关系出发进行考量,还是本着社会发展与时代进步的所需,《条例》都应该有所回应。

二、涉个人隐私的政府信息豁免公开困境

(一)个人隐私与个人信息的保护边界模糊

根据《民法典》第 1034 条、《个人信息保护法》第 4 条之规定,个人信息是可以识别判断个人身份的特征信息,其核心在于具有"可识别性",这是一种客观属性。而根据《民法典》第 1032 条的规定,隐私的特性是不愿为他人知晓的私密性,而"不愿为他人知晓"则体现了隐私具有主观属性。

《民法典》第四编第六章明确规定对个人隐私和个人信息的保护采用二元化机制,并对个人隐私和个人信息作了明确的划分。又根据《个人信息保护法》第二章的规定,个人信息包含一般个人信息和敏感个人信息。较一般个人信息而言,敏感个人信息显然在"可识别性"的基础上还具有"敏感性",但是依然具备客观属性。

2019 年《条例》在立法时似乎没有考虑到个人信息和个人隐私二者的不同,因此未对二者加以区分,而"敏感个人信息"的法律定义又是在 2021 年《个人信息保护法》颁布后才得以明确的。这种法律定义上的不衔接致使行政机关在适用涉个人隐私的政府信息豁免公开条款时出现了混淆的情况。所以,应当在《条例》中明确规定个人隐私的内涵与外延。

（二）公共利益的不确定性

"公共利益"本身是一个具有不确定性的概念。当下，我国尚未有一部法律对"公共利益"这一抽象概念进行解释，也没有公共利益认定的权威标准，由此意味着行政机关在政府信息公开过程中对于"公共利益"的判断权空间较大，这让行政机关与行政相对人对政府信息是否涉及公共利益的判断预期十分不确定。因此，要从整个法律体系出发对"公共利益"进行解释，消除公共利益内涵不确定带来的争议[1]。

（三）涉个人隐私的政府信息豁免公开条款长期闲置

《条例》第15条明确行政机关不得公开会损害第三方合法权益的涉及个人隐私的政府信息之原则，同时也规定了公共利益衡量后的公开例外。从实践中看，行政机关往往运用公共利益来放弃适用涉个人隐私的政府信息豁免公开条款。这一方面是由于《条例》中公共利益的概念存在不确定性；另一方面，"重大影响"的内涵也不明确。两个概念的不确定一方面使行政机关出于行政便利或避免纠纷的立场而很少适用，这造成了对个人隐私权的克减；另一方面，行政机关可能以侵害个人隐私为由作为其不愿意公开信息接受监督的挡箭牌。这导致涉个人隐私的政府信息豁免公开条款的立法意图难以实现，最终使公共利益无法获得充分保护[2]。

三、《政府信息公开条例》的修改建议

（一）应与《民法典》和《个人信息保护法》有机衔接

我国的政府信息公开制度不能与《民法典》的规定相冲突，亦不能与《个人信息保护法》关于个人信息保护的规定相矛盾，这是对法律优位原则的遵循。《民法典》明确了隐私权的概念及保护方式，《个人信息保护法》也对个人信息、敏感个人信息及保护方式进行了规定。《条例》应以上述两部法律为制定依据。承前所述，个人信息、敏感个人信息与个人隐私之间存在着交叉关系，实践中往往将个人信息或敏感个人信息等同于个人隐私，抑或将个人隐私作限缩理解，无论哪种做法都不利于行政机关适用第三人个人信息或

---

〔1〕 蒋艳："政府信息公开中个人隐私保护研究——以《政府信息公开条例》第15条为视角"，载《安徽行政学院学报》2020年第2期。

〔2〕 蒋艳："政府信息公开中个人隐私保护研究——以《政府信息公开条例》第15条为视角"，载《安徽行政学院学报》2020年第2期。

隐私保护条款。由此，笔者建议结合《条例》的立法初衷，在其中明确规定第三人权益的保护范围，限缩行政机关在第三人权益保护条款适用上的裁量范围。并且，对于不同的信息或者隐私，《条例》可以明确针对个人信息、敏感个人信息、个人隐私进行分级分类保护并赋予不同程度的自由裁量权。这既能回应两部法律的新要求，又能有效提升保护个人隐私的工作专业性。

（二）依申请公开的特定情形中赋予行政机关直接判断权

在"林某不服上海市环境保护局、上海市人民政府政府信息公开案〔1〕"中，一审法院认为，原告申请的信息《环境影响报告书》的核心是建设项目对环境影响的评价，被告将涉及的个人隐私、商业秘密隐去未破坏该报告书的完整性。因此，针对涉及权利人众多的政府信息，行政机关采用便捷程序处理无损申请人的知情权、无损社会公共利益的情形应予支持。对于此，二审法院亦表示赞同。如果碰到此类情况，需要征求意见所涉及的第三方人数众多，行政机关认为逐一征求所有第三方意见将极大浪费行政资源、降低行政效率，故在没有征求第三方意见的情况下，径直作出拒绝公开有关信息的答复，上海市环境保护局在答复原告的政府信息公开申请时，就是如此操作的。因此，未来修订《条例》时，可以考量赋予行政机关在特定情形下的径直判断权，以此提高行政效率，保障涉及众多的个人隐私，一定程度上也能保障其他第三方的知情权。

（三）减少"公共利益"概念不明晰所带来的不确定性

想要减少《条例》中"公共利益"概念不明晰所带来的不确定性，可以从两个方面入手：一是立足于《条例》的立法目的，在政府信息公开的法律体系和行政法制度体系下，用体系解释的方法解决对"公共利益"概念的理解障碍；二是通过列举的方法将当前在政府信息公开制度项下公共利益的类型予以明确。这种方式在2019年修正的《土地管理法》和2011年施行的《国有土地上房屋征收与补偿条例》中均得到了运用，即土地房屋征收项目中被征收人为比较同一项目中征收方所适用的标准是否公平、公正而申请公开的征收补偿安置明细表，可以保护公共利益为由而使被征收人的个人隐私被适当克减。

---

〔1〕 参见上海市第三中级人民法院［2016］沪03行终112号行政判决书。

四、小结

"以公开为常态、不公开为例外"是当下政府信息公开制度的基本原则。常态化公开无疑能尽可能地保障公众的知情权、使"权力在阳光下运行"，但在繁杂的政府信息当中不可避免地包含了诸多涉及第三方的个人信息、敏感个人信息及个人隐私。而《条例》中对于个人信息及个人隐私的保护方式没能跟上《民法典》时代的步伐，更与《个人信息保护法》的个人信息保护价值相去甚远。尽快修订《条例》，实现法与法的衔接，就显得十分迫切。如何衡量个人私益和公共利益的价值，这是新政府信息公开制度所需考量的核心问题。只有梳理好两项法益的关系和价值位阶，建立起比较的标尺，才能在赋予行政机关信息公开裁量权的基础上避免裁量权的恣意扩张。

劳动合同无效制度的问题探析

杜一飞[*]

（中国政法大学 北京 100088）

摘　要： 本文结合我国现行法律法规，从适应经济社会发展需要、维护广大劳动者合法权益的角度，研究梳理了我国劳动合同无效制度的现状，分析了现行劳动合同无效制度存在的差距、不足，并围绕细化劳动合同无效情形、拓展劳动合同签订形式、加强劳动合同抽样监察、改进劳动合同补救和追责机制等方面，提出了健全完善我国劳动合同无效制度的思考建议。

关键词： 劳动关系　劳动合同　无效

劳动合同是用人单位和劳动者建立劳动关系、明确双方权利义务的协议。"劳动契约乃劳动关系之核心，一切劳动关系均建立在劳动契约之上，并由此而展开。"[1]劳动合同效力是劳动合同的核心问题，是劳动关系法律属性的具体体现。劳动合同是否有效直接影响劳动关系的稳定，关系用人单位和劳动者的切身利益，也是社会普遍关注的焦点问题。

一、我国劳动合同无效制度有关概述

《民法典》《劳动法》《劳动合同法》等法律关于劳动合同无效制度的有关规定，是当前我国劳动合同无效制度的主要法律依据，建立起了我国劳动合同无效制度的总体法律框架。这些法律法规明确了劳动合同无效制度的含义，劳动合同无效是与劳动合同有效相对而言的一个概念，是指劳动合同所

　＊　作者简介：杜一飞（1984 年-），男，汉族，河北邢台人，中国政法大学同等学力研修班 2022 级学员，研究方向为社会法学。

　〔1〕　黄越钦：《劳动法新论》，中国政法大学出版社 2003 年版，第 81 页。

约定内容依据法律法规不产生法律效力。劳动合同无效制度是指确认劳动合同无效的法规政策、判定程序、监察办法等一系列法规制度。这些法律法规明确了劳动合同无效的主要情形，概括起来主要有五个方面：一是主体不合格，一方当事人属无劳动行为能力的自然人，比如使用童工等；二是内容不合法，违反法律、行政法规强制性规定；三是意思表示不真实，一方通过欺诈、胁迫等手段使对方在违背真实意愿的情况下签订；四是责任不均衡，特别是用人单位通过增设合同条款规避自身责任义务；五是形式不合规，没有采取法定的书面形式。[1]这些法律法规明确了劳动合同无效的基本制度。从时间上来看，如劳动合同无效，则合同从订立之时起，就没有法律约束力。从确认主体上来看，劳动合同是否有效，应由争议一方提交劳动争议仲裁委员会或者人民法院确认。从无效程度上来看，劳动合同既可全部无效，也可部分无效，部分无效的条款不影响其他部分的约定效力，其他部分可以仍然有效。从判决结果上来看，尽管劳动合同无效，但在一些情形下，劳动者已付出劳动的，用人单位应当向劳动者支付劳动报酬。

二、劳动合同无效制度尚不能完全适应经济社会发展需要

《劳动法》于1994年由全国人民代表大会常务委员会审议通过，并于2009年、2018年进行了两次修正。《劳动合同法》于2007年由全国人民代表大会常务委员会审议通过，并于2012年进行了修正。《民法典》自2021年1月1日正式实施。从这三部劳动合同主干法规修正实施情况看，其都是结合劳动实践创新发展、与时俱进，在劳动合同订立、劳动权益保障、劳动工资分配、劳动安全卫生等方面有了很大进步，但就劳动合同无效制度而言一直未有较大调整。当前我国现行劳动合同无效制度还存在以下四个方面的不足：

（1）在行为约束方面不能很好地满足法治建设的需要。比如，《劳动合同法》只规定了以欺诈、胁迫的手段或者乘人之危、用人单位免除自己的法定责任、违反法律和行政法规的三类情形无效，但实践中还存在一些三类情形之外，在一定程度上损害国家、社会公共利益的劳动合同没有被规定为无效，容易产生规避法律的行为。

（2）在签订形式方面不能很好地满足信息时代发展的需要。《劳动合同

---

〔1〕 李志超："无效劳动合同制度研究"，南京师范大学2011年硕士学位论文，第10页。

法》第 10 条明确，劳动关系相对人通常应签订书面劳动合同。但现实社会中存在着很多灵活就业、临时用工，附带有大量的口头、微信、视频等约定的劳动事项。如果必须有书面劳动合同才能产生法律效力，显然不符合实际。对于这些非书面的劳动协议或承诺，什么情形是有效的、什么情形是无效的还缺乏清晰统一的规定，无法为劳动者合法权益提供有效的保护。

（3）在监督监管方面不能很好地满足权益维护的需要。我国法律规定，对劳动合同是否有效或者部分无效的争议，通过劳动争议仲裁委员会或者人民法院确认。但劳动争议仲裁委员会或者人民法院办理案件的原则是"不告不理"，没有原告的申诉，劳动争议仲裁委员会或者人民法院就很难维护劳动者的合法权益，不能及时发现社会劳动关系中出现的新情况新问题。同时，对于劳动关系双方而言，劳动者相对用人单位属弱势群体，也可能因个人的法律意识、维权意识不强而导致维权不彻底、不主动等情况。

（4）评价机制不能很好地满足劳动关系保障的需要。我国现行法律对劳动合同效力的规定，采用了相对生硬的二元评价机制，在评价一份劳动合同的效力时，要么有效，要么无效。被判定无效的劳动合同，即从一开始签订时就为无效，当事人缺乏补救有瑕疵的劳动合同的机会，与之对应的劳动关系缺乏补救缓冲机制[1]。这虽然有利于严厉打击遏制非法劳动关系行为，但在现实中，对已经发生的劳动行为或用工行为缺乏应有的法律保护，在一定程度上不利于保持劳动关系稳定，还需要加以研究改进。

三、进一步健全完善劳动合同无效制度的对策建议

当前，我国经济社会发展进入新时代，特别是信息技术飞速发展，一些新的行业、新型的劳动关系不断涌现。适应现实需要，不断健全完善劳动合同无效制度，是维护广大劳动人民和用人单位合法权益的需要，是实现人力资源合理配置的需要，同时也是维护劳动关系和谐稳定的需要。本文建议从以下四个方面入手，推进完善我国现行劳动合同无效制度立法。

第一，进一步细化劳动合同无效情形。在《劳动合同法》规定的劳动合同三类无效情形的基础上，充分借鉴采纳《民法典》明确的合同无效情形，

---

〔1〕 戚庆余："再论无效劳动合同的解除：从劳动合同解除的社会实益视角出发"，载《中国人力资源开发》2021 年第 1 期。

增加对与无民事行为能力人签订的、违背公序良俗的、以虚假的意思表示签订的等无效情形，引导用人单位和劳动者依法确立劳动关系，引导合理预期。

第二，进一步拓展劳动合同签订形式。在继续执行劳动合同应当采取书面签订形式的做法的基础上，结合信息网络时代发展和丰富实践，充分运用大数据、云平台、数据链、融媒体等现代技术手段，研究明确口头、微信、视频等约定的劳动事项效力确定的原则和实施细则，健全完善电子劳动合同的生成、签订、传递、存储等具体格式样式要求，为网约车、快递员等灵活就业方式的劳动关系提供更加便捷、更加高效的法律保障[1]。

第三，进一步加强劳动合同抽样监察督查。这是及时发现问题、解决问题的有效手段。一方面，要正视劳动合同相对于一般民事行为的特殊性，着眼维护广大劳动者的合法权益，定期开展劳动合同抽样监察，做到既有"不诉不理"，又有"主动出击"，增强对无效劳动关系的监督打击力度。另一方面，要突出劳动合同抽样监察的重点，针对规避法律限制、回避用人责任、侵犯劳动者权益等劳动纠纷的矛盾点、聚焦点开展经常性抽样监察，定期通报典型案例，建立失信失责"黑名单"，在全社会营造依法用工的浓厚氛围。

第四，进一步改进劳动合同补救和追责机制。建议吸收借鉴《民法典》和《合同法》有关规定，增设可撤消的劳动合同情形，给予劳动者一定的劳动合同撤消权，更好地维护劳动者的合法权益；着眼维护劳动合同权责平衡，针对现行法律法规对用人单位违约责任强调较多，对劳动者的违约责任明确不充分的实际，建议补充明确任何一方都有因违约赔偿对方损失的责任，促进劳动关系建立在公平公正的基础上[2]。同时，补充明确如果劳动合同约定事项违反或损害国家、社会公共利益，应追缴负有责任一方的违法违纪所得[3]。

---

〔1〕 汪竑："签订书面劳动合同不可或缺——学习《劳动合同法》的几点体会"，载《中国就业》2007年第10期。

〔2〕 王硕："劳动合同无效解除制度的理论反思"，载《北方法学》2015年第2期。

〔3〕 喻术红："我国无效劳动合同制度的缺陷及其完善"，载《法学评论》2005年第3期。

职场性骚扰中的雇主责任研究

高 翔*

（中国政法大学 北京 100088）

摘 要：本文主要分析了雇主在职场性骚扰中的法律地位，同时探讨了不同领域的专业职场性骚扰雇主责任体系的法律问题，同时需要分别将反歧视法以及侵权责任法和劳动法融合在一起，希望能够为我国职场性骚扰雇主责任体系的建立提供便捷有效的方法性建议。

关键词：职场性骚扰 雇主责任 反歧视法 劳动法

一、问题的提出

《民法典》第1010条对性骚扰作出了具体规范，确立了用私法规定性骚扰的法制基石，是社会各界普遍重视的"明星"法律。[1]性骚扰出现的场合很多，包括上班地点、培训单位、公共场合等，本篇仅讨论问题较为明显的职场性骚扰现象。在职场上性骚扰的某些情况下，除了实施性骚扰的当事人应负相关责任，雇主是否应负责任以及负何种责任，还需要进一步详细的探讨。

二、雇主在职场性骚扰中的法律定位

（一）雇主责任的归责原则及责任承担

职场性骚扰的民事责任承担的当事人分两种：一种是进行性骚扰活动的

---

* 作者简介：高翔（1993年－），男，汉族，北京人，中国政法大学同等学力研修班2022级学员，研究方向为社会法学。

〔1〕 田野、张宇轩："职场性骚扰中的雇主责任——兼评《中华人民共和国民法典》第1010条、第1191条"，载《天津大学学报（社会科学版）》2021年第4期。

当事人，一种是负责维持保障安全健康卫生作业场所的劳动者。因此，必须清楚行为与雇主间的关联，判断是什么性骚扰类型从而选择运用哪些责任基础、责任类型及负责程度。

雇主归责原则即无过失责任原则，指不将加害方的过失视为民事责任的构成条件，而只基于损害的客观存在，行为人就应对损害结果承担责任。[1]雇主责任便属无损失负责，但如果雇员对损失结果的产生有重大过失的，法院可以依职权减轻对雇员的赔偿责任。无过错责任原则和其他免责事由的适用范围都需由法律规定，不能随意扩展或减少。

（二）雇主责任的构成要件及免责情形

按照雇员负责理论，雇员必须对该员工的性骚扰行为负替代职责，而雇员如欲避免责任则需要先确认性骚扰是否存在，比如说交换型的利益是由受害者主动寻求，又或者受害者并非因为害怕恐惧而不能明确拒绝，亦即如果受害者愿意和行为人发展与性相关的性行为，这种情况下是个人对自己性权利的自由支配，而法律也不应予以限制。[2]

有过失责任情况的雇主欲免责必须说明其承担了适当的注意义务，完全不知道性暴力行为的存在，并尽到了维护安全作业场所的义务，主动宣传反对职场性骚扰及进行过预防措施等，或有证据表明已建立过救助机构但受害者未能正确地使用。

三、不同视角下的职场性骚扰雇主责任的弊端

（一）选择侵权责任法归责的优势与弊端

从可以涉及的诉讼事项范围展开分析，和一般劳务争议案只可以处置因为劳务关系而涉及的权利义务问题存在差异，侵权责任争议案能够受理的事项范围相对较多，只要被害人认为其法定民事权利已经遭到了他人侵犯，就能够利用侵害责任争议案由进行民事诉讼，从而保障了自己权利，不论当前侵权行为方其本身属于用人单位还是同时可能是劳动者或者是客户等，也无论其当前承受的是物质损失还是精神伤害，都可以在很大程度上把多种差异

---

〔1〕 卢杰锋："职场性骚扰的用人单位责任——从《民法典》第1010条展开"，载《妇女研究论丛》2020年第5期。

〔2〕 顾芳锦："职场性骚扰中雇主的法律责任研究"，载《山东工会论坛》2020年第6期。

化的事项范围以及案件对象全部都归纳入相同的案子中对其进行审判，这对被害人来说也比较方便而且省时省力。

但是，侵权责任法当前的立法理念侧重的是其权利在承受侵犯之后给予的损害弥补，其中缺少针对侵权行为事前预防的关注。就侵权责任法针对雇主需要承担民事责任的追究而言，某种意义上来讲侵权行为者当前所能够承担的责任并不能弥补其带来的损失。从法律功能取向上来看，侵权责任法更强调社会公平，因此在对专业人员性骚扰行为的界定上，更应强调的是群体领域中的社会公正。如在专业工作里"讲黄色笑话"这样一种行为产生的后果以及后果轻微的行为在当前司法机关中并不会将其侵犯行为归属于一般，并不需要用司法资源在这种不具备任何意义的行为上进行界定。其属于基于侵权责任法归责进行中所展现出的自我权益保护主义，把专业人员性骚扰行为确定为一般的侵害行为，以强调自身权益维护，而忽视了在专业人员性骚扰行为中反映出的两性间、职场间的实质不公正关系，也因为不能产生明确的侵害后果，所以受害者不可避免地需要在这种专业环境里持续忍受或者不得不最终离开，而继续处在这种专业工作状态中的人员，则会成为下一个受到侵害的被害人。这种案例的最终处置结果，效果也只存在于案例，不但不能够受到用人单位的关注同时也无法让地区社区对于预防和治理职场环境性骚扰行为引起关注，自然在职场中产生的实质不公正也无法获得改变。

（二）选择劳动法归责的优势与弊端

用人单位如果想构建出一系列从防范到处理职场性暴力防范制度，必须考虑对《劳动法》的合理运用。和侵权法律相比，在当前用人单位制定的预防制度中，《劳动法》就能有效地对此进行指导；在《劳动法》的归责路径下，劳动者应履行预防专业岗位性骚扰行动的相应职责，以维持劳动场所的和平安定，并且在能够控制的情况下保障职场的平等性，让劳动者能够从"旁观者"朝着"参与者"的角色改变，让专业岗位性骚扰事件在个案审判中所获得的效果不仅仅是个人的损害赔偿，而且是能够预防专业岗位性骚扰行动的效果。

（三）选择反歧视法归责的优势与弊端

反对性别歧视在理论上也较为抽象，注重平等，让违反性别歧视理论产生的外延不断提升。这种情况下，反歧视法需要归属于责任范畴和责任需要承担范畴，除此之外还需要完成对责任形态的有效分类，范围十分宽泛，因此可以在很大程度上达到平等的立法目的。而反歧视法中关于对专门职位性骚扰的法律规制以及对雇主责任担当的具体规定，其实就是针对专门职位性骚扰行为的实施，在进入司法程序前，雇主能够为受害者群体建立一个有效的保护伞，使得职场群体之间的平等性得到保障，并不断保障职场安全性。[1]

四、职场性骚扰雇主责任制度的构建

（一）职场性骚扰雇主责任归责路径选择

我国有相对完善的侵权民事责任司法体制和规范的劳动法规制度。正如前文所提到，如果单纯运用侵权责任法或劳动法来严格地规范职场性骚扰劳动者责任体系，都存在不足之处，主要表现在规定方式与规定原则上，而劳动法虽然在制定的模式上和反性别歧视法可以同样被纳入我们国家社会职场发展的保障社会主义体系，可是无论是在程式抑或是在机制上所进行限定的范围却仍然相对紧缩，这种情况下保障范围也变得相对狭窄。

（二）职场性骚扰雇主责任制度的构建

第一，在侵权立法的视角下，劳动者因为不是直接当事人而承担替代职责的，其行为人间职责如何划分，需要担负何种替代职责，要求有精准并科学的界定规范。

第二，由于职场的暴力行为带来的危害不仅仅限于身体伤害，还会伤及受害者的精神、名誉等；所以，除民事责任赔偿之外，可借鉴侵权责任法律规定的民事责任履行方式，规定行为人、雇主应承担赔礼道歉、减少影响、恢复名誉等多种民事责任。

第三，雇主也能够因为当前已制定高效的保护措施，或者受害人本身的过失并不能够合理地实现保护而展开抗辩，或只是承担责任。可是如果雇员需要承担替代责任的同时，即使当前的举证出现以上两种情况，也可以减免惩罚性赔偿金，并不是完全豁免。但当雇员负有错误推定责任或过错责任的情况下，只有证实以上两种事实的存在，才能豁免。

（三）职场性骚扰雇主责任配套机制的完善

行政机构利用职权，制定有关政策，确认和细分雇员在当前职场需要在

---

〔1〕 邱思萍："用人单位在职场性骚扰防治中的法律风险及对策"，载《湖南工业大学学报（社会科学版）》2020年第1期。

行为上展开的预防权责，同时也需要为雇员在当前组织内构建预防制度提供指引与支持，同时减少雇员不当作为的可能性。工会产生功能之处就是组织中对于员工个人的权益展开维护，一方面是针对行政部门相关职场性暴力完成对法律和政策措施的有效传达，提高员工对企业权力与义务的了解和认知；另一方面也能督促员工落实其预防权责，当受害员工有问题时，利用相关制度为之发声等。

我国职业病人身损害赔偿的现状、依据和问题

李剑桥*

（中国政法大学 北京 100088）

摘　要：近年来，职业病已成为我国劳动安全卫生领域的重大问题，目前实务中已有多省法院支持职业病患者的人身损害赔偿并逐渐形成了"损害填平"原则，职业病人身损害赔偿存在法理和现实中的必要性，但其现行制度仍然存在诸多问题亟待解决。

关键词：职业病　人身损害赔偿　损害填平

一、我国职业病现状概述

与普通工伤相比，职业病在我国社会更加鲜为人知，多数公众对职业病的认知局限于尘肺和 2009 年轰动一时的"开胸验肺事件"。事实上职业病及职业禁忌证在我国劳动者中广泛存在，并已成为国家高度关注的劳动安全卫生领域的重大问题。根据国家卫生健康委员会健康中国行动推进委员会办公室 2019 年 7 月 30 日"《健康中国行动（2019-2030 年）》解读"新闻发布会披露的数据[1]，截至 2018 年底，我国累计报告职业病 97.5 万例，其中，职业性尘肺病 87.3 万例，约占报告职业病病例总数的 90%；根据国家卫生健康委员会 2022 年 4 月 25 日"一切为了人民健康——我们这十年"主题新闻发

---

* 作者简介：李剑桥（1990 年-），男，汉族，安徽巢湖人，中国政法大学同等学力研修班 2022 级学员，研究方向为社会法学。

〔1〕 国家卫生健康委员会："健康中国行动推进委员会办公室 2019 年 7 月 30 日新闻发布会文字实录"，载 http://www.nhc.gov.cn/xcs/s7847/201907/4b98d637039548889c3ebaab40878f3f.shtml，最后访问日期：2022 年 7 月 7 日。

布会披露的数据[1]，截至 2021 年底，我国累计报告职业性尘肺病患者 91.5 万人，现存活的职业性尘肺病患者约 45 万人，2021 年全国共报告职业病病例 15 407 例，其中职业性尘肺 11 809 例，预计全国累计报告职业病已超过百万例。另我国接触职业病危害因素的劳动者人数高达 1439 万人，大约每百人中就有一位劳动者接触职业病危害因素。2019 年国家卫生健康委员会职业健康司时任司长吴宗之指出，由于职业健康检查覆盖率低和用工制度不完善等原因，实际职业病发病人数远高于报告病例数。

二、当前职业病人身损害赔偿案件实务分析

利用"威科先行法律信息库"搜索全国法院判决书，在案由"人格权纠纷"下设置关键词为"职业病防治法"及"残疾赔偿金"，共搜索到判决书 1045 份（2022 年 7 月 7 日数据），对这些判决书进行分析可以发现以下特点：

（一）职业病人身损害赔偿案件分布不平衡

近十年来出现过职业病人身损害赔偿案件的总共 28 个省，单广东一省的案件数量已达 837 件，占总数的 80%，其余 27 个省案件数量加起来仅占总量的 20%（可能存在部分早年在劳动争议纠纷案件中一并主张职业病人身损害赔偿的判决未被搜索到）。这一现象主要是由于广东省高级人民法院印发了《广东省高级人民法院关于审理劳动争议案件疑难问题的解答》等裁判规则文件，明确规定职业病患者有权主张超出工伤保险待遇的人身损害赔偿项目，目前其他地区尚无类似明确规定，最高人民法院也无相应指导性案例或司法解释。

将广东省这一特例排除后，除江苏、浙江两个经济发达省份各占 10% 以上外，剩余的 208 份判决书分布并无明显规律，边疆沿海内陆、东中西部均有出现。导致这一现象的原因可能是我国职业病诊断现状，即尘肺类职业病确诊最多，其余中毒类职业病因尚未得到足够重视而确诊率低，而职业性尘肺、矽肺等多发于工矿企业劳动者，因此四川、山西、陕西、贵州、青海、湖北等矿产资源丰富省份的职业病人身损害赔偿案件数量反而多于上海、福

---

[1] 国家卫生健康委员会："国家卫生健康委员会 2022 年 4 月 25 日新闻发布会文字实录"，载 http://www.nhc.gov.cn/xcs/s3574/202204/2fbf355668df4fd0ade8b5c3cf455f95.shtml，最后访问日期：2022 年 7 月 7 日。

建、天津等经济发达地区。

（二）支持职业病人身损害赔偿诉请的省份较多，但除广东省外数量有限

经过对判决书内容梳理可以发现，目前有 24 个省曾在法院判决中不同程度地支持职业病人身损害赔偿诉讼请求，在我国省、自治区、直辖市中占七成以上。可以认为多数省份都曾支持过职业病人身损害赔偿，具体主要包括"仅扣除一次性伤残补助金""未确诊职业病或认定工伤情况下支持人身损害赔偿""按比例支持人身损害赔偿""支持被扶养人生活费及精神抚慰金""仅支持精神抚慰金"五种情形。

但从案件数量上分析，目前除广东省绝大多数法院判决支持职业病人身损害赔偿外，其他省份的 208 份判决书中，未支持人身损害赔偿的数量为 115 件，占总数的 55%，而"仅扣除一次性伤残补助金""未确诊职业病或认定工伤情况下支持人身损害赔偿""仅支持精神抚慰金"三种情形大约各占总数的 15%，其中仅扣除一次性伤残补助金支持全部人身损害赔偿项目这类"真正意义上"支持人身损害赔偿的职业病人身损害赔偿案件的数量仅 31 件。因此除广东省外，目前支持职业病人身损害赔偿的案件数量仍然较少。

分别分析前述五种不同类型支持职业病人身损害赔偿案件数量也可以看出，除广东省、山东省、天津市、重庆市已形成支持职业病人身损害赔偿的司法惯例外，其余省份案件基本只零星分布于省内数个基层法院，尚未在全省范围内形成司法惯例。

（三）不同地区甚至同一地区判决对职业病人身损害赔偿问题的法律理解与适用差异极大

除前述不同省份支持职业病人身损害赔偿的判决类型五花八门外，不支持职业病人身损害赔偿的判决同样理由各异，主要有未接受司法鉴定（如〔2021〕京 0113 民初 12243 号）、工伤待遇与人身损害赔偿不能重复主张（如〔2018〕沪 01 民终 6645 号）、无相关法律规定（如〔2020〕渝 01 民终 5099 号）三种类型。

除前述不同省份判决各异外，广东、广西、吉林、江苏、浙江、四川、天津、重庆、云南、贵州、陕西各省（区、市）均存在省（区、市）内不同地区、不同层级法院，甚至同一法院的判决差异较大问题。其中广东省在同一时期既有大部分地区仅扣除一次性伤残补助金支持人身损害赔偿的情形，也有中山市不分情况一律只按 30% 比例支持人身损害赔偿的特例；广西壮族

自治区存在仅扣除一次性伤残补助金、支持被扶养人生活费和精神抚慰金、仅支持精神抚慰金三种判决；贵州省存在未确诊职业病或认定工伤支持人身损害赔偿、仅支持精神抚慰金、不支持人身损害赔偿三种情形；云南省存在仅扣除一次性伤残补助金、未确诊职业病或认定工伤支持人身损害赔偿两种情形；浙江省以往有仅支持精神抚慰金（［2013］甬镇民初字第549号至第552号）的判决，后来完全不支持人身损害赔偿；天津与重庆两个直辖市均为之前不支持、2021年后支持职业病人身损害赔偿（［2021］津02民终1425号与［2021］渝02民再7号）；吉林、江苏、四川、陕西四省除存在前述不同时期、不同法院的不同类型判决，还存在同一时期同一法院对相同或相近情形案件作出完全不同判决的情形，比如陕西省洛南县人民法院2016年同时存在未确诊职业病或认定工伤支持人身损害赔偿（如［2016］陕1021民初357号、535号）及按比例支持残疾赔偿金（［2016］陕1021民初509号）两种不同判决，四川省宣汉县人民法院2020年同时存在仅支持精神抚慰金（［2020］川1722民初542号）及完全不支持人身损害赔偿（［2020］川1722民初1973号、1974号）两种不同判决，吉林省通化市中级人民法院2015年同时存在仅扣除一次性伤残补助金支持人身损害赔偿（［2015］通中民三终字第213号）及仅支持精神抚慰金（［2015］通中民三终字第126号）两种不同判决，江苏省无锡市中级人民法院2017年同时存在仅扣除一次性伤残补助金支持人身损害赔偿（［2017］苏02民终919号）和完全不支持人身损害赔偿（［2017］苏02民终382号）两种不同判决。

前述判决的复杂情况反映出，各地不同法院甚至同一法院的不同法官对《职业病防治法》第58条等法律规定的理解和适用存在较大差异，导致作出的判决也存在明显差异。

三、职业病人身损害赔偿的法理与现实依据

对判决书的裁判理由部分进行分析可以发现，五种类型支持职业病人身损害赔偿的判决书均认可一种名为"损害填平"的法律原则，即依据《职业病防治法》第58条规定认为职业病患者在工伤保险待遇外仍可获得人身损害赔偿作为补充，在工伤保险待遇不足以弥补其人身损害时有权主张人身损害赔偿。之所以出现五种不同类型的判决只是由于不同法院、不同法官对人身损害赔偿应当如何扣除工伤保险待遇这一问题的不同认识，仅扣除一次性伤

残补助金及按比例支持的两种类型判决认为人身损害赔偿应扣除与人身损害赔偿项目本质上相同的工伤保险待遇项目的已领取金额，比如残疾赔偿金应扣除本质相同的一次性伤残补助金；支持被扶养人生活费和精神抚慰金、仅支持精神抚慰金两种类型判决则认为对残疾赔偿金等与工伤保险待遇项目本质相同的人身损害赔偿项目完全不支持，仅支持工伤保险待遇中不存在的人身损害赔偿项目如精神抚慰金、营养费；而因故未确诊职业病或无法认定工伤这种情形，劳动者遭受人身损害却由于用人单位或第三方的过错导致未能获得工伤保险待遇，劳动者自然只能向用人单位、第三方主张人身损害赔偿。

另外，在完全不支持职业病人身损害赔偿的三种类型判决中，主张不能重复主张工伤待遇与人身损害赔偿以及以未接受司法鉴定为由不予支持人身损害赔偿这两类判决实际也认为职业病患者有权主张人身损害赔偿，只是前一种不认可"损害填平"原则，认为工伤待遇与人身损害赔偿不能兼得，后者认可"损害填平"原则但认为职业病患者的伤残等级应当进行司法鉴定、以司法鉴定结论为依据。而以无相关法律规定不支持职业病人身损害赔偿的判决则认为职业病患者仅能主张工伤待遇，无权主张人身损害赔偿。

从前述分析可以看出，目前我国大多数法院认为职业病患者有权主张人身损害赔偿，完全否定职业病患者人身损害赔偿请求权的判决仅 5 份，占总数的 2.4%，而认可"损害填平"原则的判决则有 107 份，占总数的 51.4%。越来越多的法院开始认可"损害填平"原则，职业病患者的人身损害赔偿和"损害填平"原则正逐渐成为审判实务中的共识，具有充分的法理和现实依据：

（一）法理依据

职业病人身损害赔偿的最根本法律依据是《职业病防治法》第 58 条的规定，实务中多数法官认为该条文中的"依照有关民事法律尚有获得赔偿的权利"这一准用性规则并非指依赖其他民事法律规定职业病患者是否有权主张工伤保险待遇以外的民事赔偿，而是指确认职业病患者有权主张其他民事赔偿的前提下，依照其他法律规定计算赔偿项目和金额。这里的"有关民事法律"目前显然只有《民法典》及《最高人民法院关于审理人身损害赔偿案件适用法律若干问题的解释》，也就是说，《职业病防治法》第 58 条规定的民事赔偿实际就是指人身损害赔偿。

虽然《最高人民法院关于审理人身损害赔偿案件适用法律若干问题的解

释》第 3 条规定工伤劳动者起诉主张民事赔偿的"告知其按《工伤保险条例》的规定处理",该条规定也是以无相关法律规定不支持职业病人身损害赔偿的判决依据。但目前多数法官对该条文的理解是,该条文针对职业病患者规定的只是主张权利的顺序,即职业病患者应当先取得工伤保险待遇,待工伤保险待遇确定后才能主张民事赔偿,并非否定职业病患者主张民事赔偿的权利;且该条文属于最高人民法院司法解释,其效力等级低于全国人大常委会制定的《职业病防治法》,且《职业病防治法》相对于《民法典》及相关司法解释又属于应当优先适用的特别法,因此在案件审理中应当优先适用《职业病防治法》第 58 条规定。

笔者认为,前述观点符合《职业病防治法》等法律的立法原意,体现了充分保障职业病患者合法权益及进一步加强工作场所职业安全卫生建设的立法精神,系对法律的系统、全面理解。

(二)现实依据

职业病属于特殊的疾病类工伤,与普通工伤存在显著差异,除职业性噪声聋等极少数职业病损害后果相对较轻外,占职业病目录绝大多数的尘肺类和中毒类职业病发病、诊断和治疗周期长,一旦确诊即使脱离接触原有职业病危害因素,病情仍可能进一步恶化。目前的医学技术无法治愈尘肺类和中毒类职业病,许多劳动者患职业病后病情不断恶化最终死亡,其他劳动者即便没有生命危险也会丧失劳动能力,因器官损伤和身体机能下降需要终身治疗,并因难以从事职业活动而丧失收入来源。

目前我国工伤保险对劳动者提供的是广覆盖、低水平的补偿机制,以收入水平较高的深圳市为例,按深圳市 2020 年城镇单位制造业在岗职工年平均工资 107 612 元水平计算[1],根据《广东省工伤保险条例》第 28 条和第 30 条的规定,一级伤残的职业病患者能取得的一次性伤残补助金为 242 127 元,五级伤残只有 161 418 元,这一补偿水平大约只相当于 2 年到 3 年接受治疗的生活成本,更遑论许多劳动者的实际收入远远低于这一统计数据。因此,大多数职业病患者仅凭工伤保险待遇根本无法维持长期治疗期间的基本生活,人身损害赔偿对于职业病患者是极其必要甚至是性命攸关的。

---

〔1〕 深圳市统计局:"深圳市统计年鉴 2021",载 http://tjj.sz.gov.cn/nj2021/nianjian.html?2021,最后访问日期:2022 年 7 月 7 日。

目前我国绝大多数用人单位都没有依照《职业病防治法》规定开展职业安全卫生建设、履行职业病防治义务，导致劳动者长期面临着巨大的职业病风险。在职业安全卫生法律法规尚不健全、相关监管惩罚机制落实不力的情况下，职业病人身损害赔偿是对用人单位违法行为的一种制约。如果职业病患者仅能主张工伤保险待遇，则用人单位的违法成本极低，显然宁愿以低于20万元的成本一次性补偿劳动者，而非投入更高成本预防职业病发生。而在劳动者有权主张职业病人身损害赔偿的情况下，用人单位就不得不衡量每人近百万元的赔偿金额与职业病防治成本再作选择，从而推动用人单位做好职业病防治工作。

四、职业病人身损害赔偿现行制度的问题与解决途径

综合前述分析，尽管支持职业病人身损害赔偿的基本观点和法律原则在实务中正被越来越多人接受，但职业病人身损害赔偿的现行制度仍然存在各种问题。从法理上看，《职业病防治法》第58条对于民事赔偿的规定显然语焉不详、易产生歧义，且指向的准用规则不明确，又无相应立法或司法解释予以进一步阐明，导致实务中的职业病人身损害赔偿只能依赖于各级法院审判人员的理解和约定俗成的司法惯例，总有名不正言不顺之嫌。在现实中，职业病患者的保障在工伤保险制度框架内开展，用人单位认为已缴纳工伤保险费用却仍要在工伤保险待遇外承担人身损害赔偿是不公平的，导致用人单位大多对职业病患者权益保障和职业安全卫生建设态度消极。

对于上述问题，第一，国家应进一步完善职业病立法，明确职业病人身损害赔偿的条件、项目和金额。第二，国家应认识到职业病的特殊性及其与一般工伤的较大差异，探索建立工伤保险以外的独立职业病赔偿制度，实现权责平衡。第三，各级安全生产监管部门及卫生行政部门需要切实履行监管职责，奖惩结合以督促用人单位履行职业病防治义务，强化职业安全卫生建设，从根本上逐步降低职业病风险和发病率，切实保障劳动者的生命健康权。

劳动合同无效制度的问题探析

李 帅*

（中国政法大学 北京 100088）

摘 要：在劳动合同中违反《劳动法》或《劳动合同法》规定的情形并非少见，这不仅对劳动者合法权益带来损害，也是对现行法律法规权威性的挑战。故《劳动合同法》在第 26 条中增加了劳动合同无效制度内容。然而，在长期司法实践中，劳动合同无效制度暴露出了规范刚性过强，灵活性欠缺、适用情形过于简单、实际操作不便的问题，所以针对暴露出来的问题探讨相应的改进措施成为研究领域关注的重要内容。本文从劳动合同无效制度的内容及法律后果、劳动合同无效制度的问题表现、劳动合同无效制度问题的改进措施三方面展开分析，以丰富现有研究体系内容并为劳动合同无效制度的完善提供帮助。

关键词：劳动合同 合同无效 效力

劳动合同是在不违背现行法律法规、平等自愿且协商一致的前提下劳动者和用人单位之间签订的协议，旨在明确彼此的劳动关系以及负的责任和享有的权利。[1]在司法实践中，劳动合同是证实劳动者与用人单位之间存在劳动关系的最有力证据，也对双方当事人作出了约束和规范，在维护劳动者合法权益方面发挥了重要的作用。[2]然而，步入后经济危机时代，经济发展步履维艰，特别是在新冠疫情冲击下使得不少劳动者处于不利地位，一些用

---

* 作者简介：李帅（1985 年-），女，汉族，吉林榆树人，中国政法大学同等学力研修班 2022 级学员，研究方向为社会法学。

〔1〕 王红娇："我国劳动合同效力制度的完善路径"，载《山东工会论坛》2021 年第 5 期。

〔2〕 杨若栏："劳动合同无效时竞业限制条款还有效吗？"，载《中国人力资源社会保障》2021年第 4 期。

人单位在与劳动者签订劳动合同时往往加入了诸多对于劳动者不利的条件，由此损害了劳动者的合法权益。劳动合同无效制度的诞生为解决此类违背法律法规原则的劳动合同提供了法律依据，但在实际应用中仍存在着一定的不足之处，使其并未发挥出应有的作用。基于此，对劳动合同无效制度暴露出来的问题展开分析并探讨相应的改进措施就成为法学界关注的重要内容。

一、劳动合同无效制度的内容及法律后果

（一）劳动合同无效制度的内容

我国《劳动合同法》第26条明确指出，当用人单位与劳动者签订的劳动合同存在以下几种情况时劳动合同无效或者部分无效：一是通过欺诈、胁迫等手段或者趁人之危，违背了对方的真实意愿而订立或者变更劳动合同。以人力资源和社会保障部、最高人民法院于2020年7月10日出台的《关于联合发布第一批劳动人事争议典型案例的通知》中的"案例10"为例，劳动者提供了虚假的学历证书，导致用人单位并不了解其实际受教育程度，由此签订的劳动合同自然不具有法律效力。二是用人单位将自身承担的法定责任免除条款加入劳动合同之中，或者删除、篡改了劳动者应有的权利的内容。当劳动合同中有"劳动者必须无条件遵循用人单位安排"或者"劳动者在劳动合同签订期间发生的工伤工亡与本单位无关"等内容时，显然已经违背了《劳动法》以及《劳动合同法》相关条款，签订的劳动合同必然无效。三是劳动合同内容中包含有明确违背现行法律法规强制性规定的内容。《劳动法》第15条规定，除文艺、体育和特种工艺之外，劳动者必须年满16周岁才可以与用人单位签订劳动合同、建立劳动关系，否则无效。或者劳动合同中含有"自愿放弃购买社保声明""员工自愿加班放弃加班工资"等内容，也会被判定为无效。[1]

（二）劳动合同无效的法律后果

当劳动合同无效时会承担何种法律后果，目前《劳动合同法》中并未有集中的、系统的阐释，但法务实践中总结包括以下几种：一是依据《劳动合同法》第38条，劳动者可以立即解除劳动合同。二是以支付劳动报酬的方式补救。劳动合同的标的为"劳动"，具有强烈的人身属性，不具有返还的可行

---

〔1〕 汪姣钰、杨雯："劳动合同管理，加上'紧箍咒'"，载《人力资源》2020年第23期。

性，故用人单位需要向劳动者支付相应的劳动报酬。[1] 三是支付经济补偿。劳动者按照《劳动合同法》第 46 条可以向用人单位要求支付经济补偿。四是承担赔偿责任。依据《劳动合同法》第 86 条，劳动合同被判定为无效且对对方的利益带来实质性损害的，有过错的一方应当承担赔偿责任。五是承担行政责任和刑事责任。当用人单位存在违反《劳动法》第 96 条以及《劳动合同法》第 88 条规定的行为时需要承担行政责任和刑事责任。[2]

二、劳动合同无效制度的问题表现

劳动合同无效制度在保护合同双方合法权益方面起到了重要的作用，也是我国现行的劳动合同制度的重要组成部分。然而，司法实践中劳动合同无效制度却暴露出了以下问题：

（1）规范刚性过强，灵活性欠缺。首先，在立法例上，我国《劳动法》采用二元评价机制对劳动合同的法律效力进行评价，即劳动合同要么无效，要么有效，而在实务领域，劳动合同无效较为少见，部分无效的劳动合同则更为多见。[3] 对于部分无效的劳动合同，当事人并未有补救的机会和途径以弥补劳动合同中的效力瑕疵内容，使得劳动合同无效制度的内容规定过于简单和僵化。其次，劳动合同形式存在较大局限。目前《劳动合同法》仅仅将劳动合同限定为书面形式，而实际生活中口头劳动合同也是劳动合同的重要类型，且《民法典》规定口头劳动合同拥有与书面劳动合同一致的法律效力，但是口头劳动合同无效时如何举证、证据的有效性却仍属于空白内容。最后，劳动合同无效制度的列举情形过于简单。违反相关法律法规强制性规定的情形时可以判定劳动合同无效，但损害国家、社会公共利益时劳动合同是否无效却并未有法律条款涉及，这给用人单位逃避法律惩处提供了一定的操作空间。

（2）适用情形过于简单。笔者通过北大法宝法条索引检索案例发现，实务中法院支持劳动者确认劳动合同无效请求的仅占比 20% 左右，即使是运用

---

〔1〕 戚庆余："再论无效劳动合同的解除：从劳动合同解除的社会实益视角出发"，载《中国人力资源开发》2021 年第 1 期。

〔2〕 娄雨锟："用人单位违规订立固定期限劳动合同的效力认定与赔偿——以《劳动合同法》第 14 条为例"，载《焦作大学学报》2020 年第 3 期。

〔3〕 尹悦："我国劳动合同效力'二元评价机制'理论分析"，载《行政科学论坛》2020 年第 4 期。

相比可撤销和相对无效更强势的劳动合同无效制度，对弱势劳动者权利保护的立法意图仍未能充分实现。而且个别法院对劳动者的诉讼请求未能全面具体分析并作出判决，甚至存在错误引用法条的现象，此等技术性错误反映出我国法院适用法律的职业素养和专业能力仍有待提高。

（3）实际操作不便。由于重大误解而签订的劳动合同将会对当事人享有的权利和承担的义务带来直接影响，并且此种误解既可以是某一方当事人单方面的误解，又可以是合同双方当事人的误解。对于此类劳动合同，劳动合同无效制度究竟是否适用仍然存在着一定的质疑，究竟是解除劳动合同（协商解除、法定解除、约定解除）还是通过其他方法（修订、补偿）予以解决并未作出明文规定，由此给司法实务工作带来一定困扰，实践操作亦缺乏法条作为依据。

三、劳动合同无效制度问题的改进措施

（一）丰富劳动合同无效制度内容

既往的二元评价机制内容过于简单，对于部分无效的劳动合同，简单按照无效处理显然并不能够满足法律运用与司法适用等所需，故丰富劳动合同无效制度内容成为重中之重。具体丰富的内容包括以下两点：一是补充劳动合同部分无效的具体要件，并将合同要件内容与无效要件内容相区分，以便于司法实践中可以拥有明确的条文作为依据。[1]二是拓展劳动合同无效的要件。除了违反法律法规内容外，将损害国家利益或者社会公众利益、违背公序良俗的内容纳入劳动合同无效的要件之中，可以为更多劳动者的合法权益提供保护。

（二）完善劳动合同形式

近年来口头劳动合同明显增多，对于非全日制用工单位以及劳动者而言，该种劳动合同形式具有着极大的便利性，但当前却并未被纳入劳动合同无效制度内容之中。基于此，本文建议进一步完善劳动合同形式，除了传统的书面劳动合同形式外，将口头劳动合同形式纳入其中，以扩大该制度的适用范围、适应劳动力市场现实情况的需要。[2]

---

〔1〕李文涛："劳动合同的分割与部分无效及其风险防范"，载《中国人力资源开发》2019年第6期。

〔2〕戚传新："农民工发生工伤，手里没有证据怎么办?"，载《劳动保障世界》2020年第22期。

（三）补充劳动合同无效制度的补救方式

虽然大量的司法实践总结了劳动合同无效的法律后果，但其前提在于判定劳动合同无效，属于事后补救措施。合同双方当事人基于合意书面提出修订或者补充劳动合同内容在法律上应予以认可，特别是在用人单位主动告知劳动者，对于存在效力瑕疵的劳动合同内容，在双方协商下可以就具体内容予以修订和完善，若劳动者已经付出了一定的劳动，则用人单位应当对此部分劳动作出给付，以补偿劳动者。[1]

四、结论

综上所述，劳动合同无效制度对于劳动者合法权益起到了重要的保护作用，也是现有劳动合同制度的重要组成部分。虽然劳动合同无效的法律后果已经较为明确，但在司法实践中却存在着规范刚性过强、灵活性欠缺、适用情形过于简单、实际操作不便的问题。以上问题的客观存在势必会削弱劳动合同无效制度的法律效力。基于此，本文在深入分析劳动合同无效制度的问题表现后提出了以下完善措施：丰富劳动合同无效制度内容、完善劳动合同形式、补充劳动合同无效制度的补救方式。希望以上措施能够为劳动合同无效制度的完善提供帮助。

---

〔1〕 郑强："经济补偿对竞业限制协议效力的影响探微 ——以最高院三个指导性案例为视角"，载《统计与管理》2019 年第 10 期。

《民法典》与相关法律、司法解释衔接适用问题研究
——以《职业病防治法》第 58 条为视角

陆华玲*

（中国政法大学 北京 100088）

摘　要：《职业病防治法》第 58 条规定："职业病病人除依法享有工伤保险外，依照有关民事法律，尚有获得赔偿的权利的，有权向用人单位提出赔偿要求。"基于上述法律规定，职业病病人除了可以享受工伤保险待遇外，还可以获得民事赔偿。随着《民法典》的出台与实施，如何界定职业病赔偿责任范围，对维护劳动者合法权益、确定用人单位赔偿范围、统一司法裁判尺度具有重要意义。

关键词：职业病　工伤保险待遇　侵权赔偿　补充模式

一、引言

职业病是指企业、事业单位和个体经济组织等用人单位的劳动者在职业活动中，因接触粉尘、放射性物质和其他有毒、有害因素而引起的疾病。依照法律规定，职业病病人既可主张工伤保险待遇也可以主张民事赔偿，该两者在赔偿项目、性质及计算方式等方面既有联系又有区别。

二、职业病民事赔偿与工伤保险待遇的关系模式选择

司法实践中，职业病民事赔偿与工伤保险待遇的关系主要有三种模式：

　＊ 作者简介：陆华玲（1988 年-），女，壮族，广西崇左人，中国政法大学同等学力研修班 2022 级学员，研究方向为社会法学。

补充模式、兼得模式和替代模式。本文认为宜采用补充模式，考虑到职业病与普通工伤相比，其潜伏期较长且具有不可逆转性，对劳动者及其家庭造成较大的影响及损失，而工伤保险制度在赔偿项目及金额方面无法与人身损害赔偿相比，再加上劳动者患职业病多因用人单位未尽到维护生产安全、防治职业病的义务所导致，为进一步强化用人单位的工伤预防义务，确保劳动者身心健康，故应支持职业病病人的民事赔偿请求权。同时赋予劳动者除了工伤保险待遇之外的民事赔偿，对维护劳动者权益、平衡劳资利益具有重要意义。通过对职业病民事赔偿与工伤保险待遇归责原则、责任比例及项目异同的比较，结合目前司法实践的做法，本文将在下文对补充模式如何在司法实践中的体现进行重点论述。

三、职业病赔偿范围

（一）归责原则的确定

我国工伤保险制度采用无过错责任归责原则，而人身损害赔偿责任一般适用过错责任归责原则，法律有特别规定的适用过错推定责任或无过错责任。在处理职业病病人民事赔偿责任的案件中，宜采用过错推定责任。结合职业病概念及形成原因来看，在用人单位未能举证证明其向劳动者提供的工作场所符合法律规定的职业卫生要求、用人单位已采用有效的职业病防护设施、为劳动者提供符合防治职业病要求的职业病防护用品的情况下，应由用人单位承担民事赔偿的全部责任。司法实践中亦采纳了过错推定的归责原则，例如"东莞优创家具有限公司与王某英生命权、健康权、身体权纠纷案"二审民事判决书（裁判时间：2020 年 12 月 25 日），"邱某胜、广州柏盛包装有限公司生命权、健康权、身体权纠纷案"二审民事判决书（裁判时间：2021 年 2 月 24 日）。

（二）伤残等级的确定

伤情需进行劳动能力鉴定，而人身损害赔偿责任中的鉴定标准并无职业病致残等级的内容。但依照《最高人民法院关于审理人身损害赔偿案件适用法律若干问题的解释》第 12 条的规定，"残疾赔偿金根据受害人丧失劳动能力程度或者伤残等级，按照受诉法院所在地上一年度城镇居民人均可支配收入标准，自定残之日起按二十年计算……"也就是说，残疾赔偿金也可以按照受害人丧失劳动能力程度进行计算，而职业病病人的劳动能力功能障碍等级体现了其丧失劳动能力程度，故可以参照劳动能力功能障碍等级确定职业病病人的残疾赔偿金标准，司法实践也支持了该观点，例如，"欧阳某政与珠海美蓓亚精密马达有限公司生命权、健康权、身体权纠纷案"二审民事判决书（裁判时间：2020年11月9日），"月亮（英德）纸品有限公司与黄某生健康权纠纷"二审民事判决书（裁判时间：2020年12月16日）。

（三）实际损失不得重复享有

实际损失是指医疗费、交通费、护理费、伙食费、误工费（对应工伤保险待遇的停工留薪期待遇）、丧葬费和辅助器具更换费等以实际发生为基础计算的费用。上述赔偿费用在工伤保险待遇及人身损害赔偿中均有规定，但计算的方式略有区别。本文认为实际损失宜适用"就高原则"，即分别按照工伤保险待遇以及人身损害赔偿的标准进行计算，确定两者之中数额较高的（或有利于劳动者的）作为赔偿数额。

（四）被扶养人费用

除工亡之外，劳动功能障碍等级被鉴定为一至十级的职业病病人并不享受供养亲属抚恤金或被扶养人生活费，基于补充模式的赔偿原则，劳动功能障碍等级被鉴定为一至十级的职业病病人可以享受民事赔偿中的被扶养人生活费。

（五）精神损害抚慰金

鉴于工伤保险待遇并不包含精神损害抚慰金，职业病病人可以享受人身损害赔偿中的精神损害抚慰金。

（六）残疾赔偿金对应工伤保险待遇项目问题

目前主流观点认为工伤保险待遇项目中的一次性伤残补助金、伤残津贴与人身损害赔偿项目中的残疾赔偿金属于本质上相同的项目（如《广东省高级人民法院关于审理劳动争议案件疑难问题的解答》（已失效）第15条。司法实践中发现，残疾赔偿金仅对应一次性伤残补助金、伤残津贴，用人单位的赔付责任较重，故本文倾向认为残疾赔偿金可对应工伤保险待遇的"三金"，即一次性工伤医疗补助金、一次性伤残补助金、一次性伤残就业补助金（一至六级对应为伤残津贴），因为残疾赔偿金是指对受害人因人身遭受损害致残而丧失全部或者部分劳动能力的财产赔偿，并非精神损害赔偿[1]，而工

---

〔1〕 丁晓婷："论《侵权责任法》中残疾赔偿金的性质"，载《四川职业技术学院学报》2017年第4期。

伤保险待遇的三金亦是为补偿工伤职工因工致残的工资收入及工伤治疗等方面的财产损失，两者性质相同。从司法实践来看，残疾赔偿金与三金金额基本相当，若仅抵扣其中一项，则明显加重了用人单位的赔偿义务，不符合补充模式的初衷。同样是"欧阳某政与珠海美蓓亚精密马达有限公司生命权、健康权、身体权纠纷案"，从二审民事判决书中可以看出欧阳某政劳动功能障碍等级为八级，可享受残疾赔偿金 304 278 元、一次性伤残补助金 74 891.64 元，对应"三金"总额是 204 250 元，残疾赔偿金仅抵扣一次性伤残补助金，则欧阳某政除了可获得工伤保险待遇三金 204 250 元，还可获得残疾赔偿金差额 229 386.36 元（残疾赔偿金差额比三金总金额高）。另外，就"陈某华与佛山市南海益高卫浴有限公司劳动合同纠纷案"，从二审民事判决书可以看出陈某华劳动功能障碍等级为七级，可享受残疾赔偿金 336 528 元、一次性伤残补助金 123 199.05 元，对应"三金"总额是 416 981.4 元，残疾赔偿金仅抵扣一次性伤残补助金，则陈某华除了可获得工伤保险待遇三金 416 981.4 元，还可获得残疾赔偿金差额 213 328.95 元（"三金"加残疾赔偿金差额大致相当于残疾赔偿金的两倍）。综上，笔者认为职业病病人民事赔偿中的残疾赔偿金对应工伤保险待遇的"三金"，并按照有利于劳动者的原则进行赔付。

四、职业病预防

尽管在司法实践中职业病民事赔偿与工伤保险待遇关系模式值得关注，但不得不说职业病仍重在预防。从《职业病防治法》的修改进程也可以看出，对职业病的处理思路从过去的"重治"转移到"重防"。上述法律就职业安全卫生明确了"综合治理"即"单位负责、行政机关监管、行业自律、职工参与和社会监督"相结合的治理模式〔1〕，通过强化用人单位职业病防治义务、重视职工参与职业病防治工作、加强行政机关的有效宣传和监督执行，使职业病防治工作有效开展，社会保障部门也可以考虑针对职业病高发的重点行业和用人单位提高工伤保险费率，对于因重过失或者故意造成工伤事故的企业主，或可以借鉴国外的做法，赋予保险机构追索权，由相关人员承担工

---

〔1〕 林嘉主编：《社会法评论》（第6卷），中国人民大学出版社2016年版，第90页。

伤责任[1]，以此加强用人单位对职业病防治工作的重视及落实工作。

五、结语

基于对职业病病人赔偿责任范围的初步探讨，本文认为应采用补充模式，即工伤保险先行赔付，不足部分通过民事赔偿作为补充，工伤保险已经足额赔付部分，不再享受民事赔偿。法律之适用，非纯为概念逻辑之推演，实系价值评断及当事人之间利益之衡量。由此来看，如何正确处理职业病病人赔偿责任范围，亦是对劳资利益平衡的考量。《职业病防治法》第58条的规定，一方面是对职业病病人合法权益的维护，赋予其更全面的权利保障，另一方面通过强化用人单位的赔付责任，促使其积极采取职业病防护措施，改善劳动者的工作环境，减少职业病的发生，促进用工关系的健康发展，对维护社会稳定起到重要作用。

---

〔1〕 汝莹："论我国工伤保险赔偿替代民事侵权赔偿的可能性"，南京大学2020年硕士学位论文，第25页。

"严重违反用人单位规章制度"的司法审查标准研究

马洪生*

（中国政法大学 北京 100088）

摘　要：《劳动合同法》第 39 条第 2 项规定"严重违反用人单位的规章制度的"，用人单位可以解除劳动合同。基于企业正常经营管理的需要，法律赋予其基于用人单位劳动规章制度这一企业内部管理规范解除劳动合同的权利。然而在实践中，该条文却成为用人单位滥用解雇权的借口，严重威胁了劳动关系的稳定性和劳动者的合法权益。本文即针对目前用人单位滥用解雇权以及司法机关审查存在的乱象，针对该法律条文在实践中产生的具体问题，进行"严重违反用人单位规章制度"这一规定的司法审查标准的研究。

关键词：规章制度　过失性解雇　司法审查标准

一、"严重违反用人单位规章制度"的困境

（一）适用困境

《劳动合同法》第 39 条第 2 项的规定极易被用人单位滥用。用人单位作为一个理性的经济主体，为了追求利益最大化，经常以各种理由单方解除劳动合同。其中，以"严重违反用人单位规章制度"为由提出解除劳动合同的情形十分常见。用人单位牢牢占据对于"严重违反"的解释权，对"严重违反"和"一般违反"不作严格区分，直接适用，导致劳动者的合法权益常常

---

　*　作者简介：马洪生（1974 年-），男，汉族，吉林松原人，中国政法大学同等学力研修班 2022 级学员，研究方向为社会法学。

得不到有效保障。

（二）司法审查困境

由于对于"严重违反用人单位规章制度"中的"严重"如何认定，我国学术界尚未形成统一的观点，立法中也缺乏具体规定，所以司法机关难以找到一致的判决依据。因此，在这类案件中，裁判人员就有比较大的自由裁量权。不同的法院，甚至不同法官面对这一类案件时态度不同、判决结果也不同。具体包括同一案件两审法院同案不同判及同类案件各地法院不同判。

1. 同一案件两审法院同案不同判

关于同一案件两审法院同案不同判的问题，比如，"裕盛公司与腾某劳动合同纠纷案"经过了一审和二审程序，但得到了完全不同的两次判决结果。用人单位是否属于合法解除与腾某的劳动合同是本案主要的争议焦点，此时需要对用人单位解除劳动合同的依据进行判断。在本案中，由于腾某在厂区内吸烟，用人单位基于《员工工作手册》的规定而直接将其予以解雇。而对于该规定是否合理的问题，两审法院作出了不同的判断。一审法院认为：第一，该员工工作手册程序不合法，因为缺乏职工代表大会讨论通过的程序。第二，处罚过重。《员工工作手册》规定一旦发现在厂区吸烟即解雇，惩戒措施的确定不依据违规的情节、程度。在本案中，腾某第一次在厂区卫生间吸烟即被解除劳动合同，存在不合理之处。第三，裕盛公司的员工经常会在厂区卫生间吸烟，因为此处存在数个烟头，这一点，腾某已经提交照片证据予以证明。综上，虽然腾某有在厂区卫生间吸烟的事实存在，但毕竟是第一次，且在卫生间吸烟，不构成严重程度，况且裕盛公司制定的《员工工作手册》程序上存在不合法及其内容上有不妥之处，故裕盛公司解雇腾某是不合法的。二审法院则认为：第一，《员工工作手册》已经进行过公示。第二，作为一家从事鞋类产品的生产销售的企业，厂区内吸烟可能造成极大的安全隐患，为了员工的人身安全和防止企业财产损失，禁止厂区吸烟无明显不合理。腾某严重违反裕盛公司的规定。[1]因此认为，依据《员工工作手册》，用人单位解雇腾某，符合法律规定。

2. 同类案件各地法院同案不同判

在"陈某某与宝亿公司劳动争议案"中，一审法院认为应当合理适用规

---

〔1〕 参见广东省东莞市中级人民法院［2015］东中法民五终字第625号民事判决书。

章制度，根据相关规定，委托他人代为打卡造成公司实际支付额外费用者就可即时解除劳动合同，而被告发现原告私自外出并让他人代为打卡时，并未向原告实际支付2014年2月份工资，没有给用人单位造成损失，当然更不属于造成严重损失。陈某某两次擅离职守，且都是在加班期间，这种行为不属于对劳动规章制度的严重违反，而被告根据规定以原告擅离职守为由与其解除劳动关系，过于苛刻[1]。而在另一类似案件中，江苏省无锡市中级人民法院一审法院的判决认为：用人单位在劳动规章制度中明确规定让他人代为打卡属于严重违规违纪的行为，而原告的行为违反了用人单位的该条规定。首先，原告应当了解该规定，因为被告已经采取多种方式对员工进行了告知；其次，作为员工应当理解该条规定的具体内涵，因为其在入职时用人单位已经针对该条规定进行了比较详细的解释说明，尤其是通过具体的情形和案例生动说明了哪些行为属于该条规定的违规行为。对于原告的违规行为是否属于该条规定的严重违纪行为这一问题，法院也从另一角度来进行判断，用人单位为了更好地进行管理而制定相关的规章制度，司法机关应尊重其管理权，不能简单地认为不损害企业经济利益的违规行为就不属于严重的违纪行为，让别人代办打卡不利于用人单位的内部管理，用人单位有权将其认定为严重违纪行为。[2]因此，该行为属于严重违纪行为，用人单位的规定合理。案情类似，但是邗江区人民法院认为用人单位的处罚方式不具备相当性，而无锡市中级人民法院则认为用人单位因劳动者没有损害其经济利益的代打卡行为解雇劳动者是合理的，这种同案不同判的情形不利于我国司法的统一性和一致性。

二、"严重违反用人单位规章制度"司法适用的完善对策

从大量劳动争议案例中可见，以劳动者"严重违反用人单位规章制度"为由解除劳动合同的情形比较常见。故严格规定用人单位即时解除权的解除条件是绝对有必要的。谢增毅在探讨用人单位惩戒权的时候提到，司法机关应当从劳动者违纪的行为、给单位可能造成的损害或者影响等至少七个方面对用人单位以"严重违反用人单位规章制度"为由解除劳动合同进行合理性

---

〔1〕 参见江苏省扬州市邗江区人民法院［2014］扬邗民初字第0515号民事判决书。

〔2〕 参见江苏省无锡市中级人民法院［2015］锡民终字第1129号民事判决书。

审查。[1]这主要是建立在综合因素考量基础上对严重性边界的合理性进行审查，限制用人单位滥用惩戒权。对用人单位以违反规章制度为理由解除劳动合同是否合法，笔者认为，可以从以下几个方面进行审查：

（一）明确用人单位劳动规章制度本身的正当性

1. 合法性

《最高人民法院关于审理劳动争议案件适用法律问题的解释（一）》第50条第1款规定："用人单位根据劳动合同法第四条规定，通过民主程序制定的规章制度，不违反国家法律、行政法规及政策规定，并已向劳动者公示的，可以作为确定双方权利义务的依据。"也即规定了劳动规章制度的三个合法性要求：程序民主、内容合法和公示告知。

2. 合理性

（1）不超出劳动管理范畴。劳动规章制度的目的是进行企业内部的管理，因此仅仅能够对劳动者在用人单位内部的行为、与用人单位工作相关的行为进行规制，不得干预私人行为。

（2）与行业、岗位具有相关性。不同的行业、不同的岗位，对劳动者提出的要求可能存在区别，某些行业可能特别强调某一方面的要求，对劳动者体能的特殊要求、对安全保障程度的更高要求，等等，因此需要结合行业和岗位等判断合理性。[2]

（二）明确"严重违反"的判断要素

1. 劳动者的过错程度

在劳动者被认定为严重违反劳动规章制度的前提下，也应当对其主观过错程度进行审查，对此可以参照对于侵权责任的主观过错的认定，同时也可以将劳动者是偶犯还是惯犯、事后是否悔改或及时实施补救行为等因素纳入其中，进行综合考量。

2. 给用人单位带来的不利后果

用人单位基于"严重违反用人单位规章制度"解除劳动合同，其根本原因在于劳动者在违反用人单位规章制度的时候损害了用人单位的利益，给用

---

[1] 谢增毅："用人单位惩戒权的法理基础与法律规制"，载《比较法研究》2016年第1期。
[2] 王勇、陈建志："用人单位依规章制度单方解除劳动合同的合理性判断"，载《人民司法（案例）》2015年第24期。

人单位造成了不利后果，使得用人单位在生产经营之外还需要额外地承担劳动者的行为带来的风险。因此，司法机关审查用人单位解除劳动合同是否具有合理性时，需要关注劳动者违反劳动规章制度的行为给用人单位带来的不利后果。这种利益损害不仅包括物质利益，还包括非物质利益，例如用人单位的信誉、形象等；不仅包括已经实际发生的损失，还包括将来可能发生的损失。[1]

3. 损害后果与过错程度相适应

在行政法中，比例原则十分重要，也即要求行政主体实施行政行为时应当合比例，具体而言又包括妥当性、必要性和相称性。[2]与行政主体相对于行政相对人类似，用人单位在劳动关系中相对劳动者处于优势地位，实践中，经常出现用人单位滥用处罚权、解雇权的情形，因此劳动规章制度的合理性也应当要求处罚的相当性，即处罚必须轻重递进，综合考虑行为的过错程度和结果的严重程度，[3]处罚的方式、程度应当与劳动者违反劳动规章制度的程度相当。

---

〔1〕 朱军："认定'严重违反劳动规章制度'的因素及规范构成——基于相关案例的实证分析"，载《法学》2018 年第 7 期。

〔2〕 张明楷："法益保护与比例原则"，载《中国社会科学》2017 年第 7 期。

〔3〕 田思路、贾秀芬：《日本劳动法研究》，中国社会科学出版社 2013 年版，第 142 页。

劳动合同中止制度问题探析

任余余*

（中国政法大学 北京 100088）

摘　要： 劳动合同中止是一种特殊的劳动关系状态，其引起的劳动争议数量较多，特别是在具体司法实践中，法院对劳动合同中止的认定较为宽松。本文拟对现存的劳动合同中止制度适用情形和中止期限进行探析，以期更好地化解当前由合同中止引起的劳动合同纠纷。

关键词： 劳动合同　劳动合同中止　中止期限

劳动合同中止制度，是指劳动合同双方在劳动合同履行过程中，按照有关法律法规规定的要求和双方当事人的协议，中止履行劳动合同的全部或部分条款，在中止期间届满后，仍按照具体情况继续履行劳动合同的制度[1]，是劳动合同履行的一个特有形式，有其特殊的价值功能。伴随着经济社会的发展，劳资关系也在变化，近年来有关劳动合同中止的法律纠纷不断增多，相关司法实践证实我国现行国家层面的高位阶法律中关于劳动合同中止的规定仍不完善。健全劳动合同中止相关法律法规成为迫在眉睫的需求和任务。因此，本文就劳动合同中止制度的适用情形和中止期限进行讨论，促进当前由合同中止引起的劳动合同纠纷化解。

一、我国劳动合同中止制度现行规定

从现实情况来说，劳动合同中止是《劳动合同法》在执行过程中正常的

---

*　作者简介：任余余（1995 年-），女，汉族，山西吕梁人，中国政法大学同等学力研修班 2022 级学员，研究方向为社会法学。

〔1〕 宋杉杉："对疫情引起的劳动合同中止的法律思考"，载《中国经贸导刊（中）》2020 年第 6 期。

事实情况，只是不同于劳动合同的订立、中止、取消等，因此它并不能被列入《劳动法》《劳动合同法》之中。2021年初施行的《民法典》也未明确提出劳动合同中止。当前，我国关于劳动合同中止的规定散布在调整不同社会关系领域的法律法规中，并没有体系化的劳动合同中止制度。[1]

就国家层面而言，有关劳动合同中止制度的法律条文大部分没有提到是劳动合同中止，但是在其内容和效果上却指向了劳动合同中止[2]。比如2011年《兵役法》明确了用人单位应为服役期间的劳动者保留劳动关系，待其退伍后可以选择复职复工。[3]该条款就表明了在劳动者服兵役期间，其劳动合同是处于中止的状态的。早在2006年的《劳动合同法（草案）》的第27条[4]和第28条[5]中就已经出现了关于劳动合同中止的规定。而2008年的《劳动合同法实施条例（草案）》第24条[6]关于劳动合同中止的规定表述相较2006年《劳动合同法（草案）》第27条，不再将不可抗力作为劳动合同中止的适用情形，而是新增了劳动者下落不明的情形。

就地方层面而言，出现对于中止适用情形、形式要求、中止时限、劳动者忠诚义务以及恢复履行等相关规定，但是各地的有关规定都不全面，内容

---

　　〔1〕　参见曹有康："我国劳动合同中止制度构建研究"，安徽大学2020年硕士学位论文，第38页。

　　〔2〕　参见徐萌："劳动合同中止制度之构建研究"，华东政法大学2021年硕士学位论文，第26页。

　　〔3〕　2011年《兵役法》第55条第2款规定："义务兵和服现役不满十二年的士官入伍前是机关、团体、企业事业单位工作人员或者职工的，服役期间保留人事关系或者劳动关系；退出现役后可以选择复职复工。"

　　〔4〕　2006年《劳动合同法（草案）》第27条规定："劳动者应征入伍或者离职履行国家规定的其他义务的，劳动合同应当中止或者部分中止履行。劳动者因被依法限制人身自由而不能履行劳动合同约定义务的，劳动合同可以中止或者部分中止履行。用人单位与劳动者中的一方因不可抗力不能履行劳动合同的，另一方可以根据不可抗力的影响，中止或者部分中止履行劳动合同。用人单位与劳动者协商一致，可以中止或者部分中止履行劳动合同。中止履行劳动合同的情形消失，除劳动合同已经无法履行外，劳动合同应当恢复履行。劳动合同中止期限最长不得超过5年。"

　　〔5〕　2006年《劳动合同法（草案）》第28条规定："中止或者部分中止履行劳动合同期间，用人单位和劳动者双方暂停履行劳动合同的有关义务。中止履行劳动合同的期间，不计入劳动者在用人单位的工作年限。"

　　〔6〕　2008年《劳动合同法实施条例（草案）》第24条规定："用人单位与劳动者协商一致，可以中止或者部分中止履行劳动合同。劳动者应征入伍、劳动者被依法限制人身自由或者劳动者失踪但是尚未被人民法院宣告失踪、宣告死亡的，用人单位可以中止或者部分中止履行劳动合同。中止或者部分中止履行劳动合同期间，用人单位和劳动者双方暂停履行劳动合同的有关权利、义务。中止履行劳动合同期间，不计算劳动者在用人单位的工作年限；但是，因劳动者应征入伍中止履行劳动合同的除外。中止履行劳动合同的情形消失，除劳动合同已经无法履行外，劳动合同应当恢复履行。劳动合同中止的期限最长不超过5年。"

不统一。比如最早颁布了相关条例的上海，其规定的中止行为大致包括应征入伍、执行其他法律规定义务、暂时无法履行等，且没有规定中止后果。2013年江苏省认定的中止情形主要是依法被限制人身自由、不可抗力、约定以及其他情形，并且有规定中止后果[1]。

我国幅员辽阔，省市众多，地方立法中的形式规定可能适应当地的劳资关系，但却无法适应全国。劳动合同中止制度事关广大劳动者的切身利益，我国也可以考虑对各省市的地方立法进行考察研究，结合国情进行整理，形成统一的法律规定。

二、劳动合同中止制度存在的问题

（一）中止适用情形有争议

要构建并完善劳动合同中止制度，必须对中止制度的具体适用情形加以确定并推进中止情形类型化、体系化，但实际中不同类型的中止情形对应的具体规则也不相同[2]。我国层面的立法并未涵盖此一问题，但实际中显然存在此类法律的构建，所以各省在其地方法规中都对劳动合同中止的适用情况作出了不同范围的说明。综合各国在劳工中止协议中有关适用情况的条款，大致上可推断其内容包括应征入伍、人身自由限制以及其他行为方面的规定中止，由劳工和用人单位双方协商一致后的规定中止，以及不可抗力。但我国各省市对此的规定差别很大，导致劳动者及用人单位在具体实践中不清楚自己的权利义务，这就导致在我国司法实践中各省市出现了"同案不同判"的现象[3]。

（二）中止期限规定不明确

合同中止时限规定主要包括了两个根本性方面：一是有关合同中止时限是否应该被设定的问题；二是设定多久的中止时间才可以使得双方当事人权利最大化，从而达到双方法益的平衡性与目标。职工可以在重新开始履行义务后尽快地回到原就业单位，并根据按劳分配规定向公司提供劳务、产生相应的劳务价值，企业可以对等地发放劳动报酬和购置社会保险。但是，假如

---

[1] 参见《江苏省劳动合同条例》第30条。

[2] 参见徐萌："劳动合同中止制度之构建研究"，华东政法大学2021年硕士学位论文，第30~31页。

[3] 参见徐萌："劳动合同中止制度之构建研究"，华东政法大学2021年硕士学位论文，第31页。

现实存在合同的中止时间被无限地增大，或者《劳动法》一直保持着未被有效执行的消极情况，一方面会干扰公司正常人事行政程序，另一方面也会对职工造成第二次就业的影响，对职工重新和新企事业单位制定相关制度造成重大干扰。

三、劳动合同中止制度完善建议

（一）明确劳动合同中止的情形

当前，我国一些地方劳动合同立法和相关法律中已经出现了会引起劳动合同中止的一些因素，劳动合同中止的情况主要包括不可抗力、法定情形和约定情形三种[1]。

首先是不可抗力因素，当不可抗力导致劳动合同无法继续履行时，劳动者和用人单位都有权中止劳动合同。我国很多省市在劳动合同立法中已经将不可抗力规定为适用合同中止的主要情形之一。这种不可抗力可以分为自然力量导致的不可抗力[2]，以及社会力量导致的不可抗力。

其次是法定情形，根据有关审判经验和理论界的观点，可将法律情况划分为劳动力被限制人身自由、劳动者服兵役、劳动者下落不明三种[3]。按照《企业职工患病或非因工负伤医疗期规定》，不是本职工作而生病和负伤，职工也可以依法享有医疗期，医疗期间劳动者暂停提供劳动，劳动合同受法律保护[4]。而且，因为劳动者在治疗期内取得的劳动报酬主要来源于其自己所承担的劳务，而不是由雇主所承担的在治疗期内的劳务合同对价，因而可以将在治疗期内的劳务合同中止。但客观上讲，无论劳动者被限制人身自由或没有承担劳动者服务均为正当抑或非法，仅把正当的限制人身自由视为劳务合同中止的依据，有失全面。为此，可以考虑省去依法自由二字，把"劳动者被限制人身自由"视为劳动合同中止的前提之一。服兵役是我国公民的一项社会义务，同时也是许多人的价值追求。由于服兵役具有时间长以及专职性等特点，劳动者在服兵役期间不具有提供劳动的可能。根据公平正义原理，

---

〔1〕 李沙沙："我国劳动合同中止制度的司法实践现状和主要劳动争议——以 150 份判决书为研究对象"，载《劳动保障世界》2020 年第 18 期。

〔2〕 秦国荣："劳动合同中止制度：劳动者权利维护及制度架构"，载《政法论丛》2010 年第 4 期。

〔3〕 参见徐萌："劳动合同中止制度之构建研究"，华东政法大学 2021 年硕士学位论文，第 31 页。

〔4〕 参见侯玉柱："论我国劳动合同中止制度立法"，上海师范大学 2015 年硕士学位论文，第 47 页。

我国公民不能因完成社会保障服务而承受失业的不良影响，所以劳动合同在职工服现役时期中止，待劳动者兵役期届满后可恢复履行。

最后是对于约定中止相关的合同行为，要依据《劳动合同法》也即民商事法律规定的有关范围，"法无禁止即可为"，比如当劳动者出于工作需求进行进修学习时，可以与用人单位约定中止，这样既有利于劳动者能力的提升，也可以给用人单位带来更多收益。

（二）合理界定劳动合同中止的期限

明确劳动合同中止的最长期限，既可以使劳动者和用人单位更加积极地履行劳动合同义务，还可以更好地维护双方利益。要明确劳动合同中止制度所产生的目的是促使劳动关系稳定，而并非使劳动关系陷入不稳定的境地。合理界定合同中止期限，可以在很大程度上避免劳动合同长期处于空置状态，也有利于劳资双方根据合同中止情况制定有效的工作计划。

平台从业者职业伤害保障的现实困境和对策建议

沈　翔*

（中国政法大学 北京 100088）

摘　要： 平台经济与平台用工快速发展，平台从业者的职业伤害问题涌现出来，随之引起的社会保障问题已经得到全社会的关注。当前来看，平台从业者与互联网平台之间的法律关系依然难以明确界定，由此产生的相关问题需要采取有效的措施予以解决。本文着重研究保障平台从业者职业伤害的现实困境以及需要采取的应对措施。

关键词： 平台从业者　职业伤害　职业伤害保险　劳动关系

一、引言

当前的平台企业出于降低成本等考虑，将工作任务进行层层外包，平台从业者与平台企业、外包公司等的法律关系扑朔迷离。2020 年中国社科院研究团队的调查显示，受访外卖员六成以上没有缴纳社会保险，当大多数平台从业者受到职业伤害时，得不到有效的社会保险保障。虽然一些平台从业者自己购买商业保险，但是商业保险是以盈利为目的的，平台从业者的职业伤害要向商业保险寻求赔偿，可能会由于签订的合同没有覆盖相关内容而无法得到保障[1]。现在的平台从业者越来越多，对于这方面问题如果不能及时解决，社会矛盾将持续存在、日趋复杂。所以，对于这方面的问题要及时、深

---

　* 作者简介：沈翔（1991 年–），男，汉族，上海人，中国政法大学同等学力研修班 2022 级学员，研究方向为社会法学。

　〔1〕 岳经纶、刘洋：“‘劳’无所依：平台经济从业者劳动权益保障缺位的多重逻辑及其治理”，载《武汉科技大学学报（社会科学版）》2021 年第 5 期。

入研究，提出科学可行的解决对策。

二、平台从业者职业伤害保障的现实困境

（一）平台从业者面临较高职业健康安全风险

平台行业是在互联网环境中涌现出来的，与传统劳动者存在不同，其从业者工作的内容、场所以及时间都非常灵活，而且有很大的流动性。且互联网订餐配送、移动出行等平台用工的门槛较低，大多数平台从业者通常没有经过系统、专业的职业安全培训，劳动安全意识较弱。且诸如外卖配送员、网约车司机等平台从业者需要借助摩托车、电动车和私家车完成工作，其面临的道路交通安全风险居高。

平台企业在运营的过程中应用高端科技，诸如大数据技术以及算法技术等，其为劳动者提供的是技术支持和监管，而其他的防护用品则需要平台从业者自备，诸如安全工具、配送工具以及交通工具等[1]。平台企业为提高生产效率，采用"精准算法"，给从业者加大了工作量，使其完成更多订单才能得到更高的报酬，平台从业者不得不加班工作，工作时间超长，职业伤害风险趋高。以配送员为例，他们为了在规定的时间内完成订单配送，不惜闯红灯，违反交通规则。诸如此类的危险行为不仅会受到交通处罚，更会威胁其自身生命健康安全。工作强度高，从业者缺乏安全意识，劳动保护程度低，导致平台从业者每天都要承担很高的职业健康安全风险，可见这个行业已经成为"高危职业"。

（二）保障平台从业者不受职业伤害存在难度

虽然平台从业者的职业风险非常高，但是平台从业者并没有被纳入工伤保险保障范畴，而其以灵活从业者身份参加社会保险或者商业保险需要交纳很高的费用，导致该行业的职业伤害不能得到有效保障。

第一，平台从业者与平台企业和外包公司的劳动关系难以认定，少有平台企业或者外包公司为平台从业者缴纳工伤保险。互联网平台的用工比较灵活复杂，平台从业者的工作时间、工作地点都相对自由，平台企业劳务层层外包，组织形式也更为复杂。即便平台从业者与平台企业之间存在满足实质

---

〔1〕 黄乐平、韩容："平台从业者职业伤害保障的困境及其应对——兼论台湾地区职业灾害保险制度的启示"，载《华北电力大学学报（社会科学版）》2022年第1期。

上劳动关系的要件，但是，经过"包装"以及"转化"之后，从形式上看也难以认定劳动关系，平台从业者就不能被纳入工伤保险制度保障范畴。

第二，商业保险需要缴纳较高的费用，而且保障程度不是很高，参保激励较低，平台从业者的职业伤害通过参加商业保险不能得到有效保障。一些平台企业为了将用工风险转移，要求从业者自主购买商业保险，诸如人身伤害保险以及意外事故保险等。但是，这些商业保险需要缴纳的费用非常高，存在很多的赔偿限制性规定，即便是从业者受到伤害予以赔偿，额度也是十分有限的。

三、平台从业者职业伤害保障问题的解决措施

（一）从长远来看，应当针对平台从业者制定职业伤害保险制度

第一，合理界定参保对象。职业伤害保险对象要实现全覆盖，没有建立劳动关系的人群也要纳入其中，尤其是平台从业者，需要进一步强调。

第二，采用正确的参保方式。现在一些平台企业没有建立劳动关系，平台从业者以个人身份难以参加社会保险，不能进行职业伤害保险缴费，当然也不能享受这方面的待遇。这就需要为平台从业者参保提供多个渠道，使其有机会参加职业伤害保险。平台从业者只要接单，即便是第一次，也要在 24 小时内为其办理职业伤害保险[1]。

第三，做好保险基金管理工作。平台从业者的工作以及经济收入都不具有稳定性，其通常缺乏风险防范意识。如果让平台从业者自己承担保险费用，该群体就会逐渐失去参加保险的意愿。所以，政府要出台优惠政策，对部分保险费用予以补贴，尤其是新业态行业，正在发展阶段，要统一缴费标准，使其按照行业工伤保险费率缴纳费用。

（二）针对当前制度调整，建议对工伤保险法律法规进一步完善

第一，对《社会保险法》中的工伤保险条款予以完善。《社会保险法》中，工伤保险作为重要内容，对工伤预防以及工伤职工康复起到了促进作用。在《社会保险法》中，包括养老保险以及医疗保险已经全覆盖，自由职业者也可以参加保险。所以，建议相关部门加强研究论证，考虑将工伤保险的保

---

〔1〕 朱小玉："新业态从业人员职业伤害保障制度探讨——基于平台经济头部企业的研究"，载《华中科技大学学报（社会科学版）》2021 年第 2 期。

障范围也适当扩大，将平台从业者作为灵活就业人员纳入该体系中[1]。

第二，对《工伤保险条例》或相关司法解释等文件中的相关条款予以完善。在《工伤保险条例》中，要强调灵活就业人员的法律保障，明确参加保险的程序，根据不同行业的风险等级，合理确定浮动保险费率，同时还应当做好工伤认定，详细阐述待遇标准等相关规定。建议适当调整相关文件的规范表述，增强其覆盖范围方面适用的灵活性，以便在现阶段更好地保障平台从业者的合法权益。

（三）科学制定平台用工的劳动关系认定标准

在认定劳动关系的时候，包括劳动合同、工资单以及社会保险缴纳记录都是重要的参考材料。如果形式上的证据材料不足，就要将平台从业者对平台企业的实质从属性作为依据，考虑其工作自由度、劳动时间以及持续性等对劳动关系加以认定[2]。在制定各个检核事项的时候，可以借鉴有成功经验的地区，排列从属性判断因素的权重，科学把握劳动关系的认定标准。

另外，平台企业还会存在不按照法律规定进行劳务派遣的问题，让劳动者注册个体工商户，用这种方式实现去劳动关系化，不愿意承担用工责任。为了避免这种现象发生，对于劳动监察工作要高度重视，特别是平台从业者具备劳动关系特征，政府就要对企业的各项行为实施监督管理，督促企业给劳动者缴纳社会保险，让劳动者获得职业伤害保障，让企业履行劳动法义务。

四、结语

通过上文的分析可以明确，互联网平台企业与平台从业者之间的关系难以在法律层面被清楚地界定，职业伤害保障问题突出，因此导致的风险会造成严重后果，需要认真对待。根据制度定位，当前工伤保险属于社会保障范畴，按照社会保障制度解决平台就业者职业伤害问题，能够有效保障互联网从业人员安全，建议科学界定平台从业者和平台企业之间的法律关系，根据平台从业者的实际工作特点、职业伤害的现实困境，有针对性地调整工伤保

---

〔1〕 魏巍、凌亚如、班小辉："数字劳动平台劳动者职业伤害保障的借鉴与探索 ——基于四国职业伤害保障制度的国际比较"，载《中国劳动》2021年第3期。

〔2〕 艾琳："平台从业者职业伤害的权利保护：现实依据、理论基础及制度设计"，载《深圳大学学报（人文社会科学版）》2021年第4期。

险的适用范围和相关规定，在现阶段先为平台从业者提供基本的保障。长远来看，应当针对平台从业者制定职业伤害保险制度，优化参保方式，做好保险基金管理工作，为平台从业者提供全面的职业伤害保障，以"良法"促进发展，保障"善治"，推动新业态新模式健康成长。

平台从业人员参加社会保险的现实困境和对策建议

苏 芹*

（中国政法大学 北京 100088）

摘 要： 新业态不断影响并改变着现代社会生活，新形式的互联网平台支持创业就业的同时，平台从业人员的社会保障权益的维护出现诸多难点，对此，本文分析平台经济背景、当前面临的困难问题，从平台从业人员参加社会保险的必要性与重要性出发，提出具体对策建议。

关键词： 互联网平台企业 平台从业人员 社会保险

互联网时代的发展日新月异，随着大数据、云计算等技术的应用，以共享经济、平台经济为主的新型经济业态不断影响并改变着现代社会生活。一方面，各种形式的互联网平台在创造就业、推动市场经济发展中发挥着重要作用；另一方面，伴随平台经济发展而催生出大量平台从业人员[1]，其劳动权益保障缺失的问题日渐凸显，其参加社会保险的现实困境亟待解决。

一、背景情况

平台经济是数字经济时代背景下的新业态，是运用计算机和互联网技术将分散资源进行优化配置、提高资源利用效率、便利群众生活的共享经济模式。根据用工的不同形式，从业人员可分为平台企业的员工和在平台灵活就

---

* 作者简介：苏芹（1993 年-），女，汉族，云南宣威人，中国政法大学同等学力研修班 2022 级学员，研究方向为社会法学。

〔1〕 "平台经济（共享经济）从业人员"是移动互联网时代，依托网络平台提供各种服务的从业人员。

业两类形式。

二、当前面临的困境与问题

（一）平台从业人员参保情况

平台企业员工一般与平台签有劳动合同，平台企业依法为他们办理社会保险，提供相关的职业保障和福利。

平台合作用工企业与劳动者未签订书面劳动合同，而是通过签订商务类合同、加盟式合同或者是采取劳务派遣形式吸纳加入，或者其本身作为商品和服务独立提供者，如生活中的外卖小哥、快递配送员、网约车司机及网络主播等。在平台灵活就业的从业人员可分为兼职就业者和全职就业者。兼职就业者在平台下拥有自己正式职业及职工身份，其本身与其他单位或组织签有正式的劳动合同，存在合法的标准劳动关系。全职就业者主要将平台就业作为其唯一就业渠道，其本人的主要生活收入来源是在平台上获得，参保情况并不理想。

（二）平台从业人员参保面临的障碍

（1）传统社保制度与平台经济不兼容。基于传统劳动关系的社保制度无法匹配平台从业人员用工模式。传统社保制度整合没有完全到位，制度之间的转换和衔接不够通畅。部分灵活就业人员、新业态就业人员等人群没有纳入职工基本社会保险，存在"漏保""脱保""断保"的情况。

（2）参保方式受限。一是双重、多重劳动关系所带来的参加社会保险的问题。平台从业人员同时在多个单位或多个平台发生劳务关系是常态，这与当前社会中劳动者只能在一个用人单位部门参加社会保险的现实规定相矛盾。二是无正规劳动关系参加社会保险的矛盾处境。因为自然人式雇主不具备相关法律、法规所明确规定的用工单位主体资格，雇主、雇员之间未建立正规劳动关系。三是平台从业人员工作地点不断变化、频繁变更，跨不同地域工作现象普遍存在，受当前户籍、市民化人口政策限制，很多人出现中断缴费的情形，中断后办理社保转移积极性不高。

（3）平台从业人员社保费率和缴费基数[1]过高。我国的平台单位正处

---

[1] 缴费基数是指参保人缴纳社会保险的基本基数，是参保单位和参保人员缴纳社会保险费的依据，缴纳社保基数和工资总额不相等，但与工资总额有关。

在起步和发展时期，由于平台从业人员通常服务于多家用工单位，如果选择在具体某个用工单位参加社会保险，用工单位和劳动者将分别需补齐工资和社保最低缴费基数差额产生的社会保险费用部分，当前社会保险费率提高了企业生存成本，过高的个人缴费比例也同时增加了平台从业人员社会保险缴费负担，降低了其参保积极性。

（4）职业伤害难保障。平台经济从业人员受到的职业伤害种类比较多，也比较频繁，其中最主要的是交通事故、职业病等。然而，我国现行工伤认定与劳动关系存在绑定。在当前平台的用工环境下，平台处于制定劳动规则的优势地位。为了追求最大的效率和业绩，其可能借由业务合作、承揽、劳务派遣等方式，否认劳动关系的存在，以此规避其对从业人员在发生职业伤害后所应承担的责任和义务。而平台从业人员出现社会保险争议时需通过确定劳动关系来维护其自身合法权益，维权成本相对过高。

三、平台从业人员参保的必要与重要性

（一）基本情况

《中国共享经济发展报告（2021）》显示，2020年，共享经济参与者全国约为8.3亿人，其中服务提供者约达8400万人，同比增长约7.7%；平台企业员工数约631万人，同比增长约1.3%。[1]《中国共享经济发展报告（2022）》显示，2021年，全国共享经济市场交易规模已达36 881亿元，同比增长约9.2%；直接融资规模约为2137亿元，同比增长约80.3%。一方面，共享型服务和消费继续呈现出巨大的发展韧性和潜力，继续发挥稳增长的重要作用。另一方面，引导平台经济规范发展已成为社会共识，制度化和法治化的治理框架也亟须进一步完善。

（二）劳动关系法律理论分析

劳动关系难以在平台经济中合理界定，加上部分从业人员存在多平台兼职提供劳务的情形，以至于绝大多数人事实上未纳入社会保险保障范畴。但是从法理上来讲，平台经济并没有完全改变劳动人员与平台企业的用工关系，双方存在劳动用工的形式的实质并没有产生变化。一方面，不断盛行的平台

---

〔1〕 国家信息中心："中国共享经济发展报告（2021）"，载 https://www.ndrc.gov.cn/xxgk/jd/wsdwhfz/202102/t20210222_1267536_ext.html，最后访问日期：2022年8月11日。

化数字经济催生分享经济和零工经济等经济模式，进一步使得参与其中的劳动者流动性和不确定性增强，平台逻辑也在不断重构当前的劳动用工关系和生产生活体系。但是，其中劳动用工的形式实质并没有发生变更，即技术作为关键生产资料由平台提供。另一方面，平台经济模式中，平台组织决定了生产与交换所必需的数字化基础设施设备以及提供潜在生产力的数据，这种依存关系又以平台对非平台的支配方式为其主要形式。因而，劳动人员与平台之间的从属关系表现形式虽然不同，但实质并没有改变。[1]

（三）保障劳动权益及职业安全

平台从业人员的劳动卫生条件及人身安全保障明显不足。在各类新闻报导中，外卖小哥及网约车司机等在长期超时长、超负荷及极端天气情况下工作常导致伤亡情况出现。与此同时，由于从业人员的工作时间不固定、形式多样，具有特定的工作自主权，无法用传统方式界定失业的标准来衡量平台工作，使得平台从业人员权益保护等一系列政策难以落实。完善平台从业人员劳动权益保护和社会保障的相关规范迫在眉睫。

四、对策建议

（一）完善法律对平台从业人员的社会保险权益保护

现行的劳动关系基本制度主要是基于传统劳动关系的特点制定，[2]法律法规相对滞后，无法适用于新的平台经济。解决的办法可以是立法或修订现有法律法规以适应新型劳动关系的认定，比如在劳动法体系中将部分平台灵活就业者确立为除"有劳动用工关系""无劳动用工关系"外，并不完全符合确立劳动用工关系情形的第三种劳动者。无论平台经营单位采取何种用工模式，相对而言，应要求平台企业承担一定程度形式的雇主责任，指导用工单位与从业人员签订书面协议，科学合理地确定平台与从业人员可享受的权利和承担的相应义务，从而确保从业人员有资格参与社会保险体系。

（二）完善社保制度

结合时代和经济发展需要，建立和完善多层次社会保险体系已成为当前

---

〔1〕 余少祥："平台经济劳动者保护的法理逻辑与路径选择"，载《人民论坛·学术前沿》2021年第20期。

〔2〕 梁炎："平台经济背景下劳动者权益保障问题研究"，吉林大学2021年硕士学位论文，第30页。

必然所需。社会保险制度要适应新业态、新就业形式的发展，在构建更为精准的劳动人员权益保护模式的同时，体现精准化与差异化并存，提高社会保险覆盖受众面和保障能力。社会保险推行的核心问题是政府、企业和个人能力三者的缴费责任划分。目前灵活就业人员的社会保险，总体而言都是个人缴费。对于平台从业人员的社会保险缴纳，应适当降低社保费率和缴费基数，减轻社会保险缴纳负担，提高参保人意愿。同时，针对平台就业的流动性特点，应允许从业人员在一定条件下领取生育及失业保险补助。

（三）创新参保方式

完善社保制度要充分考虑当下的制度体系，同时，又要不断探索适应平台经济就业的形式特点，改变过去以从属性劳动关系为主要考量基础的模式的"二分法"[1]。针对养老和医疗保险方面的户籍人口等政策限制问题，要结合当地实际条件，积极探索研究，突破户籍人口等政策限制，允许灵活就业人员在就业地参加基本养老保险、基本医疗保险，方便跨地域工作者及时办理社会保险转移及续保。

（四）开展新型社保方式试点

平台行业工伤保险问题突出，可将出行、外卖、货物运输等行业平台企业开展先行试点，引导平台企业单位按规定参加职业伤害保障试点。同时要加强对平台的监管，明确平台的主体责任，支持平台单位建立健全劳动者申诉反馈机制，让劳动者的社会保险申诉能得到及时回应反馈以及公平公正处理，保障其合法权益。

---

〔1〕 在劳动关系领域，一直秉持要么将劳资关系纳入劳动法（从属性劳动），要么纳入民法（独立性劳动，无从属性），即俗称的"二分法"。

失能及独居老人养老困境探析

唐海棠*

（中国政法大学 北京 100088）

摘　要：现如今，失能老人疏于照顾，独居老人在生活照料和情感需求上都很难得到满足。在社会养老条件相对不完善的背景下，如何有效保障失能及独居老人的权益问题显得尤为突出。目前，我国法律法规对特殊老年群体的权益保障存在监管不足及相关立法缺失等问题。为进一步保障特殊老年群体的合法权益，提升老年人的归属感和幸福感，应当结合不同情况完善相关立法，同时补充对赡养义务的鼓励措施及监管机制。帮助老年人尤其是失能及独居老人这样的特殊群体走出养老困境。

关键词：失能及独居老人　赡养义务　家庭养老

一、问题的提出

2020 年 7 月 21 日，《鲁中晨报》报道一名 80 岁的失能老人，在被陪护期间受到护工虐待，7 月 29 日伤情鉴定结果显示，老人左颧弓处青紫、稍肿胀，阴囊有一 1.0 厘米创口，创面结痂，涉案护工耿某被处行政拘留 15 日并处罚款 500 元。《居家失能老人主要照顾者虐待倾向及其原因》[1]一文指出，失能老人的主要照顾者缺乏老年护理专业培训，照料任务繁重，负面情绪积压，在缺乏必要的照顾技能和社会支持的情况下，可能将心里压力转化为虐待行为予以释放。2017 年 12 月，《南京晨报》报道南京一老人家中离世 3 个月后

---

* 作者简介：唐海棠（1986 年-），女，汉族，北京人，中国政法大学同等学力研修班 2022 级学员，研究方向为社会法学。

〔1〕　袁乐欣等："居家失能老人主要照顾者虐待倾向及其原因"，载《中国老年学杂志》2019 年第 1 期。

才被邻居发现；2020 年 11 月，昆明一独居老人倒地离世无人知晓被邻居发现时已死亡。近年来，随着经济社会发展和人们生活观念的变化，子女长期在外地工作和子女长期定居国外的情况已经非常普遍，独居老人数量随之增长。现实生活中，失能老人被照顾者虐待和独居老人在家中突发疾病无法得到及时救治，甚至去世几日都无人知晓的情况时有发生。子女年幼时被父母抚养长大，但是成年后因为生活上和工作上的各种压力，对老年人疏于照顾的现象越来越普遍，而在老人去世后，又心安理得地继承老人的遗产。笔者认为，独居老人去世多日无人知晓的情况发生，作为老人的子女理应承担部分法律责任。应对老人赡养的监管和法律条款的不足，我国应当尝试制定鼓励赡养政策，健全赡养义务监管机制，完善赡养义务相关立法。

二、失能及独居老人养老面临的困境

（一）家庭养老能力弱化

家庭养老在中国具有深厚的历史背景，但随着中国经济实力的增强与社会的不断发展，中国人的养老方式发生了很大变化，子女数量的减少、代际居住方式的变化和社会竞争等因素是导致家庭养老功能弱化的主要原因。[1] 子女长期在外地工作或者移民国外，国内老人独居的情况不断增多。越来越多的独生子女组合家庭承担起赡养四位老人以及照顾孩子的重负。种种原因导致老年人尤其是失能及独居老人在生活照料和情感上得不到满足。

（二）社会养老发育不足

第七次全国人口普查结果显示，全国人口中，0 岁至 14 岁人口为 253 383 938 人，占 17.95%；15 岁至 59 岁人口为 894 376 020 人，占 63.35%；60 岁及以上人口为 264 018 766 人，占 18.70%，其中 65 岁及以上人口为 190 635 280 人，占 13.50%。与 2010 年第六次全国人口普查相比，0 岁至 14 岁人口的比重上升 1.35 个百分点，15 岁至 59 岁人口的比重下降 6.79 个百分点，60 岁及以上人口的比重上升 5.44 个百分点，65 岁及以上人口的比重上升 4.63 个百分点[2]。这意味着我国已经进入老龄化社会。人口老龄化给我国社会养老带

---

〔1〕 黄健元、贾林霞："家庭养老功能的变迁与新时代家庭养老功能的发挥"，载《中州学刊》2019 年第 12 期。

〔2〕 国家统计局："第七次全国人口普查公报（第五号）——人口年龄构成情况"，载 http://www.stats.gov.cn/tjsj/zxfb/202105/t20210510_ 1817181.html，最后访问日期：2022 年 8 月 13 日。

来了巨大压力。老年人口增多，导致养老金费用加大，社会保险基金难以维持长期需要。我国社会公立养老机构床位严重不足，民营养老机构服务质量参差不齐，优质养老院费用过高，一般退休老人及其子女难以支付；低价养老院服务质量偏低，较难满足老年人身体及精神方面的需求。

（三）赡养义务监管及相关立法的缺失

《老年人权益保障法》规定，家庭成员应当关心老年人的精神需求，不得忽视、冷落老年人。与老年人分开居住的家庭成员，应当经常看望或者问候老年人。但是该法并没有明确规定子女探望或者照顾父母的频次；仅规定赡养人、扶养人不履行赡养、扶养义务的，基层群众性自治组织、老年人组织或者赡养人、扶养人所在单位应当督促其履行。[1]《刑法》规定，对于年老、年幼、患病或者其他没有独立生活能力的人，负有扶养义务而拒绝扶养，情节恶劣的，处 5 年以下有期徒刑、拘役或者管制。虽有法律条款约束，但赡养义务履行与否并没有专门的监管部门负责监管，自治组织也不是执法机关，没有调查取证的权利。加上失能老人本人并没有能力为自己申诉争取应得的权益，不履行赡养义务基本处于"民不告官不究"的状态。社会上子女不履行赡养义务的情况屡见不鲜。

三、解决失能及独居老人养老困境的对策

（一）制定赡养义务的鼓励政策

为促进鼓励家庭养老，保障老年人更好地被子女赡养，我国可借鉴其他国家制定的鼓励赡养父母的相关优惠政策。新加坡政府规定如果有子女愿意与丧偶父亲或母亲一起居住，则对父母遗留的房屋可以给予遗产税减免优待，自 2008 年 4 月起施行凡年满 35 岁的单身者购买政府组屋，如果是和父母同住，可享受 2 万新元的公积金房屋津贴。[2]韩国制定了细致的税收优惠政策支持和鼓励家庭养老。对赡养老人制定具体鼓励政策是提升家庭养老质量的必要措施。

（二）健全赡养义务监管机制

为确保赡养义务的履行，我国应配备专业机制，例如设立投诉热线，街

---

〔1〕 参见刘云："聊聊老人赡养那些事儿"，载《农民日报》2021 年 10 月 14 日。
〔2〕 参见阿南："国外鼓励常回家，不靠法律靠实惠"，载《中外文摘》2013 年第 19 期。

乡派出所接诉即办，在社区、村的配合下对虐待老人不履行赡养义务等行为进行调查取证，给予受害者更多的支持和保护，对不依法履行赡养义务、证据确凿事实清楚的责任人依法追究民事或刑事责任。

（三）完善赡养义务相关立法

法律是保障失能及独居老人权益的重要途径，近年来，子女干涉父母婚姻自由的现象屡见不鲜，许多子女不能给予老年人足够的关爱和照顾，对父母再婚进行阻挠，以至于很多老年人牺牲自己的婚姻自由且难以走出独居困境。《民法典》第1069条规定："子女应当尊重父母的婚姻权利，不得干涉父母离婚、再婚以及婚后的生活。子女对父母的赡养义务，不因父母的婚姻关系变化而终止。"这是用法律保障老年人可以自由地追求幸福生活的权益。《民法典》对老年人的权益保护进行了全方位的提升：意定监护，为老人维权提供全新保障；增加遗嘱形式，让老人不再有后顾之忧；新增居住权，保障老人老有所居；扩大代位继承范围，尽可能让财产在家族内部流转；遗赠扶养扩大范围，赋予老有所依更多选择空间。为更好地保障老年人的权益，最高人民法院于2022年4月8日发布老年人权益保护第二批典型案例，其中涵盖了老年人比较关心和关注的财产权益纠纷、家庭内部赡养等问题。

《老年人权益保障法》规定赡养人应当履行对老年人经济上供养、生活上照料和精神上慰藉的义务，照顾老年人的特殊需要；家庭成员应当关心老年人的精神需求，不得忽视、冷落老年人。我国法律在细化赡养义务的同时，也应当规定赡养义务的履行标准。我们可以借鉴瑞典、芬兰等北欧福利国家的立法，在这些国家的法律中，都有有关子女对父母精神赡养的具体要求，以保证老人们晚年的幸福。这些要求以量化的方式具体规定了子女与父母的居住距离，每年、每月、每周甚至每日应当与父母接触的时间和次数，包括子女与父母谈话的忌语都受到限制，从而最大限度地从立法上保证赡养行为的质量。[1]我国立法可依据老年人身体健康状况的差异，分别对子女探望或者照顾老年人的最低频次进行规定。对被认定为部分或重度失能的老人，子女不能亲自照顾的应当规定至少每半年探望并亲自照料老人一次，在增进感情的同时也能及时知晓老人在机构的生活情况，给予老人更多的关爱。对不

---

〔1〕 徐晓璐："勿让'常回家看看'形同虚设"，载《青春岁月》2015年第11期。

履行赡养义务的责任人应当加重处罚，例如发生独居老人在家中去世多日无人知晓的情况，子女应当承担法律责任，剥夺子女全部或部分继承权利。适当的鼓励政策、健全的监管机制和完善的立法是促进赡养义务履行和家庭养老能力的关键，是保障失能及独居老人权益的有效途径。

我国医疗责任险实施的难点和对策建议

王　茵*

（中国政法大学 北京 100088）

摘　要： 随着人们法律意识的提高，以及医疗行业的飞速发展，医疗纠纷成为事关社会和谐稳定和促进民生改善的重点议题。当前亟须国家出台系统性、广覆盖的医疗责任险的保险制度，使医疗机构、患方、保险公司实现三方共赢。

关键词： 医疗责任险　保险　医疗纠纷

一、医疗责任险的定义和范围

（一）定义

医疗责任保险是针对医疗行为的保险，在医疗保险单列明的保险期限或追溯期及承保区域范围内，被保险人在从事与其资格相符的诊疗护理工作中，因执业过失造成患者人身损害，在保险承保的时间内，在患者或家属首次向医疗机构提出赔偿要求时，依法应由被保险人承担的民事赔偿责任，保险人按照保险合同的约定负责赔偿。

（二）保险的范围

（1）被保险对象：医疗责任险的主体针对的是医务人员，不过目前很多在运作的医疗责任险是由医院作为主体购买的。

（2）保险期限：必须在保险期限内，通常为 1 年，也有的为 2 年至 3 年，但缴纳保费和出保单是以 1 年为单位的。这也符合保险的一些惯常做法。

---

* 作者简介：王茵（1980 年-），女，汉族，浙江嵊州人，中国政法大学同等学力研修班 2022 级学员，研究方向为社会法学。

（3）保险项目与责任范围：仅包括医护人员的医疗行为以及诊疗护理行为，非医疗的案件不适用医疗责任险，如患者在医院不慎滑倒等。

二、医疗责任险的背景

（一）医学的风险性

医学是一门风险系数较高的学科，每个患者的情况都是有其特殊性的，尤其是伴随着社会老龄化，患者年龄高，基础疾病多，导致医疗的风险更大。所以，在医学的高风险面前，就存在医护人员冒风险越大，发生的事故或意外越多，医疗事故赔偿也就越多的问题。可医学若要发展进步，必须鼓励医生不断向前。此时，医疗责任险就在一定程度上承担了医疗救治方面的风险，减轻了医务人员治病救人的精神压力，患者和家属对于治疗中出现的后果也能更理解和接受。

（二）国外的实践做法

医疗责任险作为一种有效转移医疗纠纷中医疗责任风险的工具，在国外蓬勃发展。为了实现既保护患者的合法民事权益，又能够为医疗事业的发展和医疗技术的进步创造有利环境的双重目的，很多国家都通过投保医疗损害责任险或者设立损害赔偿基金等方式，来减轻由医疗机构承担的损害赔偿责任[1]。

（三）医疗责任险的优势

（1）发展医疗责任险能在一定程度上缓解医疗纠纷的矛盾。我国构建现代医疗治理体系，也是逐步探索如何建立医疗责任保险制度，以维护正常的医疗经营秩序。

（2）近年来，不仅是我国，许多发达国家的医疗纠纷发生频率也在迅速上升。有数字显示，我国医疗纠纷正以每年 10% 以上的速度递增。医疗纠纷严重影响了医院正常的工作秩序，保险公司的介入可以在矛盾日益激化的医患之间起到一个缓冲带作用。

---

〔1〕 李琴芬：“医责险经营现状及走势”，载《中国保险》2007 年第 3 期。

三、目前医疗责任险的难点

（一）我国配套的法律制度还未完善

我国《医疗纠纷预防和处理条例》第 7 条规定："国家建立完善医疗风险分担机制，发挥保险机制在医疗纠纷处理中的第三方赔付和医疗风险社会化分担的作用，鼓励医疗机构参加医疗责任保险，鼓励患者参加医疗意外保险。"但目前仍没有权威性的法律来保障全社会系统化预防机制，使医疗责任险像车险一样普及和具有强制性。目前医疗赔偿中仍是以医疗机构是否存在过错作为医方承担赔偿责任的标准，"有过错存在因果关系就有责任，没过错就没责任"，因此在解决医疗纠纷以及医疗鉴定和诉讼过程中，争议要点为医疗过错和与损害结果的原因力大小。如果不把侵权人主观过错作为承担赔偿责任的构成要素，患方只须证明遭受了损害，且损害后果与医疗行为有关系，即可获得经济赔偿，那患方与医疗机构的矛盾就会大大减小，在处理的过程中也不会争锋相对了。

（二）医疗责任险的实行处于自由发展阶段，欠缺强制医疗责任保险制度[1]

据目前医疗行业的保险情况，尽管一直呼吁医疗机构或者医务人员购买保险，但一直没有合理的保险商品可供其选择。有些保险公司推出的医疗责任险甚至存在保额高于赔偿额度的情况，这让医疗机构只能靠自身的能力去承担医疗赔偿，致使医患矛盾激化，即使事件解决了也没有赢家，医患双方也不能达到满意的效果。无过错责任赔偿制度把无过错责任原则引入医疗行业，就如医疗机构中推行的"不良事件无责呈报"的原则，在国家的支持、政府职能部门的引导下，让医疗机构能更良性地改进和提高履责能力。并且能充分发挥保险的社会化优势，不会将焦点集中在医疗过错点上。当主要目的是向遭受损失患者提供法律上的保障、经济上的救助，而不是追究侵权人的"过错"和法律责任上的时候，社会就会更和谐。因此需要强制执行，而不是任其发展，目前各地关于医疗的信访、投诉、维权等矛盾日益凸显，必须采取强有力的政策才能让社会矛盾得以缓和。

（三）需填补医疗损害制度外的立法空白，有效化解医疗纠纷

医疗损害具有不可归责性时，需要无过错医疗损害补偿制度来补充。在

---

〔1〕 张瑞纲、余想："我国医疗责任保险制度建设研究"，载《西南金融》2019 年第 5 期。

法律层面建立无过错医疗损害补偿制度对于合理分担医疗风险，引导患方合法维权，维护医疗机构的合法权益，促进医疗技术革新和医学事业的发展等有着积极作用[1]，而我国当前立法在此领域仍存在不完善之处。

（四）医疗责任险保额较高，审批繁琐，国家支持有待提高

目前医疗责任险的形式往往和意外险一起推行，尽管利用意外险的推进得来的利润空间可以部分作为医疗责任险的赔偿额度，但医疗责任险的保费依然较高，医疗赔偿和保费支出的压力依然在医疗机构，使很多中小型医院很难开展医疗责任险，需要国家提高这方面的资金支持。

四、医疗责任险实施的对策建议

根据我国的实际情况以及综合法学研究，应当借鉴发达国家的立法经验，总结地方立法及实践，采取制定专门法律的形式确立无过错医疗损害补偿制度，构建以国家补偿为主、强制保险和社会救济为辅的无过错医疗损害补偿体系[2]。

（一）实行强制医疗责任保险制度

医疗损害责任的分配是医患之间矛盾的根本所在。强制医疗责任保险制度尽管与交强险同属于强制保险，但二者有很大不同，医疗责任险的产生缘于患者和医务人员所面对的医疗风险，实际是国家和政府为衡平医患之间利益、调节医患矛盾，对医疗损害责任和风险再分配的一项责任保险制度[3]。强制医疗责任保险制度让保险的覆盖面增大，更好发挥保险的优势，并提高了国家和社会的参与度，可有效地缓解医患之间的矛盾。

（二）坚持无过错医疗责任补偿制度的推广和全面实行

无过错医疗责任补偿制度已经在其他国家普遍实行。早在1972年，新西兰就率先建立了无过错责任赔偿体系，瑞典、挪威、丹麦和芬兰也先后建立了强制性患者保险制度。美国法律在这方面也发展很快，司法实践中可快速赔偿和指定可赔偿医疗事件，有一些情况甚至可以无需证明过错存在就可得到赔偿。英国和加拿大采用的是有限的无过错责任赔偿制度，并且推行多项

---

〔1〕 艾尔肯："论我国无过错医疗损害补偿制度的构建"，载《北方法学》2021年第4期。

〔2〕 艾尔肯："论我国无过错医疗损害补偿制度的构建"，载《北方法学》2021年第4期。

〔3〕 吕群蓉："论我国强制医疗责任保险制度的构建——以无过错补偿责任为分析进路"，载《法学评论》2014年第4期。

配套制度改革。

如果医疗过错不再是承担民事赔偿责任、行政责任的依据，而从事实出发只要在治疗后确实受到了损害就可以得到补偿，那医患矛盾就会有很大改善。无过错医疗责任补偿制度的推行，将让医生能更专注、更有安全感地开展医学探索与实践。

（三）其他配套措施需要同时实行

在推行强制医疗责任保险制度、无过错医疗责任补偿制度的同时，其他配套措施也应当同步推进，如政府部门加强医疗案件管理，医疗管理部门能在严格控制医疗质量上加大力度，律师行业能减少律师的代理费，法院司法部门能推进诉讼程序、缩短诉讼时间等，这样才能更完善地建构起化解医疗事故风险的完整制度体系。

综上，期待我国能早日实行强制医疗责任保险制度，并采取无过错医疗责任补偿制度，全面支持，让医疗机构能更规范地治疗，让患者对医务人员有更好的依从性和信任感，能使医疗机构、患方、保险公司达到三方共赢，建构和谐医患关系，促进社会和谐稳定。

浅析新时期退役军人权益保障制度的完善

尹 卓*

（中国政法大学 北京 100088）

摘 要：我国现有数千万退役军人，分布在全国各地、各行各业。退役军人已经成为社会主义现代化建设的一支生力军。退役军人的权益保障关乎国防和军队建设的未来与社会的稳定。进入新时代以来，退役军人事务工作的指导思想更加明确，政策制度、体制机制不断改革，尤其是管理机构的统一为退役军人事务的集中高效管理奠定了组织基础。

关键词：退役军人 权益保障 完善

军人维护国家的稳定以及社会的安定，因此军人在社会当中地位始终都是比较高的。当军人退伍之后，国家需要出台相应的政策保证这些退伍军人的利益。从十八大至今，党中央也越来越重视这些退役军人的工作情况，习近平总书记曾经多次对退役军人的情况进行了解，并提出指示。在我们国家当中，目前有超过 5500 万的退役军人，因此退役军人事务所的工作实际上牵扯到所有的退役军人自身利益，同时更关系到整个社会的稳定，也关系未来我们国家的军队事业的发展[1]。2021 年初正式开始施行的《退役军人保障法》明确规定了对退役军人的相关保障工作，这也让退役军人的安置情况有法可依，也体现出了我们国家对这些退伍老兵的重视程度[2]。

---

* 作者简介：尹卓（1997 年-），女，汉族，北京人，中国政法大学同等学力研修班 2022 级学员，研究方向为社会法学。

〔1〕 李卫海、王金虎："新时代退役军人权益保障制度的完善思考"，载《法学杂志》2021 年第 7 期，第 12 页。

〔2〕 王沙骋、祝小茜、张艺博："退役军人权益保障：经验，问题与对策"，载《中国软科学》2020 年第 7 期，第 10 页。

一、构建退役军人权益保障制度的立法目的

（一）保障退役军人的正当权利

每个人都有着属于自己的角色。角色实际上指的也是一个任务集合，其中可能包括一个人，同时也有可能包括一群人。对于军人来说，在正式服役期间，这些人所代表的角色是军人，自己的任务就是保家卫国，维护整个社会和国家的安全和稳定。当这些军人退伍之后，他们的角色便变成了普通人。所以，实际上让这些退伍老兵利益得到保证并不是对军队特有的权力，而是属于退役军人群体的合法利益。因此，我国对制度进行修订的时候，也始终将服务性作为首先要考虑的一个重点问题。

（二）提升军队战斗力

对于退伍老兵来说，虽然在工作上已经完全退出了当前的军队，但是对他们的安置状况不仅会影响到其自身利益，同时也会影响到后代的军人。在现役军人看来，退伍军人当前所受到的待遇，在日后有一天自己退伍的时候也是一样的。而现役军人的状况会直接影响到整个军队的战斗力，如果这些军人自身对军队存在着不良的情绪，最终就会导致军人无法全身心投入保家卫国的工作当中，也就不会存在工作的积极性。只有建立起一个比较完善的保障退伍军人的福利待遇制度，才能够让退伍军人以及现役军人感受到军队的温暖，从而提升军队的凝聚力和战斗力。

（三）维护社会整体稳定

当前由于我国始终将军队作为建设的一项重点内容，习近平总书记也经常提出要打造一流的人民军队。在当前的国际背景以及我国对军队改革的环境之下，退伍军人的数量正在逐年升高。能否有效保证这些退伍军人自身的社会地位以及个人利益，不仅对整个军队有着比较大的影响，同时也会影响到军队的士气，更会影响到整个社会的和谐稳定。军队是直接维护社会和国家的安全，因此军队始终都是人民最信赖的人，也是最辛苦的人，正因如此，政府便更要积极推进对退役军人的安置工作，切实保证这些人的合法权益。

二、我国退役军人权益保障制度的运行现状

（一）组建退役军人事务部，实现集中统一管理

为了能够有效改善过去对退伍军人安置中多部门共同作用的不利情况，更加适应今天时代的需要，因此从十八大至今，党中央便提出了对退伍军人"集中统一、高效管理"的管理理念。2018年《国务院机构改革方案》，第一次建立了专门负责退伍军人利益的退役军人事务部[1]。该部门的成立，也标志着我们国家对退伍军人的重视程度达到了一个新的层次，同时也让退伍军人的个人利益有了切实的保证，大大提升了军人的归属感及荣誉感。

（二）立法保障逐步由笼统分散走向细致统一

自2018年至今，为了能够尽可能快速地建立起适合于退伍军人的新制度，有效保证退伍军人的个人利益，我国正式颁布并实施了《退役军人保障法》。该法律的出台让保障退伍军人利益能够做到有法可依。自从1950年开始，我国便提出了提升退伍军人的个人福利，保障退伍军人的合法权益[2]。《退役军人保障法》的出台在一定程度上能够改善退伍军人的利益，但是仍然存在着一定的问题。所以，如何在保障退伍军人个人利益的同时做到有法可依、有法必依，也是将来我们需要解决的一个重点问题。

（三）就业安置多样化，自主择业常态化

有效保障退伍军人的个人利益，对退伍军人做好安置工作是保障退伍军人自身权益的一个重要工作。做好安置不仅仅会直接影响到退伍军人的生计问题，同时也会影响到这些军人在退伍后的社会地位以及自己与社会的联系。在我们国家当中，对军官与士兵的安置还是存在着一定的区别的。一般来说，在对军官进行安置的时候，往往还是以军官的意志为主，让军官自由选择；而在对士兵进行安置的时候，则基本要求士兵进行转业或者进行复原安置。但是根据当前实际来看，因为在很多国家机关当中，编制相对比较紧张，因此即便是退伍的军官，也不能够保证其一定可以进入国家机关工作，遑论士兵。这就使得对退伍军人的安置还需进一步加强。

---

〔1〕赫子艺："新时代退役军人权益保障工作的基本目标与实现路径研究"，载《中国军转民》2022年第12期。

〔2〕申午军："我国退役军人权利保障研究——以社会优抚法为视角"，西南财经大学2019年硕士学位论文，第20页。

（四）落实退役抚恤优待，开拓权益保障路径

为了能够有效保证退伍军人的自身利益，《军人抚恤优待条例》以及《退役军人保障法》都体现了对军人的待遇保障，同时在其中也都对相应政策作了比较明确的规定。在实际进行实施的过程当中，也结合我国的实际情况，专门制定了相应的优待政策。通过多种制度，无论是退伍军人还是在伍军人都得到了比较好的待遇保障。

三、完善深具中国特色的退役军人权益保障制度的对策建议

（一）健全退役军人权益保障工作领导机制

在今后，我们国家需要继续修订《退役军人保障法》的实施细则，在强调党对军队的绝对领导地位的同时，明确军队自身的实际职能，不断优化退役军人自身的管理体系，最终形成更加有效的退役军人权益保障体系，积极推进退役军人的安置工作，提升军人对军队的归属感，切实保障退役军人的权益。

（二）确立以退役军人为本的教育培训体系

由于当前很多军队当中的军人自身接受到的教育比较有限，因此在退伍之后他们往往很难真正找到适合自己的工作。这就需要教育部门与其他的有关部门相配合，建立起对退役军人的培训制度，并且将所有的退役军人全部吸纳进来，真正做到全覆盖。同时还需要考虑退伍军人的个人意愿，根据不同军人自身的不同能力和不同性格特点，有针对性地进行培训[1]。对于退伍军人来说，其与应届毕业生应是一样的，都需要有受教育及保障就业的权利。各级部门也需要在尊重每一位退役军人的基础上，做好不同军人需求的调研工作，根据调研结果来为军人制定一些特定的教育模式、工作咨询等，并且采取一对一对接的模式，争取得到更多企业对此的支持，提升退役军人的就业能力，缓解退役军人的就业压力。

（三）畅通符合退役军人特点的再社会化途径

由于社会工作已经成为一种比较职业化的助人活动，其体现着比较积极的价值观以及社会正能量，因此当前也逐渐成为一项比较重要的工作。对于这些退伍军人来说，社会工作者能够有效帮助退役军人缓解自身的压力，舒

---

[1] 王鑫："浅析退役军人就业创业的困境及对策"，载《中国军转民》2021年第19期。

缓身心，有一个更加健康的生活态度，也能更加充分地了解所有退役军人的需求[1]。同时通过心理培训、技能培训等相关的模式，为这些退役军人提供相应的帮助，可以有效引导这些退伍军人以更加积极乐观的心态面对生活，也可以为这些退役军人创造再就业的机会，提升退役军人在社会当中的参与感。

（四）建立多方参与的退役军人矛盾化解机制

就当前的情况来看，纠纷依然较多，真正化解矛盾不易。对于退役军人来说，其往往有着比较多的诉求，面对这种情况，可以通过多方代表共同进场，听取这些退役军人的诉求，给这些军人更畅通的表达渠道，从而有效化解矛盾。

---

〔1〕 孙嘉悦："构建新时代退役军人权益保障法规体系的几点思考"，载《国防》2019 年第 11 期。

网络慈善募捐平台的法律义务和责任研究

张宇轩*

（中国政法大学 北京 100088）

摘　要： 网络慈善募捐平台作为慈善募捐的一种新形式，经过几年的演进和发展，目前已被公众熟知并接受，但在实际运行过程中，因网络慈善募捐机构不是《慈善法》所规定的慈善组织，这就导致在监管和约束上缺少相应法律法规。本文就网络慈善募捐平台应当承担的法律义务及社会责任进行研究。

关键词： 网络慈善募捐平台　隐私权　资金监管　信息审核　社会公信力

一、网络慈善募捐平台的法律义务和社会责任

随着互联网使用率的不断提高，水滴筹、支付宝公益、腾讯公益等网络慈善募捐平台作为一种新的慈善募捐形式，凭借其跨地缘、用户多、参与广、操作简单等优势迅速成为人们寻求帮助的第一选择。网络慈善募捐平台的出现进一步促使我国慈善事业蓬勃发展，同时推动慈善立法不断完善，但作为一个相对新生的事物，法律法规对网络慈善募捐平台的法律义务和责任界定还存在一些不明晰，需要在发展中不断完善，力求规避和减少相关法律风险。

（一）网络慈善募捐平台应当保护个人隐私

在网络慈善募捐平台中，求助人为提高项目募捐成功率，通常必须无条件提交其个人信息以证明求助项目的真实性和可行性。以大病救助慈善募捐项目为例，求助人就需要提交个人身份信息、病情诊断信息、家庭财产状况、

---

　　* 作者简介：张宇轩（1995年-），男，汉族，山西孝义人，中国政法大学同等学力研修班2022级学员，研究方向为社会法学。

配偶及直系亲属的相关情况等信息，面对质疑时，还需要补充更多的材料进一步证明求助项目的真实性。但目前网络慈善募捐平台对个人信息的保护机制并不健全，这就导致求助人提供的个人信息泄露和被滥用的风险在网络慈善募捐的过程中始终存在。[1]

根据《个人信息保护法》第 58 条[2]的规定，网络慈善募捐平台作为信息的收集者、使用者、公布者，汇集了大量的公民个人信息，有义务建立个人隐私保护制度，规范化保护求助人个人隐私。虽然这些数据单个并不具有价值，但对数据的分析和利用将产生巨大商业价值，通过大数据对了解用户习惯、制定经营战略都有重要的意义。

（二）网络慈善募捐平台应当做好剩余资金监管

在网络慈善募捐平台募捐所得资金的相关问题中，除了拟募捐款项存在不合理之处外，剩余资金监管的缺位问题也是我们不能忽视的，必须加以关注。求助者在发布募捐项目前，因为治疗使用药物和病情治疗方案的不同、对于治疗周期的预估不准确等因素，往往对于拟募捐款项设置过高，同时病人治愈、病人死亡、不再治疗等导致慈善募捐项目终止的因素都可能导致募集资金的结余。

在所募得资金扣除病人的必要医疗费用后有结余时，网络慈善募捐平台作为资金的接收、保管、拨付机构，有义务保证捐赠资金的专款专用，而不能在未经捐赠人允许或者没有明确征得捐赠人同意的前提下挪用剩余资金。[3]对于剩余资金的处理，一般有以下两种方式：一是求助人已领取但未使用完的筹集资金，求助人应当及时向网络慈善募捐平台反馈，平台将终止该个人大病求助项目并进行公示，将剩余资金退还给捐赠者。二是求助人申请将剩余资金用于其他合理用途的，需提出申请，并公示剩余资金使用情况，变更用途的理由等，若捐赠者不同意变更用途，平台应当根据比例及时退还剩余捐

---

〔1〕 刘长城："网络公益众筹法律问题研究"，山东财经大学 2021 年硕士学位论文，第 31 页。

〔2〕《个人信息保护法》第 58 条规定："提供重要互联网平台服务、用户数量巨大、业务类型复杂的个人信息处理者，应当履行下列义务：（一）按照国家规定建立健全个人信息保护合规制度体系，成立主要由外部成员组成的独立机构对个人信息保护情况进行监督；（二）遵循公开、公平、公正的原则，制定平台规则，明确平台内产品或者服务提供者处理个人信息的规范和保护个人信息的义务；（三）对严重违反法律、行政法规处理个人信息的平台内的产品或者服务提供者，停止提供服务；（四）定期发布个人信息保护社会责任报告，接受社会监督。"

〔3〕 杜素："网络募捐平台监管的法律问题研究"，贵州民族大学 2020 年硕士学位论文，第 36 页。

赠资金给捐赠者。[1]

（三）网络慈善募捐平台应当加强信息审核验证

网络慈善募捐在解决求助人实际困难的同时，也导致了许多诈捐、骗捐事件，这对我国慈善公益事业的发展造成了不良的影响。对此，网络慈善募捐平台要加强信息审核，保障网络募捐项目的真实性。同时，通过依法监管和提倡互联网行业的法律道德自律防止以募捐为名进行欺诈活动。求助人在网络慈善募捐平台发布信息必须遵守国家法律和政策，遵守社会公德，严格自律，网络慈善募捐平台应承担监管责任及时拦截过滤虚假信息，对广大网民负责。[2]网络募捐慈善平台应主动与医保机构、征信机构、中国执行信息网等建立互联互通关系，在慈善募捐项目上线前先行核实求助人社会信用及医疗保障相关情况。同时，网络慈善募捐平台应依托各地的慈善机构，及时与求助人所在医疗机构核实就诊信息及病情信息，并通过社会调查核实求助人家庭状况。确保每一个求助者确有困难，每一个求助项目真实有效。

（四）网络慈善募捐平台应当保证社会公信力

网络慈善募捐平台是依赖于用户的网络平台，一切起点都是困难人的需要和大众的捐款，这两点都离不开社会公信。因此，网络慈善募捐平台有责任也有义务保证社会公信力。水滴筹被曝工作人员在医院"扫楼式"拉单，给予绩效奖励，网络一片批评指责之声，质疑之声也到处充斥，负面新闻的爆出导致慈善募捐项目的社会公信力下降。对于确有困难的求助人提供慈善募捐服务无可厚非，但为了谋求其他利益，在审核不严的条件下，不论当事人是否困难，均引诱其发起慈善募捐项目，既是对公共资源的浪费，也将极大地伤害公众情感并导致社会公信力下降。[3]

---

〔1〕 陈正豪："网络个人求助众筹平台监管研究"，东华大学 2020 年硕士学位论文，第 22 页。

〔2〕 张书明："关于网络募捐的监管问题"，载《山东师范大学学报（人文社会科学版）》2007年第 4 期。

〔3〕 赵丽、赵思聪："水滴筹'扫楼式'筹款按单提成引热议 谁来保护捐助人的善意"，载 http://www.legaldaily.com.cn/government/content/2019 - 12/10/content_ 8070271.htm，最后访问日期：2022 年 8 月 11 日。

二、网络慈善募捐平台违反义务的法律责任

(一) 违反个人隐私保护义务的法律责任

根据《民法典》第 1038 条[1]的规定，网络慈善募捐平台作为信息收集者、使用者、处理者，占有大量群众个人信息，如因管理缺失导致个人信息泄露，应当承担相应的民事责任。但信息泄露造成的损害很难被量化，对于管理缺失导致泄露的处罚法律缺少明确规定，这就导致求助人维权处于较为被动的地位。根据《个人信息保护法》第 6 条[2]的规定，处理个人信息应当明确个人用途，不得过度收集个人信息。但在实际操作中，网络慈善募捐平台往往以核实病情信息、家庭情况真实性为由，过度收集求助人及相关直系亲属的个人信息。网络慈善募捐平台作为个人信息处理者，违规过度获取个人信息并造成严重后果的，根据情节，可能承担侵权责任，受到行政处罚，甚至刑事处罚。

(二) 违反剩余资金监管义务的法律责任

剩余资金是网络慈善募捐平台资金流、储备流的重要来源，剩余资金监管不公开、不透明，就存在被挪用风险。同时，在没有征得捐赠人同意下，将剩余资金挪作他用，网络慈善募捐平台就侵犯了捐赠人的知情权和财产权，因此网络慈善募捐平台也势必要承担相应的侵权责任。同时，网络慈善募捐平台的违规行为也将受到金融部门的行政处罚。

(三) 违反信息审核义务的法律责任

由于网络慈善募捐平台在工作中没有尽到信息审核义务，对于求助人提供的住院资料、诊断资料、家庭情况、财产情况等没有进行及时有效的核准，让某些不法分子以虚假材料、虚假家庭情况发起慈善募捐项目，进一步造成了骗捐、诈捐现象的发生。网络慈善募捐平台与求助人向出资人承担连带责

---

〔1〕《民法典》第 1038 条规定："信息处理者不得泄露或者篡改其收集、存储的个人信息；未经自然人同意，不得向他人非法提供其个人信息，但是经过加工无法识别特定个人且不能复原的除外。信息处理者应当采取技术措施和其他必要措施，确保其收集、存储的个人信息安全，防止信息泄露、篡改、丢失；发生或者可能发生个人信息泄露、篡改、丢失的，应当及时采取补救措施，按照规定告知自然人并向有关主管部门报告。"

〔2〕《个人信息保护法》第 6 条规定："处理个人信息应当具有明确、合理的目的，并应当与处理目的直接相关，采取对个人权益影响最小的方式。收集个人信息，应当限于实现处理目的的最小范围，不得过度收集个人信息。"

任。根据《民法典》第1197条〔1〕的规定，网络用户利用网络服务侵害他人民事权益，未采取必要措施，网络服务提供者承担连带责任。求助人利用网络慈善募捐平台骗取了捐赠人的金钱，网络慈善募捐平台因没有尽到信息审核义务，导致捐赠人资金受损，应当承担相应侵权责任的连带责任。即使网络慈善募捐平台并不知晓求助人的骗捐、诈捐行为，但在一般人看来当时网络慈善募捐平台应当是知悉的，可以认定网络慈善募捐平台知悉有关情况。〔2〕当然，网络慈善募捐平台在承担连带责任后，有权就超出其责任份额的部分向求助人发起追偿。

---

〔1〕《民法典》第1197条规定："网络服务提供者知道或者应当知道网络用户利用其网络服务侵害他人民事权益，未采取必要措施的，与该网络用户承担连带责任。"

〔2〕刘长城："网络公益众筹法律问题研究"，山东财经大学2021年硕士学位论文，第47页。

浅论微短剧领域中视频平台的侵权责任认定

毛梦凌*

（中国政法大学 北京 100088）

摘　要：近年来，随着移动互联网生态的快速发展以及短视频制作技术的普及，微短剧应运而生。网络视听平台也逐渐显现出不同形态，从腾讯、芒果 TV、爱奇艺、优酷等横屏、长视频平台，到抖音、快手等竖屏、短视频平台，再到近段时间出现的各类小程序短剧平台，无不反映着当下用户对内容存在碎片化、轻量化、紧凑化的消费偏好。

关键词：网络视听　微短剧　平台责任

由于网络的匿名性和网络内容创作的便利性，除了平台自制剧及专业制作机构出品的微短剧，还存在大量用户生成内容。部分微短剧制作方为追逐流量和利润，直接"搬运"他人作品，或未经许可改编他人作品的行为比比皆是。对此，如何界定视频平台的版权侵权责任成了新时代需要关注的问题。

一、微短剧发展概述

2012 年搜狐出品的单集时长 15 分钟的《屌丝男士》，以及 2013 年由优酷出品的单集时长 5 分钟的《万万没想到》，被普遍认为是网络短剧的起点。然而，虽然当时这两部短剧红极一时，但短剧并未迎来大规模发展。直到抖音、快手等竖屏短视频平台推出了短剧栏目和相应扶持计划，以此吸引大量创作者入局短剧行业，才迎来了短剧市场的爆发。

2019 年 4 月，快手推出"快手小剧场"栏目，后续再次推出"星芒计

---

*　作者简介：毛梦凌（1996 年–），女，汉族，江西人，中国政法大学同等学力研修班 2021 级学员，研究方向为知识产权法。

划"，快手成为微短剧行业的领跑者。2010 年 12 月，爱奇艺平台推出"竖屏控剧场"；2021 年末，腾讯视频布局"短剧"频道，推出"十分剧场"品牌。至此，腾讯、优酷、芒果 TV、抖音、快手、B 站均入局微短剧市场。

2022 年，国家广播电视总局在重点网络影视剧备案系统中增设了"微短剧"品类。2022 年 6 月 1 日起，国家广播电视总局对网络剧片正式发放《网络剧片发行许可证》。2022 年 11 月 14 日，国家广播电视总局办公厅发布《关于进一步加强网络微短剧管理实施创作提升计划有关工作的通知》，其中明确说明网络微短剧的特征为"单集时长从几十秒到 15 分钟左右、有着相对明确的主题和主线、较为连续和完整的故事情节"。自此，微短剧告别野蛮生长时代。

二、视频平台的侵权责任认定

微短剧的出现与发展，对平台责任认定标准产生了新的影响。基于现有短视频侵权纠纷相关案例，一般视频平台在面临著作权侵权纠纷时，往往以其作为网络服务提供者仅提供信息存储空间服务为由，主张其仅有在接到权利人的通知后采取删除、屏蔽、断开链接等必要措施的义务。[1]

根据《民法典》第 1197 条，网络服务提供者知道或者应当知道网络用户利用其网络服务侵害他人民事权益，未采取必要措施的，与该网络用户承担连带责任。根据《最高人民法院关于审理侵害信息网络传播权民事纠纷案件适用法律若干问题的规定》第 9 条及第 12 条，可知网络服务提供者是否对用户侵害信息网络传播权的具体事实构成"应知"需综合考虑多种因素，包括但不限于网络服务提供者管理信息的能力、侵权信息的明显程度、是否对侵权作品作出过编辑或推荐、是否采取预防侵权的积极措施等。由此可知，我国法律规定并未要求网络服务提供者承担事先审查义务，就视频平台的侵权责任也更倾向于遵循过错责任原则。

然而，微短剧作为介于短视频与网剧之间的新兴文娱内容，对于视频平台而言，是否继续遵循过错责任原则，是否适用与短视频同等的注意义务，是值得探讨的问题。

《国家广播电视总局办公厅关于进一步加强网络微短剧管理实施创作提升

---

〔1〕 参见《信息网络传播权保护条例》第 15 条。

计划有关工作的通知》特别指出"网络平台应对相关接入、分发、链接、聚合、传播的网络微短剧等视听节目,履行开办主体职责或生产制作机构的责任,落实先审后播的管理制度,不得为违规微短剧提供相关服务,发现问题的,立即实施断开链接、下线、停止接入等处置措施"。由此可见,尽管短视频和微短剧都是时长短、节奏快的新兴文娱内容,但相比短视频,视频平台应对微短剧负有更高程度的审查及注意义务。

以短视频平台为代表的信息存储服务中,注意义务包括消极防范义务和主动发现义务,所谓消极防范义务,系指能力范围内预见版权侵权风险;而主动发现义务是指在能力范围内及时发现版权侵权行为[1]。在微短剧行业中,视频平台是否应知微短剧存在侵权情况,还应考虑如下因素:

(一)平台角色

从产业运营视角观察,视频平台在不同微短剧项目中所担任的具体角色也有所区别。其既可能是只提供信息存储空间服务,也可能本身即为微短剧的投资方、生产制作方、发行方,并从中获取一定利益。因此,对于视频平台需承担的版权责任,仍需根据具体情况结合证据进行判断。视频平台本身即为微短剧参投方或制作方之一,则不可使用"避风港原则"来逃避责任。

(二)上传主体

以优酷视频为例,其短剧栏目下的短剧上传主体大多为第三方企业机构认证账号(含机构认证标识),但亦含部分无认证标识的个人用户;而在快手平台中,其短剧版块的上传者则大多数为个人用户。实务中,也可能出现平台假借用户账号上传微短剧的情况。针对不同的上传主体,平台应根据其类型及上传内容评估侵权可能性,并制定相对应的审核机制。对于改编作品,应要求其提供授权书等权利证明文件,对未获得《网络剧片发行许可证》的作品,应不得在其视频平台首页首屏推荐播出,不得提供会员观看或付费观看服务,并加强该部分作品的内容审核。

(三)经济利益

目前而言,微短剧的主要盈利来源为会员充值、商单广告、流量分账、品牌合作以及点播付费。以抖音、快手为代表的短视频平台在布局微短剧时,

---

〔1〕 徐俊:"产业视角下短视频平台版权侵权判定中的注意义务研究",载《知识产权》2021年第9期,第34页。

也存在借微短剧迅速累积粉丝后通过电商、直播变现的方式。除此之外，还存在较多内嵌于视频平台的小程序短剧，这类小程序短剧一般将视频切片投放在视频平台，再导流至其独立运营的小程序内，其对短剧的定价较高。因此，如出现微短剧著作权侵权纠纷，就视频平台是否具有过错，还应结合该微短剧的变现模式及视频平台的获利情况进行综合判断。

三、视频平台的预防侵权措施

基于微短剧的特殊行业生态，其获取经济利益的周期较短，在传统的"通知—删除"模式下，如权利人发现被侵权，则需按照视频平台的侵权指引向平台发送通知，再等待平台采取删除措施，而这一周期已足够被侵权人获取巨大的经济利益，难以维护权利人的合法权益。在上海巨视影业有限公司与北京快手科技有限公司侵害作品信息网络传播权纠纷一案中，法院在判断快手公司是否应承担侵权责任时指出，快手公司作为网络服务提供者，虽然在所有视频上传时无需主动审查，但应根据其经营能力采取预防侵权的合理措施，尽到网络服务提供者的管理职责，对于明显感知的侵权行为未采取合理措施的，则需要承担帮助侵权责任。[1]为鼓励产业发展，虽不宜对视频平台过度加重其注意义务，但也需考虑保护权利人的合法权益。对此，可考虑要求具备识别能力和商业规模的网络服务提供者采取技术过滤措施[2]，鼓励各平台与权利人共同建立版权信息共享平台和过滤系统，便于权利人提出过滤请求及其作品的权属证据、其他用户可使用的信息等，以使平台在合理范围内过滤、管理用户上传的微短剧内容，提高视频平台的侵权预见能力。

四、结论

本文认为，在微短剧行业市场迅速升温，众多视频平台纷纷入局的现状下，更需重视短剧的版权保护与侵权预防，而这需要视频平台认真履行内容管理职责。为促进微短剧行业的良好发展，视频平台应适当加强版权侵权注意义务，提升对侵权内容的发现、审核及处理能力，并视具体情况承担相应责任，而不应过度利用"避风港原则"逃避自身责任。

---

〔1〕 参见上海市徐汇区人民法院［2021］沪0104民初33920号民事判决书。
〔2〕 崔国斌："论网络服务商版权内容过滤义务"，载《中国法学》2017年第2期，第215页。

建设工程价款优先受偿权行使期限之起算日的类型化分析

董新西*

（中国政法大学 北京 100088）

摘　要： 建设工程价款优先受偿权问题是建设工程领域相关纠纷中的常见疑难问题，建设工程价款优先受偿权直接关系到承包人的工程款能否优先兑现，是法律赋予承包人的工程价款保障利器。因此，如何确定优先受偿权行使期限的起算点也就显得十分重要。本文结合审判实务和相关司法解释，对建设工程价款优先受偿权行使期限的起算日进行类型化分析，并提出解决规则，以期对统一裁判尺度、维护司法权威有所助益。

关键词： 优先受偿权　行使期限　起算日

一、问题的提出

我国法律为保障建设工程中承包人的权益，赋予其价款优先受偿的权利，然而该权利有着一定的行使期限。根据《最高人民法院关于审理建设工程施工合同纠纷案件适用法律问题的解释（一）》（以下简称《建设施工解释（一）》）[1]的规定，优先受偿权的期限最长不得超过 18 个月，自发包人应当给付建设工程价款之日起算。然而对于起算点，即"应当给付建设工程价款之日"，该司法解释并未进行明确界定。这导致审判实务中法官对法律条文

　＊ 作者简介：董新西（1980 年-），男，汉族，河南商丘人，中国政法大学同等学力研修班 2022 级学员，研究方向为民商法学。

　〔1〕《建设施工解释（一）》第 41 条规定："承包人应当在合理期限内行使建设工程价款优先受偿权，但最长不得超过十八个月，自发包人应当给付建设工程价款之日起算。"

的理解存在差异，最终难以做到同案同判。本文将以该司法解释为前提，结合审判中的真实司法案例，对实践中承包人的价款优先受偿权的行使期限的起算点进行类型化的分析，针对不同情形，得出具体的认定方式。

二、具体情形之一：合同约定付款日

如果建设工程施工合同中双方已经约定了付款日，此时对于起算点的计算就按照合同约定即可。然而考虑到实践过程中双方往往约定分期给付工程款，那么应当以哪一期付款时间作为具体的优先受偿权行使期限的起算点呢？实践中对此尚有争议，所以需要进行分类讨论。

（一）类型一：工程已竣工

如果工程已经竣工，此时行使期限的起算时间是发包人应付清工程价款之日。例如，在一起案例[1]中，法院认为承包人的价款优先受偿的行使期限应当从发包人完全给付工程价款之日起算。

司法实践中还存在合同规定质保金的现象。质保金的性质是对于工程质量的担保。若加入质保金这一情节，那么就需要根据不同情形进行细分。一种是以发包人应当支付的最后一笔工程款的实际支付时间作为行使优先受偿权的起算日。另一种是以合同约定的质保金支付时间作为行使优先受偿权的起算日。这表明质保金的支付也会在一定程度上影响起算点的计算，质保金的支付和最后一笔工程款的支付哪一个时间点晚就以其为起算点。

（二）类型二：工程未竣工

如果工程并未竣工，此时行使期限的起算时间依然为合同约定的付款之日。例如，有裁判观点[2]认为当建设工程未能竣工时，如果当事人在合同中约定了工程价款的数额和付款时间，此时承包人的价款优先受偿权的行使期限就以约定的付款之日为起算点。不过，承包人与发包人的约定不能故意损害其他主体的合法权益。

三、具体情形之二：对价款数额未达成一致

由于各种原因的存在，在实际案例中，建设工程施工合同虽然规定了付

---

[1] 参见广东省高级人民法院［2019］粤民再242号民事判决书。
[2] 参见浙江省高级人民法院［2019］浙民再258号民事判决书。

款的时间点，但是对于最终的价款存在争议，此时如果实际付款时间与约定时间不一致时应当如何计算，理论和实践存在争议，故需要进一步分析。

在"江苏天虹建设集团有限公司、山东考普莱机械科技有限公司建设工程施工合同纠纷民事再审案"[1]中，最终法院认定的起算点为合同约定的发包人的答复期限届满日。在该案中，当事人约定了结算方面的默示条款，即如果不予答复就认为是认可相关时间点，当该条款有效适用时，实际的结算日的计算即为发包人答复的期限。此外，如果结算报告并未在约定时间内经承包人审核，则应当将应付款时间认定为结算审核期限届满日。

当双方对审计结果未达成一致意见、未约定实际结算的审计日期等情形则较为复杂。实践中有裁判意见[2]认为，由于审计日期并未达成一致，在这种情形下优先受偿权的行使期限应当自承包人起诉之时起算。笔者认为优先受偿权的行使期限属于除斥期间，所以承包人对建设工程价款优先受偿的行使期限不适用中止、中断或延长的规定。一般来说，权利行使期限的起算点计算应当自权利人知晓或应当知晓才能体现出公平和合理。[3]例如，在我国《民法典》中，对于形成权和质量异议期均是自权利人知道或者应当知道权利产生之日起算。

四、具体情形之三：没有约定付款时间或约定不明

司法实践中还存在发包人与承包人在建设工程施工合同中并未约定价款的付款时间或者约定并不明确的情形。那么此时如何确定"应当给付工程价款之日"的起算点就成为需要讨论的问题。

（一）司法实践中的裁判观点

面对此种情形，实践中的做法不一，大致有两种裁判观点。第一种是借鉴《建设施工解释（一）》第27条对工程款利息的做法，区分建设工程实际是否交付。也就是说，如果实践中建设工程实际已经交付的，就将应付款时间认定为实际交付的时间；如果实践中建设工程未交付的，那么此时应从承包人提交结算文件之日起计算。例如，"北京首钢建设集团有限公司、通化市

[1] 参见山东省东营市中级人民法院［2022］鲁05民再9号民事裁定书。
[2] 参见重庆市高级人民法院［2020］渝民申2205号民事判决书。
[3] 参见张鹏："诉讼时效与除斥期间区分标准之再探索"，载《南昌高专学报》2006年第2期。

诚信房地产开发有限责任公司建设工程施工合同纠纷案"〔1〕就持该种观点。第二种裁判观点则是将承包人起诉之日作为优先受偿权行使期限的起算日。如"苏华建设集团有限公司、黑龙江鸿基米兰热力有限责任公司建设工程价款优先受偿权纠纷案"〔2〕。

（二）本文观点

笔者认为上述司法实践的裁判观点看似矛盾，实则是根据不同情况作区分，第二种观点有一定道理，同时也需要看到工程结算日的作用。所以，本文认为，对于承包人的价款优先受偿权的计算，在合同并未对付款日期进行约定的情况下，需要考察工程是否进行结算，如果已经完成了工程结算，就应当以结算之日起算，因为此时工程价款已经确定，如果没有完成工程结算，就应当将优先受偿权的行使期限自承包人起诉之日起算。此外，笔者对于现有的裁判观点有如下两个观点：

首先，当合同并未约定付款时间时，起算点的计算不应参照《建设施工解释（一）》第27条中有关利息的起算点的计算方式，理由在于两项制度的规范保护目的是不同的。第27条的规定是为了确定工程价款的逾期利息，其规定的三种方式是考虑到发包人过错，然而承包人对于建设工程价款享有的优先受偿权不具备权利外观，也就是说，该优先受偿权并不需要进行登记，其相关的期限和具体数额难以被第三方知晓，这在如今的交易市场中极易被滥用，从而损害了第三人的合法权益，有损交易安全。基于二者的区别，对于工程价款优先受偿权这一权利的行使期限的起算点计算就无法参照利息的起算点。

其次，不能以建设工程交付的时间点作为行使期限的起算日，理由在于实际情况十分复杂，往往是工程交付之后建设工程的价款还未确定。实践中双方由于工程结算较为复杂，协商时间不会持续太短。如果此时将建设工程交付的时间点作为起算点，那么就违背了我国法律保护承包人权益的目的，与我国的建设市场实际不相符。

---

〔1〕 参见最高人民法院［2020］最高法民终1192号民事裁决书。
〔2〕 参见最高人民法院［2021］最高法民申1848号民事判决书。

浅析防疫失职渎职问题

侯卯宁*

（中国政法大学 北京 100088）

摘　要： 为有效防控新冠疫情的蔓延，各地都推出了健康码这一反映是否具有传播危险的举措，健康码在达成防疫目的上有着极高的效率，减轻了政府和公民双方的负担。这一切来源于民众对健康码所反映的数据准确性的信赖。如果某些行为人对于不符合条件的人乱赋"红码"，将会涉及一系列刑法问题。

关键词： 健康码　非法拘禁罪　渎职犯罪

自新冠疫情在我国暴发以来，为妥善控制其蔓延，保障人民生命健康不受侵犯，各地都借助大数据平台推出了健康码。健康码作为一种向他人展示自己是否存在感染新冠病毒风险的工具被迅速推广应用，距本文写作已有两年有余。绿码通行，红码隔离已成为每个中国人的共识。健康码的绿、黄、红三色，对应低风险、中风险、高风险三种风险等级。通过查阅各省、直辖市、自治区的健康码使用管理办法可知，红码人员将被严格管控，禁止出行，黄码人员则是出行受到一定的限制，绿码人员则出行不受限制。

一、健康码不可用于防疫之外

健康码包含了居民的个人信息。每个人的健康码都记载了这个人的姓名、身份证号码、手机号等个人隐私信息。通过个人自主申报，经过大数据分析生成，一人一码。居民进入公共场所主动出示核验，配合疫情管控措施的义

---

* 作者简介：侯卯宁（1999 年-），男，汉族，河北邢台人，中国政法大学同等学力研修班 2022 级学员，研究方向为刑法学。

务均有相关法律法规[1]规定，这属于对隐私权、自由权等基本人权的暂时出让。

随着公民义务的增加，政府的公权力也随之扩张。而扩张的权力一定要加以限制，正如上述公民的义务增加于维护社会稳定，保护他人与自身的生命与健康权。公权力也应被限制在这一范围内。公民义务增加于哪些法律法规，扩张的公权力就应该限制在这些法律法规所保护的法益之内。对于行政机关来讲，"法无授权即禁止"，不加控制的权力必然走向腐败。所以，笔者认为健康码作为一种公民权利对社会公共利益的退让，需要严格限制，绝对不能将健康码用于防疫之外的其他用途。

二、可能涉嫌的刑事犯罪

（一）涉嫌非法拘禁罪

我国《刑法》规定，非法拘禁他人或以其他方法非法剥夺他人人身自由构成非法拘禁罪。通过《刑法》的相关规定可以发现，若要构成本罪，一个构成要件就是行为人使得被害人的自由被剥夺，而非简单地被限制。如果仅仅是限制公民的行动自由将无法构成非法拘禁罪，而仅构成行政违法。那么行为人非法赋他人红码算不算剥夺他人人身自由呢？

对于赋予红码的责任人员可能因此构成非法拘禁罪的间接正犯。对于被赋红码但是未被带去隔离的人员，行为人则可能构成非法拘禁罪的未遂，同一行为既有既遂又有未遂依照处罚较重的规定处罚。同时行为人系国家工作人员，应依《刑法》第238条第4款规定从重处罚。

（二）涉嫌破坏计算机信息系统罪和侵犯公民个人信息罪

如何在众多去河南村镇银行的人中精准确定储户，这背后离不开个人信息的定位。河南储户取款难的背后涉及4家村镇银行，涉案资金多达400亿元，涉及储户多达40万人，行为人要对储户精准赋红码肯定需要从银行手中拿到这些储户的个人隐私信息。银行相关负责人符合《刑法》第253条之一侵犯公民个人信息罪的构成要件，即向他人提供或出售个人信息。同时40万名储户的信息依照《最高人民法院、最高人民检察院关于办理侵犯公民个人信息刑事案件适用法律若干问题的解释》的规定，属于情节特别严重的情形。

---

[1] 如《传染病防治法》《突发事件应对法》《突发公共卫生事件应急条例》等。

储户的个人信息属于银行在提供服务过程中获得的公民个人信息，应依照规定从重处罚。

拿到这些信息的政府工作人员对储户的健康码违规修改符合《刑法》第286条破坏计算机信息系统罪的构成要件。同时依照《最高人民法院、最高人民检察院关于办理危害计算机信息系统安全刑事案件应用法律若干问题的解释》，该行为符合破坏计算机信息系统罪的"后果特别严重"情形，即破坏国家机关或者金融、电信、交通、教育、医疗、能源等领域提供公共服务的计算机信息系统的功能、数据或者应用程序，致使生产、生活受到严重影响或者造成恶劣社会影响。

通过上述分析，银行工作人员和主管此事的政府工作人员根据不同行为将分别涉嫌侵犯个人信息罪和破坏计算机信息系统罪。

（三）涉嫌渎职类犯罪

根据2022年6月22日中共郑州市纪委发布的一则通报，多名国家机关工作人员擅自对不符合赋码条件的人赋红码，已构成职位违法，给予相应的党纪处分和政务处分。然而笔者认为上述人员在此次"乱赋红码"的事件中已构成滥用职权罪。[1]在疫情防控工作中，利用自身的职权擅自对不符合赋码条件的人乱赋红码，完全符合滥用职权罪的构成要件。

三、结论

通过上述分析，滥赋他人红码的行为违反了如此多的法律法规，其背后行为人极有可能受到了请托人金钱的利诱，至于是否有相关的受贿、行贿行为，还是要等待监察委员会的调查结果。自疫情暴发两年以来，国家机关和人民为抗击疫情均付出了巨大的成本，若是换算成金钱更是无法计量。而这一切均是为了保护每个公民的生命权和健康权。今后为防止此类现象的再次发生，笔者认为还需要针对这一问题进一步制定详细的指导意见。

---

〔1〕《最高人民法院、最高人民检察院、公安部、司法部关于依法惩治妨害新型冠状病毒感染肺炎疫情防控违法犯罪的意见》第2条第7项规定："依法严惩疫情防控失职渎职、贪污挪用犯罪。在疫情防控工作中，负有组织、协调、指挥、灾害调查、控制、医疗救治、信息传递、交通运输、物资保障等职责的国家机关工作人员，滥用职权或者玩忽职守，致使公共财产、国家和人民利益遭受重大损失的，依照刑法第三百九十七条的规定，以滥用职权罪或者玩忽职守罪定罪处罚……"

建筑工程领域挂靠关系的责任研究

黄珂铭*

（中国政法大学 北京 100088）

摘　要： 建筑工程及其衍生领域的争议解决一直以来是司法实践中庞大且复杂的一部分，如何在合法与不合法、有效或无效的民事关系中寻找最公平的民事责任分配规则是建筑工程领域永恒的难题。本文就建筑工程领域中常见却未在法律中有明确规定的挂靠关系的民事责任分配进行研究，对挂靠关系的界定、特征、主要学说及本文观点简要说明。

关键词： 建筑工程　挂靠关系　民事责任

一、建筑工程领域中挂靠关系的界定与特征

建筑工程中的挂靠关系是指一方给对方交纳一定的管理费用，挂靠在对方名下，利用对方的资质或资格进行代为招投标、代管代建，造成实际施工人或管理人与名义上的施工人或管理人不是同一主体的形式。接受他方挂靠的企业称为被挂靠方，挂靠在他方名下给对方交纳管理费的企业或自然人称为挂靠方。挂靠方与被挂靠方之间大多签有挂靠协议，即挂靠关系的双方之间是一种契约关系。[1]在实践中，一般将出借资质或资格一方称为被挂靠人，借用资质或资格一方称为挂靠人。建筑工程领域中的挂靠关系一般有如下几个特征：

第一，挂靠人没有从事某项工程的资质或资格，或虽然具有从事某项工

＊　个人简历：黄珂铭（1997年-），男，汉族，福建南平人，中国政法大学同等学力研修班2022级学员，研究方向为民商法学。

[1]　参见饶文斌："论挂靠关系引起的法律责任的分析"，载《法制博览》2016年第3期。

程的资质，但没有达到要求的资质等级。而被挂靠人具有从事某项工程所要求的资质等级，但可能因为种种原因，自身不能或不愿直接进行建设或施工，故需通过与挂靠人合作的方式进行施工。

第二，挂靠人在招投标、代建代管的整个过程中均自行筹措资金，并以被挂靠人的名义缴纳或投入。同时挂靠人需要向被挂靠人交纳一定的管理费用，但被挂靠人一般不参与管理，即使参与管理也流于形式。

第三，挂靠人在施工代建过程中独立经营，自负盈亏，与被挂靠人事实上不构成管理或隶属关系。挂靠人与被挂靠人之间的契约关系属民事合同关系，但在实际责任承担中可能构成事实上突破合同的相对性，导致裁判工程中责任承担出现异议，这也是本文想要讨论的内容。

二、目前对挂靠关系的责任承担的主要学说

（一）连带责任说

连带责任说的观点主要基于第三人之所以与被挂靠方签订协议，是出于对被挂靠方的信任。换言之，若第三人知晓挂靠方与被挂靠方之间的关系，在合同签订时则会多加斟酌，且很可能不继续订立合同。此外，从代理的角度看，挂靠方代为签订合同的行为（包含被挂靠方的签章）可能构成表见代理。即使不认为双方构成表见代理关系，但挂靠这种特殊的关系本身是利用了被挂靠方的等级或资质，那么出于维护交易秩序、降低交易风险、减少交易成本的考虑，如挂靠方对第三人出现违约或侵权，则被挂靠方应当承担连带责任。但在实践中，第三人知道被挂靠方与挂靠方关系的情况也有很多，甚至由第三人作为牵头人，在挂靠人与被挂靠人中牵线搭桥，此时再要求被挂靠方承担连带责任，似有不妥。

（二）有限连带说

有限连带说主要基于被挂靠人一般不能直接支配第三人与挂靠单位的工程建设活动，也不能从挂靠人与第三人的工程建设活动中直接获得利益。挂靠人从本质上对自身的代建、代管活动自主经营，自负盈亏。因此，从民法权利与义务对等的角度，挂靠人对工程建设中直接对第三人造成的违约、侵权等责任应独立承担。而被挂靠单位仅在其过错范围或其参与的范围——向挂靠人提供资质和资格过程中，或未尽到监督、管理义务的过错范围内承担有限赔偿责任。此种观点从行为角度将工程建设中的行为进行了分割，意图

达到分割责任范围的目的。但在实践中，挂靠人所构成的违约、侵权行为往往无法按此标准划分，例如代建工程质量不合格，不仅有代建行为本身的问题，而且作为最基础的资质资格是否对工程质量有影响似难判断。

（三）独立责任说

被挂靠单位不承担责任说的观点主要基于连带责任一般需基于法定，即只有法律明确规定的情况下，才能要求其承担连带责任。而现行法律并没有对于挂靠单位承担连带责任的内容进行规定。现行法律仅对共同侵权规定了连带责任。而一般情况下，因挂靠人独立经营，自负盈亏，被挂靠人是没有与挂靠人共同侵权的事实基础的，因此被挂靠人不应承担连带责任。但需注意的是，挂靠行为本身就不具备合法性，通过法律未明确规定其责任承担形式而认为其不应承担责任，似有不妥。

三、司法实践中对挂靠关系的相关责任承担问题的观点

第一种观点以北京为代表。在《北京市高级人民法院关于审理建设工程施工合同纠纷案件若干疑难问题的解答》第 20 条及《北京市高级人民法院关于审理民商事案件若干问题的解答之五（试行）》第 47 条规定中，首先，赋予了被挂靠人突破合同的相对性起诉发包人支付工程款的权利；其次，因履行施工合同产生的债务，被挂靠人与挂靠人承担连带责任；最后，对于挂靠人在承揽后再次分包、转包给他人施工，施工人同时起诉挂靠人和被挂靠人的，如果合同相对人对于挂靠事实不明知，由挂靠人和被挂靠人承担连带民事责任。如果合同相对人对于挂靠事实明知，首先由挂靠人承担责任，被挂靠人承担补充的民事责任；合同相对人只起诉被挂靠人，被挂靠人对外应先行承担民事责任；在被挂靠人对外承担责任的范围内，被挂靠人对挂靠人享有追偿权。

第二种意见以江苏为代表。《江苏省高级人民法院关于审理建设工程施工合同纠纷案件若干问题的意见》（已失效）第 25 条规定："挂靠人以被挂靠人名义订立建设工程施工合同，因履行该合同产生的民事责任，挂靠人与被挂靠人应当承担连带责任。"[1]

---

〔1〕 史智军："建设工程领域因挂靠关系引发的民事责任问题研究"，载《山东法官培训学院学报》2018 年第 4 期。

第三种意见以福建为代表。《福建省高级人民法院关于审理建设工程施工合同纠纷案件疑难问题的解答》第 3 条规定："……挂靠人以被挂靠单位的名义将工程转包或者与材料设备供应商签订购销合同的，一般应由被挂靠单位承担合同责任，但实际施工人或者材料设备供应商签订合同时明知挂靠的事实，并起诉要求挂靠人承担合同责任的，由挂靠人承担责任。"结合挂靠人和被挂靠人的经济实力，一般而言，该条规范中的"但书"情形，在实践中缺乏适用的土壤。

四、责任适用的分析

通过上述分析，可以发现如今实务界存在两点问题亟待解决。一是连带责任的适用存在较大争议和分歧。在北京、江苏的意见中，均提到了应履行施工合同产生的民事责任或债务，由挂靠人和被挂靠人承担连带责任。但哪些责任和债务是因履行施工合同而产生？这里所指的合同是否包括买卖合同、租赁合同？所指债务是否包括侵权之债？以上问题均不明确。二是连带责任的规范性来源模糊或缺乏。从《民法典》第 178 条第 3 款"连带责任，由法律规定或者当事人约定"的规定可以看出，连带责任的承担需法定或约定，同时上述观点中，对连带责任的规范性来源未做表述，而这类解释意见本身似难以成为规范性来源。而司法实践中对挂靠关系与侵权行为相关责任承担的观点较少，主要以判例体现，在此简单叙述：第一种观点认为因出借资质行为存在过错，故二者应当承担连带责任；第二种观点则认为应当由挂靠人承担侵权责任。

从前文可以看出，对于挂靠关系的相关责任承担问题目前没有全国性的法律法规、解释加以规定。建设工程中挂靠关系及相关责任问题长期存在，或许最高人民法院考虑其本身就不具有合法性，故专门出台解释似有不妥。然而笔者认为，通过解释否定其合法性并制定相关的处罚措施，并通过解释明确责任承担，不仅有利于争议解决，也能够让意图通过挂靠关系牟利的单位有所顾忌。同时因建设工程领域的特殊性，在验收合格的情况下，即赋予合同无效的相对人以补偿请求权，则明确该补偿请求权求偿形式也能够促进工程建设的安全稳定。

夫妻共同债务认定标准探析

——以一起民间借贷纠纷案为切入点

李 东*

（中国政法大学 北京 100088）

摘 要：《民法典》的生效与实施深刻影响着司法审判实务。我国相关法律及司法解释在关于夫妻共同债务认定规则上存在一个发展演变的过程。《民法典》婚姻家庭编关于夫妻共同债务认定的标准是对前期司法实务经验总结的提升。本文结合一起涉及夫妻共同债务的民间借贷案件，从夫妻共同意思表示、家庭日常生活需要和共同生产经营三个方面来分析夫妻共同债务的认定和承担问题，从而就《民法典》关于夫妻共同债务的认定标准进行简要评析。

关键词：夫妻共同债务 共同意思表示 共同生产经营

婚姻关系存续期间取得的收入属于夫妻法定的共有财产，但是婚姻关系存续期间产生的债务是否为夫妻共同债务认定起来则比较复杂。不论是学术界还是在司法审判实务中，对夫妻共同债务的认定均存在不同的看法和观点。夫妻一方时常会担心因为一方企业经营行为突然导致家庭债台高筑，债权人也经常面临着债务人通过假离婚或者转移财产至配偶名下造成的执行困难，从而出现大量被执行人名下无房无车，而配偶名下却"盆满钵满"的情况。夫妻共同债务认定标准的界定将影响债权人利益保护和夫妻利益保护的平衡。本文意图结合相关案例来分析夫妻共同债务的承担问题，从而就《民法典》关于夫妻共同债务的认定标准进行简单评析。

---

* 作者简介：李东（1983年-），男，汉族，山东济宁人，中国政法大学同等学力研修班2022级学员，研究方向为民商法学。

一、案情简介

债权人孙某某与债务人北京权某酒店管理公司于 2017 年 9 月 27 日签订《借款合同》，约定孙某某出借给北京权某酒店管理公司 400 万元，年化收益为 11%。后因经营管理问题，北京权某酒店管理公司因资金链断裂无法继续运营，李某作为实际控制人，于 2021 年 2 月 21 日与债权人孙某某签署《协议书》，承诺就公司债务向债权人孙某某承担连带偿还责任。后因逾期违约，债权人孙某某将北京权某酒店管理公司、李某、李某爱人孙某起诉至法院。笔者作为被告孙某的代理律师，在给本案做法律分析的过程中，关注到夫妻共同债务案件中，不论是学术界还是在司法审判实务中在夫妻共同意思表示的认定、家庭日常生活需要范围的认定以及夫妻共同生产经营的理解和适用上均存在不同认识和看法，影响司法审判公平公正，需要对这些问题进行深入分析和研究。

二、夫妻共同债务认定规则的变化

2018 年《最高人民法院关于审理涉及夫妻债务纠纷案件适用法律有关问题的解释》对夫妻共同债务举证责任和认定标准作出了规定，提出并确定了"共债共签"作为夫妻共同债务的基本原则，肯定了"家事代理权"，将以个人名义所负的超过家庭日常生活所需要的债务视为夫妻共同债务的举证责任转移至债权人，该解释保护了未举债一方配偶的权益。

《民法典》基本沿用并整合了《最高人民法院关于审理涉及夫妻债务纠纷案件适用法律有关问题的解释》的规定，《民法典》第 1064 条将夫妻共同债务的认定规则划分为"基于夫妻共同意思表示所负的债务""为日常家庭生活需要所负的债务"和"超出家庭日常生活需要所负的债务"三个层次。其中，基于夫妻共同意思表示所负的债务主要适用于夫妻双方共同签名、一方事后追认等明确表示愿意与配偶一起承担债务的情况。为家庭日常生活需要所负的债务，对应着夫妻双方日常家庭生活中的必要开支。超出家庭日常生活需要所负的债务原则上不属于夫妻共同债务，需要由债权人举证证明，该债务是基于夫妻双方共同意思表示，或者是被用于夫妻共同生活、共同生产经营，才会被认定为夫妻共同债务。

三、存在的问题及对策分析

《民法典》婚姻家庭编关于夫妻共同债务的认定标准和举证责任的分配，实现了法律层面的体系化、系统化，具有现实进步意义。但是在司法实践中，关于夫妻共同债务的认定仍然面临许多问题和争议，比如夫妻共同意思表示认定存在分歧、家庭日常生活需要认定范围不够明晰、共同生产经营的理解和适用缺乏统一的判定标准等[1]，还需要进一步完善夫妻共同债务的认定标准。

（一）夫妻共同意思表示认定

夫妻共同债务指的是存在夫妻共同意思表示的债务，比如夫妻双方共同在借条上签字或者事后追认的，一般都可以认定为夫妻共同债务。但是社会生活无奇不有，还存在大量难以认定是否构成"合意"的情况。比如，一方借款，另一方以担保人名义签字是否属于"共债"？有观点认为，借款人配偶以担保人名义签字，说明配偶明知债务存在，且认可借款人负债行为，因此属于"共债"。也有观点认为，担保人与债务人的法律地位不同，所承担的法律义务亦不同。以担保人名义签字，便明确表示其不再作为债务人，债权人对此明知的，不属于"共债"。关于"事后追认"的认定也经常存在争议，比如事后不否认是否等于事后追认。对于"事后追认"，最高人民法院民一庭负责人曾在答记者问时指出，这是为了从债务形成源头上尽可能杜绝夫妻一方"被负债"现象发生。因此，对夫妻共同负债的事后追认只能是明示的意思表示。也有观点认为，婚姻关系存续期间，债务人配偶对债务人债务知情，债权人向债务人配偶讨债时，配偶不否认，视为默示，故应认定配偶对债务人对外负债的行为进行了事后追认。

笔者认为需要结合经验法则对夫妻"合意"进行综合认定。认定夫妻共同意思表示的范围不能过于宽泛，否则会对债务人配偶的知情权和同意权造成伤害；另外，认定范围也不能过于狭窄，否则会对债权人的合法债权造成损害。

（二）家庭日常生活需要范围的认定

夫妻日常家事代理权，是指夫妻一方因家庭日常生活需要而与第三方为

---

[1] 参见白拴柱："浅析我国夫妻共同债务的认定与清偿"，载《决策探索（中）》2021年第3期。

一定民事法律行为时互为代理的权利[1]，认定的核心在于家庭日常生活需要的界定。为家庭日常生活需要而进行的借贷本质上为一种家庭消费贷款。司法认定上也多以债务金额、举债次数、债务用途及消费范围作为主要标准，虽然具有一定的合理性，但是容易被机械适用，不能适应不同经济发展水平的需求。在认定超出"家庭日常生活需要"所负债务时可以考量的因素还包括债务金额明显超出债务人或者当地普通居民家庭日常消费水平的；债权人明知或应知债务人已存在大额负债无法偿还，仍继续出借款项的。债权人明知该借款不是用于家庭日常生活，或不清楚婚姻状况导致难以认定债权人对举债人配偶享有合法、正当的信赖利益的，不宜作出该借款系夫妻共同债务的认定。

（三）共同生产经营的理解和适用

共同生产经营通常指夫妻共同决定生产经营事项或一方授权另一方决定生产经营事项的情形。目前由债权人承担夫妻共同债务的证明责任。通过研究相关司法判例可以看出，对共同生产经营的认定比较宽泛。例如，在曾经轰动一时的某影视文化公司创始人遗孀金某关于夫妻共同债务认定的[2018]京民终18号案件中，北京市高级人民法院在终审判决中认定金某对于案涉协议约定的股权回购义务是明知的，其参与了公司的共同经营，案涉债务属于李某、金某夫妻共同经营所负债务，最终驳回了金某的上诉请求，维持一审判决。因此，金某对于丈夫生前因签署对赌协议而形成的债务需要承担连带清偿责任。虽然法律明确规定"用于夫妻共同生产经营"的个人举债系夫妻共同债务，但是对"夫妻共同生产经营"的范围不宜作出扩大解释，还要考虑现代法人治理制度，公司对外从事经营活动，坚持公司人格相互独立原则[2]。

四、结论

《民法典》关于夫妻共同债务的规定体现了对婚姻家庭整体稳定的维护，同时也维护了债权人利益的平衡。然而在司法实践中，也要看到《民法典》

---

[1] 《民法典》第1060条明确规定了夫妻日常家事代理权。参见黄薇主编：《中华人民共和国民法典婚姻家庭编释义》，法律出版社2020年版，第91页。

[2] 李震："民间借贷纠纷中夫妻共同债务的司法认定"，载《现代法学》2021年第2期。

第 1064 条未能对夫妻共同债务制度中的相关概念作出明确的界定，在审判实践中也存在不同的认定标准。这需要对认定标准进行进一步的细化，以更好应对出现的各种新情况、新问题。同时也需要司法审判者在认定夫妻共同债务时，在保护债权人合法权益的同时，考虑债务人配偶独立人格权的地位和价值、财产权益的相对独立性。[1]

---

〔1〕 李震："民间借贷纠纷中夫妻共同债务的司法认定"，载《现代法学》2021 年第 2 期。

论袭警罪的司法认定

摘　要：袭警罪的司法认定核心在于其"暴力"的认定。袭警罪中的"暴力"与妨害公务罪中的"暴力"既有关联又相区别，袭警行为发生在警察执行公务期间，是对警察人身直接的、积极的攻击。司法实践中，要正确把握袭警罪中"暴力"的方式和程度，作出最合理的决断。

关键词：袭警罪　暴力袭击　人民警察

《刑法修正案（十一）》新增了袭警罪，展现了我国《刑法》维护国家执法尊严的决心，然而这也给理论研究和司法实践带来了新的难题。在司法实践中，袭警罪存在"暴力"认定上的难题，表现为对袭警罪中暴力的认定标准不一，亟待加以理论分析。如何准确界定袭警罪，区别罪与非罪、此罪与彼罪、轻罪与重罪成为需要研究的重要问题。本文试从袭警罪中"暴力"的认定问题着手，研究袭警罪的司法认定。

一、我国袭警罪的立法背景与立法目的

（一）立法变迁：从无到有，从粗到细

在《刑法修正案（九）》实施之前，《刑法》将袭警行为规定为妨害公务罪中的一种类型。然而暴力袭警行为现象频发、手段残忍，社会影响巨大。2015 年出台的《刑法修正案（九）》增设条款，规定了袭警行为在妨害公务罪基础上从重处罚。在司法实践中，暴力袭警行为往往伴随着其他犯罪行为，

---

* 个人简历：李华杰（1988 年-），男，汉族，河南安阳人，中国政法大学同等学力研修班 2022 级学员，研究方向为刑法学。

由此出现定罪量刑上的难题，对于想象竞合犯，简单地择一重罪处罚有评价不全之嫌。《刑法修正案（十一）》独立设置袭警罪，规定单独的法定刑，并对一些特殊手段袭警的行为增设从重处罚的规定，袭警罪就此诞生。

（二）立法目的：捍卫执法尊严

人民警察代表国家行使执法权，暴力袭警行为不仅侵害人民警察的人身权益，更是对国家权威、执法尊严的蔑视和挑战。在司法实践中，警务活动中警察被当事人辱骂、殴打的情况时有发生，警察负伤、牺牲人数也呈上升趋势。

袭警罪的独立设置，是对警察执法权的保护，是对国家权威、执法尊严的捍卫。袭警罪从无到有，相比简单地以妨害公务罪从重处罚更有威慑力，从罪名上直接展现和警示该行为的危害性，产生更好的预防犯罪效果。另外，较以妨害公务罪论处，袭警罪的刑期更长，刑期上升至7年，特殊袭警行为的加重处罚条款使刑事责任与犯罪更好地相适应，从而实现良好的社会治理效果。袭警罪的独立设置，充分体现了刑法"轻轻重重"的价值取向。[1]

二、袭警罪和妨害公务罪的关系

（一）袭警罪中"暴力"与妨害公务罪中"暴力"的关系

妨害公务罪在客观方面通常也以暴力方式进行，但是两罪的暴力形式不尽相同。在犯罪对象上，妨害公务罪的犯罪对象为国家公务人员，而袭警罪的犯罪对象限于人民警察；在构成要件上，妨害公务罪要求公务活动受到妨害，而袭警罪要求须有暴力行为，不要求公务行为一定受到妨害；在暴力的认定上，妨害公务罪中的暴力要求正在进行的公务足以受到妨害即可，而袭警罪中的暴力要求达到一定程度。总言之，袭警罪脱始于妨害公务罪，与妨害公务罪相比，袭警罪的约束对象更为特定，"暴力"范围更具体。

（二）袭警罪和妨害公务罪在法条竞合时的处理

在法条竞合时，一般以特别法优于一般法为原则，重法优于轻法为补充。构成袭警罪的犯罪行为必然也符合妨害公务罪的构成要件。与袭警罪相比，妨害公务罪规制的范围更广，属于一般法条。袭警罪的入罪门槛更高，符合

---

[1] 李翔："袭警罪的立法评析与司法适用"，载《上海政法学院学报（法治论丛）》2021年第1期，第37页。

袭警罪构成要件的法条竞合犯无疑以袭警罪论处。当行为人妨害警察执行职务，但其行为不属于或未达到袭警罪所规制的暴力行为程度时，仍可以妨害公务罪论处。

三、对袭警罪中"暴力"的理解分析

（一）司法解释对袭警罪中"暴力"含义的规定

"暴力袭击正在依法执行职务的人民警察的构成袭警罪。如何理解这里的暴力袭击亦即袭警罪行为的含义，是理解袭警罪行为构成要件的重要内容。"[1]"暴力是指对被害人形成强制（心理上和生理上）的，妨碍其意思决定自由及依其意思决定而行动的自由而施加的有形强制力。"[2]2020年《最高人民法院、最高人民检察院、公安部关于依法惩治袭警违法犯罪行为的指导意见》（以下简称《意见》）第1条明确规定了应当以妨害公务罪定罪从重处罚的"暴力袭击"行为：实施撕咬、踢打、抱摔、投掷等，对民警人身进行攻击；实施打砸、毁坏、抢夺民警正在使用的警用车辆、警械等警用装备，对民警人身进行攻击。此外，有"使用凶器或者危险物品袭警、驾驶机动车袭警"情形的，在第1条规定从重处罚的基础上再酌情从重处罚。可见，《意见》认为袭警罪规定的"暴力"是作用于警察人身且影响警察职务行为顺利开展的有形力。

（二）"暴力"的犯罪时间和犯罪对象

笔者认为，袭警罪保护的法益应为执法活动而非执法警察的人身权益，否则其将与故意伤害罪混淆。从体系解释的角度出发，袭警罪位于《刑法》第六章第一节妨害社会管理秩序罪中的扰乱公共秩序罪。袭警罪所保护的是社会管理秩序、执法安全和国家尊严，保护执法过程中警察的人身权益是其实现保护执法活动的手段。正因为袭警罪保护法益的特殊性，袭警罪有着特定的犯罪时间和犯罪对象。

1. 袭警罪的犯罪时间

袭警罪的"暴力"行为发生的时间阶段为警察的执法活动过程。对该"执法活动过程"需要注意以下问题：

---

〔1〕 刘艳红："袭警罪中'暴力'的法教义学分析"，载《法商研究》2022年第1期。

〔2〕 张阳："论'暴力'的刑法学考量"，载《河南社会科学》2008年第5期。

（1）正常工作时间外的执法活动。本文认为，正常工作时间外警察依法履行职权从事执法活动，也应认为属于"正在执行公务"。若暴力行为发生在警察并未执行公务的时间点，则不构成该罪。

（2）执行公务前的准备工作和事后的工作。本文认为，如果该事前或事后工作与警察进行的执法工作密不可分，影响该工作足以影响警察所处理事务的顺利进行，也视为"正在执行公务"。

2. 袭警罪的犯罪对象

袭警罪的犯罪对象是正在执行公务的"人民警察"，即该罪所规制的暴力行为作用于人民警察。在这里注重的是职务而非身份。

根据《人民警察法》第 2 条第 2 款[1]的规定，辅警不具备"人民警察身份"，不具备执法资格，但辅警可以在人民警察的陪同下协助其完成执法工作。因此，对于使用暴力侵害辅警人身权益的，若辅警是在人民警察的陪同下执行公务，仍可以袭警罪论处；若辅警单独从事执法活动，其无执法主体资格，属于非法执法，不以袭警罪论处。

此外，根据《意见》的规定，打砸、毁坏、抢夺民警正在使用的警用车辆、警械等警用装备，对民警人身进行攻击，属于暴力袭警。因此，暴力不仅是对人的，也包括对物的，通过对物的暴力对警察人身进行攻击属于《意见》解释的"暴力"行为的第二种类型。

（三）暴力袭击的方式

在对"暴力"的认定上，袭警罪中的"暴力"应仅限于《意见》第 1 条中所列举的两类硬暴力，而不包括威胁、恐吓等在内的足以使人产生恐惧心理的有危险可能性的软暴力。且该暴力表现为对警察人身直接的、积极的攻击，而不包括消极的抵抗。对于袭警罪中的"暴力"是仅指对人的暴力还是包括对物的暴力的问题，在本文看来，如果仅有《意见》第 1 条规定的第二种破坏执法工具等对物的暴力的情形，而无对警察人身的暴力攻击，也不能认定为袭警罪，可能构成妨害公务罪或故意损坏他人财物罪。"暴力袭击"应当仅限于对警察的直接暴力而不包括间接暴力，即使这种对物或对第三人的暴力对警察产生了影响，但并未直接攻击警察身体，暴力行为未直接作用于

---

[1] 《人民警察法》第 2 条第 2 款规定："人民警察包括公安机关、国家安全机关、监狱、劳动教养管理机关的人民警察和人民法院、人民检察院的司法警察。"

警察人身，不能认为是袭警罪。

（四）暴力袭击的程度

并非所有的暴力袭击行为都是袭警。对于反抗警察警务活动命令的行为，如抓捕过程中行为人的反抗，该类暴力的破坏性和主观目的以及后果的危害性明显轻于袭警行为，不认为是袭警。对于普通的拒不服从警察指令的行为，其没有暴力或暴力极其轻微，不应以犯罪论。在暴力的程度上，普通的反抗及拒不服从警察指令的行为没有暴力或暴力极其轻微，不构成袭警罪，袭警罪要求行为人对警察人身有直接的攻击和伤害，有严重的破坏性。

房屋租赁合同中违约方申请解除合同问题研究

李诗敏*

（中国政法大学 北京 100088）

摘　要：违约方能否享有合同解除权一直是争议较大的问题。《民法典》第 580 条确认了违约方申请法院或仲裁机构解除合同的相关要件。然而在房屋租赁合同纠纷案件中，存在大量违约方因无法继续履行合同而请求人民法院或仲裁机构解除合同的现实需求，本文认为如果满足相关要件，应当赋予违约方合同解除权。

关键词：合同违约　房屋租赁合同　解除权

理论界和实务界的主流观点认为违约方不应享有一般意义上的合同解除权。但是，在一方当事人因自身原因无法继续履行合同，守约方又不行使解除权的情况下，合同将陷入既无法履行又无法解除的僵持状态，不仅会扩大守约方的损失，更会因社会资源闲置产生浪费。尤其是房屋租赁合同，故需要对此进行探究。

一、房屋租赁合同中违约方申请解除合同与合同僵局的破解

（一）合同僵局的基本概念与构成要件

合同僵局旨在描述一种合同当事人就是否继续履行、是否解除合同僵持不下并伴有一定程度资源浪费的情形。《九民纪要》第 48 条规定了在特定情况下，违约方起诉请求解除合同的，人民法院依法予以支持。而后《民法典》

---

　　* 作者简介：李诗敏（1988 年-），女，汉族，新疆人，中国政法大学同等学力研修班 2022 级学员，研究方向为民商法学。

第 580 条第 2 款[1]填补了原《合同法》第 110 条对于合同僵局解决方式的空白，规定了因特定情况致使不能实现合同目的的，人民法院或者仲裁机构可以根据当事人的请求终止合同权利义务关系。

如今合同僵局的构成要件包括：一是当事人的合同目的无法实现。当事人订立合同均有其特定的合同目的，具体到房屋租赁合同，出租人的目的在于通过转让房屋使用权的方式取得租金收益，承租人的目的在于通过给付对价取得房屋在一定时间内的使用权。二是合同义务不宜强制履行。适用《民法典》第 580 条的前提条件是当事人一方不履行非金钱债务或者履行非金钱债务不符合约定。三是违约方违约非恶意。

（二）房屋租赁合同中可否类推适用合同僵局辨析

根据上文对合同僵局构成要件的总结与概括，大致可以判断出，房屋租赁合同中出现的僵持状况从严格意义上不属于《民法典》第 580 条规定的合同僵局。

（1）从合同目的角度。在房屋租赁合同中，如承租方因经济状况恶化导致无力支付房租，该种情况下出租方无法实现其收取租金的合同目的，在出租方不行使解除权的情况下，不会直接导致承租方无法使用房屋，故该种情形并不属于严格意义上的合同僵局。

（2）从金钱债务的角度。在房屋租赁合同中，承租人应向出租人支付房屋租金，故其负担的债务为典型的金钱债务。关于金钱债务，是否会出现不宜强制履行的情形，本文认为，金钱属于种类物而非特定物，其具有可替代性，可通过强制划扣等方式强制债务人履行。

综上，房屋租赁合同中双方僵持的状况并不属于严格意义上的合同僵局。然而，《九民纪要》第 48 条亦明确规定："在一些长期性合同如房屋租赁合同履行过程中，双方形成合同僵局，一概不允许违约方通过起诉的方式解除合同，有时对双方都不利。"故本文认为，《民法典》虽在法律层面间接明确了合同僵局的构成要件，但一方面合同僵局的内涵和外延亟待厘清，以明确相关情形的法律适用规则；另一方面，对于房屋租赁合同中双方僵持的情况，虽不属于现有成文法中合同僵局的情况，但在房屋租赁合同的僵持情景下，

---

[1]《民法典》第 580 条第 2 款规定："有前款规定的除外情形之一，致使不能实现合同目的的，人民法院或者仲裁机构可以根据当事人的请求终止合同权利义务关系，但是不影响违约责任的承担。"

往往伴有租赁物闲置的情况，应类推适用《民法典》第 580 条第 2 款的规定。

二、司法实践中房屋租赁合同违约方解除合同现状分析

笔者在裁判文书网中以"违约方解除合同""租赁""租金""合同解除""僵局"为关键词，共检索出 24 篇文书。这些文书均对房屋租赁合同承租方提出的解约申请予以了支持，并同时对违约方的提前解除合同行为给予了否定性评价。

关于合同解除时间的认定，因违约方不享有单方解除合同的权利，故即使部分案例中，违约方向守约方发送了解除通知，但并不发生解除合同的效力。检索的 24 份判决书中，共有 2 份判决书明确了合同解除的时间为原告即违约方的起诉时间[1]；1 份判决书明确了在违约方发出解除通知后一定合理期限内，合同解除[2]；其余判决书或直接在判决主文中判令解除双方签订的《房屋租赁合同》或明确判决生效之日双方签订的《房屋租赁合同》解除。笔者认为房屋租赁合同中违约方通过提起诉讼请求解除合同并非行使形成权，而系通过诉讼的形式请求人民法院或仲裁机构打破租赁合同中的僵持状况，双方签署的《房屋租赁合同》是否满足解除条件仍有待在诉讼或仲裁中予以审查。

在法律使用方面，适用的法规范大致有以下几种：其一，依据《九民纪要》第 48 条的精神，有 5 件案例在"本院认为"部分引用了《九民纪要》第 48 条中关于"法院确认违约方解除合同的条件"，即违约方不存在恶意违约的情形；违约方继续履行合同对其显失公平；守约方拒绝解除合同违反诚实信用原则。其二，援引原《合同法》第 94 条。其三，援引诚实信用原则。部分案例在判决书中援引了诚实信用原则，其说理依据在于守约方拒绝解除合同构成了违反诚实信用原则的情形。[3]现行《民法典》中也存在诚实信用

---

[1] 参见 [2020] 鄂 0103 民初 7448 号"李某与武汉全国服装贸易中心有限公司、陈某荣房屋租赁合同纠纷案"："李某作为违约方解除合同，系因出现合同僵局的特殊情况，该僵局最终形成应当以李某及武汉服贸中心公司无法通过协商方式解决彼此纠纷，进而诉诸司法程序为标志，故自李某提起本案诉讼之日即 2020 年 8 月 5 日，案涉合同履行应视为形成僵局，满足解除条件。"[2020] 鄂 2828 民初 753 "罗某芝与张某怀租赁合同纠纷案"。

[2] 参见 [2019] 苏 05 民终 6923 号"张某宝与苏州工业园区顺衡顺商贸有限公司房屋租赁合同纠纷案"。

[3] 参见 [2020] 川 1802 民初 2815 号"唐某、古某凤等与赵某兴等房屋租赁合同纠纷案"。

原则、绿色原则等法律原则，这可作为论证房屋租赁合同中违约方申请解除合同的法律依据。

三、房屋租赁合同中违约方申请解除合同审查要素

《九民纪要》第48条明确了违约方申请解除合同的条件，那么在司法实践中，如何审查案件事实是否符合对应的解除条件应予以进一步明确。

（一）合同继续履行是否具有可行性

合同应否予以解除，应首先辨明合同是否具备继续履行的可行性。在司法实践中应充分审查违约方是基于何种原因才不能继续履行合同。如当事人因未取得相应的行政许可，导致无法使用承租的房屋进行营业，且有确定的证据证明短期内亦无法取得该行政许可，该种情形即为客观不能导致主观不愿，客观是因，主观为果。

（二）违约方是否恶意违约

从房屋租赁合同的角度看，可以从以下方面进行审查：一是对双方协商情况进行审查。违约方在无力支付租金后，是否积极与出租方进行了协商，表达了自身愿意继续承租房屋的意愿。[1]二是是否通过放弃一定比例或数额的利益。如违约方愿意为因己方违约行为放弃一定时间已支付的数额较为巨大的租金[2]、保证金等形式以弥补出租方的损失，以判断其解除合同系为减少损失抑或追求更大的利润。

（三）违约方继续履行合同是否显失公平

此处的"显失公平"是指继续履行房屋租赁合同导致违约方履行费用过高，即继续履行合同给非违约方带来的利益与由此给违约方造成的损失明显不对等[3]，失去了经济合理性或违约方所付合同义务大大超出了订立合同时所预想的情况。

（四）守约方拒绝解除合同是否违反减损义务

在房屋租赁合同陷入既无法继续履行又无法解除的僵持状态后，合同已丧失其经济性，在合同解除后，违约方承担的违约责任足以弥补守约人损失

---

〔1〕 参见［2020］川0321民初543号"自贡市天宇实业有限公司与犍为县皇家超市房屋租赁合同纠纷案"。

〔2〕 参见［2020］鄂2828民初753号"罗某芝与张某怀租赁合同纠纷案"。

〔3〕 王利明："论合同僵局中违约方申请解约"，载《法学评论》2020年第1期。

的情况下，守约方享有合同解除权但怠于行使该项权利，如并非出于善意，则有违反诚实信用原则之嫌。承租人不再继续履行合同义务并返还房屋后，出租人亦无必要保持房屋状态以继续为承租人提供对待给付，尤其在租赁物市场流通性较好的情况下，出租人故意放任房屋闲置即可能违反诚实信用原则。

袭警罪中暴力的认定

李文睿*

（中国政法大学 北京 100088）

摘　要：《刑法修正案（十一）》新增了袭警罪，袭警罪中的暴力，是直接作用于警察身体上的暴力，或者虽未直接作用于身体，但足以危害到警察人身安全的暴力，打砸无人乘坐的警车、掀翻无人驾驶的警用摩托车等暴力行为，不构成袭警罪；袭警罪是结果犯，但不是以是否产生人体损害结果为标准，而是以是否实质影响公务行为为标准；构成袭警罪的暴力程度要求能明显妨碍公务的执行，或者足以干扰公务执行，如果虽然对警察身体实施了直接暴力，但暴力程度十分轻微，未对公务行为产生实质影响，则不成立袭警罪。

关键词：袭击罪　暴力　司法认定

一、问题的提出

面对司法实践中频发的袭击正在执行公务的人民警察的犯罪行为，2020年12月26日，《刑法修正案（十一）》正式通过，其将《刑法》第277条第5款〔1〕规定为袭警罪。袭警罪设立以来，各个地区相继出现了袭警罪第一案，但由于缺乏细致的指导规定，各地区对于袭警罪的定案标准并不完全统一，甚至大相径庭。有些地区，定案标准比较严苛，行为人造成警察受到轻

---

* 作者简介：李文睿（1995年-），男，汉族，天津人，中国政法大学同等学力研修班2022级学员，研究方向为刑法学。

〔1〕《刑法》第277条第5款规定："暴力袭击正在依法执行职务的人民警察的，处三年以下有期徒刑、拘役或者管制；使用枪支、管制刀具，或者以驾驶机动车撞击等手段，严重危及其人身安全的，处三年以上七年以下有期徒刑。"

伤以上的情况，才构成犯罪；而有地方，标准则十分宽泛。最高人民法院印发的《关于统一法律适用加强类案检索的指导意见（试行）》，要求对于同类案件统一标准，同案同判。但根据目前的实际情况，袭警罪大相径庭的实践判罚标准，对同案同判这一原则提出了巨大挑战，统一袭警罪的定案标准，执行同案同判的司法审判原则迫在眉睫。应将袭警行为从妨害公务行为中剥离出来并进行特别制裁。"暴力"是袭警罪的构成要件之一，并且袭警罪中的"暴力"要件具有特殊性，与妨害公务罪以及《刑法》中其他暴力犯罪的"暴力"要件大不相同。为此，笔者在本文就袭警罪中关于暴力行为的认定进行探讨。

二、袭警罪中的"暴力"

《刑法》中有诸多对暴力的规定，不同罪名对暴力程度的要求也不同。目前，学术界的主流观点是将暴力行为按照如下标准进行区分：

按照暴力行为的物理属性，可以将暴力行为区分为硬暴力和软暴力：硬暴力是指直接通过物理上的力学手段对目标进行物理打击的行为；而软暴力则是指譬如采取药物、酒精等麻醉人体致无法反抗。

按照暴力行为的施力对象，可以将暴力行为区分为广义暴力行为以及狭义暴力行为：所谓广义暴力行为，即所有有形的物理施力行为，施力对象既包括人，也包括物。而狭义暴力行为，施力的对象仅为人的身体。按照暴力行为所造成的后果，还可以将狭义暴力行为，细分为最狭义暴力行为，后者不仅将施力对象限定为人的身体，还要求暴力行为达到人体无法反抗的程度。

通过分析袭警罪的保护法益，笔者认为，对袭警罪中关于暴力的认定应该进行严格限定，袭警罪中的暴力应当为"直接作用于警察身体上的硬暴力，或者虽未直接作用于身体，但足以危害到警察人身安全的硬暴力"。在实践中，还需要注意以下几点：

（1）我国《刑法》在第 277 条第 5 款袭警罪中使用了"暴力袭击"的表述，该表述与第 277 条妨害公务罪中所表述的"以暴力方法阻碍依法执行职务"不同，这说明袭警罪的暴力与妨害公务罪的暴力应作不同解释。袭警罪强调了"袭击"一词，原文为"暴力袭击正在依法执行职务的人民警察"，而"袭击"特指对人的袭击，对物无法袭击，直接限定了暴力的行为对象为"正在依法执行职务的人民警察"，即职业为警察的人的身体本身。因此，只有实施针对警察身体本身的暴力行为，才能构成袭警罪。如果犯罪嫌疑人对警车或其他物品实施了暴力行为，应针对不同情况，认定为故意毁坏财物罪、破坏交通工具罪等。当然，如果犯罪嫌疑人实施了破坏物品的行为，诸如破坏警察正在乘坐的警车、摩托车，或破坏其他物品，但会实质影响到警察人身安全的，亦应被认定为袭警罪。因为该暴力虽未直接作用于身体，但足以危害到警察人身安全，应被认定为袭警罪的暴力范畴。

（2）笔者认为，袭警罪中的暴力，应为有形的直接的硬暴力，而不是"药物麻醉""酒精灌醉"等软暴力方式。一方面，袭警罪保护的法益是执行公务的行为，而有形的暴力，是对执法权威的直接挑战，具有挑衅意味，直接损害执法权威。另一方面，在实践中，我们很难想象犯罪嫌疑人会采取"药物麻醉""酒精灌醉"的方式袭击正在执行公务的警察，该分类没有实践讨论价值。

（3）笔者认为，袭警罪中的暴力不要求暴力程度达到人体无法反抗，仅要求达到干扰警察正常执法即可。本罪中的暴力针对的对象虽然是人的身体，但本罪并非典型侵犯人身权利的罪名，在《刑法》分则中也没有被收录到第四章"侵犯公民人身权利、民主权利罪"这一章，而是被收录到第六章"妨害社会管理秩序罪"。第六章所侵害的主要法益是社会的管理秩序，具体到本罪名，则为警察履行社会管理职能，执行职务的行为。因此，本罪并不强调对人的身体造成损害后果，而更强调实质影响社会管理。

三、暴力行为的程度以及损害后果

在讨论了袭警罪中"暴力"的内涵后，需要对暴力行为的程度以及损害后果进行详细的探究。前文已经提到，袭警罪中的暴力不要求暴力程度达到人体无法反抗，仅要求达到干扰警察正常执法即可。笔者在这里进行进一步论证。

刑法中，涉及暴力的罪名有很多，但不同于常见罪名，袭警罪中，暴力袭击的常见情形是，犯罪嫌疑人不满人民警察的执法行为，采取拳打、脚踢、口咬、扇耳光、卡脖子、抱摔、用东西打砸人民警察等方式干扰正常执法行为。笔者认为，只要犯罪嫌疑人实施了上述行为，实际干扰到了正常执法程序，都可以按照袭警罪论处。针对撕扯行为，特别是撕扯警察衣服的行为，笔者认为，该行为极大地限制了警察的行动，也可能连带摔倒警察，造成民警受伤的后果。同时，如果是撕扯女警察的衣服，不仅会明显妨害其执行职务，甚至对女警察人身亦存在巨大影响，是对其身体的极大侵犯。因此，上述行为属于袭警罪的暴力。

一些轻微的暴力行为，譬如犯罪嫌疑人出于报复心理，将警察帽子摘掉或打落在地，又或是轻微推搡警察，碰触、碰掉警察胸前佩戴的警用执法记录仪等行为，宜排除在本罪的暴力之外。上述行为对人民警察身体的作用力或影响很小的行为，不会对人民警察的执法产生实质影响。

此外，当物体与人民警察的身体存在紧密联系时，当对该物体实施暴力可以直接影响人民警察的身体时，该暴力行为宜包含在本罪的暴力范围之内。例如，推倒警察正在骑行的自行车或摩托车，故意暴力破坏有警察在内的警车，这些暴力行为都将直接对人民警察的身体造成损害。

当暴力行为作用的物体与人民警察的身体不存在紧密联系时，该暴力行为不会对人民警察的身体产生实质影响，因而该暴力行为不构成袭警罪。例如，将警察停在路边的自行车或摩托车推倒，或者故意损毁执法记录仪等行为，不构成袭警罪，应结合具体情况认定为故意毁坏财物罪、妨害公务罪等。

论诈骗罪中"非法占有目的"的认定

刘尚闻*

（中国政法大学 北京 100088）

摘 要： 相较于盗窃、抢劫等常见的财产犯罪，实践中诸如合同诈骗罪、金融诈骗罪中的"非法占有目的"的认定较为复杂，更直接决定了行为人是构成刑事犯罪还是普通的民事欺诈。"非法占有目的"作为财产犯罪的主观要素，在认定时需要立足于"非法占有目的"内涵，总结出认定这一主观要素的类型化客观事实，以实现"非法占有目的"区分罪与非罪的机能。

关键词： 财产犯罪 合同诈骗罪 非法占有目的

根据行为人的主观因素的不同，可以将《刑法》中的财产类犯罪分为占有型、挪用型和毁弃型，占有型财产犯罪要求行为人具有非法占有目的，常见的诸如盗窃罪、抢劫罪、诈骗罪等多数财产犯罪都属于占有型犯罪。而我国刑法理论关于"非法占有目的"这一概念的探讨存在不同的理解和认识，不同学说通常在参考比较法的基础上，对非法占有目的存在的必要性及其具体内涵展开讨论。犯罪的认定不仅有赖于客观事实的还原和对事实规范性的评价，行为人的主观因素更直接决定了不同罪名和刑罚。

一、非法占有目的理论之争

（一）非法占有目的的存续之争

各国关于占有型财产罪，存在两种不同的立法模式：一种是在刑法条文中明确规定犯罪成立需要具备非法占有目的，例如德国；另一种采取省略规

---

* 作者简介：刘尚闻（1996 年-），男，汉族，河北衡水人，中国政法大学同等学力研修班 2022 级学员，研究方向为刑法学。

定的方式，例如我国和日本。这导致了对于此类犯罪，是否应当具有非法占有目的存在两种不同的认识，前者立法模式下，非法占有目的是法定的犯罪要素，而后者则需要通过解释论予以明确，非法占有目的之于此类犯罪的必要性，也引发了理论关于占有型财产犯罪是否必须具备非法占有目的的争论。

理论上对于财产犯罪非法占有目的的这一主观超过要素存在均持肯定意见。但大陆法系国家对于这一要素的存在必要与否存在不同的看法，尤其是日本刑法学界对于这一问题曾进行过深入的探讨。持必要说的观点通常认为，非法占有目的可以在法益保护层面限制处罚范围，即对于暂时取用他人财物的行为无需课以刑罚。持不必要说的观点认为，非法占有目的的认定依赖于客观事实，因此在这一层面上，盗窃等财产犯罪应当基于是否存在排除权利的事实或危险的客观因素认定。更具体来说，占有型财产罪和毁弃型财产罪的刑罚区别需要依赖于主观的内心动机和意思，未免不够妥当。

正如张明楷教授所言："如果某种要素对于说明行为的法益侵害性与主观罪过性具有重要意义[1]，需要通过该要素来区分罪与非罪、此罪与彼罪，那么，该要素就应当成为构成要件要素。"因此在这一意义上，"非法占有目的"发挥着重要的刑法机能，其不仅是判断某一行为是否构成犯罪的关键主观要素，同时也是区分占有型、毁弃型财产犯罪的要件，所以，其应当成为占有型财产犯罪的主观构成要素。

（二）非法占有目的的内涵

对于非法占有目的的含义，理论界一直存在不同的见解。主要围绕三个方面：非法占有目的是所有还是占有、是一时的占有还是长期的占有、是针对财物还是所有财产性利益，并形成了"意图占有说""不法所有说""非法获利说"等。

目前我国关于非法占有目的主要争论，同日本刑法理论关于排除意思和利用意思的讨论较为相似，即"非法占有目的"的内涵是排除意思和利用利益均有，还是仅包括利用意思，诸多观点均从二者在判断罪与非罪、此罪与彼罪以及限制刑罚的维度上进行阐释，以得出非法占有目的的具体内涵。

---

[1] 张明楷："论财产罪的非法占有目的"，载《法商研究》2005年第5期。

二、诈骗类财产罪非法占有目的内涵探究

本文对非法占有目的的认识持"排除意思"和"利用意思"的立场，并在此基础上就诈骗类财产犯罪的"非法占有目的"予以详细阐释。

（一）诈骗类犯罪中非法占有目的的内涵

之所以要求占有型财产罪的成立必须具备非法占有目的这一主观超过要素，缘于财产犯罪的保护法益，目前我国学界持混合说的立场，即保护所有权和占有。相较于民法上的"占有"强调对于物的占有和支配状态，刑法上的"占有"指的占有不仅包括事实上的控制，还包括权属，即占有的状态以及使用、收益、处分等权能。那么从从保护以所有权为代表的本权的角度出发，行为人单纯意识到转移占有是不够的，必须额外要求其具有排除他人所有或永久占有的意思。

虽然"排除意思"的缓和趋势产生了对其意义逐渐丧失的质疑，但是基于我国的刑法背景，排除意思有其存在的必要。质疑"排除意思"的最重要的观点来自于"盗用"是否构成犯罪的这一认识，因为基于"排除意思"的立场，"一时的使用"原则上不构成犯罪，但实际上，我国财产不仅指有形财物，也包括财产利益，在这个逻辑上，盗用可以解释为财产利益的排除和利用。

在诈骗类财产犯罪的领域，通常会要求被害人人基于受骗而发生了占有或者权属的变化，在"排除意思"的基础上，行为人继而对财产或是财产性利益进行处分或者利用。

因此，非法占有目的的内涵，应当是行为人以排除他人所有或占有，将他人财物作为自己所有进而予以支配或利用的意思。

（二）诈骗类犯罪中非法占有目的的推定

非法占有目的作为主观意思的状态，如何在具体情况中予以判断一直以来都是诈骗类财产犯罪认定的难点，实践基本采用了推定的方法，即通过行为人的客观行为对其主观心态和意思予以推定。我国关于诈骗类财产犯罪一系列的司法解释和其他规范性文件也体现了这一原则，不论是在《最高人民法院关于审理诈骗案件具体应用法律的若干问题的解释》《最高人民法院关于审理非法集资刑事案件具体应用法律若干问题的解释》还是在《全国法院审理金融犯罪案件工作座谈会纪要》中，对于诈骗类犯罪的主观目的，均采用

了事实归纳和类型化的方法，通过对诸多客观行为进行总结，继而提炼了典型反映"非法占有目的"的行为。

可以说，行为人的主观心理导致了其客观行为，外在的客观事实是主观心理状态的体现，因此认定行为人是否具有非法占有目的时应当结合行为人的客观行为综合判断。这一方法在认定特殊类诈骗犯罪中体现得尤其明显：对于金融犯罪中非法占有目的的认定，司法解释[1]将一些客观行为作为司法实践中认定是否具备非法占有目的的标准。当然这种以客观行为认定主观要素的论证是允许反证的，即如果被告人有证据证明，是可以排除非法占有目的的认定的。

就合同类诈骗犯罪而言，"合同诈骗罪与合同诈欺行为的区别在于主观目的不同，前者是以诈骗钱财为目的，后者主观上虽有诈欺的故意，但不具有非法占有他人财物的目的，其目的是进行经营，并借以创造履约能力"。[2]因此，判断行为人是否具有"非法占有目的"应当从三个维度去认识：首先，需要判断诈骗行为是否存在，如果不存在诈骗行为，即使合同未履行也只能算作民事上的违约；其次，应当结合行为人的履约能力和实际的履行行为综合认定其主观意思；最后，不宜仅以行为人收到财物后不当处置、逃匿等行为表现判断其签订、履行合同的行为目的，这和非法占有目的的产生时点直接相关，行为人应当在占有财物之前就具有非法占有目的，否则如果仅仅是在取得占有后产生相关意图，也只能认定为侵占。

三、结论

"非法占有目的"作为财产犯罪认定的主观超过要素，是区分罪与非罪、此罪与彼罪的关键因素，本文认为非法占有目的的内涵应当包括排除意思和利用意思，即非法占有目的是指排除权利人，将其财物作为自己的财物进行支配（排除意思），并遵从财物的用途进行利用、处分（利用意思）。而在这一基础上，针对诈骗类犯罪的非法占有目的认定则主要依赖于客观事实的推定，这一司法推定需要遵循主客观相一致的原则，在确保真实事实的基础上，基于逻辑必然的联系，认定行为人的主观目的。

---

〔1〕 参见《全国法院审理金融犯罪案件工作座谈会纪要》。
〔2〕 张明楷：《刑法学》（第6版），法律出版社2021年版，第1312页。

论寻衅滋事罪和故意伤害罪的区分与认定

——以唐山烧烤店打人事件为视角

孟 霞*

（中国政法大学 北京 100088）

摘 要： 唐山烧烤店打人事件引发社会的广泛关注，造成恶劣影响，网络舆论汹涌而至，关于陈某某等人涉嫌的犯罪行为将如何认定也成了舆论的焦点之一。在司法理论和实践中，关于寻衅滋事罪和故意伤害罪的区分、竞合与认定一直是一个难题，特别是实务界对于二者的认定存在标准不一的现象，值得我们关注和研究。

关键词： 寻衅滋事罪 故意伤害罪 区分 想象竞合 认定

一、问题的提出

从当前司法实践中的案例数量来看，寻衅滋事罪可以说是最为常见的、多发的扰乱公共秩序犯罪之一，其严重危害社会管理秩序，破坏人民群众的安全感。唐山烧烤店打人事件引发民众对陈某某等人涉嫌的犯罪罪名的讨论，同时引发我们的深入思考，那就是如何在司法实务中进一步厘清寻衅滋事和故意伤害两者的关系，解决好执法办案过程中类型案件认定的具体难题，准确适用罪名，依法惩治犯罪，有效实现法律效果和社会效果的统一。

---

* 作者简介：孟霞（1985 年-），女，汉族，浙江松阳人，中国政法大学同等学力研修班 2022 级学员，研究方向为刑法学。

二、关于寻衅滋事罪、故意伤害罪的区分

（一）从保护的法益角度

刑法中不同罪名保护的法益显然是不同的，所以只有从法益的角度分析犯罪行为所构成的罪名，才能准确予以认定和适用。

寻衅滋事罪位于《刑法》分则中的扰乱公共秩序罪一节，保护的法益是公共秩序，故意伤害罪位于《刑法》分则中的侵害人身权利一节，保护的法益是公民的人身权利。在司法实践中，应该以犯罪行为侵害的法益为导向，准确适用罪名。从两个罪名保护的法益上不难区别寻衅滋事罪和故意伤害罪，犯罪行为是否侵害公共秩序是关键所在。就如唐山烧烤店打人事件，犯罪嫌疑人在公共场合无事生非、随意殴打他人，显然破坏了公共秩序，危害了公众安全，属于涉嫌寻衅滋事罪，被害人鉴定为轻伤二级的具体侵害结果被包涵在寻衅滋事保护的法益之下。

（二）从构成要件分析

寻衅滋事罪侵犯的客体为单一客体，即社会管理秩序，重在保护公共秩序。寻衅滋事罪的主观方面只能由故意构成，且犯罪动机具有特定性，应当是出于寻求精神刺激、发泄不满情绪、炫耀显示威风、满足低级趣味等不良动机或者出于其他不健康心理。[1]该罪的客观方面表现为行为上的"随意性"，主要是"无事生非"和"小题大做"两种类型。[2]无事生非型是指行为人没有合乎正常社会价值观念的理由而故意制造事端。小题大做型是指行为人借着微不足道的生活琐事或偶发纠纷而故意挑起事端。

故意伤害罪侵犯的客体是他人的身体权，保护的是公民的人身权利。故意伤害的主观方面表现为故意。即行为人明知自己的行为会造成损害他人身体健康的结果，而希望或放任这种结果的发生。主观目的上具有明显的伤害故意并实施了伤害行为，造成被害人受侵害的后果。

寻衅滋事罪与故意伤害罪之间，除了犯罪客体和行为严重程度不同之外，最为显著的区别就在于主观动机和目的方面的差异，相较于寻衅滋事的"无

---

[1] 参见人民法院出版社编：《司法解释理解与适用全集》（刑事卷1），人民法院出版社2018年版，第397页。

[2] 参见周加海、喻海松："《关于办理寻衅滋事刑事案件适用法律若干问题的解释》的理解与适用"，载《人民司法（应用）》2013年第23期。

端生非"，故意伤害在主观动机上就是"事出有因"。

在实践中，对于两者的关系，有部分观点从以下两个要件来进行区分：一是侵害的对象，即寻衅滋事的对象具有随意性，是不特定的，而故意伤害的对象具有选择性；二是是否在公共场合，也就是将发生在公共场合的伤害行为认定为寻衅滋事。笔者认为，这两种区分办法都可行，但必须依据具体案情具体分析和界定。例如，因离婚纠纷要报复前妻的某犯罪嫌疑人，在前妻单位附近（公共场合）等候其出现，并对其实施伤害行为，前妻受轻伤。此犯罪行为虽然发生在公共场合，但明显属于故意伤害。犯罪嫌疑人侵害的对象明确，具有明显的伤害故意，并实施了伤害行为导致结果发生，符合故意伤害罪的构成条件，不可能成立寻衅滋事罪。

三、关于寻衅滋事罪、故意伤害罪之间的想象竞合

想象竞合犯是指实施一个犯罪行为同时触犯数个不同罪名的犯罪形态，且数罪名所在法条之间不存在逻辑上的包容关系或者交叉关系，它的处断原则是从一重罪论处。《最高人民法院、最高人民检察院关于办理寻衅滋事刑事案件适用法律若干问题的解释》第 7 条明确了寻衅滋事罪与其他犯罪竞合时的处理规则，即"从一重处断"。实施寻衅滋事行为，同时符合故意伤害罪的构成要件的，依照处罚较重的犯罪定罪处罚。

笔者认为，之所以需要讨论两罪之间的想象竞合关系，就是因为两者本身实质上存在或重合或交叉的"共性"之处，在某些构成上有相似之处，具有无法剥离的紧密联系。分析寻衅滋事罪和故意伤害罪两者的共性之处，也许正是有利于我们厘清想象竞合关系的路径之一。在此之前，有两点明确之处我们需要先行做个铺垫。其一，寻衅滋事罪不以结果达到轻伤为构成要件，而成立故意伤害罪必须达到轻伤以上。所以，我们在讨论想象竞合关系时，是建立在损害结果为轻伤以上讨论的。其二，从法定刑配置来看，寻衅滋事罪的最高法定刑是 10 年有期徒刑，故意伤害罪致人轻伤的处 3 年以下有期徒刑，致人重伤的处 3 年以上 10 年以下有期徒刑，致人死亡的处 10 年以上有期徒刑、无期徒刑，甚至死刑。可见，在致轻伤以下结果时，寻衅滋事罪较故意伤害罪而言是重罪；在重伤或死亡的结果下，故意伤害较寻衅滋事而言是重罪。量罚的轻重之分，也是司法实践中导致裁量不一的因素之一。司法人员依据不同的裁量标准对犯罪行为定罪量刑，导致社会对司法公正度的感受失分。

那么，想象竞合关系中我们需要讨论的部分就是在具体案件中两罪的部分"共性"存在。

（1）行为方式的相似性。寻衅滋事中的随意殴打他人致人轻伤，在客观行为上是指通过殴打等手段伤害他人的身体健康；故意伤害罪中的"伤害"，也是使用暴力等手段损害他人健康的行为。

（2）侵害结果的重合性。寻衅滋事罪和故意伤害罪都导致他人身体健康权受到损害的结果，显然具有重合性，或者说本身就是一个犯罪行为导致的一个伤害结果。虽然根据伤害程度不同，二者之间存在相应的量罚是否可涵盖的问题。根据刑法理论，如果行为人无端寻衅，随意殴打他人致重伤、死亡的，属于想象竞合犯，择一重罪处罚。可见，我们要讨论的想象竞合关系的难点在于致人轻伤的情形时，如何区分适用两个罪名。

（3）法益的包涵性。从前面铺垫的刑罚配置可以看出，在致人轻伤结果的刑罚下，寻衅滋事罪已经涵盖了故意伤害的结果。同时触犯两罪时，以寻衅滋事罪论处，符合罪刑相适应原则。

我们来看这么一个案例。某村部分村民以开发商取得的土地使用权所属土地在征用时尚有遗留问题未解决为由，现场阻止开工建设，与该开发商工作人员叶某发生冲突。该开发商负责人林某某将此事告知被告人宋某某，并让宋某某当天下午带人去工地现场。宋某某纠集了其他6名被告人，该6名被告人又分别纠集了一些人到达现场。下午，村民主任吴某某带着部分村民前来阻止施工，于是遭到宋某某等人殴打，结果造成村民程某、王某两人轻伤，还有7人构成轻微伤。[1]

被告人宋某某等人构成寻衅滋事罪还是故意伤人罪？从犯罪动机来看，被告人并非出于流氓动机，或是寻欢作乐，或是耍威风、逞强好胜，以寻求精神上的刺激；从犯罪起因来看，被告人并非"无事生非"，而是"事出有因"，即受开发商负责人林某某的"委托"，针对有人阻止施工这一缘由，也不属于事前找某些理由和借口来"借由生事"的情形；从犯罪对象来看，被告人并非随意选择侵害对象，而是明显针对前来阻止施工的人这一特定对象；从犯罪场合来看，施工工地是工程施工现场，一般群众和闲杂人员是不能进入的，所以建筑工地不是公共场所。综合以上，笔者认为被告人宋某某等人构成故意伤害罪。

---

〔1〕 某基层人民法院刑事审判判例，笔者的分析结果与审判结果不同。

权力寻租视角下的规避法律型隐名
投资的问题探析

周 伟*

（中国政法大学 北京 100088）

摘　要： 随着社会的不断发展，经济发展模式不断转型升级，企业经营模式与经济发展内容日趋丰富多元，由此产生的犯罪形式也逐渐更新迭代，犯罪手段更为高明，隐蔽性更强，使得一些手中握有权力、道德水平落后、缺乏廉洁自律意识的高管、官员和一些有"围猎"想法的不法商人有了可乘之机。政商勾结，滥用公权，用权力寻租等方式贪污受贿、规避招投标，由于其手段新颖且隐蔽，不仅给企业及正常的市场运营秩序带来极大危害，更严重地损害了公职人员在人民群众中的形象。党的十八大以来，我国加大了对贪腐的惩处力度，中央纪委国家监委网站数据显示，2022年上半年纪检机关共处置问题线索73.9万件，立案32.2万件，处分27.3万人。而近年来，在企业管理和商业经济活动中的权力寻租方式也随着社会发展不断变化迭代，手段更为隐蔽，为侦查带来一定难度。这不仅造成国有资产流失，更扰乱了企业运营和市场经济秩序。本文从权力寻租的视角入手，研究其与规避法律型隐名股东两者之间存在的关系，以及对这两者在企业管理交集下的犯罪特点进行剖析，为遏制企业新经济环境下的这类隐蔽性犯罪手段做出警示性提示，并为此类犯罪治理提供新思路。

关键词： 权力寻租　规避法律　隐名投资　贪腐　滥用公权　高管

---

* 作者简介：周伟（1980年-），女，汉族，河南濮阳人，中国政法大学同等学力高级研修班2022级学员，研究方向为社会法学。

一、问题提出与研究意义

在以往的相关文献研究中，大多是将权力寻租和隐名投资这两个概念分开进行研究，而对于规避法律型隐名股东的研究也大多是基于权益保护与股份效力认定方面。极少有作者对权力寻租与规避法律型隐名股东两者重合部分以及逻辑相关部分进行研究，而笔者认为这两者之间在现实的企业管理和经济犯罪中存在着一定的关联度。

因此，本文试图以权力寻租作为视角分析探讨其与规避法律型隐名投资行为间的关系、犯罪行为表现以及研究意义为廉政建设和遏制企业新经济环境下的隐蔽性犯罪预防和治理提供新思路。

二、权力寻租与规避法律型隐名投资的关系及其具体情形

（一）权力寻租与规避法律型隐名投资之间的关系

在研究权力寻租和规避法律型隐名投资之间的关系前，首先需要厘清二者的概念。权力寻租是指掌握公权力的人将公权作为筹码，将权力物化，进行权钱交易，谋取私利的行为。规避法律型隐名投资是指为了规避法律，借用他人名义成立公司或者以他人名义出资，且在公司章程和工商登记、股东名册中均记载为他人实际出资。[1]

权力寻租发生在企业与私人之间的经济活动中，是旨在为个人谋取利益的贪腐行为。而规避法律型隐名投资中也存在这样的情况，一些公务员或国企中高层管理人员在职时违规兼职或进行利益输送，退休时违反竞业限制规定在相关企业任职取酬。尽管两者概念与行为表现有区别，但在实际经济活动中权力寻租与规避法律型隐名投资有一定的交集。而今，有的公职人员或国企中高层干部更是将这两大行为从在职至退休后做到无缝衔接。这些行为的背后不仅是三观不正的变节表现，更造成了国有资产流失，损害了公职人员形象，扰乱了市场公平机制。[2]

---

〔1〕 百度百科词条："隐名股东"，载 https://baike.baidu.com/item/%E9%9A%90%E5%90%8D%E8%82%A1%E4%B8%9C，最后访问日期：2022 年 7 月 23 日。

〔2〕 李云舒："违规兼职、挂证取酬、退休兼职⋯⋯警惕权力寻租变现的'过墙梯'揭开'两栖干部隐身衣'"，载《中国纪检监察报》2022 年 7 月 8 日。

（二）权力寻租与规避法律型隐名投资交集的主要情形

第一，培植亲信，集体腐败。一些三观不正、法律意识淡薄的中高层领导干部，为了谋取更大利益，往往在企业上下游建立利益链团体，甚至趁企业改制之际打着"选拔人才"之名，将亲信组建团队或部门，在企业经营活动中与不法商人形成内外勾结，上下串通。这种不正之风不仅歪曲了企业经营管理理念，更为日后企业的良性发展埋下了毒瘤隐患。

第二，权利余温，退休变现。某些缺乏廉洁意识的临退休国企中高层管理人员以隐名投资或股东身份公开在岗时为自己积攒经营"人脉资源"。例如，浙江省嘉兴市委原常委、副市长徐淼长期投资入股多个非上市公司和项目；原中国建筑科学研究院副院长黄强违反上级部门规定，由他人为其代持非上市公司股份。[1]有的公职人员和国企中高层管理人员的违法形式则更为隐蔽，在职时通过手中权力为不法商人大开方便之门，进行利益输送；退休后违规到对方企业任职取酬或者以隐名投资身份与原乙方单位人员成立新公司，利用原职务影响力为同业招标项目"开后门"。例如浙江省绍兴市政协原副主席陈建设在退休前利用手中资源为自己办企业铺路搭桥，发挥"权力余温"，收受巨额贿赂。这种行为不仅违反了公务员国企干部离职从业限制，也严重扰乱了市场秩序。[2]

第三，伪"生态型"组织。生态型组织的正确理念是在企业内打造一种良性的互惠共赢的生态系统。但在现实实践中难免被一些不法之徒唱歪。一个发展成熟的平台型企业往往有着大量供应商，对于一些在市场竞争中低门槛、低利润、竞争者多的中小企业来讲，背靠大型平台企业获得长期利益往往是存活之道。有些中小企业经营者为了长期寻租，主动围猎拉拢甲方中高层，在工作中打着"推荐资源"的旗号，将自己的供应商与合作伙伴在项目招投标测算前期推荐给甲方，由此在甲方企业内建立并扩大自己的生态圈。生态圈一旦形成就极易成为寻租与隐名投资的"孵化地"。这种"资源共享"

〔1〕 中央纪委国家监委："公权私用、权力寻租、利益输送……党员干部违规拥有非上市公司股份问题需警惕"，载中共双辽市纪律检查委员会网站：http://www.sljw.gov.cn/new.asp？id＝870，最后访问日期：2022 年 7 月 23 日。

〔2〕 中央纪委国家监委："警钟｜退休前忙于'公权变现'，15 年后选择主动投案"，载中央纪委国家监委：https://baijiahao.baidu.com/s？id＝1647508331566896726&wfr＝spider&for＝pc，最后访问日期：2022 年 7 月 23 日。

在企业正常运转时不会凸显问题，一旦双方出现矛盾，极易出现资源供给方制衡平台企业的现象，严重情况下还会影响企业的正常经营活动。

三、权力寻租视角下规避法律型隐名投资的特点分析

（一）公权滥用，受贿腐败

公职人员或国企"一把手"以及中层管理干部在企业经营管理中通过公权力为合作公司提供便利，与相关企业高管达成业务与情感联盟，在职时利用权力为其进行利益输送，退休时违规到原监管的乙方单位任职或通过隐名方式入股投资获取利益，造成国有企业资产流失、扰乱市场竞争秩序。

（二）人力资源制度存漏洞[1]

一方面，从近年来曝光的权利寻租案例来看，一些国有企业的企业人力资源制度不完善。比如，在国企改制或企业重组部门的过程中，一些领导在选人用人上任人唯亲，缺乏对相关人员的专业资质、学历及工作经历的审核，极易导致滥竽充数及"群蛀"[2]现象。另一方面，在岗位层级任职要求设置中存在资质倒挂现象，其主要表现为在学历及资质要求方面出现下级人员高于上级主管的现象，或以人定岗的情况。这些不仅让违规选人有空子可钻，也为企业风险管理埋下了隐患。

（三）内控制度不完善

在权利寻租和规避法律型隐名投资交集的行为中之所以会出现长期内外勾结现象，原因在于企业对于离退休中高层领导干部疏于监督管理与教育，使得一些退休干部无视党规法纪，为所欲为，牟取暴利。

四、权力寻租视角下规避法律型隐名投资的治理建议

（一）加强内部风险控制建设

企业经营项目中涉及的利益链较多，比如在审批、预算费用测算、招投标这些重要环节中极易出现风险点。完善风险防控机制，让每个环节都在阳光下进行，并对关键人员和过程进行监控，避免出现权力寻租漏洞。同时对

---

[1] 杜京："国有建筑企业权力寻租现象影响及预防机制研究"，南华大学 2018 年硕士学位论文，第 46 页。

[2] 张洽："国有企业 CEO 权力寻租的原因剖析与治理对策"，载《商业会计》2020 年第 10 期，第 28 页。

长期合作关系的乙方建立任职年限标准与强制性退出机制，并对甲方同期部门负责人、项目测算及监管人员予以阶段性经济审查及换岗机制。用机制打散贪腐利益链，让无论是利用在职期间掌握的公共资源谋取的非法利益，还是搞"期权式腐败"[1]7 的行为都无处遁形，违者也必将受到严肃追究。

（二）建立人员招聘录用管理的科学制度

在企业改制和重组部门或成立项目组时，取缔领导干部"一言堂"和内部人控制现象，选人用人采用公开竞聘制度，国企人力资源任用制度更要联通市场化选人资质标准，对重要部门人员的学历、专业资质、经历设置严格要求。

（三）加强对企业中高层离退休干部监督管理

党内规章、法律法规、规范性文件对各类公职人员离岗后的从业行为进行了严格要求和规范。《公务员法》明确了"三年两不准"，即党政领导干部辞去公职或者退（离）休后 3 年内，不得到本人原任职务管辖的地区和业务范围内的企业兼职（任职），也不得从事与原任职务管辖业务相关的营利性活动。党员领导干部离职后其原有职权或地位还会在一定范围、时期内产生影响，因此，若党员领导干部离职后从事的劳务活动在一定时限内与其原工作业务直接相关，则会引发与其原有职权或地位的利益牵连。[2]8 应当建立对离退休中高层管理干部的审计制度，同时对相关人员进行 3 年内廉洁管理制度（每年进行组织谈话）并建立公开举报制度。此举有助于警钟常敲，起到良好的监督效果。

〔1〕 中央纪委国家监委："'逃逸式'离职、'期权式腐败'？离职不能离了纪法约束！"，载中国青年网：https://baijiahao.baidu.com/s? id＝1736131395721741031&wfr＝spider&for＝pc，最后访问日期：2022 年 7 月 23 日。

〔2〕 李云舒："违规兼职、挂证取酬、退休兼职……警惕权力寻租变现的'过墙梯'揭开'两栖干部隐身衣'"，载《中国纪检监察报》2022 年 7 月 8 日。

论挂靠关系引起的民事责任

唐鹏峰*

（中国政法大学 北京 100088）

摘　要：在建设工程领域中，挂靠关系是实务中一种常见的关系，由此延伸出的民事纠纷屡见不鲜。挂靠人的合同行为和侵权行为势必会引起合同之债和侵权之债，但是我国司法实践中对这两种债务在挂靠人与被挂靠人之间的责任该如何划分的问题尚未形成统一观点。因此，明确挂靠关系的法律属性，厘清这其中的相关民事责任，能够有效明晰权责，从而有效解决纠纷。

关键词：民事责任　挂靠　被挂靠

一般认为，挂靠是指没有资质的实际施工人借助有资质的建筑施工企业名义承揽工程的行为。[1]挂靠产生的背景是由于建筑工程成果常常涉及公共利益与公共安全，因此我国法律对建设工程领域的承包方或施工方都有一定的资质要求。当资质准入制度成为企业能否入驻建筑市场的重要评估点后，在利益的驱使下，部分有资质的企业就会和无资质的企业或个人相互串通，形成挂靠。在挂靠关系中，挂靠人自己属于实际施工人，但对外一般以被挂靠人的名义承揽和施工，这就产生责任如何分担的问题。

一、挂靠关系的法律属性

要明确挂靠人与被挂靠人的责任划分形式，首先要了解挂靠关系是一种什么样的关系。

---

　*　作者简介：唐鹏峰（1995 年－），男，汉族，重庆人，中国政法大学同等学力研修班 2022 级学员，研究方向为民商法学。

　〔1〕　参见陈旻：《建设工程案件审判实务与案例精析》，中国法制出版社 2014 年版，第 18 页。

一种观点认为，挂靠人和被挂靠人之间构成代理关系，同时又根据《民法典》第 167 条[1]，应当由挂靠人和被挂靠人承担连带责任。这种观点虽然有一定合理性，但也忽略了代理关系和挂靠关系本质的不同。代理关系是具备明确含义的法律概念，属于规范用语；而挂靠关系则是对某领域一种特定现象的抽象总结，不属于严格意义上的法律概念。并且挂靠人借用被挂靠人的资质，这种"授权"从始至终都是违法、无效的行为，因此当然不能和法律明文规定的代理行为一概而论。

另一种观点认为，挂靠人与被挂靠人之间属于借用合同关系，建筑资质就是该关系中所借用的标的物。然而根据《建筑法》第 26 条[2]，挂靠人与被挂靠人之间即便属于借用合同关系，也因为该行为违反了法律法规的强制性规定而无效，所以该借用合同法律关系也属无效。笔者较为认同第二种观点。

二、挂靠引发的责任类型

由挂靠关系引发的相关民事责任需要细致探讨。对于由于挂靠合同所产生的责任，虽然因违反强制性规定而丧失了合同基础，但仍可适用《民法典》及其司法解释的相关规定，当事人可以缔约过失为理由要求对方赔偿损失。

建设工程施工合同的无效并不会使得挂靠人为施工而进行准备的买卖、租赁合同无效。对此尚未有法律法规进行规制，笔者认为在相关的买卖合同中，挂靠关系并不会对合同效力产生影响，如果没有其他无效事由，应当认定合同有效。相关的违约责任可以是以挂靠人的名义还是被挂靠人的名义进行细分。

三、挂靠关系引发的合同纠纷中的责任承担规则

笔者认为对于挂靠关系引发的责任需要根据不同的合同类型进行区分。

---

[1] 《民法典》第 167 条规定："代理人知道或者应当知道代理事项违法仍然实施代理行为，或者被代理人知道或者应当知道代理人的代理行为违法未作反对表示的，被代理人和代理人应当承担连带责任。"

[2] 《建筑法》第 26 条规定："承包建筑工程的单位应当持有依法取得的资质证书，并在其资质等级许可的业务范围内承揽工程。禁止建筑施工企业超越本企业资质等级许可的业务范围或者以任何形式用其他建筑施工企业的名义承揽工程。禁止建筑施工企业以任何形式允许其他单位或者个人使用本企业的资质证书、营业执照，以本企业的名义承揽工程。"

（一）建设工程施工合同

由于挂靠关系会导致建设施工合同无效，因此责任承担的基础在于缔约过失。具体法律规范为《民法典》第157条[1]和第500条[2]。由此产生的合同责任依据该法规范进行认定即可。

在确定存在缔约过失的情况下，由于挂靠人与被挂靠人均存在过错，除非在发包人明知存在挂靠事实仍然订立合同需要为此承担一定责任的情况下，挂靠人与被挂靠人对于合同相对方因合同无效所遭受的损失应当承担连带赔偿责任。《民法典》第178条第3款规定"连带责任，由法律规定或者当事人约定"。由此可见，连带债务的发生根据有两类：一是约定的连带债务，二是法定连带债务。[3]其本身就有一定的"严苛性"。如果在未有法律、司法解释规定，也未有当事人约定的情况下，就让挂靠人、被挂靠人承担连带责任并不是万全之策，尚需从立法层面尽快予以明确。

（二）买卖、租赁类合同

此类合同的效力不会因挂靠行为而产生任何影响，其责任的判断仍然应以合同为基础。只需简单判定合同的相对人即可，至于对方是否存在挂靠行为，对买卖、租赁类合同的效力和履行不会产生影响。在挂靠人以被挂靠人的名义签订合同的时候，应当依照法律规定，结合签订合同时所出示或具备的书面文件、履行方式、外观宣示和合同相对方的善意与否等因素，判断在合同相对人在交易过程中是否构成表见代理。[4]构成表见代理，则被挂靠人为合同相对人；不构成表见代理，则由挂靠人承担合同责任。

四、责任承担形式

在确定了责任的形式之后，就需要探究责任承担的形式。在挂靠关系引

---

[1]《民法典》第157条规定："民事法律行为无效、被撤销或者确定不发生效力后，行为人因该行为取得的财产，应当予以返还；不能返还或者没有必要返还的，应当折价补偿。有过错的一方应当赔偿对方由此所受到的损失；各方都有过错的，应当各自承担相应的责任。法律另有规定的，依照其规定。"

[2]《民法典》第500条规定："当事人在订立合同过程中有下列情形之一，造成对方损失的，应当承担赔偿责任：（一）假借订立合同，恶意进行磋商；（二）故意隐瞒与订立合同有关的重要事实或者提供虚假情况；（三）有其他违背诚信原则的行为。"

[3] 郭晓霞："连带责任制度探微"，载《法学杂志》2008年第5期。

[4] 周凯："表见代理制度的司法适用——以涉建设工程商事纠纷为对象的类型化研究"，载《法律适用》2011年第4期。

发的合同之债中，挂靠人与被挂靠人对外承担的责任一为连带责任，二为合同相对方责任。连带责任产生于因挂靠行为导致建设工程施工合同无效后的缔约过失理论。合同相对方责任主要存在于挂靠行为不对合同效力产生影响的买卖与租赁合同关系中。

如果该行为是侵权行为，例如挂靠人在施工过程中因为建筑物倒塌造成第三方损害，根据《民法典》第 1252 条[1]的规定，在这种情况下，建设单位和施工单位的责任为连带责任，而挂靠行为中的挂靠人是否能同样理解为施工单位仍然是一个问题。对此，应结合《建筑法》第 66 条的规定来理解，施工单位应当包含挂靠人和被挂靠人两个主体，因此对建筑物倒塌导致的第三方损害应当由建设单位、挂靠人、被挂靠人对外承担连带赔偿责任。

除此之外，还有挂靠人在施工过程中因施工行为导致的第三方损害。诸如此类事项，建筑物的建设方和施工方都难辞其咎，二者对建筑物的质量均存在过错，构成共同侵权。在这种情况下，参照《民法典》第 1168 条，应当由挂靠人与被挂靠人承担连带赔偿责任。

五、结语

随着对挂靠关系中相关法律概念和法律关系的进一步分析，可以对实践中常见的此类法律问题有更加准确的认识，并明晰挂靠关系中的具体责任承担方式。但目前的司法实践尚未对裁判标准以及责任承担的规范性来源作出统一的规定，这就需要通过立法或解释的方式促进裁判与规范的统一，从而使裁判更能彰显正义，规范亦能自圆其说。

---

[1] 《民法典》第 1252 条规定："建筑物、构筑物或者其他设施倒塌、塌陷造成他人损害的，由建设单位与施工单位承担连带责任……"

浅析受贿罪未遂的认定

唐　燕[*]

（中国政法大学 北京 100088）

摘　要： 受贿行为对我国国家机关的正常运行与廉洁性造成了极大的损害，十九大以来更是提出了行贿受贿一起查的口号，以加大打击力度。在司法实践中，正确运用"实际控制说"理论判定受贿罪的既遂与未遂之界线，有利于严惩腐败工作的顺利进行，也对打击腐败犯罪起到了较强的指导作用。

关键词： 受贿罪　未遂　实际控制说

一、问题的提出

自十八大以来，我国对受贿犯罪的打击一直呈高压势态，积极查处了一大批受贿的公职人员，反腐取得了一定的成效。然而随着时代的发展，复杂且隐蔽的犯罪手段应运而生，面对新型的受贿方式传统治理手段有点力不从心，这使得一些受贿行为在司法实践中愈发难以认定。受贿行为的久禁不绝一直以来都是亟待解决的难题，其中如何认定受贿罪的未遂一直是实践中的难点。

二、受贿罪未遂的标准判定

我国《刑法》第 23 条第 1 款[1]对犯罪未遂作了一般性的规定，简言之，犯罪未得逞就是犯罪未遂。受贿罪也是一种故意犯罪，其全部发展过程也分

---

　　[*]　个人简历：唐燕（1989 年-），女，汉族，江苏苏州人，中国政法大学同等学力研修班 2022 级学员，研究方向为刑法学。

　　[1]《刑法》第 23 条第 1 款规定："已经着手实行犯罪，由于犯罪分子意志以外的原因而未得逞的，是犯罪未遂。"

为完成与未完成形态，犯罪分子在实施犯罪的过程中，由于意志以外的原因未得逞的，便会存在受贿罪未遂的问题。[1]

犯罪未遂应具备三个要素特征：一是已着手实行犯罪，这是未遂的重要标志，也是犯罪实行行为的起点。所谓着手，即已经开始实行《刑法》分则所规定的某一具体犯罪的客观要件的行为，如受贿罪中的索取、收受等行为，这也是犯罪实行行为同预备行为的有效区分，开始对犯罪客体造成了直接威胁。二是未得逞，也即《刑法》分则所规定的具体犯罪的客观构成要件没有被完成，这是犯罪既遂与未遂的根本区分之所在。关于未得逞，我国理论界通常将其分为结果犯和行为犯加以讨论，结果犯的未遂是指犯罪尚未发生，行为犯的未遂是指犯罪行为尚未完成。受贿罪的未得逞主要表现为索取财物失败或者误将礼物作为贿赂而受之，并非指没有达到犯罪目的或者造成任何具体的危害。三是意志以外的因素，这是未遂与中止的区别所在。意志以外的原因导致犯罪未完成与犯罪分子主动放弃，二者之间是相互对立且排斥的。受贿罪中意志以外的原因未得逞，可以出现在索取、收受等阶段。

受贿罪的未遂形态是当然存在的，但是在受贿罪的既遂与未遂标准上，理论界存在以下观点：

（一）承诺行为说

该学说认为，受贿人作出承诺，即作出利用职务之便而为他人谋取利益，收受贿赂的意思表示时，即为受贿既遂。[2]受贿罪所侵犯的法益是国家工作人员职务行为的廉洁性与不可收买性。受贿人在作出承诺之时，就已经破坏了国家机关及其工作人员的声誉，危害了国家机关的正常活动。

（二）收受行为说

目前持有该观点的学者较多，[3]原因在于：其一，从构成要件的角度来看，受贿人主观上存在利用职务之便为他人谋利的主观故意，客观上收受或者索取贿赂都是为了可以得到贿赂，因此受贿人必须实际收到或者索取到了贿赂，该行为才能被认定为既遂。[4]其二，受贿罪侵犯的客体，除了国家机

〔1〕 参见肖扬主编：《贿赂犯罪研究》，法律出版社1994年版，第238页。
〔2〕 参见孙道萃："'收受财物后及时退还'的刑法教义分析"，载《江汉学术》2017年第1期。
〔3〕 参见刘佑生主编：《职务犯罪研究综述》，法律出版社1996年版，第92页。
〔4〕 参见王作富主编：《刑法分则实务研究》（第2版），中国方正出版社2003年版，第2008～2009页。

关的正常活动，还包括公司财产的所有权，公私财产的收受与否，关系到受贿罪客体是否受到侵害。

（三）谋利行为说

该观点认为，只要行为人实行了为相对人谋取私利的行为，无论是否实际收到贿赂，均应认定为既遂；若因意志以外的原因而能为他人谋取私利的，则为未遂。原因在于，不论行为人的贿赂实际收到与否，其利用职权为他人谋利的行为已经对国家机关的正常运行及国家工作人员职务行为的廉洁性造成了侵害，至于是否收受贿赂不影响既遂的认定。

综合上述学说，本文赞成"实际控制说"，受贿罪既遂未遂与否应以行为人是否实际收到贿赂为准。首先，刑法对于侵犯财产罪的认定，是以"控制说"为主流观点，该说认为：侵犯财产罪既遂或未遂的认定，应以行为人是否实际控制、占有财物为标准。所谓"控制"，并非指财物一定就在行为人手里，而是指行为人事实上支配该项财物。[1]如若行为人不存在收受财物的行为，钱权交易无法实现，受贿罪所保护的国家工作人员职务行为的廉洁性也不会受到侵害。其次，为他人谋取利益是行为人收受贿赂的条件，只有行为人得以承诺或者谋利行为实行，并且实际收受了贿赂，受贿行为才得以完成，才构成既遂。最后，根据犯罪构成要件理论，受贿罪的主观故意为利用职务之便为他人谋取私利，进而收受贿赂。作为结果犯，行为人收受贿赂才具备客观条件，反之，若因意志以外的因素未发生特定的结果，则客观要件并不具备，是为未遂，这也是我国《刑法》关于受贿罪立法的本意。

三、"实际控制说"之司法应用

现行司法解释对受贿罪的财物较之前作出了扩大解释，在之前现金和物品的基础上，增加了财产性利益，[2]其与通常意义上的财物不同，在司法实践中往往存在较大争议。受贿罪属于交易型犯罪，其认定受贿罪中对财物的占有与控制应以"实际获取"为依据。获取包括本人获取、指示第三人获取，但并

---

[1] 王作富主编：《刑法分则实务研究》（第2版），中国方正出版社2003年版，第1100页。
[2] 《最高人民法院、最高人民检察院关于办理贪污贿赂刑事案件适用法律若干问题的解释》第12条规定："贿赂犯罪中的'财物'，包括货币、物品和财产性利益。财产性利益包括可以折算为货币的物质利益如房屋装修、债务免除等，以及需要支付货币的其他利益如会员服务、旅游等。后者的犯罪数额，以实际支付或者应当支付的数额计算。"

不包括由行贿人保管的情形。针对不同的财物，"实际获取"的判断依据不同：

案例一【赵某受贿案】[1]：杨某某找到赵某，希望赵某帮忙承揽监理工程，赵某答应帮忙，同时约定工程利润的65%归赵某，并由杨某某暂时保管，赵某需要时向杨某某支取。后赵某利用职务便利，帮助杨某某以四川建鑫工程监理有限公司的名义承揽了成都市公安局地下停车场、成都市技师学院二期学生公寓工程监理项目。按约定，赵某应分得工程量利润29万元，至案发，除杨某某替赵某支付其父的寿宴等费用外，尚余228 401元在杨某某处。2014年9月1日，杨某某向成都市纪委退缴赃款228 401元。法院认为赵某由于意志以外的原因案发时尚未实际占有该笔受贿款228 401元，是犯罪未遂。

案例二【刘某受贿案】[2]：刘某收受田某开户名为田某女儿的存单，尚未获取存款而被立案。法院认为，根据相关规定，被告人刘某收受银行定期存单后，因存单的开户名是田某女儿，且系大额存款，刘某如要支取该笔存款，必须要田某女儿提供身份证件支持，而且这笔存款未能支取即已案发，故刘某虽然收受了他人赠送的定期存单，但由于意志以外的原因，在案发前尚未实际控制和占有该笔存款，是犯罪未遂。

案例三【钟某受贿案】[3]：吴某因中标核磁共振成像系统采购，承诺给医院院长钟某300万元，但因反腐形势严峻，钟某与吴某商量钱先放在吴某处保管，直至案发。法院认为，在钟某的受贿数额中，300万元受贿款因意志以外的原因未实际获得，是犯罪未遂。

在新型受贿中，无论是借用型受贿还是干股分红型受贿等，都要以实际获取或者占用为标准进行犯罪形态判断。行为人尚未实际获取财物的，应认定为受贿未遂；合作投资但尚未获取利润的，应认定为受贿未遂[4]；口头约定保管财物，但现金仍在他人账户的行为应认定受贿未遂；[5]对于以借用方式收受请托人房屋、汽车等物品的情形，则以实际为受贿人占用为依据；对于使用部分数额的行为只能认定部分行为既遂，其余部分应当认定为受贿未遂。

〔1〕 参见〔2014〕成刑初字第323号刑事判决书。

〔2〕 参见〔2009〕临刑初字第10号刑事判决书。

〔3〕 参见〔2017〕桂0108刑初265号刑事判决书。

〔4〕 参见〔2014〕成刑初字第323号刑事判决书。

〔5〕 参见〔2017〕桂0108刑初265号刑事判决书。

国际贸易背景下的中国商业秘密保护

王 昊*

（中国政法大学 北京 100088）

摘 要： 随着我国加入世界贸易组织以及国际贸易的蓬勃发展，加之社会主义市场经济体制的确立和发展，国际贸易的竞争越发多样化，由于商业秘密侵权纠纷其自身的保密性、秘密性和复杂性等特点，以及我国商业秘密法律、法规体系制度上的不健全，亟须体系化的商业秘密保护法律法规的制定和完善，以此来面对复杂多变的全球经济交往。本文旨在通过总结商业秘密的相关特征，结合我国目前的国内环境和法治现状进行分析，并就我国商业秘密保护的法律法规体系的完善及发展提出建议。

关键词： 国际贸易 商业秘密 保护

知识经济是未来世界经济发展的潮流，商业秘密是一个企业立身的王牌，越来越引发人们的重视以及关注，而且，商业秘密本身甚至可以作为一种十分重要的贸易主体。正因如此，商业秘密泄露的实例愈演愈烈，商业秘密于一个企业而言，无疑是一种极其重要的无形资产，也是企业在复杂多变的"商业战场"上的经济交易命脉，商业秘密泄露和侵权行为造成的后果对一个企业来说是致命的。

因此，在国际贸易中，商业秘密的保护在一个和谐的、法治的国家中是一个需要非常重视的基本点，怎样将纷繁复杂的商业秘密法律法规进行整合，减少国与国之间商业秘密领域的利益冲突，维护企业的切身利益，就成为需要探究的问题。

---

* 作者简介：王昊（1992年–），男，汉族，山东青岛人，中国政法大学同等学力研修班2022级学员，研究方向为民商法学。

一、商业秘密的相关概念

对于我国而言，"商业秘密"指的是企业的经营以及技术信息，是一种有别于普通信息的商业信息类型。受到法律所保护的商业秘密至少包括四个要件，即"不为公众所知悉""可以为商业秘密权利人带来经济利益""具备一定实用性""权利人对其采取了一定的保护措施"。

各国对商业秘密概念的界定在一定程度上存在差异性，商业秘密在不同的国家、不同的时代环境中体现出不同的特点，但各国在国际经济贸易中都普遍强调了商业秘密的诸多特征，总的表现为以下几个方面：

（1）保密性。商业秘密最基本的特征是保密性，其应当处于不为公众所知悉状态，且基本不可能通过常规手段直接获取。

（2）经济性。经济性是商业秘密的核心特征，是其价值的直观体现，指可以为企业获得直接的经济利益或潜在的商业机会。

（3）新颖性。新颖性是商业秘密区别商业信息的特征之一，同商业信息相比，商业秘密存在其独有的进步性。新颖性使得企业的商业秘密在贸易竞争中更能体现自己的竞争优势，提升企业的优胜力。

（4）实用性。实用性是商业秘密具体的使用价值和实用价值的根本，企业通过对其合法所有的商业秘密的有效运用从而获取直接的或预期的经济利益，往往通过扩大订单来源、获得更多商业机遇、保持持久性的合作关系等方式来体现。

商业秘密的四个特点决定了我们必须对商业秘密采取行之有效的运用、管理、保护措施，才能保障商业秘密不会逐步沦为"普通商业信息"，进而丧失最基本的价值。进一步讲，通过对商业秘密的保护、管理、运用，方能发挥其在企业正常的生产经营过程中应有的作用，从而进一步促进国际贸易及其技术的进步。

二、我国商业秘密保护存在的问题

目前我国在商业秘密保护立法方面仍然存在一定问题，主要原因在于法律体系相对分散，不同的法律规定从不同的立法角度、目的对商业秘密进行调整，进而产生概念不一、释义不一等诸多问题。因此，需要予以梳理和统一。

（一）立法模式存在缺陷

纵观我国目前商业秘密相关的立法现状，现行的商业秘密保护法律法规分散于诸多法律、法规[1]中。虽然，上述法律规定在一定程度上对商业秘密的构成要件和侵害行为等要素予以规定，但对权利人如何切实、有效地保护商业秘密仍然不够明晰。这样的立法分散主要导致了两个缺陷：第一，实务中法律适用存在争议以及执行效率低，法出多门的现象导致执行上的麻烦。第二，立法制度的缺失，进而出现法律诉讼的"同案不同判"，并且有关商业秘密的法律法规效力内部冲突以及立法层次性比较差，导致我国无法可依的现状进一步恶化。

（二）商业秘密的保护范围边界不清

商业秘密的范围十分宽泛，其不仅仅指专有技术，也包括企业的经营信息，它可能分布于采购、谈判、生产、销售、经营、管理、开发的各个环节，因而造成商业秘密分散过杂，从而导致其保护边界通常不够清晰。虽然我国《反不正当竞争法》第9条对商业秘密的含义予以界定，并通过众多具有代表性的实务案例案例予以充分说明和解释，这种例证加概括的立法方式若不去深究的话，表面上看其对商业秘密的保护范围规定得很清楚，但现实中却出现市场主体模糊甚至不确定根据何种规定处理商业秘密侵权问题。

（三）惩罚赔偿金制度有待强化

赔偿损失在《反不正当竞争法》中被规定为"侵权期间因侵权所获得的所有利润"，即不依据商业秘密权利人所遭受的直接和间接损失作为赔偿根据。以专有技术为例，如果以"侵权期间因侵权所获得的所有利润"作为赔偿根据，相对于权利人就商业秘密付出的研发成本、调查以及诉讼费用、利润损失等，差距明显较大，不能起到对商业秘密权利人的合法权利的保护。

三、商业秘密法律保护的宏观措施建议

（一）完善商业秘密侵权的诉讼程序

具体而言，首先，应建构并优化商业秘密的民事诉讼制度，在诉前、诉中加大对权利人利益的保护措施与力度。其次，结合我国法律、法规对有关

---

[1] 例如，《刑法》《民法典》《反不正当竞争法》《最高人民法院关于审理侵犯商业秘密民事案件适用法律若干问题的规定》等。

商业秘密的诉前禁令、诉前财产及证据保全、地域等制度予以完善，使权利人可以依法申请诉前禁令、诉前财产保全和证据保全同时并行，减少商业秘密因被侵犯导致的实际损失。最后，完善举证责任制度，鉴于商业秘密侵权的特殊性，在诉讼中当事人举证存在不平衡性，建议对商业秘密诉讼实行过错推定和举证责任倒置的原则[1]，即由被告（商业秘密权利侵害人）来证明自己不存在相应过错，否则推定其存在过错，从而承担相应的法律责任。

（二）扩大商业秘密的保护范围

一方面，应当扩大商业秘密侵权行为的类型，除了《反不正当竞争法》规定的四种侵犯商业秘密的行为，现实中还有其他类型和形式的具体侵权行为，并且随着科学技术的进步和网络的发展，商业秘密侵权行为的类型和方式变得越发复杂多样，因此，在修订和完善关于我国商业秘密保护的法律的过程中，亟须对商业秘密侵权行为的类型和形式进行深层次的明确界定，系统、合理地扩大商业秘密的保护范围。另一方面，我国《反不正当竞争法》将商业秘密侵权行为人简单地限定为经营者，以致企业经营者的员工因跳槽后或违反竞业禁止规定而侵犯商业秘密的行为一般不会受到法律的制裁。这一现状的修订已迫在眉睫，完善后的法律应该将科技人员在兼职过程中难以避免的侵犯原单位的商业秘密的行为，以及经营者的员工调出单位、跳槽以及退休后对原单位侵犯商业秘密的行为列入商业秘密侵权行为的范畴，借此扩大商业秘密的保护范围[2]。

（三）加大对商业秘密侵权行为的惩处力度

在目前商业秘密已经成为一项重要的财产权利的情况下，能否保护商业秘密也许关系到企业的生存。相对于国外立法而言，我国对于商业秘密侵权的打击力度还有提升的空间。如提高惩罚性赔偿金的数额，2019 年《反不正当竞争法》将上限规定为 500 万元，相比于之前有所提高，今后也需要随着经济发展水平而进一步提高。此外，在行政处罚和刑事处罚上，相关的标准也应该细化，形成严密的打击网。

---

〔1〕 唐福乐："我国商业秘密法律保护的探讨"，载《法制与社会》2010 年第 2 期。
〔2〕 李晓明、班克庆："我国商业秘密保护立法模式再研究"，载《河北工业大学学报（社会科学版）》2009 年第 3 期。

论认缴资本制下出资未届期股权
转让后的出资责任问题

杨 倩*

（中国政法大学 北京 100088）

摘 要：我国股东出资制度已经从股东出资实缴制转变为股东出资认缴制，在这一背景下，出资未届期股权转让后的出资责任问题成为值得探讨的问题。实践中对此看法不一，大致有三种情况：一是由受让股东单独承担出资的责任；二是由转让股东单独承担出资责任；三是由转让股东和受让股东两者共同承担连带出资责任。在没有法律细化规定的现状下，为了保障资本市场的流通性需要进行细致分析。

关键词：认缴资本制 股东出资 股权转让

在历经 1993 年《公司法》规定的股东出资实缴制和 2005 年《公司法》规定的股东出资的部分认缴制之后，2013 年《公司法》规定的认缴资本制对股东的出资期限并无限制。一般情况下，也无最低注册资本的要求，当然，证券公司、保险公司、银行的金融机构以及上市公司有最低的注册资本要求，这里暂不讨论。认缴资本制的施行，是一种国家鼓励公司自治的体现，增强了资本市场的流通性，激发了民众积极参与商务活动的热情，促进了整个市场经济的健康发展。但同时在商事自由的大前提下，也频频发生出资未届期时股东便转让股权的现象。本文将从认缴资本制的大背景下，讨论出资未届期股权转让的现象，并介绍由此引发的争议及其责任归责问题，最后将针对

---

* 作者简介：杨倩（1990 年-），女，汉族，河北保定人，中国政法大学同等学力研修班 2022 级学员，研究方向为民商法学。

责任承担问题提出建议。

一、认缴资本制下出资未届期股权转让的界定

认缴资本制下的出资期限利益是指由于在认缴资本制下公司成立之初时，股东会可以自行约定出资金额和出资期限，所有股东对此期限享有相应的期限利益。也就是说，在约定出资期限未到期时，股东可以不履行实际的出资义务。然而，实践中有些股东在出资未届期的状态下且未实缴全部出资或者未完全实缴出资，便将其所持有的本公司的股权进行转让，使受让人取得其股东资格，并代替其享有本公司的股东地位，行使股东权利。这种情况下，出资责任的问题就成为理论界和实务界需要探究的问题。

二、认缴资本制下出资未届期股权转让的责任承担问题及其争议

（一）认缴资本制下出资未届期股权转让的责任归属问题

就目前而言，在现行的认缴资本制下，关于出资未届期股权转让的责任归属问题，法律没有明确规定，责任究竟由谁来承担？是转让股权的股东还是受让股权的股东，抑或由转让股东和受让股东共同承担连带责任，法律对此也没有明确规定。所以，在现行的司法实践中，法院根据案件的案情很容易产生分歧，甚至对于同一类的案件不同的法院作出的判决也不统一。以下为出资责任与出资义务承担的案件分布统计表[1]：

	受让股东承担	转让股东承担	两者连带承担
资本充实责任	0	2 件	11 件
继续出资义务	24 件	0	0

通过上表的裁判结果，总结发现大致有以下几种情况[2]：

第一种情况：由受让股东单独承担出资责任。由表可以看出，大多数的案例中都体现了这一点。在商务实践中，通常转让方和受让方会约定并制作股权转让协议，此协议在一般情况下会约定转让后的出资义务由受让方来承

---

〔1〕 案例来源于威科先行，统计日期截至 2020 年 11 月 9 日。

〔2〕 王雪丹、朱晓雯："认缴期限内未足额实缴股权转让后的出资责任分配"，载《齐齐哈尔大学学报（哲学社会科学版）》2022 年第 3 期。

担。进一步讲，即使是转让协议未约定，根据概括转让原则，股东的出资义务及责任也会随着股东的权利一并转让给受让方。当然，在出资未届期的情况下，受让方也将概括受让原股东的出资期限利益，只要是出资期限未届满，也无需实缴全部的出资金额。

第二种情况：由转让股东单独承担出资责任。此种情况，多数是由于原股东存在逃避债务恶意转让，并且受让股东对此情况并不知情，其为善意的受让方。所以，法院在裁判此类案件时，倾向于打破概括转让的原则，注重诚实信用原则，判决转让股东承担出资的义务。但商务实践中，此种情况已不多见。

第三种情况：由转让股东和受让股东两者共同承担连带出资责任。此种情况多数存在转让股东因公司经营的债务问题，想通过转让股权来逃避债务承担，而受让股东明知或者推定明知其意图而受让股权的情况。二者存在恶意串通，以此来损害债权人的利益的行为。法院在裁判此类案件时，注重维护债权人的合法权益，对恶意串通损害市场正常秩序的行为坚决严惩。法院通常判令适用股东出资加速到期的制度，判决转让股东和受让股东承担连带责任。

（二）认缴资本制下出资未届期股权转让的责任承担问题的争议

对于认缴资本制下出资未届期股权转让的责任承担问题，学术界也呈现出百家争鸣之象。其中有的学者认为，可以将《公司法解释三》第18条中"未履行或者未全面履行出资义务"的条例作扩张解释，解释包含期限届满和期限未届满，从而让转让股东和受让股东承担连带责任。这虽然可以在督促股东认缴资金、完善公司资本方面起到良好的促进作用，但让出资义务又回到了实缴资本制，不利用认缴资本制的实施和推广。

还有部分学者对此种观点持否定态度，将未届期扩张至已届期，其实质上就是使出资期限加速到期，所以不能作扩张解释。瑕疵出资和未届期出资是有本质区别的，瑕疵出资属于出资违约，未届期出资是在出资期限届至前法律所允许的合法行为。

本文认为，股东的出资义务，不仅是约定的义务，也是法定的义务。股权转让的责任归属问题也应当从多方面、多因素来考虑，既可以在公司章程中明确约定未届期出资转让后的责任归属，也可以根据转让方与受让方的转让协议约定，转让方是善意还是恶意，是否存在多重转让等诸多方面来确定责任承担问题，最大程度上保证认缴资本制下股东的出资期限利益和债权人对公司的信赖利益。

三、出资未届期股权转让后的出资责任承担的建议

（一）完善《公司法》和《公司法解释三》的立法规则

商事活动丰富多彩的现代社会鼓励资本的自由流通，而公司的股权转让在其中扮演着重要的角色，尤其是从实缴资本制发展到认缴资本制的阶段，对股东出资规定的放宽，促进了股权流通，实现了股东利益最大化，然而势必也会存在被恶意利用的情况，针对未届期股权转让的责任归属问题，法院同案不同判的案例并不少见，所以在立法上要细化，更明确地规定未届期股权转让的责任归属问题，明确界定瑕疵出资、出资不实、届期未出资、未完全出资等情形，以便更好地服务于大众和司法实践。[1]

（二）完善公司内部章程的规定

无论是在公司成立之初，还是在整个公司运营的过程中，公司章程都是一个公司的行动指南。比如，可以在公司的章程中明确约定股东转让股权的范围、转让的程序，也可以建立和完善股东出资的催缴机制，确定未届期股权转让的责任归属和追偿顺序，责任由原股东承担还是受让股东承担，承担的顺位和比例问题。在不同《公司法》相抵触的情况下，有约定从约定，充分尊重和保证股东的意思自治，也能更好地维护公司的形象和正常运行，保证债权人利益最优化的实现。

四、结论

在认缴资本制下，股东享有出资的期限利益，未实缴出资也是公司的股东，享有股东权利，也必须履行股东的义务。在出资未届期的情况下，股权转让是被法律所允许的。一般情况下，股东应根据股权转让协议，确定转让后的出资责任问题，并在约定的出资期限内实缴全部出资。但如果是转让股东和受让股东恶意串通，通过转让股权以逃避公司债务的，应由转让股东和受让股东对公司承担连带责任，对公司的外部债权人承担补充赔偿责任。如

---

[1] 参见张芳："论认缴制下未届期出资股权转让后出资责任承担"，载《企业科技与发展》2021年第1期。

果是转让股东一方恶意隐瞒，以恶意转让的方式来达到抽逃出资的目的，而受让股东为善意时，受让股东可以行使撤销权，使转让协议归于无效，并一并追究转让股东的缔约过失责任，或者根据具体问题，约定以转让股东继续补足出资或者赔偿损失的方式，充分保证对善意的受让股东的信赖利益。

论违约金酌减规则的适用机制

姚小锋*

（中国政法大学北京 100088）

摘　要：我国违约金司法酌减规则的标准模式是"当事人请求+法院司法审查"，但对于特殊情形，本文认为应当细化为"当事人请求+介入审查+程度审查"，即针对当事人提出的酌减请求，法院有权根据个案的特殊情形决定是否介入违约金的酌减，并在对特殊情形类型化的基础上，为违约金司法酌减规则的适用设置但书条款，明确规则排除适用的特殊情形。

关键词：违约金　酌减　介入审查

一、问题的提出

违约金酌减规则最早见于 1984 年颁布的《最高人民法院关于贯彻执行〈经济合同法〉若干问题的意见》，如今被规定于《民法典》第 585 条。[1]该制度长期以来被用于指导各级人民法院审理违约金纠纷案件。然而现有的理论和实践往往聚焦于如何认定实际损失以及举证责任的分配，却对违约金酌减规则的规范属性并未达成共识，对特殊情形下违约金酌减规则的适用争议未予以足够重视，因此有必要在分析《民法典》第 585 条第 2 款的基础上，从诚实信用等民法原则的立场出发剖析特殊情形下违约金酌减规则的适用。

---

　*　作者简介：姚小锋（1989 年－），男，汉族，河南洛阳人，中国政法大学同等学力研修班 2022 级学员，研究方向为民商法学。

　〔1〕《民法典》第 585 条第 2 款规定："约定的违约金低于造成的损失的，人民法院或者仲裁机构可以根据当事人的请求予以增加；约定的违约金过分高于造成的损失的，人民法院或者仲裁机构可以根据当事人的请求予以适当减少。"

二、我国违约金酌减规则适用现状

违约金司法酌减规则适用的标准范式为：A 与 B 签订合同，约定 B 未如约履行合同义务，则向 A 支付相应标准计算的违约金，后 B 未按照合同约定履行义务，A 将 B 诉至法院，诉讼中 B 主张约定违约金过高并请求予以酌减，人民法院将约定违约金是否过高作为案件焦点进行审理。上述问题的核心在于损失的查明，可结合举证规则进行相应裁判。但司法实践中，出现争议更多的是标准模型之外的特殊情形，此时裁判者需要判断特殊情形的影响范围和程度，决定司法酌减规则的适用与否。经检索案例，特殊情形主要包括以下几种：

在"孙某等与某典当公司典当纠纷案"[1]中，双方在合同中约定孙某等"已经充分了解并认可当物处置期间某典当公司因逾期收回当金所遭受再融资利息损失、逾期典当业务不能正常运转的经营损失等，因此完全同意并自愿接受本合同关于违约金标准的约定，放弃行使以违约金高于实际损失为由请求人民法院变更或调整的权利"；在"左某与贾某合同纠纷案"中，双方在合同中约定"任何一方不得以任何理由请求人民法院调整违约金的数额"。上述两个案例可以归纳出两种特殊情形：①自愿放弃型：合同约定债务人放弃请求人民法院酌减违约金的权利；②权利禁止型：合同约定债务人不得向法院提出酌减违约金的请求。

在"李某诉某村委会合同纠纷案"[2]中，李某与某村委会签订《占地及地上物补偿协议》，约定如某村委会未在约定的期间内给付占地补偿款，则应支付每日 1‰的违约金，后某村委会未按照约定支付，李某诉至法院，某村委会认为违约金过高，要求进行酌减，对此李某称《占地及地上物补偿协议》系某村委会提供的格式文本，不同意进行调整。上述案例即为格式条款型：双方签署的合同系债务人提供的格式合同，违约金条款系格式条款。

我国长期奉行以"当事人申请"为前提的启动模式，结合当事人诉讼能力普遍不高的客观情况，司法解释对当事人申请形式的把握较为宽泛，如当事人通过反诉或者抗辩直接表达酌减意思可构成申请。此种立法体现了对处

---

〔1〕 ［2020］京 0114 民初 13075 号民事判决书。
〔2〕 ［2015］通民初字第 6027 号民事判决书。

分自由的尊重和对司法干预的审慎，被各地司法实践普遍确认，但上述规定无法有效解决当事人缺席、放弃答辩等不利申请情形，此时，若完全放任标准过高的违约金请求，极有可能造成显失公平的后果，也为裁判者创设了进退两难的处境。在"某钢铁公司诉王某买卖合同纠纷案"[1]中，王某未到庭，一审法院认为双方约定的违约金过高，主动予以调整，某钢铁公司上诉后，二审法院认为一审法院主动酌减并无不当，故维持原判。

三、违约金酌减规则适用争议及原因

第一，司法酌减规则的规范属性未明确。学理有观点认为违约金酌减规则为强制性规范，也有观点认为当事人可以自行处分其权利，故司法酌减规则可以因预先约定而排除适用；实务观点亦更有不同，有的认为"如果当事人在合同中约定违约金不允许调整，基于理性人的考虑，原则上尊重当事人的约定，法官不得任意地行使裁量权"，有的主张"双方均排除酌减的事先约定应以不违反公平原则为限"[2]。

第二，司法酌减规则的逻辑结构认识不到位。"约定违约金过分高于造成的损失"这一要件应当归类为假定，属于事实认定的范畴。"当事人请求"是违约金酌减规则的形式前提，设置这一前提的目的在于限制司法介入的尺度，对于当事人无争议的违约金，司法酌减规则不存在适用的余地。在公告案件中，人民法院依职权适用司法酌减规则调整违约金，未探寻当事人的真实意思，不符合司法酌减规则的形式前提，也无法解决"过高违约金"举证责任的分配问题。在债务人缺席而约定违约金明显过高时，可以考虑采取公平原则或诚实信用原则的路径。

第三，司法酌减规则的优先劣后未明晰。特殊情形出现后，司法酌减规则面临着规则之间、规则与原则的竞合与冲突，裁判者应当对司法酌减规则进行适格的价值衡量确定其使用顺位。比如当事人事先约定放弃违约金调整请求权，体现为权利自由处分的原则与司法酌减规则的交错，须考察违约金酌减请求权的属性，确定当事人能否事先放弃权利以及事先弃权效力判断的统一规则；比如当事人在已经给付违约金后诉至法院要求返还的，前后意思

---

[1]　[2018] 京 01 民终 1633 号民事判决书。

[2]　参见最高人民法院 [2015] 民一终字第 340 号民事判决书。

矛盾，体现为诚实信用原则与司法酌减规则的交错，须考察诚实信用原则这一民法帝王条款在司法酌减规则中的适用；还有如违约金系以格式条款的形式进行约定，此时须考察格式条款制定者的行为是否涉及权利滥用，比较司法酌减规则和格式条款价值基础的区别、进而确定格式条款的提供者是否为司法酌减规则的保护对象。

四、违约金司法酌减规则适用争议的解决路径

特殊情形下司法酌减规则适用争议的解决，一方面要强化人民法院对违约金条款的介入审查权，另一方面要确定司法酌减规则适用的强制性和排除适用的范围，从而完善司法酌减规则适用的机制。

笔者认为，违约金司法酌减规则系效力性强制性规定，当事人不得事先约定排除适用，且当事人事前放弃酌减请求权的约定无效。司法酌减规则的规范目的是避免严重的不公平结果、保护轻信合同能够如约履行而约定过高违约金的债务人，符合强制性规范的类型要求，其保护的利益是实质正义，相较于合同自由具备抽象的优先性，排除适用司法酌减规则的约定应从合同效力方面予以规制，因此司法酌减规则应属于效力性强制性规定。

出卖人就同一标的物签订多重买卖合同，买受人无法取得标的物所有权，出卖人又以约定违约金过分高于实际损失为由，向人民法院请求酌减违约金的，人民法院不予支持。故意违约如果没有造成损失，不应支持过高的违约金[1]。违约者的故意并不会增加违约造成的损失，单纯故意违约造成损失的大小难以量化，再加之故意违约的证明标准和证明责任分配亦是难题，因此将故意违约作为排除适用司法酌减规则的特殊情形并不妥当。但作为故意违约特殊情形的多重买卖型，出卖人基于违约成本和违约收益的经济考量选择故意违约，此时违约收益（标的物价格的增长）通常大于违约成本（约定违约金）。出卖人的违约收益是通过剥夺买受人的履行利益（标的物价值的增长）实现的，正常履约情况下这份收益本应该由买受人享有。从某种程度上讲，违约收益（价格）约等于履行利益（价值），因此对于多重买卖型的故意违约，约定的违约金（违约成本）低于造成的损失（履行利益），因此没

---

〔1〕 参见沈德咏、奚晓明主编，最高人民法院研究室编著：《最高人民法院关于合同法司法解释（二）理解与适用》，人民法院出版社2009年版，第212~213页。

有对违约金调整的必要。如果人民法院支持违约金的酌减，相当于多重合同型的出卖人通过司法酌减规则扩大了违约收益，不仅与"任何人不得从其违法行为中获利"的原则相背离，更与诚实信用原则的要求不符。

袭警罪中"暴力"的认定

张嘉芮*

（中国政法大学 北京 100088）

摘　要：《刑法修正案（十一）》新增了袭警罪，该罪极大地保障了警察执法过程中的人身安全，然而司法实践中对于该罪构成要件中"暴力"的认定结论不一，造成一定的混乱现象，这就要求袭警罪中"暴力"的认定标准应该统一。本文将结合不同袭警案件情况，对袭警罪中的"暴力"进行分析与归纳。

关键词：袭警罪　妨害公务罪　暴力

一、问题的提出

2021 年 3 月 1 日，《刑法修正案（十一）》正式实施，其中新增了袭警罪这一罪名，明确了暴力袭警行为与一般妨害公务行为的区别，划定袭警行为的认定及处罚的标准，为依法惩治袭警犯罪行为提供了指引。截至 2022 年 6 月，袭警罪的案例一共有近 900 起，其中绝大多数都是与人民警察发生争执后有意伤害人民警察，但是也有一些情况不足以认定为"暴力"而不予起诉。除完全满足暴力袭击人民警察、以暴力妨碍人民警察执法的情况，还存在着掌掴、人民警察处理方式不当等问题，很多相似的行为要件却存在不同判决。

案例 1：2022 年 6 月，一名女子与防疫拦卡的警察发生争执，在交流过程中双方情绪激动发生推搡，该女士摔倒在地，该女子的父亲看到女儿受欺

---

　* 个人简历：张嘉芮（1994 年-），女，汉族，辽宁大连人，中国政法大学同等学力研修班 2022 级学员，研究方向为刑法学。

负，于是下车打了警察一耳光。后根据官方对此事件的通报，涉案女子因阻碍执行职务被行政拘留 10 日，其父因涉嫌袭警罪被采取刑事强制措施。

案例 2：2021 年 8 月 17 日，被告陈某某与警察发生争执，过程中伸手打了警察一耳光，最终以袭警罪被判处一个月有期徒刑。[1]

案例 3：2021 年 12 月 15 日，为索要货款的杨某某"因情绪激动，扇了站在一边的警察常某一耳光"，最终检方认为该情况不构成袭警罪，免于起诉。[2]

上述案例均存在"打警察一耳光"这一举动，然而对行为的定性却有所不同。可见，目前司法实践中对于袭警罪的构成要件的理解缺乏统一性，尤其是对"暴力行为"的认定标准性不足，由此导致部分司法实务部门对袭警罪的适用并不严格、统一。本文将结合实际案例，从罪名的设立目的、犯罪构成及特殊行为模式等角度分析袭警罪的认定标准。

二、袭警罪中"暴力"的主客观方面认定

（一）袭警罪的客观方面认定

笔者认为，除明显的暴力危害行为，在力量悬殊、人数悬殊、手段悬殊、无危害可能性、单纯的恐吓、手无寸铁的反抗、事后行为的情况下，均不能轻易套用"暴力"而将某行为认定为袭警罪。

例如，在上述案例 3 中，杨某某因索债无望，拿着美工刀冲到债务人处，扬言不还钱就要割腕自杀，债务人报警后，杨某某积极配合警方调解，并且也始终没有拿出美工刀。出警案件处理尾声，警察要求杨某某交出美工刀，杨某某不予配合，其认为如若调解完成，自己不会威胁他人，而此时直接交出可能是警察认为自己是过错方的一种处罚方式。在争抢美工刀的过程中，一位警察被不慎划伤，杨某某也咬了警察一口，因此杨某某因袭警行为被带回派出所。据悉，杨某某为孕妇且独身一人，身上无其他危险物，也未将美工刀作为威胁警察的武器，且积极配合警察的处理，而警察三人及债务人等人均为男性，所以不存在危害的可能性，本案最后不予起诉，并进行了协商调解。

---

〔1〕 参见内蒙古自治区呼和浩特市托克托县人民法院［2021］内 0122 刑初 190 号刑事判决书。
〔2〕 参见江苏省苏州工业园区人民检察院苏园检刑不诉［2021］97 号不起诉决定书。

（二）"暴力"的主观方面认定

笔者认为，在袭警罪的认定中，行为人一定是清楚认知"暴力"的对象为人民警察或可作用在人民警察，并以直接、积极的暴力手段阻碍人民警察执行的公务，而消极抵抗行为和与强制措施斗争中的误伤不应算作袭警罪的要素。袭警罪中的"暴力"仅限于直接对警察的人身实施不法的有形力（狭义的暴力），而不应包括间接暴力与对物暴力。张明楷教授指出："'暴力袭击'应是指突然性地积极攻击警察的身体，既不包括非突然性的暴力，也不包括单纯的消极抵抗。"[1]

三、不同"暴力"情况下是否构成袭警罪的分析

（一）间接暴力

袭警罪中的暴力指直接对警察本人的暴力。那么对他人暴力以威胁警察是否构成袭警罪呢？首先，笔者认为，袭警罪保护的法益是正在执法的人民警察的执法权，那么，在行为人对第三人暴力足以使警察被动防范，同样可以认为阻碍了警察的执法权。但本罪在法条中规定为"暴力袭击正在依法执行义务的人民警察"，因此，以对第三人的伤害威胁执法警察不构成袭警罪，但至少可以构成妨碍公务罪。这种行为同样可能触犯了其他暴力犯罪，如以人质威胁、绑架罪等。

（二）对物暴力

2020年《最高人民法院、最高人民检察院、公安部关于依法惩治袭警违法性犯罪行为的指导意见》第1条第2款规定，实施打砸、毁坏、抢夺民警正在使用的警用车辆、警械等警用装备，对民警人身进行攻击的，构成袭警罪。本文认为，如果行为人实施对物暴力行为，其后果一定为以对物暴力行为致使执法民警的人身安全产生危险性，单纯的对物暴力以示不满，不满足袭警罪"暴力袭击人民警察"的要求，不构成袭警罪，但至少构成故意毁坏财物罪与妨碍公务罪。如行为人不配合检查，将防疫关卡警察的手持测温机器抢夺并扔在地上，是否满足对物暴力而构成袭警罪？答案一定是否定的。因为这种行为不具有严厉的暴力性，将手持测温器扔在地上也没有对执法警察造成伤害与威胁，但一定触犯治安秩序等法益，应以相应罪名予以处罚。

---

[1] 张明楷："袭警罪的基本问题"，载《比较法研究》2021年第6期。

（三）软暴力

2019 年《最高人民法院、最高人民检察院、公安部、司法部关于办理实施'软暴力'的刑事案件若干问题的意见》第 1 条规定："'软暴力'是指行为人为谋取不法利益或形成非法影响，对他人或者在有关场所进行滋扰、纠缠、哄闹、聚众造势等，足以使他人产生恐惧、恐慌进而形成心理强制，或者足以影响、限制人身自由、危及人身财产安全，影响正常生活、工作、生产、经营的违法犯罪手段。"由此可见，袭警罪中的暴力不应该包含软暴力。首先，软暴力类似于刑法中的威胁、侮辱、言语暴力的情况，对于不同的行为模式影响人民警察执法都会触犯妨碍公务罪，在行为严重时也会有相应的罪名成立。虽然司法解释规定了"软暴力"的概念，但是由于目前该概念主要适用于涉黑犯罪中的行为类型，同时它在性质上又常常和威胁等行为相接近，因此，"软暴力"概念不宜扩大适用到其他非涉黑的案件中。[1]其次，人民警察是国家暴力机关，是人民安全的守护者，其职业要求就是不畏一切保护群众，袭警罪中的暴力应该是阻扰警察执法过程，而人民警察在执法过程中不应掺杂个人情绪，所以仅凭借软暴力定不会过多影响我国人民警察的心理。因此，软暴力不应包含在袭警罪的暴力标准中。

（四）特殊情况下的认定

在执法行为有瑕疵的背景下的暴力行为需要细致分析。那么，在警察执法违法情况下，应当如何认定袭警罪呢？

（1）警察执法程序违法。在丹东女子拦卡事件中，若警察并未说明扣押原因并适用执法记录仪记录，该女子冲进车里进行理论，在这一过程中被警察阻拦时推倒，此时其父亲若与警察发生肢体冲突，可能构成袭警罪。因为在整个执法过程中，是否履行"告知"义务是过程要素，并非定性要素。但构成依法执行职务，必须是人民警察执行职务的行为在其抽象的职务权限内，而且具有具体的职务权限，并且符合作为执行职务必需的重要程序、方式。[2]

（2）警察执法内容违法。警察语言刺激在先，激起行为人与其争执，此

---

〔1〕 参见刘艳红："袭警罪中'暴力'的法教义学分析"，载《法商研究》2022 年第 1 期。

〔2〕 参见杨金彪："暴力袭警行为的体系地位、规范含义及司法适用"，载《北方法学》2018 年第 2 期。

种行为是否应归于袭警罪需要结合实际情况定性。一般认为警察在执法时具有突发性、客观性，所以言语生硬及轻微方法不当应属于"情有可原的瑕疵"，应当被认定为正常执法情况，当事人若因理解有误而采取暴力袭击手段，类似于刑法解释中的"主观不认为是犯罪，客观行为犯罪"，不满足排除要件，所以可能构成袭警罪。但如果警察在执法过程中明显不当，此时相对人采取适当反抗的，不应认定为袭警罪。

四、总结

人民警察在执法过程中，拥有法律赋予的、不容他人侵犯的正当执法权，所以以暴力行为对抗依法执行公务的公安民警，是对警察的人身造成侵害，是对国家执法权的蔑视。同时立法不单单是为了惩治犯罪，也是为了使群众规范自身的行为，让警察在办案时多一层保障。因此，对于袭警罪中暴力的认定应该谨慎和细致，这样才能保证该罪真正发挥作用。

影视作品角色商品化权的知识产权保护路径

张 淇*

（中国政法大学 北京 100088）

摘 要： 未经授权的情况下，利用影视作品对于消费者的吸引力，将影视作品中具有影响力或吸引力的角色形象或者角色要素运用于商品或服务中，从而以此获得高额商业利润。这不仅严重损害了影视作品制片方、演员或制作团队等权利人的合法权益，而且也是对消费者知情权的侵害。目前，在我国尚未形成统一的商品化权概念及权利保护体系的情况下，司法实践中主要是通过人格权制度或《著作权法》《商标法》等知识产权制度对此进行保护，但不同制度的保护均存在着一定的局限性，本文将重点分析影视作品角色商品化权益保护的司法现状，并对该权益的保护路径选择提出合理建议。

关键词： 影视作品角色　商品化权益　知识产权

一、商品化权的概念与范围

世界知识产权组织（WIPO）对商品化权的定义为："虚拟角色的创作者或其他经授权的第三方，对于角色的主要个性特征，经过商业性改编或二次开发利用，并将该形象投放到市场中的某些商品上或服务上，使消费者基于对该形象的熟悉、喜爱或认同而购买该商品或服务。"[1]

结合法律法规及司法裁判可以发现，所谓的商品化权并没有一个明确的范围，随着文化艺术的发展，商品化权所涵盖的范围也在不断扩大，从最初

---

* 个人简历：张淇（1994 年–），女，汉族，浙江杭州人，中国政法大学同等学力研修班 2022 级学员，研究方向为民商法学。

〔1〕 WIPO，Character Merchandising，WC/INF/10847995/IPLD，p. 6.

角色的姓名、物理形象、性格特征等彰显角色特色的要素，到作品标题、著名的语言片段、标语、口号等也逐渐成为可商品化的要素，通过商业改编或二次开发利用后用于某些商品或服务中，以吸引消费者，获取更多商业利益。

二、影视作品角色商品化权益司法保护现状与局限

（一）依照《著作权法》进行保护

《著作权法》保护的客体系作品，而影视作品角色能否构成作品一直是案件审理过程中的争议焦点问题。由于影视作品角色并非《著作权法》明确保护的客体，故当产生侵权纠纷时，对角色进行定性是首要任务。而在界定侵权行为时，应分析侵权产品对于原角色形象特征要素的应用程度，除了图案颜色外，应综合分析结构造型、线条取舍、体貌特征是否构成实质性相似，是否会使消费者产生混淆或误认。《著作权法》未修正前所规定的侵权损害赔偿制度常常无法完全弥补角色商品化权益被侵犯时对权利人造成的损失，酌定赔偿数额的上限仅为人民币50万元。在"'三毛漫画'著作权侵权纠纷案"中，权利人主张100万元的损失，但是法院在赔偿损失的计算中判定酌情给予10万元的赔偿。新《著作权法》的修改，借鉴《商标法》《专利法》的相关规定，增加了参考权利使用费的赔偿计算标准，提高了酌定赔偿数额的上限，同时还设定了酌定赔偿数额的下限。除此之外，新《著作权法》第54条第1款还新增了惩罚性赔偿制度，对于部分低成本生产盗版商品为主的商家，法院可适用该制度从重判决赔偿金额。

（二）依照《商标法》进行保护

将影视作品角色的名称、整体造型甚至是标志性特征注册为商品或服务的商标是目前对角色商品化权益进行保护的有效手段。通过对"人猿泰山案"的分析，目前司法实践中对于依据《商标法》对影视作品角色商品化权益进行保护主要考虑以下几个要素：

第一，权利人需证明影视作品角色在诉争商标申请注册前就已享有较高知名度。埃德加公司在案件审理过程中并未提供足够有效的证据来引证"人猿泰山"的知名度，所以法院认为"虽然'人猿泰山'动画作品在中国大陆地区做过推广和宣传，该作品在中国领域具有一定的知名度，但尚不足以认定其已经

达到驰名商标的标准……"〔1〕由此可见，对于影视作品角色知名度的举证非常关键。

第二，权利人需要确认争议商标与影视作品角色构成近似，对于该案中纯文字的判断相对比较容易，一般从整体进行比对并考虑文字的读音、字体、含义、排列方式等方面因素。如果涉及图形商标或者图形文字组合商品，则还需要从外观上对比构图、设计以及组合中的分布等要素。

第三，权利人需要重点论述诉争商标的注册或使用会造成相关公众的混淆与误认，如果诉争的商标被使用在服装、服饰或玩具等常见的衍生产品中，公众往往会认为是影视作品的周边产品，从而基于对作品角色的喜爱、崇拜、信赖等情感进行消费购买，非常容易产生混淆和误认。"人猿泰山案"败诉的另一重要原因即诉争的商品或服务与影视作品据以知名的领域存在较大差距，法院认为跨类保护应该考虑商品或服务的关联性，不能不分类别地直接进行保护。

需要注意的是，对于依据《商标法》进行角色商品化权益保护的案件往往是以商标评审委员会为被告的行政诉讼案件，涉及的法律关系较为复杂，权利人的举证责任较重，因此权利人应慎重考虑诉讼策略和方式。

（三）依照《反不正当竞争法》进行保护

随着侵权案件类型的多样化，《反不正当竞争法》在很大程度上能够弥补现行其他知识产权保护制度的不足。《反不正当竞争法》第6条明确规定了擅自使用他人有一定影响力的姓名（含笔名、艺名、译名），引人误认为是他人商品或者与他人存在特定联系的，可以构成混淆这一不正当竞争行为，即认可了角色名称的商业品牌效益，弥补了部分知名角色名称因不具备作品的构成要件而无法进行合理保护的问题。

但适用《反不正当竞争法》进行角色商品化权益保护也存在着一定的局限：《反不正当竞争法》保护的主体系"经营者"，且规范的是同一行业或存在竞争关系的经营者，而影视作品角色商品化权益的主体往往是演员、制片方等创作者，与侵权主体不存在竞争关系，这也是目前大部分侵权方在案件纠纷审理过程中的重点答辩思路。综合分析"煎饼侠案"〔2〕，可以发现，即便双方当事人的经营范围不同，提供的商品或服务不具有可替代性，但如被

---

〔1〕 参见［2017］京73行知7562号判决书。
〔2〕 参见［2016］京0101民初6348号判决书。

诉行为确实违反了竞争原则，《反不正当竞争法》具体条款虽然没有明确规定该种行为属于不正当竞争行为，但不制止该行为将无法维护公平有序的竞争秩序，则可以适用该法一般条款对被诉行为进行调整。

此外，当无法从肖像权、姓名权等人格权或者著作权、商标权等角度妥善解决纠纷时，权利人通常会依据《反不正当竞争法》的兜底性规定和诚实信用原则主张权利。

三、影视作品角色商品化权益保护路径

我国目前在司法实践中已对影视作品角色商品化权益有了渐趋清晰的认知，只是尚未有明晰的规定。北京市高级人民法院在《商标授权确权行政案件审理指南》第16.18条中规定"在法律尚未规定'商品化权益'的情况下，不宜直接在裁判文书中使用'商品化权益'等称谓"。在此背景下，权利人应当从以下几个方面对影视作品角色的商品化权益进行保护：

第一，权利人需要在影视作品开发前期就对角色形象要素等进行评估，以便对其商品化整体开发进行布局，同时应当确认角色形象二次开发的著作权、商标权等知识产权归属及后续开发的权利归属，避免后续开发过程中出现的权利瑕疵。"迪士尼"的开发及保护模式便是非常值得研究及借鉴的案例，其不仅利用影视作品元素进行更多延展性消费，更在于形成影视作品与消费者之间的双向互动，加强消费黏性，用"商品化权益"反哺作品本身。

第二，提醒权利人并帮助其在影视作品开发过程中着手准备影视作品角色以及相关角色要素的权利登记工作，防止被恶意抢注。如果能构成《著作权法》上的美术作品或其他作品形式，应当通过"中国版权保护中心"平台进行版权登记，同时如果符合商标或外观专利的构成要件，也应当及时进行登记确权。值得注意的是，在商标登记过程中应合理规划注册商标的类别，在外观专利申请时也需按照《国际外观设计分类表》选择合理的类别，防止他人在类别外的商品或服务类型中侵犯影视作品角色的商品化权益，例如在"哪吒"等角色经济价值足够高的情况下，将角色形象和名称等要素在尽可能多的类别中申请全方位保护。

第三，当侵权行为发生时，应当在分析现有商品化权益保护模式利弊的基础上，结合现有证据选择最优化的维权方案。同时，面对冗长的诉讼程序可尝试向法院申请诉前禁令，以尽早阻断侵权行为的继续。

寻衅滋事罪的司法认定
——以唐山打人案为切入点

● ● ●

张新玲*

（中国政法大学 北京 100088）

摘　要："唐山打人案"引发了社会大众的密切关注，同时也使得寻衅滋事罪的认定问题再一次成为讨论热点。由该案可看出大众对寻衅滋事罪仍有未知与误解，本文将围绕社会关注的"唐山打人案"之定罪量刑问题，分析寻衅滋事罪的司法认定各要素，以及本案所涉两种罪名的法条竞合关系。以此为切入点，探讨寻衅滋事罪的司法认定。

关键词：寻衅滋事　司法认定　随意殴打

我国《刑法》第 293 条规定了寻衅滋事罪，该罪一直被诟病为"口袋罪"，有不当扩大犯罪圈之嫌。随着"唐山打人案"等社会热点案例见诸报端，越来越多的民众支持该罪名应当存在。这表明问题并不是出现在罪名本身，而是如何准确适用，也即这是司法层面的问题，而非立法层面的问题。故有必要以"唐山打人案"为切入点，探究在实践中如何准确认定寻衅滋事罪。

一、案情及问题

2022 年 6 月 10 日，媒体报道河北省唐山市一烧烤店中出现持续殴打女性的现象。后根据官方对于案件侦办进展情况的通报，该案基本情况为：6 月 10 日凌晨，犯罪嫌疑人陈某志与陈某亮等一行人在唐山市某烧烤店聚餐饮酒

---

* 作者简介：张新玲（1988 年–），女，蒙古族，辽宁大连人，中国政法大学同等学力研修班 2022 级学员，研究方向为刑法学。

时，陈某志对同店就餐的一女子进行性骚扰，遭拒后与同伴等人对该名女子及其他人等四人进行殴打，造成恶劣影响，最终两名被害人的损伤程度为轻伤（二级），两名被害人的损伤程度为轻微伤。

案件发生后，广大网友对打人者的犯罪行为表达了强烈的愤慨，纷纷表示应依法严厉惩处。公安机关以犯罪嫌疑人涉嫌寻衅滋事、暴力殴打他人为由实施逮捕，引发社会大众对该案犯罪嫌疑人的定罪量刑问题展开积极讨论。

本案其中几个主要争议问题：打人者可能触犯何种罪名？公共场所暴打他人又该当何罪？如果追究刑事责任，又会怎样量刑？定性为故意伤害罪是否比寻衅滋事罪更恰当，处罚更重？

二、寻衅滋事罪的司法认定要素

（一）前提条件

从体系解释的角度入手，寻衅滋事罪规定在我国《刑法》分则第六章"妨害社会管理秩序罪"中，所以其保护法益必然包括社会法益；同时，《刑法》第293条规定，"破坏社会秩序"的行为才成立寻衅滋事罪。[1]社会秩序为本罪的保护法益。而社会法益是由个人法益组成的。因而笔者认为，寻衅滋事罪的保护法益为双重法益，既要保护社会法益，又要保护个人法益。故在认定是否构成寻衅滋事时需要考虑该前提条件。

通过网传现场视频可见，本案起因为打人男子酒后搭讪一女子，多次触碰该女子背部，并进行言语骚扰，遭到女子躲避与拒绝后，对该女子及其同伴实行殴打行为，并从烧烤店室内拖拽到室外，其后男子同伙多人也参与暴力殴打。

本案的案发场合，即打人者的殴打行为发生的场所分别在烧烤店中与室外街道上，均属于公共场所。因此，本案符合寻衅滋事罪认定的前提条件：破坏公共秩序，且侵害了在公共秩序中的个人的人身安全。

（二）犯罪对象与动机

寻衅滋事罪的前身是1979年《刑法》中的流氓罪。从立法过程来看，寻衅滋事罪脱胎于之前的流氓罪，所以势必有部分要件是相通的。一般认为寻

---

〔1〕 参见张明楷：《刑法学》（第5版），法律出版社2016年版，第1063页。

衅滋事罪的主观要件应当与流氓罪相同，即要求行为人具有流氓动机。[1]虽然有部分学者对此持不同看法，但是从司法实践和最高人民法院判例来看，"流氓动机"可以作为认定中评价"随意"的参照因素。

从《最高人民法院、最高人民检察院关于办理寻衅滋事刑事案件适用法律若干问题的解释》（以下简称《寻衅滋事解释》）的规定来看，"寻衅滋事"的表现有：行为人为寻求刺激、发泄情绪、逞强耍横等，无事生非，实施《刑法》第 293 条规定的行为。

那么，对应于本案，本案为犯罪嫌疑人因性骚扰女子不成而引起的殴打，属于"追求刺激"；殴打对象为被搭讪女子及其女伴，以及其他劝阻实施殴打行为的女子，打人者的殴打对象不特定。对于殴打不特定对象的案件，司法实践中多数情况下认定为寻衅滋事罪。[2]且打人者主观上是具有"流氓动机"的，属于司法解释中"随意殴打他人"的行为。

（三）犯罪结果

结合本案，认定成立寻衅滋事罪，需满足其四种类型之一的"随意殴打他人，情节恶劣的"。前面分析本案满足破坏公共秩序与侵害个人法益的前提条件，具备了"随意殴打他人"这一行为要素，接下来分析本案是否符合"情节恶劣"这一必要条件。

根据警方通报的司法鉴定意见书可知，被殴打对象四人中两人损伤程度为轻伤（二级），两人损伤程度为轻微伤。根据《寻衅滋事解释》、本案司法鉴定结果，犯罪嫌疑人行为符合其中"致一人以上轻伤或者二人以上轻微伤"与"在公共场所随意殴打他人，造成公共场所秩序严重混乱"的情形，应当认定为《刑法》第 293 条第 1 款第 1 项规定的"情节恶劣"。

此外，从手段来说也应当认定为"情节恶劣"。根据《寻衅滋事解释》第 2 条第 4 项规定的属于"情节恶劣"情形之一的"持凶器随意殴打他人"，本案多名打人者中有使用啤酒瓶作为殴打工具的，若在司法认定中将啤酒瓶认定为"凶器"，那么本条款也将作为本案认定"情节恶劣"的情形之一。

三、定罪量刑分析

本案的定罪量刑问题引起公众的广泛讨论，有人认为相较于寻衅滋事罪，

---

〔1〕 黄华生："随意殴打型寻衅滋事罪司法认定之实证分析"，载《社会科学家》2015 年第 6 期。
〔2〕 黄华生："随意殴打型寻衅滋事罪司法认定之实证分析"，载《社会科学家》2015 年第 6 期。

以故意伤害罪定罪更合理，因为处罚更严重。其实，界定寻衅滋事罪与故意伤害罪，也一直是司法认定中的一大难题。有学者认为，寻求刺激、发泄情绪、逞强耍横等流氓动机以及殴打的"随意性"反映出的破坏公共秩序这一特征，是寻衅滋事罪的认定特征之一，其与故意伤害罪从某种程度上讲属于竞合的关系。在殴打他人，造成被害人轻伤的情况下，完全可能既构成故意伤害罪，又构成寻衅滋事罪。[1]

本案符合随意殴打型寻衅滋事的行为，同时造成两人轻伤的犯罪结果，符合故意伤害罪的既遂标准，根据《寻衅滋事解释》第7条[2]，应当择一重罪处罚。据此，笔者认为，本案打人者同时触犯寻衅滋事罪与故意伤害罪，属于想象竞合犯，应择一重罪处罚。

比较可能判处的刑罚：故意伤害罪为结果犯，司法惯例以轻伤作为此罪的既遂标准。本案未达到重伤结果及加重处罚情形，量刑为"处三年以下有期徒刑、拘役或者管制"。寻衅滋事罪可处5年以下有期徒刑、拘役或者管制。若司法认定此案达到"纠集他人多次实施前款行为，严重破坏社会秩序"的情形，可加重处罚，判处5年以上10年以下有期徒刑，同时可以并处罚金。

四、总结

综上所述，"唐山打人案"触犯了"随意殴打型"寻衅滋事罪，同时触犯了故意伤害罪。通过对该案司法认定各要素的分析，以破坏公共秩序为前提，犯罪对象的不特定、犯罪动机的随意性、情节恶劣等必要条件，与故意伤害罪的法条竞合关系，体现出寻衅滋事罪在司法认定中的谨慎性，以此维护公共法益的同时，也维护了个人的合法权益。

---

〔1〕 参见魏东、悦洋："寻衅滋事罪'随意殴打他人'的法教义学分析"，载《四川师范大学学报（社会科学版）》2017年第4期。

〔2〕《寻衅滋事解释》第7条规定："实施寻衅滋事行为，同时符合寻衅滋事罪和故意杀人罪、故意伤害罪、故意毁坏财物罪、敲诈勒索罪、抢夺罪、抢劫罪等罪的构成要件的，依照处罚较重的犯罪定罪处罚。"

投资方与目标公司股权回购型对赌协议法律效力研究

赵桓稼*

（中国政法大学 北京 100088）

摘　要： 随着我国投资环境的逐渐改善，投融资热潮空前高涨。回购型对赌协议作为私募投资最具代表性的投资方式之一，在其发挥良好效果的同时，实践过程中也带来了诸多的法律问题。回购型对赌协议的效力一直存在争议，《九民纪要》规定在不存在法定无效事由的情况下，对赌协议是有效的，但实际履行过程中也存在着许多的问题。股权回购型对赌协议的使用过程中还需要注意是否完成减资程序等。

关键词： 回购型对赌协议　正当程序　《九民纪要》

随着党中央、国务院接连出台一系列鼓励投融资的政策，我国整体的投资环境得到了重大的改善，企业的投资主体地位进一步确立，融资渠道进一步通畅，国内投融资热潮空前高涨。私募投资作为一种新型的投资工具，也愈发受到企业家和投资者的青睐。随着私募投资的普遍化和流行化，作为其代表的对赌协议，也逐渐出现在大众的视野当中。不可否认的是，对赌协议的出现，极大地缓解了企业的融资压力，拓宽了融资的渠道，但同时，新型的融资渠道也意味着新型的纠纷。对于对赌协议，在实践中，投资者与目标企业之间往往由于目标的偏离，而造成二者的纠纷，这样的纠纷也对法律带来了新的难题。对于"对赌协议"的效力认定，我国法律一直没有明文规定，

---

* 作者简介：赵桓稼（1995 年-），男，汉族，浙江杭州人，中国政法大学同等学力研修班 2022 级学员，研究方向为民商法学。

因此无论在理论抑或是实践中，对于对赌协议的效力认定都存在较大的争论。

一、对赌协议的含义

实践中俗称的"对赌协议"，又称"估值调整协议"（Valuation Adjustment Mechanism，VAM），是指投资方与融资方在达成股权性融资协议时，为解决交易双方对目标公司未来发展的不确定性、信息不对称以及代理成本而设计的包含了股权回购、金钱补偿等对未来目标公司的估值进行调整的协议[1]。而股权回购型对赌协议是对赌协议的代表之一，通常是投资者与目标公司或目标公司的股东、实际控制人达成合意，以签署协议的方式，约定目标公司在未来实现相应业绩的承诺，若该承诺在未来成就了，则投资者可以向目标公司转让部分股权或其他权益；若该承诺在未来并未成就，则投资者依据股权回购型对赌协议，可以要求签订对赌协议的目标公司或目标公司的股东及实际控制人以合同约定的价格回购投资人的股权，从而使得投资人尽可能低地承受风险，保障投资人的权益。可见，根据对赌协议的签订主体，可以将其分为投资人与目标公司的对赌协议，投资人与目标公司的股东或实际控制人的对赌协议以及投资人与目标公司及目标公司的股东或控制人的对赌协议[2]。本文主要针对的是上述第二类，即投资人与目标公司的对赌协议。

二、股权回购型对赌协议的效力

在很长一段时间内，对于股权回购型对赌协议的效力的认定存在两种相互对立的观点。一部分学者认为，对赌协议合法有效，投资方要求回购股权的主张应得到支持。对赌协议本质上属于商业主体之间达成的契约，因此对其法律效力认定的基本依据是《民法典》。投资人和目标公司股东之间的对赌协议只要不存在法定合同无效的情形，人民法院应当尊重契约自由和意思自治，依法认定对赌协议的法律效力。[3]然而，另外一部分学者认为对赌协议是无效的，理由在于对赌协议会损害公司或其他债权人的利益，如果投资失

---

[1] 参见最高人民法院民事审判第二庭编著：《〈全国法院民商事审判工作会议纪要〉理解与适用》，人民法院出版社2019年版。

[2] 董士忠："对赌协议类型化分析及有关法律适用问题研究"，载《安阳师范学院学报》2019年第6期。

[3] 陈思婷："对赌协议法律问题研究"，载《时代金融》2019年第9期。

败，目标公司需要回购股东的股权，这其实就是一种变相抽逃出资。[1]

一直以来由于对赌协议属于无名合同，因此实践中在相关法律关系的认定上，缺少对应的法律和司法解释的支撑，这导致不同审判员对于相同或相似的案件，作出了截然相反的判决结果，难以作到同案同判。2019 年《九民纪要》对司法实践中常见的对赌协议作出了相应规定，对对赌协议的履行和协议本身的效力作出了规定，为审判提供了法律依据。

根据《九民纪要》第 5 条的规定，投资方与目标公司订立的"对赌协议"如果不存在法定无效事由的情况，对赌协议便是有效的。目标公司不能以存在股权回购或者金钱补偿约定为由，主张"对赌协议"无效。

当然，对于对赌协议的履行还需要注意一个问题，即投资方主张回购股份的，不能违反"股东不得抽逃出资"及股份回购的强制性规定。也就是说，当投资方向法院起诉目标公司回购股权时，受理案件的人民法院需要对是否违反强制性规定进行审查。这表明虽然对赌协议并不是无效的，但是依据对赌协议请求回购股权的请求也并非当然会得到支持，如果法院经过审理发现目标公司并未完成减资程序，此时投资人的请求就难以得到支持。

三、《九民纪要》适用的局限性

通过分析可知，就对赌协议的效力来看，《九民纪要》是持肯定态度的，即在不存在法定无效事由的前提下，对赌协议合法有效。但在投资失败后回购股份的实际履行过程中，有一个重要的点是必须做到的，即目标公司是否完成减资程序。

谈及减资程序，公司回购本公司的股权后可以通过减资程序减少注册资本，不违反资本维持原则，但如果公司没有履行减资程序，是否必然导致无法履行股权回购？答案是肯定的。《九民纪要》的观点是经审查，目标公司未完成减资程序的，人民法院应当驳回投资方关于股权回购的诉讼请求。可见，在目标公司没有履行完毕减资程序的情况下，投资人向法院请求根据对赌协议回购其股权的，法院应当不予支持。这体现了对于目标公司利益和投资人利益的平衡。

实践中减资程序的履行也存在较大阻碍。根据《公司法》第 43 条、第

---

[1] 谢海霞："对赌协议的法律性质探析"，载《法学杂志》2010 年第 1 期。

103 条的规定，公司减资需要履行一定的流程，从一定程度上来看，股东的利益和目标公司的利益具有一致性，投资人欲通过减资程序合法回购股权，会对公司的经营发展造成影响，因此股东同意投资人减资也就变得十分困难[1]。那么是否可以请求法院强制公司股东为投资人进行减资程序呢？答案是否定的。根据《九民纪要》第 29 条的规定，为了保证公司内部自治的独立性，法院无法强制股东召开股东（大）会，更加无法强制股东同意投资人的减资程序。

综上来看，投资人想要履行对赌协议的困难程度可想而知。

四、总结

显然，《九民纪要》的发布，无疑为审判者提供了一个审判的方向，各级法院均按照此思路进行审判，但实践中也存在不多问题。首先，对赌协议的初衷是防止由于信息的不对称，使得投资者在投资目标公司的过程中，承受不可预知且不对等的商业风险，为最大限度降低决策成本而设定的，其本质是促进投资的发展。[2]但将必须完成减资程序设定为对赌协议履行的必要环节，很大程度上会使得对赌协议形同虚设。因为从这一点来看，股东与目标公司的方向一致，减资程序的开展无法推进，这也就使得对赌协议保障投资者的功用逐渐被弱化，离拉动投资的目标越来越远。笔者认为，对赌协议对于股权的回购事宜约定合理的，即投资者所能获得的收益不至于远超预期的情况下，尽可能地推动对赌协议的进行，一方面是为了给投资者信心，另一方面也是为了给企业经营提供动力，促使企业为了实现既定目标而不断前进，从而使得国内经济大环境不断优化，经济实现不断发展。

---

〔1〕 翟文喆、张艳红：“股权回购型对赌协议履行问题研究——以司法裁判规则为视角”，载《福建金融管理干部学院学报》2021 年第 4 期。

〔2〕 王红卫：“'对赌协议'法律效力的认定及股权回购责任的承担——对李某与 T 公司、刘某等人与公司有关纠纷案件的评析”，载《天津法学》2018 年第 2 期。

论视听作品的二次获酬权

甘 琦*

（中国政法大学 北京 100088）

摘 要：我国于 2021 年 6 月 1 日施行的《著作权法》对此前使用的电影作品和类电作品的表述进行了修正，使用视听作品的表述。虽然视听作品的权利归属规则有修正，但对于视听作品中的作者享有报酬未进行修改，没有引入利益分享制度设计。那么，二次获酬在其他国家是如何规定的呢？随着技术的发展，鼓励优秀作品的创作，合理构建和认识收益分配机制有其合理必要性。

关键词：视听作品 二次获酬 利益分享

一、二次求偿权的引入

2021 年 6 月 1 日，我国新修正的《著作权法》正式生效实施。在这部《著作权法》中，使用了"视听作品"的表述，并规定了视听作品的著作权归属以及报酬规则。[1]简单而言，在我国，视听作品分为电影作品、电视剧作品以及其他类型的视听作品。除电影、电视剧作品的著作权归制作者享有外，其他类型的视听作品的著作权归属需要以当事人约定的方式作出安排，如果作者与制作者之间没有约定或约定不明确，则由制作者享有。编剧、导演、摄影、作词、作曲等作者享有的权利没有变化，一个是人身权利，对自己进行署名标识，另外一个即获得报酬的权利。这里所称的"获得报酬"，更

---

* 作者简介：甘琦（1982 年-），女，汉族，北京人，中国政法大学同等学力研修班 2021 级学员，研究方向为知识产权法学。

〔1〕 吴小评："论视听作品的作者'二次获酬权'"，载《学术交流》2013 年第 5 期。

多指的是作者在创作视听作品时从制作者处获得的一次性报酬，但是，对于后续制作者通过各种方式使用视听作品而可能产生的收益没有规定作者有权继续分享收益。

二次获酬权，指的是任何后续利用所产生的报酬，既包括权利人行使著作权而获得的报酬，也包括在法定许可的情形下，作品的使用者依法需要向权利人支付的报酬，是著作权人最根本的获酬形式。这里所简述的二次获酬不是基于专业权利或法定许可，而是在无基础权利时所享有的获酬权。二次获酬权不涉及著作权权利上的分配，而是一种激励措施，选择性地激励创作人创作出更好的作品。

二、二次求偿权与利益平衡

随着数字技术的持续更新进步，以及我国互联网产业的蓬勃发展，视听作品的使用已不再局限于单纯的通过线下电影院线进行放映向受众传播。以电影作品为例，电影作品在完成线下院线的首轮放映后，制作者往往会将电影作品进一步授权给不同的视频平台供用户点播收看，各视频平台的用户通过购买视频平台订阅会员的方式在视频平台获得的授权期内在自己选定的时间进行任意观看，这种长尾播放的方式和渠道极大地延长了视听作品的生命力，也给制作者带来了可观的持续的收益。[1]

自新冠疫情暴发以来，受限于防控政策，线下电影院的管控，使片方将新片上映活动从传统渠道逐渐转移到视频平台上线，比如《你好，李焕英》。伴随视频平台的宣传预热，订阅会员可以自行选择在已订阅服务的基础上对单片另行付费点播，这一方式也能够给制作者带来点击量和付费单片点播收入上的分成。对于好莱坞成熟大片，或者新兴的国漫，往往可以围绕热门 IP 开发周边衍生品（比如马克杯、T恤、笔记本等文化类产品），或者授权游戏公司进一步开发同名游戏，或者现在热门 NFT[2] 产品的开发和利用，这些都属于围绕视听作品衍生的使用方式和途径，能给制作者带来越来越可观的收入。反观对视听作品付出心血的作者，由于著作权法对权益分配模式的固定，使得视听作品的作者仅能就创作作品时从制作者处获得一次性报酬，与视听

---

〔1〕 张春艳："论我国电影作品著作权的归属"，载《法学杂志》2012 年第 9 期。

〔2〕 NFT，即 Non-Fungible Token 的缩写，中文译为"非同质化代币"。

作品使用产生的收益完全隔离。从这个意义上来讲，如果对视听作品的收益完全归于制作者，对作者是明显不公平的。

国务院法制办公室曾在 2013 年 1 月 23 日的送审稿中引入二次获酬权制度，即第 19 条提出"作者享有署名权和分享收益的权利"。但最终，我国审议通过的《著作权法》并没有将二次获酬权制度引入法律。由于我国在法律上尚无"二次获酬"的规定，没有法律的支持，因此自然地，在已有的判例层面，也无从找到案例支持。

三、域外规定与我国镜鉴

从比较法的层面，有必要认识和了解其他国家是否在适用的法律中引入了二次获酬制度，它们是如何规定的？二次获酬机制参与主体有哪些？

（1）《法国知识产权法》（法律部分）第三节"视听作品制作合同"规定了有关二次获酬的报酬分配。根据《法国知识产权法》的规定，发起并负责制作作品的自然人或法人是视听作品的制作者。制作者应当向作者支付报酬。如果制作者想要取得视听作品的专有使用权，应当与配词或未配词的作曲者之外的视听作品作者签订合同，并按每一使用方式向视听作品作者给付报酬。并且，作者应保证制作者不受干扰地行使受让所得的权利。在分配层面法律给予的保障是，要求制作者一年至少一次向作者提交作品每一使用形式的收入报告，履行获酬披露义务。

（2）《德国著作权法》第 32a 条规定了著作人的其他利益分享，向著作人赋予了更改合同的请求权，以使著作人公平参与该增值利益的分配。

（3）《日本著作权法》第 10 条规定"电影作品"是作品的一种类型；并且指出"电影作品中，除电影作品中被改编或者复制的小说、剧本、音乐或者其他作品的作者之外，负责制作、导演、演出、摄影、美术等工作、对电影作品整体制作做出了独创性贡献的人，都是电影作品的作者"，并通过第 29 条第 1 款规定了一般电影作品著作权属于电影制作者。但是，通过通读《日本著作权法》，并未见有关电影作品的二次获酬相关规定。

（4）《英国版权法》第 9 条规定，在作品是电影的情况下，作者是制片者和总导演；第 93A 条对电影制作合同中出租权转让推广作出详细规定，对于文字、戏剧、音乐或美术作品的作者或者将来的作者，当其与制片人所达成的电影制作的合作中应当推定作者将其包含在电影中作品的出租权转让给制片人，但合同另有约定的除外。进一步地，该法第93B条和第93C条规定了作者对租金保留公平报酬权，且公平报酬权作者不得转让，但向集体管理组织转让除外，版权法庭对公平报酬数额可以进行裁决。第191F条和第191G条又对表演者享有的出租权作了类似的推定转移的规定，对电影制作者来说，表演者的出租权推定转让给电影制作者。

（5）《美国版权法》第102条规定，作品包括电影及其他音像作品，并在第201条对版权的归属作出了规定，规定原始版权属于作品的作者。在雇佣作品的场景下，作者应为雇主或作品为其创作的他人，由作者享有版权，但是，如果当事方双方另行签署书面文件作出明确相反规定的除外。

世界各国对二次获酬权的态度不一。对于未来我国是否在《著作权法》中引入二次获酬权制度，还需要进一步讨论。但我们要理解并认识到，按照《知识产权强国建设纲要（2021—2035年）》的要求，知识产权权益分配机制的完善，知识价值为导向的分配制度的健全，促进知识产权价值实现将是未来十年的主要工作目标。如何激励作品的创作，促进文化的发展，如何平衡作者和制作者之间的利益合理分配是无法回避的问题，也符合《知识产权强国建设纲要（2021—2035年）》的精神。[1]

---

〔1〕 熊琦："中国著作权立法中的制度创新"，载《中国社会科学》2018年第7期。

电商企业数据司法对接的实践发展与理论冲突

甘元乐*

（中国政法大学 北京 100088）

摘　要： 电商企业数据的司法开放，在当下有互联网法院证据平台"证据一键式引入机制"的实践。这一实践给诉讼当事人以及整个诉讼流程带来极大便利，同时又冲击着传统的举证责任分配，并且面临接入数据直接被认定为诉讼证据的风险。重新设计电商企业数据的司法对接模式是保全数据对接的优势又解决相关冲突和问题的有效方法。因此，应当改变现有"证据一键式引入机制"的对接模式，将该机制进行程序上的前置，改变对接平台为数据接口，同时也要降低证据平台的诉讼地位，从而实现更加健康的电商企业数据司法对接。

关键词： 电商企业　数据对接　司法审判　互联网法院

一、问题的提出

以电商为代表的网络平台和企业本身即负有一定的数据报送义务，传统的数据报送往往是为了帮助政府进行宏观的科学决策，实施相应的行政规划和调查，实现数字经济协同共治和促进公共利益保护，[1] 这些都是出于国家机关进行社会管理以及发展国民经济的需要。随着信息技术的进一步发展，新技术与司法领域的结合也越来越深入，特别是以互联网法院为典型的智慧司法模式探索，使得企业的数据开放也转变了形式，互联网法院探索出

---

　　* 作者简介：甘元乐（1987 年–），男，汉族，江西乐平人，中国政法大学同等学力研修班 2022 级学员，研究方向为民商法学。

　　〔1〕 参见刘权："论网络平台的数据报送义务"，载《当代法学》2019 年第 5 期。

了电商企业数据对接到诉讼平台的机制，并将其称之为"证据一键式引入机制"。

但是到目前为止，这种机制并没有得到较高位阶的法律法规的确认，机制中所传输的数据的司法地位也并不明确，"证据平台"何以为证据相关的平台？其中对接的"数据"何以为"证据"？在具体的诉讼中所对接的数据应当算作由诉讼哪一方提供的？数据开放与电商企业客户的信息权利保护之间如何平衡？这些都可能导致这种开放举措受到怀疑，产生权利义务上的冲突，甚至冲击传统司法审判中的基本原则。

二、司法对接的现行法律基础与优势

我国《电子商务法》《网络安全法》《网络交易监督管理办法》等法律法规都有规定网络平台的数据报送义务，例如《电子商务法》第25条、第28条，《网络安全法》第38条。现有法律规定虽然也包括了关于常规报送和临时报送两大类报送，[1]但是实践中出现的这种"证据一键式引入"无法符合现有规定的任何一种，导致对这种对接机制的规范位阶都比较低，只有诸如《杭州互联网法院电子证据平台规范（试行）》《广州互联网法院可信电子证据平台接入与管理的规定（试行）》等。

（一）"一键式引入机制"的本质

对于"证据一键式引入机制"的本质，可以从两个角度看待，一个是从技术应用角度看，"证据一键式引入机制"实际上属于新技术的司法应用，可能会涉及人工智能等新技术在司法领域应用的限度和方式；另一个是从制度的角度看，"证据一键式引入机制"实际上是企业与司法机关之间的数据对接和开放。

（二）数据对接实践的典型优势

1. 便利司法审判数字化

从互联网法院的平台建设和制度搭建可以看到，推动这些平台运行的内容正是流动在其中的电子数据，否则所有的在线举证、在线庭审等功能都无法实现。而一些内部的规范建设正是在为电子数据的流动保驾护航，足见数据流在互联网法院整个运行过程中的重要性。这些数据流的来源，大多数都

---

〔1〕 参见刘权："论网络平台的数据报送义务"，载《当代法学》2019年第5期。

是生成于案件，伴随着案件的起诉、受理、审理过程影响着案件结果。在传统的审判中，信息和数据大多都是由当事人负责收集和提供的，这经常会给一些处于弱势地位的当事人带来一定困难，甚至把一些当事人排除在诉讼之外。而电商企业的数据对互联网法院开放之后，这一过程就变得十分简单。通过企业和法院的长期合作，完成日常数据的对接，便可以将电商企业中的商业数据转变为司法机关的备用数据库，可以在需要的时候随时调取出来，为互联网法院司法审判的数字化提供了便利。

2. 缓解当事人取证压力

实践当中的"证据一键式引入机制"针对的直接就是电子商务平台中的数据，在以往的诉讼中，这些数据可能还需要当事人根据诉讼流程，采用截图、录屏等方法，把自己的交易数据转化为书证，而"证据一键式引入机制"则使这一过程变得更加简便。例如在网络购物纠纷中，原被告双方往往实力悬殊，大量的电子证据都汇集于电商企业一方。在电商平台与互联网法院之间建立数据一键式引入的通道之后，实力比较弱的当事人一方就会成为机制的受益者，一定程度上缓解了当事人的取证压力。

三、司法对接的价值冲突

（一）挑战传统的举证责任分配

我国民事诉讼中的证明责任分配遵循"谁主张，谁举证"的基本原则。实际上，这种一键式引入机制确实可能对传统的民事诉讼举证责任分配构成挑战。也就是容易引发这样的疑问：通过"证据一键式引入机制"提出的诉讼信息，到底是由当事人自己举证提供，还是由法院提供？如果是由法院提供，那这些数据是不是会具有一些地位上的优越性？

为了给这一机制提供相应的规则保障，杭州互联网法院出台的《民事诉讼电子数据证据司法审查细则》第13条[1]进行了相应的规定，其在一定程度上重新分配了当事人的举证责任，但是必须附带相应的条件，其中最有特

---

[1]《民事诉讼电子数据证据司法审查细则》第13条规定："提供电子数据的一方当事人负有对该证据来源、形成、存储过程符合证据形式进行证明的责任。否定电子数据效力的一方当事人对证明电子数据无法证明待证事实负有举证责任。举证责任的分配可结合当事人的举证能力、电子数据取得难度、成本、便利性等因素综合考虑。一方当事人已尽最大所能举证且所举电子数据可以初步证明其诉讼主张的，可将举证责任向仅提出质疑但未提供证据证明的另一方当事人分配。"

点的就是根据"当事人的举证能力、电子数据取得难度、成本、便利性等因素综合考虑"，这为"证据一键式引入机制"的应用提供了依据。但是无论如何，举证责任分配的基本原则都不能改变，而这种技术的应用无疑已经可以使得诉讼当中的弱势一方当事人的举证责任在实质上有所降低，他们承担的败诉风险也会实质上减少。[1]即便这种模式对于传统的举证责任分配原则来说没有直接性的改变，但是它对于传统原则的挑战是显而易见的。

（二）所开放数据的司法地位不明确

从互联网法院最初对该机制的命名来看，将其命名为"证据一键式引入机制"无疑增加了其将引入的数据直接作为证据使用的嫌疑。然而，对于诉讼当中的证据，却必须遵守证据相关的准入规则，遵守一系列证据制度。在司法实践中，相关信息需经过取证、举证、质证、认证的司法证明环节，经由法官对证据材料的相关属性进行认定，才能得出结论是否可以作为定案依据。法官在审判活动中对证据进行认定，实际上是在解决两个方面的问题：第一是确认每个证据能够获准进入诉讼的"大门"；第二是确认某个或某组证据能够作为定案的根据。[2]根据这样的要求，即便是通过特殊技术将企业的数据直接引入法院的诉讼平台，这些数据也不应该理所当然地被作为证据在诉讼中使用。

四、价值冲突的解决模式

基于"证据一键式引入机制"可能带来的种种怀疑，以及其对传统原则的极大挑战，笔者认为，实践当中还是不宜将"证据一键式引入机制"置于过高的法律地位，特别是其中的数据信息，尤其不能直接被赋予"证据"地位，更不能直接被认定。"证据一键式引入"更适合表现为一种数据接口，而不是一种数据存储平台。这一过程除了需要实践当中技术应用的配合，其实也需要制度层面更加详细、具体的规范。例如互联网法院的证据平台，在法律地位上更应当将其作为为证据审查、事实认定过程提供辅助的平台，而不应该作为存储非证据信息的平台，也就是将证据平台更加封闭化，作

---

〔1〕 参见郑飞、杨默涵："互联网法院审判对传统民事证据制度的挑战与影响"，载《证据法学》2020年第1期。

〔2〕 参见何家弘、刘品新：《证据法学》（第5版），法律出版社2013年版，第245页。

为互联网法院诉讼平台的内置平台。在数据进入证据平台之前的流程中，将"证据一键式引入"的接口置于证据平台之外更加靠前的位置，令其不具有诉讼地位，同时也能避免其中传输的数据直接具备证据地位。这样可以使互联网法院的证据平台更具存在的意义和必要性，否则其完全应该被其他第三方平台所取代。

浅析我国《民法典》中土地经营权的性质

张　洋*

（中国政法大学 北京 100088）

摘　要： 土地经营权是指基于土地承包经营权或土地所有权经营管理土地的权利。承包人可在总包地上设立土地经营权，集体经济组织可在其所有的四荒地上设立土地经营权。目前《民法典》关于土地经营权权利属性以及操作细则等规定上尚在进一步完善中，学术界也尚无定论。本文从土地经营权的来源、立法目的、概念术语、登记与对抗之效力等方面展开分析，土地经营权归属物权之理由明显要强于土地经营权归属债权之理由，只有把土地经营权界定为物权，才最契合三权分置，实现社会主义公有制度约束下的立法目的。

关键词： 土地经营权　用益物权　三权分置

一、我国农村土地经营权概论

随着社会生产力的不断提高，我国传统的"两权分置"农村土地权利结构难以适应新时代对于农业现代化的发展需要，经过长期的总结和实施，国家在党的十八届三中全会中正式提出了"三权分置"改革。

"三权分置"的实际意义在于土地所有权、土地经营权和承包经营权三种权利的分离。目前，我国法律的诸多条款已经在很大程度上对农民的权益以及土地的所有权进行规定和保障，但是仍存在一定的局限性，尤其是对土地经营权的权利性质划分模糊，使得土地经营权难以进一步完善和优化。我国

---

* 作者简介：张洋（1993 年-），女，汉族，陕西西安人，中国政法大学同等学力研修班 2022 级学员，研究方向为民商法学。

目前的法规体系中，土地经营权归属于土地承包所有权之中，丁文谈到，土地经营权指的是所有土地所有权的农户对其所具有的土地依照合同规定而获得的耕种权利，即在约定期限内对该土地流转合同产生的取得占有和收益的权利。[1]我国学术界目前对土地经营权应归属于债权还是归属于物权仍没有定论。

二、关于土地经营权应为物权的观点分析

（一）关于土地经营权归属于物权的基本观点阐释

土地经营权物权说的学术观点受到德国民法学说的影响，持物权说的专家提出"土地经营权"指土地承包经营权人在其权利上向第三人所确定的一种拥有物权效力的权利用益物权，实质上也是权利人行使并实现土地承包经营权的方式。[2]他们强调"土地承包经营权"的性质应为"用益物权"，利益的客体是"承包土地"，而"土地经营权"的性质则为"权利用益物权"。[3]

首先，物权作为一种对世权，在立法上有着最强的保护效力。我国《民法典》规定了租赁合同的存续期限最高为 20 年，将土地经营权划定在物权的范围内，就可以突破 20 年的限制，使得农业活动从事者的生产时间得到充足的保障，有利于推动我国农业的发展。

其次，按照立法精神解释，土地经营权的性质指向用益物权。[4]许多农村土地承包所有权人并不亲自经营耕地，为防止农村土地荒芜、增加资源利用效率，应当允许农村土地经营权的相对自主流转，并使受让方取得权利的确定性受到保障。[5]基于土地资源生产效率的要求，土地经营权在对外法律

---

〔1〕 丁文："论'三权分置'中的土地经营权"，载《清华法学》2018 年第 1 期，第 114～128 页。

〔2〕 蔡立东、姜楠："农地三权分置的法实现"，载《中国社会科学》2017 年第 5 期，第 102～122 页。

〔3〕 蔡立东、姜楠："承包权与经营权分置的法构造"，载《法学研究》2015 年第 3 期，第 31～46 页。

〔4〕 林婉婷："论民法典中土地经营权之性质"，载《西安电子科技大学学报（社会科学版）》2021 年第 1 期，第 80～90 页。

〔5〕 蔡立东、姜楠："承包权与经营权分置的法构造"，载《法学研究》2015 年第 3 期，第 31～46 页。

效力上应当具备绝对性，以实现权利自主流转、维护权利受让人从而实现农村土地经营权市场化的目标。

最后，破除农村土地物权体系的融资功能限制，可以有效配置土地资源。我国农村土地物权体系对农地权利有很严格的限制，出发点也是为了保护农民的生存利益。[1]但也有其局限性，很大程度上在于土地资产的分配效益出现了困难。土地经营权的提出破解了农地权利的流转障碍，放活了土地经营权，使农户在不失去土地的基础上也能够保障生活水准。土地经营权物权化后，能吸引更多的经营者进入农业领域，实现资源的有效配置。所以，赋予土地经营权物权属性，能够有效提高农村经营的稳定性，增强农村交易安全。

三、关于土地经营权应为债权的观点分析

首先，债权的权利产生方式比物权简单，通常不需要做不动产登记，民众容易理解。[2]从土地经营权的设置目的出发，把土地经营权界定为债权更便于农户设立此项权利，有助于合理高效地放活农村土地，促进农村土地流通。在现行法律背景下，将其作为一种债权能有效地促进土地经营权的规范化。

其次，土地经营权与物权的特征不符。根据物权法定原则，物权所包含类型及内涵由法律规定，并没有赋予人们自由创设的权利，我国现行法律目前并未将其明确规定为物权的一种，因此不能认为土地经营权为物权。土地经营权在流转时，需签订书面的合同，土地经营权人对此权利并没有完全的支配权，因此不符合物权的基本特征。

最后，如前述讨论，根据一物一权原则，同一片土地上不能存在相互矛盾的用益物权。如果存在多个用益物权，则会扰乱土地管理秩序，造成权利之间的冲突及一定程度上的市场混乱，也不利于中国农业的可持续性发展。

---

〔1〕 陶钟太朗、杨遂全："农村土地经营权认知与物权塑造——从既有法制到未来立法"，载《南京农业大学学报（社会科学版）》（接上页）2015年第2期，第73~79页。
〔2〕 孙宪忠："推进农地三权分置经营模式的立法研究"，载《中国社会科学期刊》2016年第7期，第145~163页。

四、土地经营权的物权化合理性分析

（一）"债权说"观点的不可取之处

第一，将土地经营权归于债权之列，其实是对我国现行"三权分置"政策的一种否定。因为在"两权分置"的政策下，土地经营权人就能够采取签订合同的方式将土地经营权进行流通，而我国设立"三权分置"的初衷就在于解决耕作落后、土地碎片化以及经营分散等一系列农业问题，如果赋予土地经营权以债权性质，就没有办法解决上述问题。所以，将土地经营权视为债权并不可取。

第二，将土地经营权归于债权，不能便捷地发挥其融资抵押的市场作用。土地经营权作为以土地为载体的特殊债权可以成为权利担保物权的客体，企业通过贷款担保，可以利用土地经营权融资。权利抵押权的生效是登记，权利质权的生效是交付权利凭证。然而，土地经营权若为债权，无论是公示公信的权力外观，还是依法进行登记，抑或是交付权利凭证，都无从体现。如此，在土地经营权上设立权利质权，或抵押权都极其困难，也会阻碍土地经营权的融资道路，很难真正发挥其市场作用。

第三，债权对权利人的保护不及物权，把土地经营权视为债权会妨碍土地经营权价值的实现，这是从物债二性的根本区别来讲的。土地经营权的债权性质决定了它只具有承包权人和经营权人之间合同的相对性，不具有对抗第三人的效力，没有权利外观。[1]如果土地承包人滥用权利，再次将土地经营权进行流转，而第三人为善意，且无重大过失，原权利人只能用债权的手段来救济自己的权利，那么，不仅会产生较高的风险，同时也会使经营权人行权不便，导致其畏惧大规模生产，长远来看，会阻碍我国农业的发展。

（二）将土地经营权视为物权有其法理依据

第一，将土地经营权视为物权可以有效对接《民法典》，更符合《民法典》的体例与结构。《民法典》将物、债二分，并在编纂中，把土地经营权归置于属于财产权的"土地承包经营权"章节中，笔者认为，这实质上是宣布了土地经营权的财产权性质。另外，目前我国立法确定的土地经营权大致有

---

[1] 张晨鑫："'三权分置'下土地承包权与土地经营权的法律性质"，郑州大学2019年硕士学位论文。

三种：一是家庭承包方所享有的土地经营权；二是受让方所拥有的土地经营权，《民法典》第339条和第340条规定，权利人可以在约定期限内在农村土地上自主开展农业生产活动，并以此获得收益；三是非由家庭承包方所拥有的土地经营权，《民法典》第342条规定，通过招标、拍卖、公开协商和其他方式流转土地经营权。这三类土地经营权均与土地承包密切相关，故《民法典》综合考虑，将其规定在了"土地承包经营权"一章之中。

第二，将土地经营权纳入物权的范畴，并未违反物权法定原则。此处的"法"指的是狭义的法即法律，而并不包含行政法规与部门规章。另外，种类法定的含义是不得创设法律所不允许的物权类型，内容法定的含义是当事人之间不能在物权的基础上自由创设新的权利内容。而就土地经营权而言，其并不属于当事人之间通过合意而新创设的一种物权。随着市场经济的不断发展，农业领域也不能被排除在市场之外，将土地经营权创设为物权，可以推动我国目前的农业改革，促进我国农业的发展与进步。

（三）土地经营权归属于物权的定位优势

第一，有利于构建新型农业经营体系，促进我国农业的发展与进步。我国城市化进程不断加快，越来越多的农村劳动力涌入城镇，大量农业荒废、农地抛荒。随着生产力的不断发展与进步，越来越多的农村劳动力选择将土地的经营权转让给他人。[1]然而碎片化经营并不利于农业的持续发展，我国亟须转变农业生产方式，进一步释放农业生产力。现行制度无法满足规模生产的需要，所以放宽承包地的流转是适应我国社会生化变化的重要举措，应将土地经营权归属于物权范畴。

第二，有利于实现农村土地物权体系的有效融资，更好地配置土地资源。我国为了保护农户的利益，对农地物权体系有严格的限制。但严格限制像一把双刃剑，在保护农户利益的同时，长久以往会不利于我国土地资源的配置效率。中央提出的农地"三权分置"政策也能在很大程度上解决农地的融资问题。将土地经营权物权化后，使之与农村土地所有权以及土地承包经营权处于平等的地位，可以吸引更多的经营者进入农业领域。

---

〔1〕刘征峰："农地'三权分置'改革的私法逻辑"，载《西北农林科技大学学报》（社会科学版）2015年第5期，第26~33页。

第三，考虑诉讼时效的因素，如果土地经营权归属于物权，物上请求权便不受诉讼时效的限制。农村土地的流转，农民是最大的受益人，保障农民的切身利益是应当考虑的主要因素，如果将土地经营权视为债权，农民行权会受到诉讼时效的限制，无法最大限度地保护其切身利益。

非婚同居权益的问题研究

何弋鸽*

（中国政法大学 北京 100088）

摘　要： 非婚同居是日前社会生活中的普遍现象，在实践和调查数据中揭露非婚同居的广泛性和普遍性，并从中找出非婚同居所存在的社会问题，探讨非婚同居财产权益保护的途径，不仅是实践中的现实需求，更是婚姻家庭法律关系中的重要组成。

关键词： 非婚同居　存在问题　法律层面应对

一、非婚同居概述

（一）非婚同居的概念

非婚同居是指男性和女性双方不受法律约束，不论双方是否存在结婚意图，且双方之间不存在法律障碍的状态。在法律理论界，学者对于非婚同居有狭义和广义之分，广义上的非婚同居包括事实婚姻、未婚同居、非法同居以及婚姻中被宣告无效或者可撤销的婚姻状态等。本文所要论述的系狭义上对非婚同居的界定。非婚同居要求两性双方严格遵循法律的规定，即任何一方或者双方在有配偶的情况下进行同居生活，不管是以夫妻名义还是以情侣名义，均为我国法律所禁止的行为，若严重者还有可能构成重婚罪。且在有配偶的情况下还与他人同居生活违背了社会公序良俗，为道德所谴责。

---

*　作者简介：何弋鸽（1996年-），女，汉族，江苏南通人，中国政法大学同等学力研修班 2022 级学员，研究方向为民商法学。

（二）非婚同居现象的现实性

现代社会经济飞速发展，社会生活日新月异，我们日常的家庭生活也随之发生改变。通过对北京、上海、深圳等城市的调研数据发现，同居群体正在悄然扩大，呈现出以"试婚同居"的青年人和"搭伴养老"的老年人的双峰格局，且无论是乡村还是城市都广泛地存在着非婚同居的现象。大量涌现的非婚同居现象存在一定的合理性和必然性。[1]自新中国成立以来，我国法律就确立了一夫一妻的婚姻制度，自古至今，婚姻关系都牵系着生产、消费、人类繁衍等诸多社会功能，而家庭就是婚姻关系双方以保障生存为目的的社会共同体。进入现代社会以后，随着工业化和城市化进程的快速推进，人们的物质和精神都得到了极大的充实，经济独立、人权与自由的观念深入人心，使得家庭所承载的职能和途径日益多元化。人们从原先满足社会生存的需要逐步转变为选择合适、舒适的生活方式。非婚同居的现象充分体现了两性双方的意思自治，从双方缔结、存续、解除等多个层面极大程度地尊重了当事人的自由意志，法律层面最小可能地进行干预，使得青年人追求自我价值和个性化得到了满足。

按照联合国的相关评价标准，我国的某些地区已经明显开始步入老龄化。因此，在老龄化社会中，老年人的非婚以及婚姻生活问题普遍存在，并且亟待解决，这关系老年人本身以及其整个家庭生活的和谐幸福，关键因素就是社会观念的改变以及身边家人的关爱，再有就是社会制度的完善，在解决观念问题的同时，也必须从制度的角度让老年人的婚姻家庭生活无后顾之忧。老年人"非婚同居"系一个比较普遍的现象，当然每个老年人的想法不尽相同，许多子女对老年人再度踏入婚姻持否定态度，缺乏与老人之间的沟通与理解，因此，许多老年人宁愿抱有"走得拢、站得开"的想法，以此免去许多因婚姻带来的不必要的约束和羁绊。

二、非婚同居存在的问题

（一）试婚同居双方投机心态，致使感情不稳固

据调查发现，关于从恋爱到步入婚姻的过程，超过 60% 的单身男女认为恋爱五个月就可以结婚，有 32% 的人认为恋爱一年才能结婚，只有 6% 的人认

---

[1] 参见阚凯："非婚同居中的女性权益保护"，载《学术交流》2011 年第 9 期。

为恋爱两年以上才能结婚。[1]而在结婚之前的恋爱阶段，又有很多单身人群可以接受试婚。这种试婚现象正成为一种时尚，不管是青年男女或者离婚再找的，很多人采取试婚来达到自己的择偶标准。罗素在《婚姻革命》一书中写道："试婚是一个明智的保守主义者的建议，其目的在于巩固青年的性关系，根除现存的乱交现象。"但不可否认，一些感情"骗子"打着以结婚为目的旗号玩弄感情，打着试婚的旗号和对方相处，其目的是得到他人的身体。尤其以男性居多，他们以和女性恋爱结婚为借口，满足自己的欲望，相处一段时间后找各种理由拒绝对方。试婚在很大程度上是对身体和心理的双重挑战，产生的是一种不确定的社会关系。即便是试婚过程中出现了问题，最后双方分手未能步入婚姻，对于当事人来说也不需要正式婚姻带来的社会关系上的复杂遗留问题，更不用背负道德压力，也不会像离婚一样产生大量的法律纠纷，不会在婚姻记录上留下"离异"的记录，这样在今后开始新的婚姻关系时，便不会留下太多阻碍。这就说明试婚现象对当事人来说成本并不高，也正是这种低成本，导致了双方在试婚过程中容易产生投机心理，致使感情不稳固。

（二）财产关系混乱，导致举证困难

随着人们婚姻观念的变化，非婚同居越发成为一种趋势，对于越来越多在大城市生活打拼的年轻人来说，大城市生活成本比较高，住房价格更是难以负担，构建正式的婚姻关系之后如果婚姻关系破裂，所带来的时间、精力和金钱上的成本都很高昂，所以很多人宁愿接受婚前同居。但随之而来的问题是，相处时间越久，非婚同居的时间越长，财产混同的现象就越多，甚至可以说是普遍存在，虽然没有法律上的婚姻关系，但是双方的财产却早已混同。这时一旦面临分手，双方就肯定需要处理已经产生了混同的财产的分割问题。在生活压力本就很大的情况下，青年人工资收入、积蓄等都非常有限，为购置婚房结婚，父母往往占据大额出资，并且按照中国大多数地区的风俗习惯，结婚时男方需要向女方给付一定的彩礼。且不说产生纠纷后彩礼的权属应当是谁，就是遇到现金给付的情况，财产的来源都很难证明。

---

〔1〕 "'相识30天就闪婚，不到半年又闪离'：你的爱情，果然很廉价"，载 https://www.163.com/dy/article/GNPNCNS70552A0SP.html，最后访问日期：2022 年 7 月 30 日。

三、财产权益保护法律层面应对

（一）积极鼓励非婚同居的当事人订立非婚同居协议

法律应当尽量维护当事人的意思自治，只要其行为符合法律规定的要求，能够为公序良俗所接受。在订立同居协议时也应当尽量尊重当事人的意愿，协议可以根据当事人的意思在任何时间订立，时间上的自由有利于帮助当事人对此问题进行深入思考，在协议中可以对财产问题进行约定，包括双方的债权债务，以及子女的姓氏、户籍、抚养费相关问题都可以进行书面约定。非婚同居的双方当事人应尽量避免同居财产的混同，如果有共同投资、共同理财、共同经营等情况，建议以书面协议约定相关行为的法律性质和双方的权利和义务；通过借贷、赠与、共有、合伙、代持等协议的约定，双方当事人应事先厘清法律关系，确定权属；对于双方的资金往来以及为购置房产车辆等较大价值资产或因债权债务发生的与第三方的资金往来，尽量以银行转账的方式进行，并在转账的备注栏标明资金用途；对于重要的法律事实，如共同经营、共同购置房产等，建议留存双方之间沟通交流的相关证据，比如说微信、短信、电子邮件等，如遇到问题，也能尽快收集证据，厘清法律关系和财产关系，尽一切可能保障双方当事人的合法权益。

（二）司法适用路径

在目前处理非婚同居法律问题的需求高涨的情况下，我们更应当从司法层面正视并积极解决同居侵权问题，司法层面的解决路径可以包括两个：第一，建议法院处理双方同居纠纷时增加受害方精神损害赔偿责任：如果是诱骗他人同居，假借恋爱、结婚等名义给另外一方当事人造成损害；在同居时，女性往往是受侵害的一方，建议从女性保护的角度出发，对双方虽自愿同居，但女性因非婚同居分娩或者流产等情况造成的隐患，这不仅符合侵权责任法的要旨，也更大程度上弘扬了社会主义公平法治的原则；第二，女性群体在非婚同居中往往承担着同居关系中的家务职能，但在实践中，女性在非婚同居中的劳动家务职能往往被忽略，建议法院在处理相关纠纷时应酌情考虑女性主体在家庭生活中的地位，兼顾公平和保护弱势群体的原则，在双方同居关系解除时予以相应的补偿。

（三）应疏通权益受损救济渠道，完善应对机制

虽然我国已经开始在立法领域探讨非婚同居的问题，但现在全国性的法

律尚未作出进一步的规范和完善，我们在日常的司法实践中，应加强人民调解、专家咨询、社会援助等手段救济，建议妇女联合会对女性非婚同居时遭遇家庭暴力的情况予以干预，这不仅能保障人权，更能促进社会经济秩序的稳定，体现人文主义的关怀。

非婚同居作为一种普遍存在的社会现象，应从法律层面上予以规范和引导，使当事人的合法权益得到保护，还应当以理性的姿态对待非婚同居现象，这是社会文明和理性进步的表现。

股东向公司转入资金性质问题探究

李　林*

（中国政法大学 北京 100088）

摘　要：股东转入公司的资金性质为投资款或者借款，这主要看股东和公司的意思表示。同时，还必须看是否履行了《公司法》规定的必要的程序。如果认为是投资款，则必须有出资协议或者股东会决议作为判断依据。如果认为是借款，也要符合民间借贷的一般特征。

关键词：公司法　投资款　借款　民间借贷

在各股东已经完成出资义务的情况下，再向公司转入资金，该款项的性质该如何确定呢？是作为投资款还是借款，或者是其他性质的款项，需要具体分析。

一、股东转入公司资金性质类型

（一）作为投资款形成公司的注册资本即在公司登记机关登记的全体股东认缴的出资额

按照《公司法》的规定，有限公司股东出资的方式主要有货币等。设立公司必然需要一定数量的流动资金，以支付创建公司时的开支和启动公司运营。[1]因此，股东可以用货币出资。《公司法》第 28 条规定，股东应当按期足额缴纳公司章程中规定的各自所认缴的出资额。股东以货币出资的，应当将货币出资足额存入有限责任公司在银行开设的账户。因此，在公司设立前

---

　　* 作者简介：李林（1988 年-），男，汉族，江苏连云港人，中国政法大学同等学力研修班 2022级学员，研究方向为民商法学。

　　〔1〕 参见"自然人公司增资流程"，载 https://m.ishuo.cn/s，最后访问日期：2022 年 8 月 14 日。

后，股东依照公司章程的规定，向公司账户转入的资金为股东出资。股东是在认缴出资的范围内对公司承担有限责任，认缴出资的范围是决定股东担责任范围的决定因素。[1] 在此需要注意的是，此时股东转入资金作为公司出资额的依据为各股东间的出资协议及公司章程等法律文件。

（二）作为投资款，在原有注册资本基础上的增资

通常意义上的公司增资是指公司增加注册资本时，股东认缴新增资本的出资。公司增资需要履行严格的手续：第一，由股东会表决通过。《公司法》第43条、第103条规定，有限责任公司股东会对增加公司资本作出决议，必须经代表2/3以上由表决权的股东通过。股东大会作出决议，必须经出席会议的股东所持表决权的2/3以上通过。第二，股东缴纳新增资本的出资。有限责任公司增加注册资本时，股东认缴新增资本的出资，按照《公司法》设立有限责任公司缴纳出资的有关规定执行。第三，向公司登记机关办理变更登记手续。公司增加注册资本，应当依法向公司登记机关办理变更登记手续。以上手续是《公司法》的强制性要求，缺少其中任何一个环节或步骤都不应该定性为公司增资。

（三）作为借款

公司是否可以向股东借款呢？答案是肯定的。公司向股东借款，属于借款。依据《民法典》的规定，公司向股东借款，是民事法律行为的一种，如果不违反法律、行政法规的强制性规定，不违背公序良俗，借款行为一般具有法律效力。

（四）前期性质不明确的各种"垫付款"，后期需要确认

在公司资金困难，对工人工资、厂房租金、各种原材料费用等都无力支付的情况下，股东垫资就成为企业重要的资金来源。这种情况下的垫付款用途很明确，即代公司用于支付各种费用。那么，股东的垫资款究竟属于出资款还是借款呢？在司法实践中，关于股东垫资款性质的认定仍存在一定的争议，主要存在两种情形：一是当企业价值增加时，股东主张垫资款为出资款，请求享有股权收益；二是当企业价值降低时，股东主张垫资款为借款，请求

---

[1] 参见陈希健："'名为投资，实为借贷'的裁判规则"，载 https://www.sohu.com/a/197505473_618578，最后访问日期：2022年8月14日。

返还并主张一定的利息。[1] 区分股东出资款的性质主要还是看股东的真实意思表示。最后对该款项性质肯定有最终的定性，否则，无法厘清股东与股东之间、股东与公司之间的权利义务关系。

二、投资款与借款的区别

投资款与借款是两个性质完全不同的款项，具体呈现出以下几个方面的区别：

（1）两者的主体地位不同。投资款的投资主体参与企业管理；作为合伙人或者股东享有决策权、利润分配权；履行出资义务；承担出资不足、瑕疵出资的责任。如果有此权利并实际参与运营，则出资人享有企业股东（或合伙人）地位。但是，借款出借人不参与企业实际经营管理；不承担企业的经营风险，可要求借款企业在约定借款期限内足额返还本金及利息。

（2）两者的表现形式不同。公司将出资人列入股东名册，出资人并取得股东资格，持有相应股权或份额，并以此享有利润分配权，若具备该特征，则属于投资关系。没有该特征的系借款。

（3）两者收益目的和性质不同。出资人如果参与公司利润分成，且与公司共担风险则为投资款；出资人只享有固定回报或收益，而不共担经营风险，则属于借贷关系。

（4）两者承担风险的责任不同。投资者同时享有企业的利益分配权、重大事项决策权并承担企业的经营风险。但是，借款关系中，无论企业经营状况如何，出借人都有权要求企业按时足额归还借款本金及利息。

三、正常情况下，如何确定股东转入公司资金的性质

各股东根据出资协议及公司章程的要求，在出资期限内将出资额转入公司账户。转入金额应当和股东与出资协议、公司章程的要求相一致，公司财务也对该笔资金做相应记载（计入实收资本或资本公积）。在这种情况下，该笔转入资金即为股东的出资额。

如果股东是已经完成出资，又向公司账户注入资金。若该资金定性为新增注册资本金，即公司设立后，如需增加注册资本，需要履行《公司法》规

---

〔1〕 参见桑萍：“关于公司股东出资方式的思考”，载《市场论坛》2004年第10期。

定的相关程序，当这些程序履行有书面记载时，该资金属于股东认购的新增资本。

借款情形下，属于常规的借款合同，出借人为股东，借款人为公司，双方形成借贷法律关系。借贷法律关系并不要求必须有书面合同。但为明确借贷关系，需要在资金往来中备注：①资金性质，即借款；②资金用途；③计息方式；④借款期限；⑤相应财务记载（其他应付款等）。也就是说，当有以上记录时，该资金为公司向股东的借款，需由公司偿还。

当然，在司法实践中，也存在大量的非上述规范情况。这时候股东和公司之间最容易产生纠纷。

四、特殊情况下，如何确定股东转入公司资金的性质

根据情况的不同，可能存在以下特殊情况：①股东无记载，公司无记载；②股东记载为借款，公司无记载；③股东无记载，公司记载为应付款；④股东记载为借款，公司记载为资本金。只有股东和公司对资金性质意见不一致时，上述四种特殊情况才有意义，总结一下其实就是两种情况：一是股东认为是借款，公司认为是投资款的情况；二是股东认为是投资款，公司认为是借款的情况。出现分歧的主要原因是：一是当企业价值增加时，股东主张垫资款为出资款，请求享有股权收益；二是当企业价值降低时，股东主张为借款，请求返还并主张一定的利息。

（一）股东认为是借款，公司认为是投资款

当公司控股股东实际控制公司，其他股东没有决定权或者话语权，股东权利无法得到保障时，控股股东以公司名义将其他股东的转入资金作为公司借款使用，其他股东觉得自身利益受损，要求将转入公司资金当作借款要求返还，这种情况比较常见。这时，需要考虑的是，公司与股东之间所持有的证据的证明效力。

在此着重分析少见的一特殊情况：在股东与公司之间没有借款协议、股东将转入公司的大部分银行凭证备注为投资款的情况下，股东向公司主张返还借款的主张是否应得到支持？最高人民法院在［2016］最高法民再307号民事裁定书中认为，"转账凭条上的记载不能作为认定案涉款项性质的依据"，界定公司投资范畴的首要依据是《公司法》及公司章程。公司的增资行为需要遵循《公司法》和公司章程的规定不同，签订书面合同并非民间借贷法律

关系成立的必要条件。《公司法》和公司章程是股东款项认定的主要根据，且公司应将股东的款项列入相应的科目里，并且应向股东出具《出资证明》，否则，不宜轻易认定为投资款。所以，在这种特殊情况下，认为是借款更合适。

（二）股东认为是投资款，公司认为是借款

《公司法》第43条规定，股东会会议作出修改、增加或者减少注册资本的决议，必须经代表2/3以上表决权的股东通过。《公司法》第179条规定，公司增加或者减少注册资本，应当依法向公司登记机关办理登记。分清两者，主要看是否有股东会增资的决议，有没有到登记机关办理增加增资的登记，如果没有上述程序，把股东的转入资金当作投资款就明显没有依据。

总之，股东向公司转入资金，最终的形态不是投资款就是借款，两者非此即彼。股东缴纳出资后，继续投入资金，如欲避免纠纷，需要规范流程，即注明资金性质、用途等重要信息；匹配相应的授权或程序性文件，如股东会决议等；保持一致的财务记录等。[1]

---

〔1〕 参见陈月坤："认缴制下抽逃出资罪的重新理解"，载《社会科学动态》2022年第2期。

以"告知同意"为核心的个人信息处理规则的建立与律师工作实践

彭琴钰[*]

(中国政法大学 北京 100088)

摘　要： 自 21 世纪人类迈入数字化时代以来，各类平台组织层出不穷，在几无间隔实现互联互通的同时，无论是否知晓或愿意，大数据都在毫无保留地记录着人们每分每秒的动态。在数据驱动发展的背景下，个人信息保护与个人信息的利用流通需求之间的矛盾不可避免，本文对我国以"告知同意"为核心的个人信息处理规则进行场景化分析，试图找出该规则在实践过程中可能面临的问题，并在此基础上从律师实务工作出发，提出相应的建议。

关键词： 个人信息处理　告知同意　匿名化处理

一、以"告知同意"为核心的个人信息处理规则的建立

2020 年 10 月，《个人信息保护法（草案）》初次公布审议，不到一年时间即正式颁布并实施，立法速度之快，足可见国家调整这一法律关系的心态之迫切。本文要探讨的以"告知同意"为核心的个人信息处理规则，主要涉及《个人信息保护法》第 13 条和第 17 条，第 13 条以列举式方法规定了七种处理个人信息的合法性依据，知情同意作为第一项，另列举了五项可豁免于同意规则的合法处理情形和一项兜底规则；第 17 条则规定了个人信息处理者在处理个人信息前的告知义务。据此，基本形成了我国以"告知同意"为核

---

　　* 作者简介：彭琴钰（1993 年-），女，汉族，广西桂林人，中国政法大学同等学力研修班 2022级学员，研究方向为民商法学。

心的个人信息处理规则体系。

二、在"告知同意"原则下涉及个人信息处理的场景化选择

2022 年 2 月 25 日，中国互联网络信息中心（CNNIC）在京发布第 49 次《中国互联网络发展状况统计报告》，该报告显示，截至 2021 年 12 月，我国网民规模达 10.32 亿人，较 2020 年 12 月增长 4296 万人，互联网普及率达 73.0%。[1]在网络信息发达的时代，世界联系得越紧密，个人信息的价值就越重要，经大数据检索，隐私权、个人信息保护纠纷类民事案由的数量呈逐年上升趋势，司法实践中已有判决开始意识到自主选择度对个人同意的作用。在"告知同意"为核心的个人信息保护规则下，活跃着众多不对称场景，以下筛选信息时代下的一些经典场景进行分析。

（一）经典场景 1：劳动关系

在劳动者与用人单位之间，除"告知同意"外，《个人信息保护法》与之相关的还有第 13 条第 1 款第 2 项，即"为订立、履行个人作为一方当事人的合同所必需，或者按照依法制定的劳动规章制度和依法签订的集体合同实施人力资源管理所必需"的，可处理个人信息。

最常见的场景如招聘员工、入职填报资料，此可结合《个人信息保护法》第 5 条有关合正当、必要等原则进行分析，如收集姓名、地址和联系方式等可被认定是出于管理需要，然类似婚恋史、婚姻状况、宗教文化、性取向、疾病情况信息等从一般人视角判断，大部分人会认为是非必要的。而劳动关系中个人信息保护问题的特殊性在于资强劳弱和人格从属性背景下知情同意规则的失灵、工作数字化后存在的劳动者被透视和被操控风险等，故不能完全适用《个人信息保护法》的一般规则。[2]

数字经济下的新兴平台组织已学会在用工过程中逐渐引进各项系统，以保证劳动者的出工状态。典型场景如写字楼的视频监控、外卖员的送餐时效，大数据算法全天候及全方位记录着劳动者的所有状态，给所有不符合标准的工作表现打叉，不允许任何一丝懈怠。此是否违背《个人信息保护法》信息

---

〔1〕 "第 49 次《中国互联网络发展状况统计报告》发布"，载 http://www.cnnic.net.cn/hlwfzyj/hlwxzbg/hlwtjbg/202202/t20220225_71727.htm，最后访问日期：2022 年 7 月 23 日。

〔2〕 参见王倩："作为劳动基准的个人信息保护"，载《中外法学》2022 年第 1 期。

收集的必要性原则存疑，更重要的是，在职的劳动者几乎不存在自主选择性，《个人信息保护法》在劳动关系中没有发挥应有的作用。

对此，有必要在劳动基准法及其配套法规中与时俱进地增加或援引个人信息保护的内容，为劳动者提供维权的制度设计支持，由私法、公法进行双重规制。事实上，2021年7月16日，国家市场监管总局、国家网信办等七部门发布《关于落实网络餐饮平台责任切实维护外卖送餐员权益的指导意见》，提出科学设置报酬规则，优化算法规则，完善绩效考核制度等，以保障外卖送餐员的合法权益，这其实也是各位劳动者不断努力达成的结果。

(二) 经典场景2：网上冲浪

传统消费者与商家之间的活动，主要是以现行《民法典》《消费者权益保护法》《电子商务法》及《个人信息保护法》为主的体系规制，而数字经济下的消费者个人信息保护，却因立法技术与信息技术发展的不对称而难以实现。

如进入各类网络应用程序的场景，大部分App都需要登录后，才能使用该App的主要功能。现代的"冲浪人"实际上十分关注自身隐私问题，却又只能不断地同意可能侵犯自身隐私的数据行为，而长期使用一个网络供应商的服务或商品，极有可能形成锁定效应，网络公司利用用户提供的个人信息进行再整合和开发，使得用户变更网络产品或服务的成本增加，作为个体的用户无法承受退出体系化网络服务的代价，只能被动地接受网络公司的信息处理方案。[1] 在此基础上的"同意"，不能认为是自愿或自由选择作出的，只能说是"不知情的""被迫的"同意。

再如大数据推送用户喜好产品的场景，以抖音为例，系通过收集用户的地理位置、使用抖音时的各项操作、行为信息等，运用计算机算法模型自行计算、预测用户偏好，并进行个性化推荐。其声称不会精准识别特定自然人的真实身份，从《个人信息保护法》第4条关于个人信息的定义来看，仍旧采用的是"可识别性"标准，也明确将"匿名化处理后的信息"排除在外，但这可能出现两个问题：一是"群体"信息或者说"群体"隐私是否需要保护，"群体"特征对应的信息是否可以指向特定的一群人；二是允许信息处理

---

〔1〕 参见夏庆锋："网络空间个人信息保护的通知义务完善与动态匿名化"，载《江汉论坛》2022年第3期。

者进行"脱敏",进而免除利用个人信息时所负义务,这一结果完全依附于"匿名化技术",导致该技术承担了平衡个人信息保护和使用的全部"重量",造成功能过载。[1]

对此,有必要完善和细化网络空间中的通知义务标准及内容、评估并提示用户提供信息后潜在的安全风险,以及用户查阅复制权(或可携带权)行使的可操作性,以使用户实现真正的自主决定。

三、从律师实务工作出发探讨"告知同意"个人信息处理规则的应用问题

(一)个人信息保护维权

在日常生活中,个人即便已经有意识地注意到个人信息的保护问题,但手机里不间断的骚扰电话和短信,无一不在提醒我们个人信息的泄露。作为个人客户,虽然是《个人信息保护法》的主要保护对象,但因为调查手段、损害标准认定等事实和技术上的欠缺而导致维权路艰。基于此,《个人信息保护法》第70条亦规定了个人信息的公益诉讼,律师应通过举证责任分配、钻研典型个案等进一步推动个人信息保护维权司法实践补正及纠偏进程。

(二)顾问单位合规管理与制度构建

2022年7月21日,国家互联网信息办公室公布对滴滴全球股份有限公司依法作出网络安全审查相关行政处罚的决定。[2]通报的违法事实包括违法收集用户手机相册中的截图信息、过度收集用户剪切板信息、应用列表信息、乘客人脸识别、年龄段、职业、亲情关系、打车地址信息等16项,精准踩雷《网络安全法》《数据安全法》及《个人信息保护法》,被处罚款80.26亿元,另对负主管责任的董事长、总裁各处罚款100万元。这是自《个人信息保护法》实施以来开出最大的一笔罚单。当前《个人信息保护法》规定的最高额罚款数额是5000万元或者上一年度营业额的5%,相比其他法律规定,设置了极高的行政责任上限。

个人信息处理者作为《个人信息保护法》的主要规范对象,在不断革新技术手段、安全措施的同时,还应针对《网络安全法》《数据安全法》及

---

〔1〕 参见张涛:"政府数据开放中个人信息保护的范式转变",载《现代法学》2022年第1期。

〔2〕 "国家互联网信息办公室有关负责人就对滴滴全球股份有限公司依法作出网络安全审查相关行政处罚的决定答记者问",载 http://www.cac.gov.cn/2022-07/21/c_1660021534364976.htm,最后访问日期:2022年7月21日。

《个人信息保护法》等法律法规进行自我梳理审查，建立起全套的内部制度及流程。《个人信息保护法》实施后，作为政府、企业等单位的法律顾问，律师在人力资源管理、风险评估与制度构建等方面，应根据顾问单位的性质、主营方向等，对其进行针对性的法律风险评估，帮助其建立和制定有关个人信息处理的操作规程，将《个人信息保护法》的法定义务转为单位内部规章制度，为其更新、规避法律风险。

个人信息的合理使用

童云洪*

（中国政法大学 北京 100088）

摘　要： 个人信息作为人格权益的重要组成部分，对其加强保护是信息时代背景下的重要法律制度，但是基于国家利益、社会公共利益、个人利益、商业利益等情形下的合理使用也必须进一步规制，本文从个人信息的利用角度进行分析，对个人信息保护制度背景下的合理使用以及存在的问题提出相应的解决方案，供立法和法律实务参考。

关键词： 个人信息　合理使用　人格权益

随着网络信息时代的到来，个人信息的保护越来越受到重视，现实中个人信息侵权案件也屡见不鲜，一方面要保护个人信息的权利，另一方面也要关注合理使用个人信息给社会带来的价值，故结合大数据时代的需求，建立和完善相关个人信息的合理使用制度，也成为法律界理论和实践中亟待解决的问题。

一、个人信息保护的立法现状制度

2021 年 8 月 20 日，《个人信息保护法》表决通过，该法律对确立保护个人信息的范围、处理规则及相关法律责任进行了规制，对顺应大数据时代背景下保护个人信息具有深远的意义，不仅要求获取个人信息的目的、方法、程序必须合法，同时在个人信息应用和处理过程中也要遵循安全性、程序性、合法性等原则，最终目的是保护自然人的个人信息权益，构建安全、有序的

---

　* 作者简介：童云洪（1972 年-），男，汉族，北京人，中国政法大学同等学力研修班 2022 级学员，研究方向为民商法学。

信息环境。目前我国关于个人信息保护的立法还包括《民法典》等，个人信息保护的精神已经贯穿于许多法律法规中。同时，"个人信息保护纠纷"也被列入《民事案件案由规定》。法律之所以要充分保护自然人的个人信息，是由于个人信息单独或组合可识别特定自然人，如果个人信息非法流入公共领域，会致使自然人的个人秘密泄露，安宁生活被干扰，会出现诈骗、敲诈勒索等犯罪活动，并危及国家和公共安全。在实践中经常出现 APP 违规收集、黑客软件窃取、利用职务之便非法获取、后台组合计算，出售购买换有偿征集等，侵害了自然人的人身和财产安全。

二、个人信息合理利用的意义

个人信息对于个人而言并无法实现其价值，需要通过合理利用才能体现其存在的意义，如法律仅单纯保护而不予以合理利用，不仅难以实现个人信息保护的目的，而且不能实现其社会价值，同时也无法体现个人信息的利益，不利于个人权益的实现。因此，在强调个人信息保护的同时，必须完善其合理利用的相关法律制度，包括为了国家利益、社会公共利益、个人利益、商业利益等情形下的合理使用。

根据现行的法律规定，个人信息的处理包括但不限于以下几种形式：收集、存储、使用、加工、传输、提供、公开、删除等，同时处理过程中还应当遵循合法、正当、必要等原则，兼采处理目的直接相关、侵害最小化的方式。

《个人信息保护法》第 13 条第 1 项把"取得个人的同意"作为个人信息处理者可以合理处理的情形之一，而《民法典》第 1036 条则将其作为免责条款进行规定，故个人信息合理使用无需取得自然人的同意属于法律基于公共利益等对人格权益进行的限制，这不是权利而是对侵犯个人信息权益的免责抗辩。[1]商业上对个人信息的合理利用，尽管有个人信息处理者的利润价值追求，但其同时也为社会公众提供更好的服务，故也具有利用的价值和意义，但是应当予以规制，以免出现滥用。因此，个人信息合理使用规则的制定，不仅解决他人使用与保护个人信息之间的冲突，也解决公共利益与保护个人信

---

[1] 参见程啸："论我国民法典中的个人信息合理使用制度"，载《中外法学》2020 年第 4 期。

息之间的矛盾。[1]

三、个人信息合理使用中的问题

《民法典》和《个人信息保护法》规定个人信息处理者要公开处理信息的规则，明示处理信息的目的、方式和范围，同时需征得该自然人或者其监护人同意。同时，根据《个人信息保护法》第16条的规定，信息处理者也不得以个人拒绝处理为由而不予提供产品或者服务，而且该法第14条要求"同意"应当建立在个人充分知情的基础上，故实践中也无法通过软件程序控制的方式征求个人同意。因此在实践中，该处理规则的可行性并不是很强，尤其是在大数据背景下，让信息处理者征求每个自然人的知情同意明显不可行。

如何"合理"使用个人信息，必须目的合法、理由正当、程序规范、内容适当。[2]有的学者建议，合理使用可以适用"情形清单"，但适用情形清单确认该行为是否属于合理使用的情形只是第一步，实践中还需采用其他制度对合理使用进行监督和限制，并判断该行为是否满足"合理"的要求和标准。[3]对此，《个人信息保护法》第13条对不需要取得个人同意的情形进行了规定，主要为履行法定或约定的职责义务、紧急情况为保护自然人生命健康和财产安全或新闻报道等情况所必须且在合理范围内使用，故立法的高原则化与低类型化、"知情同意"的泛化使用是目前个人信息合理使用的立法之憾。[4]但是，法律对信息时代大数据背景下的商业合理利用个人信息并没有进行规制，故个人信息合理使用不排除商业使用，然而法律对基于商业目的的合理使用没有规制并不代表个人信息商业利用在现实中不存在，尤其是个人信息数据收集在一些平台已经成为公开的秘密，法律如再不进行合理商业使用的明确规定，势必会造成无法可依而出现混乱，也给个人信息的保护增加了难度，也实现不了个人数据的管理、商业、科研等价值，致使无法可依，也会导

---

〔1〕 参见贾柠宁："个人信息合理使用规则之形塑——以《民法典》第999条切入"，载《黑龙江省政法管理干部学院学报》2021年第5期。

〔2〕 参见谈玉欣："大数据时代个人信息合理使用研究"，载《合作经济与科技》2022年第14期。

〔3〕 参见张建文、刘啸天："保护和利用之间：个人信息合理使用的判断标准"，载《北京邮电大学学报（社会科学版）》2021年第6期。

〔4〕 参见贾柠宁："个人信息合理使用规则之形塑——以《民法典》第999条切入"，载《黑龙江省政法管理干部学院学报》2021年第5期。

致网络安全和信息安全的危机。[1] 2022年7月21日，国家互联网信息办公室因滴滴全球股份有限公司过度收集用户信息等原因依法对其作出80.26亿元罚款等行政处罚，就是一个很好的例子。[2]

四、个人信息合理利用建议

规制个人信息合理利用与保护个人信息一样重要，法律需要建立符合实践需要的个人信息合理利用规则，并确保目的和手段的正当性。如何平衡个人信息的保护和合理利用之间的关系，显然是法律面临的问题。个人信息合理使用的判断标准包括手段适当性也即符合目的性、必要性原则即要求手段具有不可替代性、狭义比例原则即需考虑信息主体的利益保护问题。[3] 对此，笔者提出如下立法建议：

第一，建立合理的公示知情同意程序。对于个人信息的搜集范围及使用目的等事项的公示、告知，应遵循自愿原则征求个人同意，不得将个人信息的收集利用与其提供的产品或服务挂钩，不仅要对合理使用个人信息提供可行的程序，也要尽量避免以"泛知情同意"的形式取得自然人的同意。

第二，明确信息利用的相关法律规定以及举证责任。法律一方面要明确规定对个人信息保护的要求，确保目的和手段的合理性以及必要性，并建立"情形清单与评估清单"，包括正面清单和负面清单；另一方面要让信息的收集者和利用者证明其取得个人信息的合法性和合理性，否则要承担违法利用的法律后果。

第三，建立个人信息利用的查询和监督程序。如取得自然人同意使用其个人信息的，那么个人应当能查询其使用信息的情况，而且相关行政部门也有权监督个人信息处理者的收集和使用情况，防止出现侵犯自然人权益的情况，杜绝信息安全、数据安全问题的出现。同时，国家应建立举报投诉途径，让社会公众对个人信息合理利用并进行监督。

---

〔1〕 参见卢震豪："我国《民法典》个人信息合理使用的情形清单与评估清单——以'抖音案'为例"，载《政治与法律》2020年第11期。

〔2〕 参见"中国发布丨滴滴因违反网络安全法等被罚80.26亿元！调查细节公布"，载 http://news.china.com.cn/2022-07/21/content_78334272.html，最后访问日期：2022年7月24日。

〔3〕 参见贾柠宁："个人信息合理使用规则之形塑——以《民法典》第999条切入"，载《黑龙江省政法管理干部学院学报》2021年第5期。

第四，建立责任追究制度和惩罚制度。只有打击违法使用行为，才能有效保护并合法利用自然人的个人信息，故对于侵犯个人信息的违法行为，应当规定明确的法律责任及责任承担方式，从立法上提高违法成本和风险，尤其是要追究责任人及主管人员的行政责任和刑事责任，严厉打击侵害个人信息的行为。

第五，完善个人信息赔偿和补偿机制。《个人信息保护法》第 69 条仅规定了侵害个人信息应承担损害赔偿责任，但对具体赔偿的项目与数额以及计算方法没有明确，缺乏法律规定的指引作用，故应当制定相关赔偿的明细，引导个人信息处理者依法收集和处理。

大数据网络时代的到来，每个人的信息都成了连接隐私、财产安全的重要枢纽，但是科学技术本身是中立的，既不能忽视个人信息给生活带来的便利，同时也不能小看信息泄露给个人及社会造成的威胁，需把握好"权利保护"和"合理利用"的边界，目前法律更注重对权利的保护，而对个人信息的合理使用仅限于个人同意和公共利益的需要等情况，对商业的合理利用缺乏明确的规定，而现实中个人信息的商业利用情形屡见不鲜，法律必须正视现实，对各种情形的合理利用进行规制，并实现个人信息保护的价值和意义。

未履行出资义务即转让股权股东的
被执行问题研究

瓮金鑫[*]

（中国政法大学 北京 100088）

摘 要： 伴随着《公司法》2013 年的修正，公司注册资金由实缴制改为认缴制，这一修改在实际执行过程中出现了一些问题，为解决这些问题，2016 年《最高人民法院关于民事执行中变更、追加当事人若干问题的规定》（以下简称《规定》）第 19 条进行了规定。但在司法实务中，对"未依法履行出资义务即转让股权"的解释出现了不一致甚至完全相左的解释，针对这一现象，笔者从立法目的及债权债务关系推导出何为"未依法履行出资义务即转让股权"的未依法履行出资义务，具有一定的理论价值和社会现实意义。

关键词： 未依法履行出资义务　期限利益　权利滥用

一、问题的产生

我国《公司法》于 2013 年的修正中，作出由原来的实缴制改为现在的认缴制的重大改变。这一修改在经济领域的本意是促进个体创业，建立信用体系，推动资源配置方式转变，放松对市场主体准入的管制，降低准入门槛，同时也进一步优化经营环境，促进市场主体加快发展，在一定程度上确实起到了激发各类市场主体创造活力、增强经济发展内在动力、促进经济发展的作用。但其在法律层面也带来了一定的不良后果，譬如：股东利用认缴制度

---

　* 作者简介：瓮金鑫（1984 年-），男，汉族，河南开封人，中国政法大学同等学力研修班 2022 级学员，研究方向为民商法学。

的期限利益，在债务已经确定或正在形成过程中，通过将股权转让给无偿还能力的自然人的方式逃避债务。

这一类问题在实践当中频繁出现，为有效解决此类问题，2016 年《规定》于 2016 年 12 月 1 日起施行，后《最高人民法院关于修改〈最高人民法院关于人民法院扣押铁路运输货物若干问题的规定〉等十八件执行类司法解释的决定》修订，自 2021 年 1 月 1 日实施。《规定》第 19 条明确，作为被执行人的公司，财产不足以清偿生效法律文书确定的债务，其股东未依法履行出资义务即转让股权，申请执行人申请变更、追加该原股东或依《公司法》规定对该出资承担连带责任的发起人为被执行人，在未依法出资的范围内承担责任的，人民法院应予支持。但在司法实务中，对于"股东未依法履行出资义务"的认定一直存在着不同的判决观点。

二、司法实务中的一种判决观点及其优缺点

司法实务中的一种关于何为"股东未依法履行出资义务"的判决观点认为，在注册资本认缴制下，股东依法享有期限利益，法律对于尚未出资的股东在出资期限届满前转让股权亦无禁止性规定，故股东在出资期限届满前转让股权并不违反股东的出资义务，不属于未依法履行出资义务即转让股权的情形。实践中有案例[1] 持这种观点，即更侧重于保护股东的期限利益。

这一裁判观点有其优缺点，优点是这种裁判观点无疑更有利于保护未实缴出资即转让股权股东的利益，使股东有更大的信心投入市场之中，在一定程度上有利于激发市场主体的参与热情。缺点可以从立法目的和债权债务两个角度来讨论。

立法目的上，《规定》第 19 条的立法本意是防止未实缴出资的股东滥用股东权利损害债权人的利益。试想，认缴制度下，认缴股东为了自身利益一般均会将认缴期限设的很长，在经营过程中，如经营状况良好，收益可观则不必多谈，一般这种情况下股东也基本不会转让自身股权，即便此时转让股权，基本上也不会出现资不抵债的情况，股东转让股权大概率发生在公司经营困难，已出现或正在出现不能偿还的债务，此时股东转让股权，无非有两

---

[1] 北京市第三中级人民法院［2021］京 03 民初 64 号，北京市高级人民法院［2022］京民终 45 号。

种情况：一种是接手股东不清楚内情，另一种是接手股东无偿还债务能力，正如谚语所说"虱子多了不痒，债多了不愁"，接手股东持无所谓态度，私下里转让股东给接手股东一定好处，任凭债务在那，任凭公司在那，债权人毫无办法，即使申请破产，现任股东在未实缴出资范围内承担连带责任，但因现任股东本身就无偿还能力，也只能确定债权却无法实际取得债权利益，进而会导致一些人频繁地注册公司，如经营不善就转让给一些无偿还能力的自然人或者法人，再注册新公司，经营不善的公司就这样放着，既不申请破产，也不还债，就这样跟债权人僵持不下，因为债权人深刻地明白，即使申请破产，现任股东承担了连带责任，也是拿不到欠款的。笔者在从业过程中深刻认识到这种情况多有发生，特别是在经济欠发达的中西部地区，单笔债务额比较小而债务数目较多的公司数不胜数。有兴趣的学者可以去研究一下河南省易和家建筑工程有限公司、河南易和家智能科技有限公司及其股东。综上所述，如果在司法实务中将股东的期限利益放在第一位，那么《规定》第19条将成为空文。

从债权债务角度看，公司是独立的法人，认缴制度下的未完成出资义务的享有期限利益的股东其实相当于对该独立法人有债务的自然人或者法人，其债务额度就是认缴还未缴的额度，其偿还期限就是认缴期限。如该独立法人对外又有债务，设对独立法人享有债权的自然人或者法人为甲，在独立法人不能偿还甲的债务的时候，对该独立法人负有债务的自然人或者法人即享有期限利益的股东，能在仅有独立法人及受让人（股权受让人）同意的情况下转让债务（股权）吗？这显然是不可以的，因为其是严重损害第三人（独立法人的债权人即申请执行人）权益的行为，《民法典》第551条规定"债务人将债务的全部或者部分转移给第三人的，应当经债权人同意"。可见，这时候其转让股权还需经过公司债权人的同意，否则即可认定为"未依法履行出资义务即转让股权"。

笔者认为，第一，享有期限利益的股东本身就能部分甚至全部代表独立法人，如其转让股权（这时候相当于转让债务）仅由独立法人内部同意即可，相当于自己同意免去自己的债务，这是不合乎法律的。第二，同意受让的自然人或者法人相当于接受债务，受让人愿意接受债务，却无偿还能力，这本身就可解释为双方恶意串通损害他人利益。

三、司法实务中的另一种判决观点及其优缺点

另一种判决观点认为，公司股东在认缴出资期限未届至即转让股权，应视为其以行为明确表示不再履行未届至的出资义务，属于未依法履行出资义务即转让股权的情形，依申请执行人申请，应追加其为被执行人。[1]该观点更为侧重保护债权人的利益。

这种观点毫无疑问堵住了未实缴出资股东滥用股东权利逃避债务的漏洞，较好地保护了债权人的利益，在交易之初债权人只需依据交易对象的认缴额基本就能判断交易对象的真正实力，而非象征意义上的实力。但该观点虽然维护了法律意义上的公平正义，却在一定程度上抵消了 2013 年修正《公司法》所产生的积极作用，不利于激发市场活力。

四、《规定》第 19 条的应有之义

在司法实务中，关于落实《规定》第 19 条时应如何解释"股东未依法履行出资义务"这一问题，笔者持如下观点：

讨论《规定》第 19 条中股东未依法履行出资义务的相关法律问题时，其前提一定是作为被执行人的公司财产不足以清偿生效法律文书确定的债务。

要精确分析债务发生及确权的时间：①如果债务发生及确权的时间发生在股东转让股权之前，此时就属于本文讨论的情形。因为此时被执行人的公司即将或者已经有确权的债务，股东没有履行出资义务就转让股权的，一是能产生恶意逃避债务的合理怀疑，二是表面上转让的是股权实质上转让的是债务，这时候无论从《规定》的立法目的出发，还是从债权、债务的解释角度出发，都更应该保护债权人的利益。②如果债务发生及确权的时间发生在股东转让股权之后，那么该转让即不属于本文讨论的恶意转让股权的情况，此时更应该注重保护股东的期限利益。因为股东转让时公司是没有债务的，股东此时的期限利益是毫无条件地转移到了受让人手中的。转让股份的时候是没有瑕疵的依法转让，未损害国家的、集体的、他人的利益，理应受到保护。

---

〔1〕 ［2018］豫 0811 民初 963 号，［2021］豫民申 7035 号，［2021］最高法民申 2404 号。

非婚同居的财产制度研究

杨 佳*

（中国政法大学 北京 100088）

摘 要：当今社会，随着社会发展和社会观念的更新，非婚同居现象是不容回避的社会问题。非婚同居关系产生很多问题，尤其是同居双方关系破裂时最容易产生纠纷的是关于同居期间财产性质的认定及分配问题，但目前关于非婚同居，我国没有明确的法律规定，所以该问题在我国目前法律状态下难以得到有效的解决。目前我国的婚姻制度，一般不认可和保护非婚同居状态下的人身关系，因而同居生活引发的财产纠纷问题日趋严峻。本文将从我国的实际出发，借鉴外国相关立法经验，分析目前我国在非婚同居问题上存在的问题，并提出个人建议。

关键词：非婚同居 财产性质 财产分配

一、非婚同居现象与纠纷实证研究

（一）同居纠纷和同居析产纠纷

当下，社会普遍存在非婚同居现象，其中包括年轻人（有无结婚打算、双方有配偶）和老年人两个群体，其中老年人非婚同居群体数量日趋上升。

下表为同居纠纷和同居析产纠纷的案例，笔者搜集了全国近 5 年同居纠纷的案件，制作成表格如下：

---

* 作者简介：杨佳（1987 年–）女，汉族，安徽合肥人，中国政法大学同等学力研修班 2022 级学员，研究方向为民商法学。

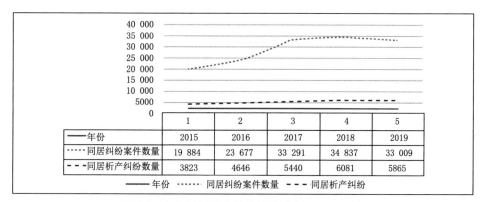

年份	1	2	3	4	5
年份	2015	2016	2017	2018	2019
同居纠纷案件数量	19 884	23 677	33 291	34 837	33 009
同居析产纠纷数量	3823	4646	5440	6081	5865

全国近 5 年同居纠纷案件数量统计表（单位：件）

从该表可以看出，这 5 年全国的同居纠纷案件数量和同居析产纠纷数量均呈逐年上升趋势，而在 2019 年两者均略有下降。这些数据表明，我国非婚同居现象非常普遍并呈增加趋势。问题的核心在于财产归属关系、扶养关系和债权债务关系三个方面。

当下非婚同居已然十分普遍，对于青年人而言，其中有很大一部分是为结婚做准备，当然，这一群体最易发生财产纠纷，包括在非婚同居财产纠纷中，青年人往往面对两种情况，一是同居期间个人和共同财产的认定，二是有父母或者其他亲友主张的在同居期间财产的权利问题纠纷，包括购置婚房、彩礼、结婚用品以及婚宴等。很大比例的年轻人刚刚步入社会，面对居高不下的房价，为购置婚房，他们只能拿出自己的积蓄，剩下的大部分是父母支付首付，并由子女偿还银行贷款。同时，在中国很多地方还存在着结婚需男方家提供彩礼的习俗，每个地方的彩礼数额不同。因此，非婚同居中的矛盾和财产纠纷层出不穷，甚至导致恶性案件。

（二）老年人非婚同居现象

1. 现象统计

老年人非婚同居通常指的是 60 周岁以上无配偶的老年人，双方未进行婚姻登记，也无非法同居或其他违法情形，在一段时间内通常有一年的共同生活状态，就被认为是合法同居。[1]非婚同居者多以回避婚姻为目的，为了趋

---

[1] 参见何群：“婚姻、同居、生活伴侣辨析”，载《甘肃政法学院学报》2007 年第 2 期。

"同居"之利，避"婚姻"之弊而选择同居。[1]而老年人选择非婚同居主要原因有二：①照顾彼此的日常生活，心里上获得依靠和慰藉，避免婚姻关系所带来的财产纠纷；②回避矛盾型，老年人多半已经有了自己的子女，子女担心老人再婚导致家庭关系破裂、财产损失，因而竭力阻挠其再建立新的婚姻关系，最终老年人只能采取非婚同居的方式解决矛盾。

民政部数据显示，截至2019年底，全国60周岁及以上的老年人为25 388万人，占总人口的18.1%，老年人所占比重上升，应更关注老年人。与此同时，2019年结婚率为6.6‰，比上年降低0.7个千分点，离婚率为3.4‰，比上年增长0.2个千分点。当下老年人群体中普遍存在结婚率下降和离婚率逐年上升的情况，这一现象说明老年人再婚存在的压力更大，最终选择非婚同居这种方式。[2]

目前我国的法律没有专门针对老年人非婚同居的规定，大多适用1989年相关意见的立法精神，因此出现此类问题时值得借鉴的并不多。另外，当我们借鉴域外相关法律时，由于受语言的限制，很多条例是通过译者翻译过来的，理解和适用范围会出现偏差。因而给司法适用造成了不小的障碍和局限性。

2. 典型案例

原告张某与被告毕某、第三人李某物权确认纠纷案。68岁的张某2003年与第三人李某同居，毕某是李某婚前所生子女。2005年双方在同居期间共同出资购置了房产，但因资金问题双方决定以毕某的名义购置并登记在毕某名下，后来双方于2006年进行了婚姻登记，目前双方同居状态结束，张某要求拿回同居期间所出的买房资金，但是遭到李某和其子女的拒绝。张某认为该房屋是他与李某同居期间共同出钱购买的，应当属于共同财产，要求法院认定并确权。但李某辩称，房屋是由自己购买，女儿负责还贷的，且称"2005年当时与张某并未领证，没有身份关系，对方不会为自己购置房产出资"。法院判决，双方于2003年开始同居直至2006年才正式结婚，而购买该房产时并不存在法律关系上的确认，因此该房产不属于双方共同财产，并且该房产

---

[1] 参见王坤："女性在非婚同居中损害的法律救济"，载《河北法学》2009年第7期。
[2] 参见民政部："2019年民政事业发展统计公报"，载 https://images3.mca.gov.cn/www2017/file/202009/1601261242921.pdf，最后访问日期：2022年8月14日。

登记在被告名下，原告没有足够的证据证明实属共有。因购买诉争房屋出资所形成的债权与物权系不同法律关系，即使原告对被告购买的房屋存在出资的事实，亦无法认定诉争房屋系原告与第三人共有财产。可以看出，即使双方后续进行了婚姻登记，但对于"没有身份关系"的同居时购置的资产，法院还是采取了较为谨慎的态度。[1]

分析： 此类案件比较普遍，由于张某和李某在出资购房时，并没有进行婚姻登记，属于非婚同居的状态，这一期间没有身份关系确认，也没有足够的证据证明出资，易出现纠纷和财产损失。

二、非婚同居现象域外制度借鉴

非婚同居已经是全世界范围内十分普遍的一种社会现象，国外非婚同居现象远远早于我国，这一现象在我国刚刚出现时，在国外已然成为一种趋势，而这主要原因是政治、经济、文化和社会观念的不同以及社会文化的认可度差异。国外法学界不仅从法学的范围研究这一现象，还从人口学、经济学、社会学进行调查研究，取得了丰硕的研究成果，站在更广阔的视角在社会的大范围内进行讨论，并形成了一系列的体系和法律法规。通常情况下，域外有三种常见的立法形式：纳入《民法典》进行调整、采用判例法、单行法与判例法平行调整。多数国家在立法上对非婚同居进行了详细的规定，在内容上赋予非婚同居双方当事人一定范围内的权利；并且尊重双方的个人意愿，在双方同居协议的内容合法且不违反公共秩序的情况下，一般政府都予以承认和保护；另外，基于非婚同居的特殊性，大多数拒绝扶养义务，除遇弱势群体的利益无法受到保护时。

三、我国非婚同居制度模式

面对非婚同居模式以及该模式下产生的财产纠纷问题，不同国家采取的政策不同，这与一国的社会文化、政治背景和历史传统密切相关。而我国应采取什么样的政策，应结合我国的国情。基本上可以总结出三种可供借鉴的模式：第一，契约式，即非婚同居双方当事人采取订立契约的方式来规定双方应履行的权利和义务，并约束其行为，维护双方的合法权益，充分实现当

---

[1] 参见杨启东："老年人非婚同居的法律规制"，暨南大学2020年硕士学位论文，第7页。

事人的意思自治。第二，登记式，这种模式类似于婚姻登记，因此一旦出现财产纠纷，法院就可以依照立法关于合法婚姻的规定进行审理。第三，形式主义，即非婚同居双方必须满足一定的形式要件，这与我国之前实行的所谓事实婚姻相似，但是目前很多国家已经逐步取消这种模式，因为对双方的合法权益无法有效保障。

结合我国的实际情况，契约式和登记式的结合将会是解决这一问题很好的形式。另外，建议在学习域外成功经验的基础上结合我国具体实际，制定和完善相关法律法规，将这一问题及处理其财产关系的法律规制本土化。在非婚同居关系中，财产关系是重中之重，也是纠纷最多、影响最大的部分。可以将非婚同居相关的权利和义务纳入《民法典》，以明确的法律条文形式保护双方的权益不被侵犯。但是目前现有的法律以及我国的国情，对非婚同居现象并没有完全认可，因此，通过立法形式保护非婚同居双方的权益，还有很长的路要走。

避风港原则在《民法典》中的新发展

尤海燕*

（中国政法大学 北京 100088）

摘　要： 避风港原则在我国经历了从信息网络传播权保护到民事权益保护的扩大过程，《民法典》对其的规定更是进一步体现。然而在扩大的保护范围中，避风港原则却难以适应现代社会飞速发展的实践情况，层出不穷的新型网络服务提供者给避风港原则的适用提出了新的要求。同时，为了防止该原则被滥用和异化，《民法典》在其规定中探索了解决思路。避风港原则中必要措施的多元化和层次化、转通知义务的明确，以及错误通知责任的明确，是《民法典》相关规定的突出创新。

关键词： 避风港原则　转通知　民事权益　通知—删除

避风港原则最早是著作权的权利保护以及相关平台的责任豁免原则，是指在发生著作权侵权案件时，ISP（网络服务提供者）只提供空间服务，并不制作网页内容。如果 ISP 被告知侵权时，则负有删除的义务，否则就被视为侵权。如果侵权内容既不在 ASP 的服务器上存储，又没有被告知哪些内容应该删除，则 ISP 不承担侵权责任。[1] 在《民法典》出台之前，类似的案件一般遵循《侵权责任法》《信息网络传播权保护条例》（以下简称《条例》）等进行裁判，但实务中出现的云计算案[2]和微信小程序案[3]表明实务操作中

---

* 作者简介：尤海燕（1976 年-），女，汉族，山东青岛人，中国政法大学同等学力研修班 2022级学员，研究方向为民商法学。

〔1〕 孙宇宁："‘避风港原则’滥用的法律规制"，载《商业文化（上半月）》2011 年第 12 期，第 25 页。

〔2〕 ［2017］京 73 民终 1194 号。

〔3〕 ［2018］浙 0192 民初 7184 号。

对于避风港原则的细化需求已经非常强烈，学术界也一直在推动避风港原则细化的研究，[1]而《民法典》第1194条至第1197条正是对这一需求的回应。

一、从知识产权到民事权益保护

（一）信息网络传播权的保护

避风港原则最早的立法蓝本是《美国千禧年网络版权保护法案》，该法案规定了保护版权的两项原则："避风港"原则和"红旗"原则。我国最早的避风港原则规定见于《条例》，简单说就是指权利人发现自己的权利受到侵犯的时候，通知网络服务提供者，只要网络服务提供者将侵权行为进行清理，就可以免于承担法律责任。[2]其又被概括为"通知—删除"规则。《条例》第14条、第15条、第22条、第23条分别规定了提供信息储存空间和提供搜索、链接服务这两类网络服务提供者，并规定了"侵权—删除"的免责规则，第20条和第21条分别规定了自动接入和自动传输服务与提供自动缓存服务这两类网络服务提供者，并对其规定了免责规则。

从权利保护的角度出发，避风港原则无疑可以帮助权利人直接处理掉网络中存在的直接侵权者的行为。然而从间接侵权者——网络服务提供者的角度来说，避风港原则更是为其提供了极大的辩护空间。为了避免一刀切地让网络服务提供者和直接侵权者共同承担责任，网络服务提供者若已尽注意义务，或遵循了"通知—删除"规则，就可以免于承担责任。间接侵权与直接侵权相对，是指行为人"网络服务提供者"未直接实施受"专有权利"控制的行为，但如果其行为与他人的直接侵权行为之间存在特定关系，且具有特定的主观过错，也可基于公共政策原因认定为侵权行为。[3]但是由于我国对"通知—删除"规则的规定并不完善，导致这一规则实际上成了网络服务提供者摆脱责任的工具，因此才有了避风港原则调整范围的扩大和细化。

（二）权益保护的扩大

在我国，避风港原则的保护对象早已扩大，相比《条例》中专门针对信

---

[1] 例如，刘建臣："'通知—移除'规则适用于专利领域的理论困境及其破解"，载《知识产权》2019年第1期；徐可："互联网平台的责任结构与规制路径——以审查义务和经营者责任为基础"，载《北方法学》2019年第3期等。

[2] 参见朱鸿军、蒲晓："2017年中国新媒体版权保护报告"，载《新闻与写作》2018年第8期。

[3] 参见王迁：《著作权法》，中国人民大学出版社2015年版，第407页。

息网络传播权进行保护，位阶更高的《侵权责任法》第 36 条的规定便是针对广泛的民事权益进行的保护。该条规定意在表明三个信息：第一，网络服务提供者和网络用户在网络上实施侵害他人民事权益的侵权责任，适用过错责任；第二，规定了网络用户侵害他人民事权益的避风港原则；第三，与避风港原则对应，规定了网络用户侵害他人民事权益的"红旗"原则，即"知道"规则。[1]基于此，避风港原则的保护范围可以扩大到姓名、肖像、个人信息等权利，以及知识产权领域。这可以说是从以"信息网络传播权"保护为中心演变为以"网络媒介平台"的行为责任为中心，扩大到平台周边的各项民事权益保护。

《民法典》第 1194 条至第 1197 条对避风港原则进行了更详细的规定，这代表着其权利保护范围的进一步扩大。第 1194 条在遵照原来《侵权责任法》第 36 条的规定的同时，又增加了"法律另有规定的，依照其规定"，保持了原来《条例》《专利法》等具体法律中的规范，使该条文不至于限制避风港原则在其他规范领域内的适用。二者都采用了"民事权益"这样的表述方法，无疑是将这种泛化的民事权益纳入了"通知—删除"规则的调整之中。虽然事实上可能并非所有的权利类型都会随着信息网络技术的发展在网络中衍生出相应的表现方式，在未来网络空间是否会产生其他民事权益的侵权问题尚不得而知，但是扩大其保护范围无疑为今后可能出现的许多问题提供了解决思路。

二、《民法典》中避风港原则的细化发展

（一）"必要措施"多元层次化

《民法典》对"必要措施"的规定见于第 1195 条，与《侵权责任法》第 36 条相比，其第 1 款规定的"删除、屏蔽、断开链接等必要措施"没有改变，并且依旧保持着开放式的措施列举方式。虽然列举是开放式的，但是在以往的实践当中，所谓"删除、屏蔽、断开"等措施的意思都是使得相关侵权内容从网络空间消失，所以"等"字之后的其他可能方法大致也不脱离此列。《民法典》第 1195 条第 1 款还规定，"通知应当包括构成侵权的初步证据及权利人的真实身份信息"。这要求网络服务提供者在初步审查证据等材料之

---

〔1〕 参见杨立新："电子商务交易领域的知识产权侵权责任规则"，载《现代法学》2019 年第 2 期。

后再决定必要措施，必须根据构成侵权的初步证据和服务类型，采取不同的措施，这就增加了网络服务提供者采取其他措施的可能性。

对于"必要措施"实施方式多元化的规定，也就意味着其必然会分属不同的严格层次。以"删除"措施为标准，结合《民法典》以及其他法律规定，可以分为轻于"删除"的必要措施、"删除"措施和重于"删除"的必要措施三种层次。对于不同必要措施的严重程度分类，学界已有许多学者提出了不同的思路。例如，有学者提出可以采用"删除"义务、"转通知"义务、"自审核"义务作为严厉程度从高到低的必要措施。[1]但是究其本质，都离不开要根据网络服务提供者自身的服务类型以及其主体类型来确定不同的必要措施。《民法典》对这一点没有进行修改。

（二）明确转通知程序

转通知的优势在于免除了网络服务提供者采取"删除"等其他措施时的高昂成本，对于大型网络服务提供者而言十分有利。但《民法典》第1195条第2款却没有将转通知作为必要措施，而是将其作为避风港的必经程序。在"转通知"与"必要措施"之间还有"反通知"程序。这一规定无疑使其成了与其他必要措施相等同的一种行为义务，但不属于必要措施，因此这对于必要措施的多元化是一种减损。[2]由于"转通知"成了网络服务提供者的义务，对于经营者而言，这不仅没有减少其在履行"必要措施"时的义务压力，反而增加了其困境。如果可以将"转通知"作为一种必要措施，对许多网络服务提供者而言无疑是更加容易接受的，也更加有利于整个网络产业的发展。

（三）明确错误通知责任

《民法典》第1195条第3款规定了权利人错误通知应当承担的责任，相较于《侵权责任法》第36条是一个巨大的进步。在以往的实践中，有些"权利人"不仅会错误通知，甚至还会利用"通知—删除"规则进行不正当竞争。《民法典》明确错误通知的责任，不仅可以促使权利人在发出通知时更加谨慎，同时也能防止恶意通知的出现。但《民法典》这一规定只是从侧面体现出了防止恶意通知的功能，《电子商务法》第42条第3款则直接规定了恶意

---

〔1〕 参见王立梅："网络空间下避风港原则的完善与网络服务提供者责任分类"，载《江西社会科学》2020年第5期。

〔2〕 参见"《民法典》涉网络法条文亮点解读"，载微信公众号"网络法实务圈"，2020年5月29日。

错误通知的责任，两者的规定并不相同。但《民法典》无疑也可以起到同样的功能，只不过恶意通知行为相比普通的错误通知或需要更加严厉的惩罚，这在《民法典》中并未体现。

　　避风港原则经历了长期发展，涵盖整个民事权益的保护领域。伴随着避风港原则保护范围的泛化，随之而来的便是针对不同网络服务提供者主体时的失灵，在保护范围扩大的过程中，也体现出了滥用问题，因此《民法典》的规定更是在防止"通知—删除"规则在实践中被滥用的情况出现。但《民法典》对于避风港原则规定不尽之处也依旧突出，为下一步解决相应问题提供了讨论空间。

律师办理代书遗嘱法律事务风险与防范

于洪强*

（中国政法大学 北京 100088）

摘　要： 近些年，伴随着我国人民的财富积累，同时公民的生活观念、法律观念也发生巨大改变，遗嘱已经成为公民处理其个人财产的重要形式，随之，有更多的公民需要借助掌握法律事务的专业人士提供专业的法律服务，使其所立遗嘱能够具有法律效力。因此在办理遗嘱和继承法律事务时对律师的要求也更高，不但要注重遗嘱和继承法律的学习，而且还要注重此业务的风险与防范。

关键词： 遗嘱　继承　法律效力

一、立遗嘱的基本要求

遗嘱是单方民事法律行为，且是死亡后才发生法律效力的意思表示，遗嘱发生效力需要以遗嘱人的真实意思表示为前提，有效的遗嘱应满足两个条件，其一是真实的遗嘱人的意思表示，其二是遗嘱的形式不能违反法律规定的形式条件。[1] 具体如下：

（1）遗嘱人须有立遗嘱能力。根据《民法典》第 1143 条的规定，遗嘱人必须具备完全民事行为能力，遗嘱能力是所立遗嘱合法有效的前提条件。

（2）遗嘱人所立的遗嘱必须是其真实意思表示。遗嘱内容被篡改的，篡

---

　　* 作者简介：于洪强（1991 年-），男，汉族，黑龙江牡丹江人，中国政法大学同等学力研修班 2022 级学员，研究方向为民商法学。

　　〔1〕 参见赵春："民法典编纂视野下的遗嘱形式及其形式要件完善"，载《北方法学》2019 年第 4 期。

改的内容无效。遗嘱人在立遗嘱的过程中如果出现欺诈、胁迫等情形，所立的遗嘱无效。

（3）遗嘱的内容应该以清晰明确的方式处分其财产权。若遗嘱人未有清晰明确的主张，如遗产的指向不够明确，则视为遗嘱未对财产进行处分，未处分遗产按照法定继承办理。

（4）遗嘱的内容应该符合公序良俗，即符合公共秩序和善良风俗，不得违背遗嘱人所处社会环境的一般道德准则。例如，遗嘱人将夫妻共同财产给婚外同居的情人继承，违反了法律规定的公序良俗，属于无效的情形。

（5）遗嘱应该保护弱势群体。如果没有在遗嘱中列入缺乏劳动能力、失去生活来源的继承人的相应份额，遗嘱则是无效的。

（6）所立遗嘱须符合遗嘱的形式要件要求。《民法典》第 1134 条至第 1139 条规定的遗嘱形式有六种。且针对每种遗嘱都规定了制作、见证人、代书人、签名和日期标注等明确具体的形式要求，遵守法定形式要件，遗嘱才可能生效。

二、代书遗嘱的风险

瞿某于 2017 年 3 月初死亡，尚无婚配及子女。2017 年 2 月末，瞿某在代书遗嘱中言明："在我百年后，将我拥有的上海市广灵一路广中村某号房屋产权，给我的弟弟和妹妹两个人继承，每人各继承一半。""遗嘱人"处由祁某律师代瞿某签字，注明"祁律师（代签）"，并由瞿某捺印。代书人为祁某律师，见证人为祁某和李某某两位律师。同日，上海某律师事务所对该份遗嘱出具律师见证书。瞿某支付律师见证费 6000 元。2017 年 5 月，持有遗嘱的继承人起诉其他法定继承人，请求继承上述房屋，一审庭审中，证人李某某律师出庭作证。一审法院最终认为现有证据不能推断为遗嘱人的真实意思表示，因为遗嘱人仅在遗嘱上按了手印，并没有同时签署自己姓名，违反了法律规定的代书遗嘱的形式要件。因此，法院认定该份遗嘱无效。

笔者近期查询裁判文书网发现，有多起代书遗嘱被法院认定无效后，由其办理遗嘱律师见证业务的律师事务所承担赔偿责任。遗嘱律师见证，是指律师根据遗嘱人的请求，综合运用自己的法律专业知识，以律师事务所和律师个人的名义，依法对遗嘱或者遗嘱订立行为的真实性与合法性进行证明的法律服务活动。根据《民法典》的规定，遗嘱见证人需要满足以下条件：一是应该是具有完全民事行为能力的人；二是应当是能够理解遗嘱的内容、看懂遗嘱文字的人；三是不能是与遗嘱内容存在利害关系的人，若遗嘱见证人是继承人本人或者是受遗赠人本人，则不符合见证遗嘱的形式要件；若遗嘱见证人是与继承人、受遗赠人之间有利害关系的人，包括他们的亲朋好友、同事近邻等亲密关系人群，或者其他可以认定为具有密切联系的人，也不应该作为遗嘱见证人。

三、代书遗嘱的生效要件

符合法律规定的代书遗嘱的基本要求是确保代书遗嘱确实为遗嘱人的真实意思表示，因此作为代书遗嘱，应当场制作当场订立，见证人应在订立遗嘱的现场，自始至终地见证整个遗嘱的订立过程，包括遗嘱人的意思表达过程、遗嘱的书写过程、签字确认过程等，其标准应该满足时间、空间的高度一致性。而上海市崇明区人民法院认定事实为张某在单独听取顾某口述内容后，回去经过整理并在外打印了遗嘱文本，在另一位见证人黄某见到顾某之前，遗嘱已形成。涉案遗嘱不符合代书遗嘱的形式要件，无法认定遗嘱内容是顾某本人真实意思表示，故认定涉案遗嘱无效[1]。

笔者认为，代书遗嘱是根据我国人民群众现有的文化水平而设定的，起初这种遗嘱方式便于不识字或识字不全的公民设立遗嘱，后来便于不能自书遗嘱或不具有继承法律知识的公民使用。[2]笔者经过检索裁判文书网发现，代书遗嘱是法院认定遗嘱无效最多的一种遗嘱形式，代书遗嘱须由遗嘱人口授遗嘱内容，并由一见证人代书，代书人仅仅是遗嘱人口授遗嘱的文字记录者，不是遗嘱人的代理人。

首先，根据继承的一般原理，遗嘱人应当亲自立遗嘱，法律虽然允许遗嘱人在特殊情形下由他人代为书写遗嘱，但是代书遗嘱需要基于遗嘱人对于自身个人财产真实的处分的意思表示，不能被他人干扰，需要独立作出，因此即使遗嘱人不是亲自写下遗嘱，也需要代书人完全按照遗嘱人的真实意思表示进行书写，不能干涉遗嘱人的意思表示，也不能在记录的过程中扭曲、

---

〔1〕 ［2020］沪 0151 民初 289 号。

〔2〕 张立新："论我国遗嘱方式的立法完善"，载《内蒙古大学学报（人文社会科学版）》1998年第 3 期。

篡改遗嘱人的意思表示。

其次，代书人在代书遗嘱时，应该只能用亲笔手写的方式，而不能运用打印等其他方式代替。代书人在书写代书遗嘱时必须严格按照遗嘱人想表达的内容一字一句准确记录，目的是将立遗嘱人的真实意思表示忠实地展现在遗嘱中。

再次，根据相关司法解释的规定，有以下几类人不能作为遗嘱见证人：①继承人、受遗赠人的债权人、债务人；②继承人、受遗赠人的债权人、债务人的合伙人；③其他利害关系人。

最后，按照司法实践的要求，见证人应在订立遗嘱的现场，自始至终地见证整个遗嘱的订立过程，包括遗嘱人的意思表达过程、遗嘱的书写过程、签字确认过程等，应满足时间、空间的高度一致性。

四、律师办理代书遗嘱风险防范

律师在办理遗嘱和继承法律事务时，应该做好以下几点：

第一，必须制作谈话笔录，了解必要情况：①遗嘱人的真实身份信息；②对该次遗嘱的一个证明目的和立遗嘱的真实原因；③法定继承的情况，包括第一、第二法定的顺位继承人有哪些；④遗嘱人的现存婚姻状况，是否有夫妻共同财产或者夫妻财产约定；⑤在此次遗嘱之前是否存在其他遗嘱或者遗赠扶养协议；⑥遗嘱中涉及的财产是否存在担保、抵押等他人享有权利的情况，包括如果是共有财产，有没有经过分家析产，其他共有人对财产的异议等；⑦是否存在丧失劳动能力、没有生活经济来源的继承人；⑧有无未出生的胎儿。同时收集必要的证明材料，形成工作底稿，制作工作档案。

第二，必须全程录音录像。法律虽然并未要求代书遗嘱和打印遗嘱一定具有录音录像，但录音录像可以更好地佐证遗嘱是否为立遗嘱人真实的意思表示。

第三，做好律师提示及免责声明。如果是代书遗嘱，律师需要对当事人作出风险提示，并且律师代理合同中也要写明风险提示的相关内容，具体包括：①遗嘱中涉及财产的真实性，是否为遗嘱人所有的可处分的财产，但代书律师不具有对财产的真实性和权属作审查的义务；②见证律师仅负责确定委托人的真实身份，见证遗嘱人订立遗嘱的过程，并对遗嘱人在订立的遗嘱上亲自签字捺印的行为具有法律上的真实性进行确认。同样对于遗嘱中涉及财产的真实性，是否为遗嘱人所有的可处分的财产，见证律师不具有对财产的真实性和权属作审查的义务，但律师应要求遗嘱人出示相关的财产凭证，做好相关的形式审查工作；③对身患严重疾病或明显年老体衰、思维语言不畅者，应先取得医学证明，慎重办理，对怀疑被他人强迫来办理者，不宜为其立遗嘱；④对遗嘱人不得使用诱导式发问，不得拉其手签字或按手印，如其陈述不清、语言含混，律师不得自行猜测，代其陈述，切记不能由律师代为签字。

网络服务提供者间接侵权责任研究

张　阳*

（中国政法大学 北京 100088）

摘　要：《民法典》中的网络侵权制度既保留了部分我国传统已施行的规则，又对传统制度作出了更新。在法律适用上，认定合格通知的各项要件应统一纳入构成侵权的初步证据和身份信息两项要件中予以体系化、明确化。同时影响必要措施判断的诸多因素也需纳入构成侵权的初步证据和服务类型两个方面予以体系化、明细化。新增的转通知规则和反通知规则也可适用于人身权益领域。《民法典》对反通知的法律后果进行较大改革，赋予了权利人合理期限的等待期，更加强化了对权利人的保护，并且为向错误通知人或恶意通知人主张侵权提供了高位阶的法律依据。其规定对善意的错误通知人是否应承担责任问题，则预留了解释范畴，可区分不同情况予以分析作出不同处理结果。对于通知规则，《民法典》的规定丰富了对合格通知和反通知的要求，达到标准的通知和反通知模式就可以帮助网络服务提供者免除责任。还规定了网络服务提供者何时应当采取必要措施，以及何种情况下应当终止必要措施以保障被采取必要措施的网络用户的权利。《民法典》明确将应当知道规定为认定网络服务提供者过错的途径之一。

关键词：网络侵权　通知删除　明应知规则

网络服务提供者的间接侵权避风港原则包括通知规则、反通知规则和明应知规则（也可以称为知道规则），这些规则都在《民法典》中得到了完善，分别规定在第 1195 条、第 1196 条和第 1197 条。此处对《民法典》中的规定

---

* 作者简介：张阳（1981 年–），女，汉族，江苏苏州人，中国政法大学同等学力研修班 2022 级学员，研究方向为民商法学。

进行简要介绍和整理，以便从整体上把握《民法典》在网络侵权方面的新发展和新思路。

一、通知规则的更新

《民法典》第 1195 条规定了通知规则。较之前的《侵权责任法》，《民法典》中的通知规则有一些细节上的改变：①《民法典》详细规定了何为"合格通知"，也就是其构成要件。②《民法典》对转通知义务进行了明确规定，其与通知规则一起，成为与必要措施并列的，网络服务提供者必须遵守的行为义务。③《民法典》明确了根据不同的侵权类型和侵权主体，所要采取的必要措施的种类差异。④在恶意错误通知的情况下，恶意通知人还需承担侵权责任，但是法律也特意将善意的错误通知人排除在外，预留了一定的解释空间。[1]通知规则在网络侵权责任中既有利于协调权利人合法民事权益的保护与网络服务提供者、网络用户的合理行为自由之间的关系，也充分完善了过错责任原则的基本要求。

（一）合格通知的要件

《民法典》第 1195 条第 1 款规定了权利人进行通知的细节方面的要求，即合格通知的构成要件，一项合格的通知其内容应当包括构成侵权的初步证据，以及权利人的真实身份信息，前者是为了帮助网络服务提供者初步判断侵权行为是否成立，后者是为了定位到具体的疑似侵权人，这与普通的诉讼中被告人需明确具体的道理相同。在以往的司法实践中，对合格通知的审查，一般也要求应当包括权利人身份信息，初步的证明材料或相关证据，侵权信息的具体位置和来源等。

（二）转通知义务

根据《民法典》第 1195 条第 2 款的规定，网络服务提供者的义务已经不仅仅是在受到侵权通知后就采取必要措施这么简单，还增加了把前述合格的通知内容传达给疑似侵权的用户这一项义务，并且与采取必要措施的义务并列。与《侵权责任法》第 36 条相比，这属于新增内容，也是为网络服务提供者设置的新义务，这一新增规定有其合理性，因为被通知的疑似侵权人有权利知道和了解通知内容，保护其免受错误通知和恶意通知的影响。但是这一

---

〔1〕 参见徐伟："《民法典》中网络侵权制度的新发展"，载《法治研究》2020 年第 4 期。

规定也缩减了必要措施可以采取的具体措施类型，在《民法典》出台前，实践中有案例支持将转通知作为网络服务提供者的一项必要措施类型，[1]这是针对特殊类别的网络服务提供者而言的，他们并不适宜采取删除、断开连接等必要措施。但是按照《民法典》的规定，类似的网络服务提供者很难再找到合适的必要措施方法。

（三）必要措施的类型考量

《民法典》第 1195 条如同之前对避风港原则中必要措施的规定一样，都列举了"删除、屏蔽、断开链接等必要措施"，还明确了应"根据构成侵权的初步证据和服务类型采取必要措施"，这就为司法实践中应当根据不同的网络服务类型考量采取不同的必要措施种类提供了依据。实践中的网络服务提供者类型众多，除了传统的网络服务提供者以外，新出现的云计算服务提供者、微信小程序服务提供者，以及最近爆火的 NFT 服务提供者，其平台中涉及侵权问题时是否应当受到避风港原则的规制，以及所要采取的必要措施种类都很容易成为焦点问题。

（四）错误通知的责任

在避风港原则实践中，错误通知甚至恶意通知都在所难免，可以通过一些司法实践中的案例，对网络服务提供者的界定、符合要求的通知行为的认定以及网络服务者主观过错的判断进行判断。[2]最高人民法院发布的指导案例 83 号涉及了通知制度中的两项关键问题：合格通知的要件和必要措施的范围。尽管该案的裁判要点给出了妥当的规则，但裁判理由却不足为训。投诉人的单方侵权声明无法满足"侵权初步证据"要件。在收到合格通知后，网络服务提供者应采取删除等能有效阻止损害扩大的措施。除非采取此类措施有悖比例原则，否则转通知不足以作为必要措施。

二、反通知规则的确立

《民法典》对通知规则进行了完善和细化，除了通知规则和转通知规则，还增加了反通知的规定，其作为网络服务提供者的行为义务之一，与必要措

---

〔1〕 参见阿里云计算有限公司与北京乐动卓越科技有限公司信息网络传播权纠纷（［2017］京 73 民终 1194 号）。

〔2〕 参见徐伟："网络侵权中合格通知和必要措施的认定——指导案例 83 号评析"，载《交大法学》2020 年第 3 期。

施并列。反通知的作用是让网络服务提供者及时终止相关必要措施，以避免因为错误通知和恶意通知导致网络用户的损害扩大。通知规则与知道规则、人格权禁令以及个人信息权益中的删除规则都可以调整网络侵权，但互相之间也有区别。[1]

关于反通知规则，需注意以下几点：第一，适用范围。《民法典》中的反通知规则也应适用于人身权益领域。第二，要件。《民法典》第 1196 条第 1 款规定反通知"声明应当包括不存在侵权行为的初步证据及网络用户的真实身份信息"。第三，合理期限的判断。在网络用户发送反通知后，网络服务提供者在终止所采取的措施前，应为投诉人提供反应的"合理期限"。

在《民法典》第 1195 条和第 1196 条规定的网络侵权避风港原则中，网络服务提供者居于通知权法律关系和反通知权法律关系的交叉点，具有双重义务人的法律地位。其未尽应当履行的法定义务的，应当就通知权人扩大的损失与网络用户承担连带责任，或者就侵害反通知权人发布的信息著作权承担侵权责任。网络服务提供者为避免承担侵权责任，应当善尽法定义务，实现避风港原则的作用。[2]

三、完善知道规则

与《侵权法》相比，《民法典》对知道规则进行了修改，将原来的"知道"改为"知道或者应当知道"。这一修改是立法者从避风港原则多年的实务操作中总结经验的结果。调整的是对网络服务提供者主观过错的判断方法，这一表述无疑更加完善和明确，也是责任的严格化。

四、总结

网络信息侵权是近年来司法实践关注的重点领域，《民法典》在个人信息保护和网络侵权责任认定方面都作出了较为系统的规定。其中网络信息侵权责任需要识别侵权责任人，在实名制框架下查明虚拟主体的真实身份，确定

---

[1] 参见程啸："论我国《民法典》网络侵权责任中的通知规则"，载《武汉大学学报（哲学社会科学版）》2020 年第 6 期。

[2] 参见杨立新："网络服务提供者在网络侵权避风港规则中的地位和义务"，载《福建师范大学学报（哲学社会科学版）》2020 年第 5 期。

共同侵权行为中不同主体的责任分配。[1]网络信息侵权行为与信息在网络中的发布、转载、存储、携带、删除等密切相关,并关联到被侵权主体的具体权利。在网络信息侵权行为的责任承担中,我国采取接近欧盟《通用数据保护条例》中的避风港原则,在实务适用中可采取查明删除义务的具体内容并建立履行规则,同时通过严格责任来认定侵权过错。

---

[1] 参见张洪波:"网络信息侵权责任的认定",载《湖北警官学院学报》2021 年第 2 期。

以物抵债协议性质初探

郑浩凯*

（中国政法大学 北京 100088）

摘　要： 当事人自愿达成的以物抵债协议属于诺成合同还是实践合同，理论和实践上存在诸多争议，以物抵债协议性质的判断不仅仅是概念的辨析，还涉及债权人、债务人和第三人的利益分配，厘清以物抵债的性质，对于司法实践有重要的意义，笔者认为根据我国的法律规定，综合平衡各方利益，应将以物抵债协议认定为诺成合同。

关键词： 以物抵债　诺成合同　实践合同

一、问题的提出：由一则案例引出的司法实践之惑

（一）案情简介

2012 年 6 月 7 日，湖北久联建筑有限责任公司与湖北十堰宝驰工贸有限公司签订白浪火车站南山路住宅楼施工合同。施工过程中，许某龙向湖北久联建筑有限责任公司提供砂石材料，而湖北久联建筑有限责任公司未能支付砂石材料款。2016 年 10 月 25 日，三方就许某龙等 11 人的材料款及工资部分达成了协议。协议载明，许某龙的砂石材料款为 52 604 元。同时协议第 4 条约定，许某龙同意以湖北十堰宝驰工贸有限公司位于十堰市卧龙城的商品房抵债，价格以开盘价为准，差价按开盘价结算；许某龙也可以湖北十堰宝驰工贸有限公司在南山建成的小产权房抵债，湖北十堰宝驰工贸有限公司保证所抵房屋在 100 平米以上且许某龙有权自由选择，价格为 160 000 元每套，不

---

　　* 作者简介：郑浩凯（1989 年-），男，汉族，广东揭阳人，中国政法大学同等学力研修班 2022 级学员，研究方向为民商法学。

足的部分，按折算后价格由湖北久联建筑有限责任公司补足；协议第 5 条约定，该协议签订后，视为湖北久联建筑有限责任公司拖欠许某龙等 11 人的施工费、材料费、劳务费、租赁费等全部结清，许某龙等 11 人不再对湖北十堰宝驰工贸有限公司和湖北久联建筑有限责任公司提出任何主张。后因湖北十堰宝驰工贸有限公司所建的白浪火车站南山路住宅楼系小产权房，没有合法的建筑手续，无法施工并停建，住宅楼仅建至 3 层，无法向许某龙等 11 人实现以房抵债，而引起诉讼。许某龙诉至法院，要求湖北久联建筑有限责任公司、湖北十堰宝驰工贸有限公司连带支付其砂石材料款 52 604 元。[1]

（二）争议焦点

法院在审理本案时，各方当事人就以物抵债协议的性质、法律后果等存在如下意见：第一，以房抵债协议属于诺成合同，自成立时生效，在当事人没有消灭旧债的合意情况下，以物抵债协议属于新债清偿，许某龙等 11 人有权向湖北久联建筑有限责任公司和湖北十堰宝驰工贸有限公司主张权利；第二，以房抵债协议属于实践合同，在房屋未能建成的情况下，案涉以房抵债合同根本未成立，许某龙等 11 人仅得向湖北久联建筑有限责任公司主张权利。

（三）裁判结果

湖北省十堰市中级人民法院最终认定：案涉以物抵债合同应当认定为诺成合同，自成立时生效，当事人于债务清偿期届满后达成的以物抵债协议，如当事人未明确消灭旧债合意的，以物抵债协议的性质一般应为新债清偿。

该案看似普通，却极具代表性，其提出了如下问题：以物抵债协议属于诺成合同还是实践合同？如上问题质问着我国现行立法和当前的理论进路。

二、困惑与争议：实践中关于以物抵债协议的争议

判断以物抵债协议属于诺成合同还是实践合同，司法实践中经历了一个由要物合同到诺成合同的转变。[2]最高人民法院的观点也有一定的变化，比较典型的案例可见下表：

---

[1] 参见湖北省十堰市中级人民法院［2019］鄂 03 民终 77 号民事判决书。
[2] 参见黄耀文："再论以物抵债行为的性质与效力"，载《江西财经大学学报》2020 年第 2 期。

案号	裁判要旨
［2011］民提字第 210 号	该案最高院引用代物清偿的概念进行处理，认为案涉协议为代物清偿协议，代物清偿协议为要物合同，没有物的交付合同就不成立
［2015］民一终字第 308 号	以物抵债协议为诺成合同
［2016］最高法民终字第 484 号	在当事人没有特殊约定的情况下，债务清偿期届满之后签订的以物抵债协议，不以债权人实际受领特定物，或取得特定物的所有权为成立或生效要件
［2018］最高法民再 50 号	原判决以物抵债协议是实践合同观点欠妥，应当认定案涉以物抵债协议已生效

前述［2011］民提字第 210 号案为公报案例，具有较大的影响力，后续全国各地诸多法院均参考该案，认定以物抵债协议应当为实践合同。虽然最高人民法院早于 2016 年 12 月在［2016］最高法民终 484 号案中摒弃了该观点，转而认为以物抵债协议应当认定为诺成合同，但是全国有不少法院仍然坚持之前的观点。

笔者在 Alpha 案例库中搜集了 2020 年 3 月 4 日之前涉及以物抵债的案例 1297 件，剔除不相关的案例 417 件，发现各地法院认定以物抵债协议为实践合同的有 657 件，占有效判例的 74.7%，认定以物抵债协议为诺成合同的有 223 件，占有效判例的 25.3%。

笔者认为，要正确判断以物抵债协议的性质，需要首先厘清以物抵债的概念和类型，然后分析现行法律的规定以及司法实践中的认识，最后根据现行法律的规定对以物抵债协议的性质作出正确的判断。

三、检视与澄清：以物抵债协议性质辨析

（一）以物抵债的概念和类型

以物抵债本身并非严格的法律术语，虽然在民商事交易活动中十分常见，但法律、行政法规中并未明确该概念，1999 年中国人民银行发布的《中国人民银行以物抵债管理办法》第 2 条首次使用该概念，明确：以物抵债，是指债务人将事先抵押、质押给债权银行的财产或者其他非货币财产折价归银行所有，用以偿还银行债务。但实践中的以物抵债远不止此，已衍生出多种

形态，根据学者以及司法实践的认知，可将其界定为：以物抵债，是指双方达成协议，以交付特定物替代原定给付而消灭债务。

以物抵债协议可以发生在原定给付履行期限届满之前，亦可以发生在履行期限届满之后，而债务人交付特定物也是如此。[1]根据这两方面的结合，笔者认为以物抵债协议可以分为四类：①缔约时债务未届履行期，债权人已实际受领抵债物的，在此种情况下，应认定构成让与担保；②缔约时债务未届履行期，债权人尚未实际受领抵债物的，应当认定构成新债担保；③缔约时债务已届履行期，债权人与债务人约定以合同之外的他种给付来清偿债务，但债权人尚未实际受领的，即本文重点讨论的以物抵债协议；④缔约时债务已届履行期，债权人与债务人约定以合同之外的他种给付来清偿债务，且债权人实际受领了债务人的特定给付。

实践中，主要的争议集中在第三种，即债权人与债务人仅达成了以他种给付替代原定给付的合意，但债权人尚未受领债务人的特定给付。下文集中讨论此种类型的以物抵债协议的性质。[2]

（二）现行法律规定以及司法实践中关于以物抵债协议的认识

我国《民法典》第483条规定，承诺生效时合同成立。即确定了以诺成为原则，以实践为例外的合同成立规则。以物抵债协议并无法律依据，但根据合同法尊重当事人意思自治的基本原则，除了合同双方特别约定以外，应当认定以物抵债协议自协议双方达成一致意思时成立。《民法典》第502条规定，依法成立的合同，自成立时生效，但是法律另有规定或者当事人另有约定的除外。

《司法研究与指导》（总第2辑）指出，"《物权法》第28条规定的'人民法院的法律文书'应当包括判决书、裁定书和调解书。但以物抵债调解书只是对当事人之间以物抵债协议的确认，其实质内容是债务人用以物抵债的方式来履行债务，并非对物权权属的变动。因此，不宜认定以物抵债调解书能够直接引起物权变动"，由此确定在履行期限届满之后达成的以物抵债协议本质上属于诺成合同这一总基调，即在履行期限届满之后达成的以物抵债协

---

〔1〕 参见冯永强："论以物抵债行为的性质与效力"，载《新疆社会科学》2015年第3期。
〔2〕 参见贺小荣主编：《最高人民法院民事审判第二庭法官会议纪要——追寻裁判背后的法理》，人民法院出版社2018年版，第1页。

议不以物的交付或转移登记为生效要件。

另外需要注意的是，在债务履行期届满之后，债权人与债务人约定以案涉合同之外的他种给付来清偿债务的，双方所确定的他种抵债物的价值往往与原债金额大致相当，不会产生利益失衡或者损害第三方权益的情形。在该种情况下，将以物抵债协议认定为诺成合同既有利于保护债权人的利益，亦能有效维护社会的诚信。

浅论无因管理制度

郑周乐*

（中国政法大学 北京 100088）

摘　要： 无因管理是一种独立的请求权基础和私法上的制度，它明显与合同之违约责任请求权和侵权之侵权责任请求权不同，几乎在任何的司法制度中、所有的规范体系中都可以运用。而无因管理是指没有法定或约定的义务，为防止其他人的权益受到损害而进行管理的法律事实。无因管理与不当得利、合同、侵权行为等同为债之产生因素之一。无因管理之成立必须符合为他人事物进行管理活动、管理人主观上具有管理意思和没有法定或约定的义务这三项条件。

关键词：《民法典》　无因管理　管理意思

一、简评无因管理

无因管理是债的发生原因之一，是指管理人并不存在法律规定的义务或约定的义务，对其他人事务（非本人事务）进行管理活动，避免或减小他人利益受损失的法律事实。在无因管理民事法律关系中，被他人进行管理活动的一方称为本人，为他人进行管理活动的一方称为管理人。被他人进行管理活动的一方一般从为他人进行管理活动的一方中受益，所以又称为受益人。无因管理既不同于不法干涉他人事务的侵权行为，也不同于受人之托而管理他人事务的委托合同。该制度之目的旨在保障个人帮助他人的权利，同时保障每个人自己的活动不受不请自来的法律限制，介于预防

---

　*　作者简介：郑周乐（1997年-），男，汉族，浙江杭州人，中国政法大学同等学力研修班2022级学员，研究方向为民商法学。

侵害行为和鼓励互助之间，并对这些不构成合同关系的包括干预他人个人财产权利活动的权利与费用加以限制。不管行为人或受益人有没有意思表示，只要事实上产生了其管理行为的合法事实，便形成了法律上所谓的无因管理之债。[1]

根据私法自治的要求，各个私法主体都仅仅是为自己的利益而为一定的行为，每个独立的私法主体都没有权利、也没有义务管理他人事务，未经他人允许而管理他人事物一定意义上意味着对私法自治的违背。但私法上之所以规定无因管理可以阻却违法效果，并承认管理人的报酬请求权，主要是考虑到管理他人事务的主要目的也是防止自身权益损害，而这在通常情况下是符合本人的意思的。换言之，如果本人在场，则其也会为相同的管理行为，故此时管理人的管理行为恰恰是符合本人的意志的，管理人的行为是本人私法自治的补充或延伸，且并不违背本人的私法自治。

二、论无因管理之成立

按照王泽鉴教授的观点，无因管理要成立，所需要具备的要素是："管理事务""管理他人事务""为他人管理事务""未受委任，并无义务"。目前学界通说将"管理事务"与"管理他人事务"两个要素合并成一个来论述，按照《民法典》第979条之规定，结合民法学理，无因管理须具备以下三个成立要素：

（一）对他人事务进行管理活动

对他人事务进行管理活动，是无因管理赖以建立的前提。无因管理中，所谓"对他人事务进行管理活动"，是指对他人的事务的管理行为活动，如对他人物品的管理；对他人提供服务也属于，如为别人开展劳务帮助活动。在重视个性权利、以私法自治为准则的社会里，管理人不仅无须因干涉他人事务负担侵权民事责任，还能够请求他人支付其进行管理活动所产生的费用及其因此发生的经济损失。[2]

管理人所管理的所有事项，也包括了关于他人权益的所有事项，可以是

---

〔1〕 参见汪洋："民法典无因管理的内外体系与规范呈现"，载《学术月刊》2020年第11期。

〔2〕 参见叶玮昱："论无因管理的适法性——兼评《民法典》第979条"，载《经贸法律评论》2020年第4期。

有财产特征的，也可以是没有财产特征的。管理的事务可能是事实行为，如把溺水的人带去医疗；也可能是法律行为，如雇佣劳工给不在家的邻居修理漏水的房子屋顶。如果是法律行为，管理人并不一定要以自己本人的名义来进行。

无因管理通常在管理人与受益人双方之间产生债之关系，所以没有在双方之间进行产生债权债务的管理活动就不会构成无因管理。在处理以下事项时，通常不会成立无因管理：非法的和违反公平社会原则的管理行为，如为他人看管赃物；单纯的民事上不作为；一般性的生活事务不能引起民事法律效果，如招待他人的朋友；私法明确要求的必须需要自己进行或一定要通过其本人许可方可进行的活动，如放弃遗产继承权，但对他人的赡养抚养义务，也属于为他人管理事务。

无因管理的关键在于管理事务的行为本身，因此管理他人事务之目的能否实现，与无因管理能否成立并无必然关系。[1]

(二) 管理人主观上具有管理意思

要构成无因管理，管理人主观上必须有为他人权益而开展管理活动的意思。这是无因管理成立的主观条件，更是无因管理阻却违法性的根本来源，是区分无因管理与民事侵权侵害行为的主要根据。

在司法实践中，法院明确指出，如果要成立无因管理，那么无因管理之管理人主观上必须有为他人管理其事务的主观意思；此外，管理人必须是基于好意（至少不能是出于恶意）而实施管理他人事务的活动。[2]

进一步而言，管理人主观上是否有为其他人权益而开展管理活动的意思，根据民事诉讼法举证原则的要求，管理人应负举证其主观意思之责任。具体来说，其应从客观上该事务的特性、客观上管理工作的必要性、客观上管理之结果，和主观上自己的主观意志等方面，来证实自身的管理工作活动是为他人谋利的。

虽然无因管理的管理人须为他人之利益而为管理工作，但并不需要管理人必须有为他人利益的明确表现，只要管理人的管理在客观上确实减小、延

---

〔1〕 参见王泽鉴：《债法原理》（2022年重排版），北京大学出版社2022年版，第401页。

〔2〕 参见北京市高级人民法院［2017］京民申311号民事裁定书；天津市高级人民法院［2015］津高民申字第1012号再审民事裁定书。

缓乃至一定程度上避免了他人的损失，或为他人增加了利益，那么即使其未有明显的为他人利益而为管理工作之目的，却也不仅仅是为自身利益进行管理活动的"利己"行为，也可导致无因管理成立。管理人同时有为他人谋利之目的又有为自身利益的动机，自己也同时受益的，也即兼对自身有利的，仍可导致无因管理成立。例如，为防止邻居将起火的房子烧到自己家中而救火，管理人同时有为避免自己住宅和人身遭受危险的意思，并且又使本人获得了避免危害的收益，仍不影响无因管理的成立。[1]不过，如果管理人单纯为他人获利而开展管理活动，那么就算管理人自己也在其管理工作中受有益处，也不会构成无因管理。

管理人如果将他人的事务作为自己的事务进行管理活动，满足不当得利的要求的，则构成不当得利。管理人如果将他人的事务作为自己的事务进行管理活动，构成对他人事务的不法侵害的，则会构成侵权行为，而无因管理成立之后，管理人故意或者过失导致受益人的权利受损的，也可能构成侵权。所以说，并不是成立无因管理之后即可排斥侵权行为的成立，无因管理的法律后果可能与侵权责任发生竞合关系。

根据理论通说，无因管理受事务管理或者服务的一方，即受益人，不必具备行为能力，所以即便受益人属于民法上的无民事行为能力人，或者限制民事行为能力人，也都不排斥无因管理的成立；而对于进行管理或者服务的管理人是否须有民事行为能力，理论界还有争论，也有专家提出是准法律行为的，认为管理人有民事行为能力是必备条件；也有专家提出无因管理属于事实行为，不要求管理人有民事行为能力。笔者认同事实行为说。

（三）没有法定或约定的义务

不存在法律上确定之义务，而替他人开展管理活动。"无因"，便是指无法律上的事因来源，此处所言及之"义务"分两种，包括因法律规定而产生的义务、当事人约定产生的义务。所谓法定的义务，是指法律直接明确，因法律规定而产生的义务。而此处的法律包括但不仅限于民事法律。例如，因监护制度之规定，家庭亲属得以管理未成年子女的事务，属于民法上规定的

---

[1] 参见"赵某光、李某娥与被上诉人刘某训无因管理纠纷案"（湖南省郴州市中级人民法院[2018]湘10民终2390号民事判决书）。

义务；而警察保护人民的财产、保护走失的无民事行为能力人，是行政法上规定的义务。而约定的义务，是指管理人与本人双方在平等自愿的情况下共同约定的义务，也就是基于合同而产生的义务。如受托人管理委托人的事务即是基于双方的委托合同而产生的义务。